History of Western Literary Theory

西方文论史

李应志　邝明艳　主编

西南大学出版社
SWUP 国家一级出版社　全国百佳图书出版单位

图书在版编目(CIP)数据

西方文论史 / 李应志，邝明艳主编. -- 重庆：西南大学出版社，2022.6
ISBN 978-7-5697-0133-3

Ⅰ. ①西… Ⅱ. ①李… ②邝… Ⅲ. ①文学思想史—西方国家—高等学校—教材 Ⅳ. ①I109

中国版本图书馆CIP数据核字(2020)第013894号

西方文论史

XIFANG WENLUN SHI

李应志　邝明艳　主编

策　　划：郑持军　雷　兮
责任编辑：雷　刚
责任校对：郑先俐
装帧设计：熊　熊
排　　版：吕书田
出版发行：西南大学出版社(原西南师范大学出版社)
地址：重庆市北碚区天生路2号
市场营销部：023-68868624
邮编：400715
印　　刷：重庆市正前方彩色印刷有限公司
幅面尺寸：185mm×260mm
印　　张：19
字　　数：370千字
版　　次：2022年7月 第1版
印　　次：2022年7月 第1次印刷
书　　号：ISBN 978-7-5697-0133-3
定　　价：78.00元

如需本书教学用PPT，
请联系市场营销部：
023-68868624

西方文论史

目 录 contents

导论

长期以来，由于学科的前沿性、鲜明的时代特征，以及理论思维和文学阐释方面的极大丰富性和复杂性，西方文论尤其是西方现当代文论的本科教学存在一定的难度。它对老师本身的理论素养有较高要求，同时还因为其内容的博大精深，中西文化思维的差异以及文学系科学生本身的思维特点，甚至课时的有限性等原因，导致在很多高校，尤其是西部欠发达地区的高校，西方文论的教学处于可有可无的状态，作为选修课或者本科四年级最后一学期的课程，具有浓厚的“体验”和“实验”色彩。随着改革开放后知识分子对西方文化的了解逐渐加深，随着《西方文论史》教材的逐渐出现，该课程近年来逐渐成为高校文学系科学生的一门正式课程，并且逐渐从选修课变成必修课。这说明，我国高校已对学生的全球性视野、对活跃的各种西方理论思潮具有了较为开放的认识和要求。这对于我国过去的文学理论教育来说，应该是一个较大的补充和飞跃。从知识结构的角度看，西方文论同中国文论、文学概论一起，构成了本科文学理论学习的基本组成部分，因此这一补充也使得学生的知识结构走向合理化。

在今天的全球化时代背景下，一个合格的文学系科毕业的学生，是应该具有全球性视野的。在今天的工作、生活中，政治、经济和文化等各种信息可以说都具有全球流转的可能性，文学作为一种艺术当然也是全球性流转的。不同文化、民族的文学在这个信息时代里存在相互交流是必然的，它们因为网络的存在而变得十分便捷。在一定意义上说，我们已经较难想象一种完全独立于世界的民族文学的发展了。从中国自身的角度讲，我们的民族文学与世界的交流已经走过了一百多年的历程，已经深刻地融汇了世界文学的元素，尤其是深受欧美文学潮流和观念的影响，甚至可以说，随着汉语的逐渐世界化，它完全可能会成为世界文学大潮中一个很重要的组成部分。就我们今天在本科教学中的“外国文学”这门课程来说，学生们的学习目的已不再仅仅是一种纯粹的文化了解了，因为在某种程度上说，对欧美文学的学习已经成为我们理解自己的现当代文学和文化传统的一个必要基础。同样，对整个西方文化等信息的了解也在逐渐成为我们生活中的一部分，就像我们每天接收周围的信息一样，它就是我们生活本身的一部分。因此，如果我们没有全球性的视野，无异于自绝于时代生活。

一个合格的文科本科生，不仅应该具有全球视野，还应该至少从本专业的角度来理解整个世界的文化组成、文化融汇和文化变迁。对文学系科的学生来讲，这就是从文学的角度来完成对全球性文化交流，尤其是中西文化交流的理解，要完成这种理解，不深入到观念和理论层次是不行的。这也就意味着，我们必须更加深刻地理解西方文化和文学，我们过去尽管也有“外国文学”这样的课程，但是仅仅停留在文学史知识上是不够的，还需要深入到观念的层次，从文学观念、艺术和美学观念中，以及决定这些观念的文化、宗教和哲学观念中，来理解出于这些背景的西方文学，理解西方生活与文化现象。显然，这与我们纯粹从文学历史的角度去理解西方文学和文化就有了很大的区别。用一句套话来说，就是不仅要对所学知识“知其然”，而且还要“知其所以然”。“西方文论”可以说正是对于整个西方文学“知其所以然”的必要而直接的专业课程。当然，我们过去对西方文学乃至西方文化的理解也是有理论和观念的，即具有中国特色的马克思主义的理论和观念，它是我们的世界观和意识形态的基本核心，也是我们文化生活的一种要求。但是仅仅用一种理论看世界是存在片面性的，因为无论什么理论，作为一种内在同一的思想系统，都必然存在对系统之外的部分的排斥和压制，因此不足以理解和阐释某个领域的全部复杂性。对文学的理解当然也应该突破单一理论的限制，尊重文学作为一种古老的艺术所具有的全部阶段性、复杂性和可能性，应该说，这才是一种科学的态度。我们学习西方文论，正在于学习和了解西方人在不同历史阶段，从不同角度和层次理解文学和艺术的方式。这是一个理论的大合唱，无论这些理论之间有多么的不同，它们能在历史中留存下来，也正因为它们各自都具有一定的历史合理性，或者说都展示了它们在某一方面的“真理性”。或许正因为西方人从未满足于某一所谓的“真理”，所以他们才前赴后继，不断创造各种新的理论和视野，从而让我们不断看到文学的各个面相，让文学不断“变脸”。正是因为西方理论的层出不穷，所以让我们感到，文学的“太阳”似乎“每天都是新的”，甚至可以说，每一种理论都使得文学具有了焕发新生命的可能性。当然，这也就增加了我们学习西方文论的内容，增加了广度或者深度。西方文论的丰富性、深刻性和复杂性也正是我们教与学要跨越的一个难关。不过，反过来看，丰富性、深刻性和复杂性难道不正好是其魅力所在吗？我始终认为，如果我们能跨越这道难关，那么我们文学系科的本科教学、学生的整体文学素养，尤其是对文学知识的掌握和理解，都必将跃升一个台阶。

我们所谓的“文论”，主要是指广义上的文学理论，即古代所说的“诗学”。但有的理论除了直接与文学相关，有时候也溢出文学的范围，涉及其他艺术门类，与美学或者艺术哲学相交叉。随着现代生活的所谓“审美化”和“修辞化”，随着我们把生活中的很多符号产品看成“作品”，相关的文论所涉及的内容就更加宽泛，这时候的“文论”，已经有“文化理论”的意思了。但是，从整体上讲，在我们所讲的“文论”中，文学是我们进行讲解和阐释的核心，反过来讲，这些理论也都对文学有或多或少的阐释力。除了范围的灵活性，我们所涉及的西方文论还有一个很重要的特点，就是它常常与西方的哲学、宗教论述相关，这一特点极大地扩展了西方文论学习的深度、广度和魅力。不过这一点也是十分容易理解的，如果我们仅仅从文学本身的角度来学习文学理论，那么，兴许一部文学概论教材就足够了，文学也好，文学的理论也好，其生命力也许正在于它们是鲜活的，是与人的整个社会生活，与人的政治、经济、宗教、文化、历史、哲学等领域息息相关的。也正是与这些领域的广泛联系，文论才显示出它全部的复杂性和多样性，呈现出万千姿态，变幻无穷。

由于对文学的看法和理解有不同的角度和出发点，因此，西方文论也呈现出不同的表现形态，但主要来说有三种，第一种是从属于哲学等理论体系的文论，第二种是作家、诗人的文论，第三种是19世纪才出现的专门的文学理论家和批评家的文论，这也是学科分化和细化的产物。在三者中，首先就是那种与哲学、政治、宗教、美学等领域直接相关的文学理论。这时的文学理论主要是作为整个思想体系的一部分而出现的，所以这一类文论与哲学思想本身有着直接的关联，要理解文论必须首先对其哲学思想有所了解。我们知道，哲学是以包罗万象的材料和对这些材料进行普遍性抽象为特征的，而文艺是其中的一个重要类别，一般哲学家都会面对文学现象并对其进行解释，从而形成文学理论。美学是哲学的下属部门，体系性哲学家都无法绕过它，18世纪后甚至成为单独进行讨论的领域，它主要解答的是整个审美领域中的问题，文学作为审美领域中的一个具有代表性的方面当然也是美学十分重视的内容，从而形成美学中的文学理论。同样，文学因为可以成为宗教思想和政治观念的重要传达方式，因此宗教和政治也可以把文学作为一个重要部分来进行讨论，从而产生相应的文学理论。总之，这一类文论的一大特点就是从属性和系统性，即从属于哲学等观念体系，并在逻辑上与整个体系协调，学习的时候也需要从哲学体系的整体性角度进行理解。柏拉图、亚里士多德、康德、黑格尔等人的文论即属于此类。

西方文论的第二种重要存在形式是作家、诗人的文学理论。与哲学家等理论家的文论不同，这一类文论主要是从创作者自己的创作实践中总结出来的，当然，也有自己的理论感悟和受其他理论家的理论影响等情况，但无论哪种情况，作家、诗人的文论都与自己的创作有关，也在一定程度上对自己的作品进行解释，对自己的某种写作姿态和观念进行辩护。由于作家、诗人的文论主要是经验论的，大多不是出于体系性的考虑，所以其文论相对而言具有片段化的特征，常常是就写作中的某一个或者几个方面发表见解。但是，诗人、作家的文论却因为主要来自写作体验，直接切中写作本身，很多观点表达的也主要是直接的写作主张，因此常常具有较强的实践指导意义，甚至促成一些写作风格和流派的形成。塞万提斯、莎士比亚、华兹华斯、雨果、王尔德以及象征主义诗人的文论就属于这一类。

第三种表现形态是19世纪以后才有的专门的文学批评家、理论家的文论。专门的文学理论家的文论在古代和近代都不多，在古代有贺拉斯、朗吉努斯，近代有布瓦洛等。贺拉斯和布瓦洛也是作家，但其文论主要不是经验之谈，而是专门的理论探讨，并且有较强的体系性。专门的文论家主要出现在现当代，例如俄国形式主义和新批评派的文论家。并且，现当代的文论家主要是批评家，理论内容也主要是批评问题。批评家的文论有时候出于专门的文学批评的探讨，有时候也是从语言学、社会学、文化学、历史学、心理学等其他社会科学中延伸出来的。但是，从这些学科中延伸出来的文论都主要集中在文学批评领域，这是与从古代或近代的宗教、哲学、政治学、美学等学科中产生的文论不太一样的地方。这些批评家虽然不一定是哲学家，但都有明显的哲学和其他社会科学的背景，即受到某种哲学社会科学思潮的影响。由于现当代哲学的非理性特征、社会科学本身的精细和复杂，因此要较好地理解和把握与之相关的文论也有一定难度，学好这一类文论需要有克服这一难关的心理准备。

西方文论的三种表现形态实际上与文学理论的历史发展阶段是相互协调的，体现了文学理论自身发展的逻辑和历史的统一。在文论发展的第一个阶段，文学作为一种现象与其他自然和社会现象一样，成为哲学家思考的对象，人们需要从本质的角度对其进行认识和理解，即主要集中在对象“是什么”这个问题上。换句话说，第一阶段的文论主要是文学的本质论，文学现象是一个中心。例如古希腊时期的模仿论，其目的就是解释“文学是什么”。在随后出现的文论中，对创作的讨论逐渐多起来，从罗马到17、18世纪的古典主义对如何模仿古代经典的规定，19世纪浪漫主义的想象、情感，现实主义的刻画、典型，直到唯美主义、象征主义以及现代派文学的一些流派对写作的明确主张，可以说都主要是关注作家和写作的问题，这时候，作家和创作是一个中心，主要关注的是“如何创作”的问题，因此这一阶段侧重于文学创作论。相应地，批评论时期的文论，我们会发现文本和读者逐渐进入理论家的视野，成为显著的探讨课题。文本的奥秘，文本的阅读、阐释、影响，读者对文本的建构和反应机制，批评的方法，批评作为一种知识生产的方式和任务，等等，都成为继创作论之后的热门话题。当然，我们这里要防止一种绝对化倾向，既不能对三个时期和阶段进行截然划分，也不能对西方文论的发展趋势做机械式的理解。因为在以本质论为中心的阶段，文论中也同样可能包含创作和批评鉴赏的问题,例如柏拉图的"迷狂说"和"非诗"。同样地,关注作家和创作的文论中也会或隐或显地包含本质论和批评论观点,例如浪漫主义文论的"表现说",现实主义的社会历史批评等。甚至,批评论中也包含了文学本质论,例如,有些文论直接把读者的阅读和反应看成文学本身,相反,认为没有经过阅读的东西就什么都不是,俄国形式主义批评就把文学的形式问题上升到文学本质的高度。我们看到,在以本质论为主的文论中,一般而言是可以延伸出创作论和批评论的,同样地,批评论一般或明或暗也可以延伸出相应的本质论和创作论。但大体来说,有些处于中心地位,有些处于延伸地位。

虽然西方文论的三个发展阶段可以从逻辑角度进行把握,但是本教材的阶段划分还是依照通行的四阶段的划分办法,这主要是为了与西方社会历史和文学本身的发展状况相映照,而不是仅仅从文论本身来进行考虑。按照这种分法,西方文论的发展阶段就分为古代文论、近代文论、现代文论和后现代文论四个历史阶段。

古代文论主要指从古希腊到17世纪的新古典主义这一阶段,这一阶段的历史主要是贵族统治的历史,文学追求贵族道德和价值观念,充满英雄主义色彩和崇高气质。希腊文学传统,尤其是史诗和悲剧传统,对后世形成了强大影响,无论是古罗马时期还是文艺复兴时期,对希腊传统的崇尚一直是西方文学的一个特点,古典文论的中心因此也主要是如何认识、总结、阐释和效法希腊传统的问题。

近代文论主要指18、19世纪的文论,这一阶段的历史文化中心是对贵族统治秩序的反叛,是资产阶级革命和欧洲资本主义体系的形成,与此相应的是启蒙、民主、自由、人道主义等核心观念的传播,历史进入平民时代,这时候的文论不再是讲究规则、秩序和效法典范的问题,而是如何冲破古典主义传统的限制。法国的卢梭、狄德罗,德国的莱辛、赫尔德等对市民文学的倡导,康德、席勒对艺术的自由特性、非功利性和游戏特性的分析,浪漫主义对个性解放和民族自由的强调,现实主义对文学与现实之间的血肉联系的关注等等,都对古典主义文论那种崇尚贵族道德秩序,追求刻板而严格的创作条规,遵循古典、远离现实等做法形成了强烈的冲击。

现代文论在一定程度上继承了近代文论追求艺术自由的特点,但是在程度上和文学的关注对象方面还是与近代文论有很大不同。现代文论主要产生在19世纪中后期到20世纪中叶这一段时间。西方从自由资本主义的顶峰逐渐转入垄断资本主义阶段和跨国资本主义阶段,并因为资本主义自身发展的内在矛盾而出现了经济危机和世界大战,这是贵族时代结束后西方遭遇的全新问题,资本主义的发展因为在很大程度上脱离了启蒙规划的理性蓝图,因此为未来想象带来了较大的障碍和诸多不确定因素。在这一历史阶段,哲学中的非理性主义思潮盛行,文学在近代启蒙时期的那种个性解放和民族自由的社会责任感受到极大挫折,对世界的理解充满了悲观和神秘主义色彩,文学和文论都逐渐摒弃了对社会的关注，把目光集中在文学本身，并有把文学形式化、神秘化的趋势。唯美主义第一次大胆地宣称艺术的目的就是艺术本身，把艺术本身放在了中心位置，象征主义把文学看成走向某种神秘境界的途径，存在主义文论认为艺术与存在之真理相关，而俄国形式主义与新批评则从批评的角度直接把文学的研究集中到文学文本，尤其是语言等文学形式上，现代文学与文论可以说或明或暗地充满了对理性的现实世界的厌恶和逃避，以及对神秘的非理性世界的好奇和向往。

而所谓后现代文论，主要指20世纪60年代以来的文论。这一阶段的历史特点主要是现代生产和信息技术支撑的资本主义的转型和全球化，社会生活的各个领域，政治、经济、文化，种族、阶级、性别，自然科学和社会科学、历史和现实等等，都出现了前所未有的复杂性和关联性，以建立某种中心、范围和秩序为基本追求的传统思维面临着极大挑战，这一历史阶段是各种中心主义、同一性、自足性观念逐渐露出真面目和逐渐解体的历史，可以说是人类神话历史的真正终结。生活复归它价值的多元性、联系的偶然性、关系的复杂性和界限的混沌性。文学反映了历史与生活在失序之后出现的"荒诞性"特点，文论也同样在不断揭示文学以及文论本身的复杂性特征。后现代文论也是非理性思潮后续影响的一个结果，因此可以看成现代文论的继续和深化，当然在程度上已经完全不同。文学不仅被看成一种主观色彩的游戏，也露出它隐藏的权力与意识形态的面孔，文学与历史消除了界限，读者取代了作者的位置，因此文论也不再只是关注文学艺术本身，它不仅从欲望、微观权力等非理性角度重新把文学与其复杂环境联系起来，甚至越出狭义的艺术领域，以一种更加宏观的眼光把人类的文化创造欲望化和修辞化，因此理论上逐渐进入其他文化符号系统，与哲学、心理学、社会学相互交融。

西方文论的发展，虽然也具有后现代观念所理解的那种历史复杂性和偶然性，但这并不妨碍我们从其历史发展中找出某些我们容易掌握和理解的规律性。我们最终会发现，学习西方文论史，除了对它的具体知识的掌握外，以某种带有规律性的方式来理解其发展过程是可行的，也是便于学习的。随着时代的变迁，随着文学艺术的发展，文学理论也会不断变化，在发展的过程中理论自身的关注对象也会不断转移，从而创造出更多不同的理论形态。学习现有的文论知识，不仅仅有助于我们扩大视野，增加我们理解文学和艺术的各种途径与角度，学习前人创造的智慧，同时也会在宏观意义上增加我们对世界的经验，改变我们对生活的体验，甚至也会增加我们创造未来的可能性。

《西方文论史》教材在国内已经有不少版本，但根据现有的教学经验，这些教材对于本科课堂来说整体上都存在较大难度，在作为课时有限的选修课进行讲授时，情况更是如此。因此,我们重新编写《西方文论史》的目的,就是在现有教材的基础上,尽量精简一些内容,同时使一些较为艰深的内容以更容易理解的语言和逻辑出现,使学生在学习时能够更容易进入和更加顺畅一些。换句话说,本教材的编写主要是在做一种“简化”的工作,它更像是对整个西方文艺理论做一种“引入”,也可以算是一种宏观的导论,以期更加适应本科课堂。另外,为了在一定程度上弥补“简化”可能带来的问题,我们在每章末尾都附上了相关的深度阅读书目,以使有兴趣的学生能够进一步深入学习。理论上讲,这些初衷实际上对编写者的要求是很高的,因为他不仅要吃透相关内容,同时还要求能够用明白晓畅的语言和清晰的逻辑思路来进行呈现。当然,由于水平有限,我们的努力在多大程度上能够实现这种预期,只有等今后的教学实践来进行检验了。同时,我们也期待着来自同行专家的批评意见,并在此提前表示对他们诚挚的谢意。

第一章　古希腊文论

概述

尽管西方文论如西方文化般是如此的跌宕起伏，但其思想的千头万绪却都早在作为西方文化开端的古希腊文明中就埋下了伏笔。古希腊文明的早期是爱琴文明，它大致包括了公元前26世纪出现于克里特的米诺斯文明和公元前16世纪左右兴起于希腊半岛的迈锡尼文明。公元前12世纪前后，因野蛮的多利亚人入侵，爱琴文明遭到毁灭，古希腊进入长达300余年的黑暗时代。公元前8世纪，古希腊进入城邦文明时期。在古希腊城邦文明短短四五百年的时间里，古希腊人创造了辉煌灿烂的文化，对西方乃至世界产生了无比深远的影响。德国哲学家雅斯贝尔斯在《历史的起源与目标》中将古希腊的这个时期归入“轴心时代”。[①]“轴心时代”所强调的是古希腊城邦文明时期的文化为整个西方确立了基本的规范和框架，其影响一直延续到今天。也就是说，西方人直到今天仍没有真正突破古希腊人确立的规范，每当人类社会面临危机或新的飞跃的时候，人们总是回过头去，看看轴心时代的先哲们是怎么说的。因此，要真正了解西方文论，就必须回到开端，回到古希腊，回到那个充满了原创氛围的时代。正如启蒙主义者所说的，懂得了起源，就懂得了本质。

西方文论的源头是古希腊文论。古希腊文论深受古希腊文化的影响。这种影响大致从神话、哲学、艺术、政治等方面可见一斑。

首先是神话的影响。在爱琴文明时期，以及希腊城邦文明最早出现的一两百年里，希腊的各种学科都还没有建立起来，哲学、科学、文学艺术都是处于萌芽状态。在

① 卡尔·雅斯贝斯《历史的起源与目标》，魏楚雄，俞新天，译，华夏出版社，1989年版，第7-29页。

那种情况下，最主要的、最典型的文化形态就是神话。古希腊神话传说主要是通过荷马（Homer，约公元前9世纪）的《荷马史诗》、赫西俄德（Hesiod，约公元前8世纪）的《神谱》及其后出现的系统叙事诗等传播进入古希腊人的生活的。“希腊世界是生息在荷马的神话中的，神与人尚未分离，神既是人的理想，同时又与人生活在一起。在希腊人看来，神曾与他的祖先共同生活过，而且直到现在仍然不断地出现于他的生活中。”[①]也就是说，在古希腊人看来，神话就是现实，就是真实，就是生活的一部分，甚至是生活的主要部分。古希腊人的文化启蒙和文明教化正是凭借聆听神话传说故事而实现的。因此，古希腊神话几乎影响到古希腊文化的所有方面，古希腊文论自然也深受其影响。首先是神话传说故事的传播中出现了文论的雏形。如荷马在其史诗的开篇总是虔诚地向诗神缪斯乞求灵感，吁请帮助。《荷马史诗》中还出现了如此的论述：诗是编造谎言，诗中有充满魅力的语言和高尚的心灵。赫西俄德的《神谱》中也说“诗人把谎言说得好似真理”。[②]赫西俄德还告诉人们，有一天当他在赫利孔山下牧羊时，缪斯曾教他优美地吟唱，“并把一种神圣的声音吹进我的心扉，让我歌唱将来和过去的事情”。[③]在荷马和赫西俄德他们所传诵的神话中，九个缪斯女神掌管历史、抒情诗、喜剧、悲剧、舞蹈，反映出古希腊人关于文学艺术的初步分类。此外，古希腊神话中的太阳神阿波罗，传说是从神使赫尔墨斯那里获得了七弦琴而成为音乐之神，人们也因此把诗歌称为“献给阿波罗的祭品”，这也反映了古希腊人诗乐同一的文学观念。[④]

其次是哲学的影响。古希腊哲学与神话一脉相承。古希腊神话中通过神系的生殖原则反映了一种朴素的宇宙起源论和自然演化观，这成为古希腊自然哲学和后来唯物主义哲学的源头；古希腊神话中还蕴含着一种以“命运”为动力的社会进化思想，这成为古希腊早期形而上学和后来唯心主义哲学的源头。与神话一样，古希腊的哲学对文论也有着十分重要的影响。首先是早期的一些哲学家们表达过一些关于文论的思想。譬如毕达哥拉斯（约公元前580—约前500年）的“数的和谐”理论对后世的形式主义文论有着深远的影响。从哲学家赫拉克利特（Heraclitus，约公元前530—前470年）和德谟克利特（Democritus，约公元前460—前370年）的著作残篇中，我们可以发现摹仿理论的最初萌芽。例如，德谟克利特就天真地认为：“从蜘蛛我们学会了织布和缝补；从燕子学会了造房子；从天鹅和黄莺等歌唱的鸟学会了唱歌。”[⑤]苏格拉底

---

① 赵林《西方文化概论》，高等教育出版社，2004年版，第9页。

② 张玉能《西方文论思潮》，武汉出版社，1999年版，第2页。

③ 赫西俄德《工作与时日　神谱》，张竹明，蒋平，译，商务印书馆，1991年版，第26-27页。

④ 张玉能《西方文论思潮》，武汉出版社，1999年版，第1-2页。

⑤ 伍蠡甫等《西方文化选》（上卷），上海译文出版社，1979年版，第5页。

(公元前469年—前399年)在文艺上也持摹仿说,但他强调艺术摹仿的不是人物的外形,而是要描绘出人物"精神方面"的特质,即描绘出人物的"心境""神色"和"感情"。同时,苏格拉底"美在功用"的原则直接导致了后来西方长期对文艺社会功用的过度强调。古希腊早期哲学家虽然在其论著中也涉及文艺问题,但真正形成思想体系,对后世有重大影响的是柏拉图(Plato,公元前427年—前347年)和亚里士多德(Aristotle,公元前384年—前322年)的文论。柏拉图从客观唯心主义的哲学出发,提出了基于理念论的文学艺术理论,否定摹仿现实的文学艺术,认为文学艺术应直接通过来自神的灵感去摹仿理念。他的理论核心是论述文学艺术和社会生活的关系问题。亚里士多德是柏拉图的学生,也是柏拉图理念论文艺理论的否定者。他从具有唯物主义倾向的哲学出发,提出文学艺术应摹仿人的活动的理论,肯定摹仿现实的艺术的价值和社会作用,并提出艺术作品构成"整一"原则以及初步的艺术分类理论。他的《诗学》作为西方第一部系统的文学艺术理论著作,涉及了文学与生活、作家与作品、作品内部的组织构造、读者与作品等诸方面的问题。①

再次是艺术的影响。文论自然与文艺实践密切相关。古希腊城邦文明时期,尤其是公元前5世纪中期,以伯利克里为代表的奴隶主民主派在雅典当权,带来了奴隶制经济的繁荣和奴隶主民主政治的活跃。相应的是,戏剧、绘画、音乐、雕刻等艺术得到了惊人的发展。戏剧的成就尤为突出,出现了埃斯库罗斯、索福克勒斯、欧里庇得斯三大悲剧家和喜剧家阿里斯托芬。如此辉煌的艺术成就自然深刻地影响了古希腊的文论。很多文论思想就直接来自艺术实践的总结,譬如阿里斯托芬(Aristophanes,约公元前446—公元前385年)的喜剧《蛙》(约公元前405年)中,通过埃斯库罗斯与欧里庇得斯之间的争论,表现了诗人对文学教化作用的高度重视。作者借埃斯库罗斯之口声称:"教训孩子的是教师,而教训成人则是诗人,因此我们必须说有益的话。"②

最后是政治的影响。政治在古希腊文化中地位最为重要。亚里士多德说,人是政治的动物。也就是说,人之所以为人,就在于人参与政治生活。当然,这里的人指的是公民,而那些没有公民权的奴隶、妇女、儿童、无产者、外来人等均被排除在外,这是贵族主义精英主义思想。当然,仅就那些公民而言,他的政治参与度非常高,因为他本身就是政治的动物,他有能力、有义务参与政治。所以,在希腊语言中,"公民""宪法""公民团体或政府""政治家""政治学"这些词都是从"城邦"来的。什么是"城邦"?亚里士多德说,就是享有一定权利同时要尽一定责任的一定数量的公民共同体。什么是公民?亚里士多德说,就是城邦里享有一定政治权利并要尽一定政治责

① 马新国《西方文论史》(修订版),高等教育出版社,2002年版,第9页。
② 中国社会科学院文学研究所《文艺理论译丛》(上),知识产权出版社,2010年版,第333页。

任和义务的组织者。这表明了公民与城邦休戚与共的关系。如此，古希腊文论一定会服从于古希腊人的政治实践及思考。如柏拉图的文论几乎总是在对政治的思考中提出来的。

在文化的深刻影响下，古希腊文论主要呈现出如下特征：首先是摹仿说盛行。摹仿说是古希腊时代最流行的关于文艺本质的观点。除了前面所说的赫拉克利特和德谟克利特较早提出的艺术是自然的摹仿的说法外，柏拉图和亚里士多德则系统地从哲学的本体论和认识论的高度阐发了摹仿说，以致这种摹仿说竟雄霸了欧洲文论史长达二千多年，成为艺术本质论的经典观点和传统模式。其次是灵感说、天才论盛行。也许是由于古希腊时代的文学艺术与原始宗教、巫术的分野还不是泾渭分明，也许是由于"当时人们的理性分析还不足以完全把文学艺术的创造活动切割分明，灵感说和天才论成了当时十分普遍的关于文学艺术创作理论的基本观点。德谟克利特就直截了当地说：一位诗人以热情并在神圣的灵感之下所作的一切诗句，当然是美的。柏拉图也通过诗人品达之口说：诗人的才能是天赋；没有天才而强作诗，喋喋不休，好比乌鸦呱呱地叫，叫不出什么名堂来"。[①]再次，从哲学高度把文学与美、真、善联系起来研究。最后，强调和谐的整体，这奠定了古典主义的基调。

古希腊文论作为西方文论的源头，成为西方文论的重要根基和范式，尤其是古希腊文论在摹仿说的基调上，形成了柏拉图的影子摹仿说与亚里士多德的真实创造摹仿说的对立，这种对立也就形成了从古希腊时代一直到19世纪西方文论的两大对立思潮，那就是西方文论中现实主义与浪漫主义两大思潮的对立和发展。

① 张王能《西方文论思潮》，武汉出版社，1999年版，第2-3页。

第一节 柏拉图文论

柏拉图(Plato)

公元前427年5月7日出生于雅典附近的伊齐那岛,从小受到良好教育,富有文学才能。柏拉图大约20岁时追随哲学家苏格拉底,游历过麦加拉、埃及等地,并在学习研究中逐渐形成了自己的思想,后在雅典城外西北角的阿卡德摩(Academus)建立学园,传授学说,培养人才,期望实现他的理想。他的政治实践屡遭挫折,以致最后全部放弃,转而专心办学。公元前347年,柏拉图在参加一次婚礼宴会时无疾而终,享年80岁。

柏拉图的作品主要采取对话的方式写成,内容涉及哲学、政治、伦理、教育等广泛的领域。文艺思想和美学思想是柏拉图哲学体系中的有机组成部分,主要体现在如下对话中:《伊安篇》(论诗的灵感)、《国家篇》(卷二至卷三,论统治者的文学音乐教育;卷十,论诗人的罪状)、《斐德若篇》(论修辞术)、《大希庇阿斯篇》(论美)、《会饮篇》(论爱美与哲学修养)、《斐利布斯篇》(论美感)、《法律篇》(论文艺教育)。我国著名美学家朱光潜将这些对话集中到一起,命名为《柏拉图文艺对话集》。

《柏拉图文艺对话集》以文艺理论题材为主,选收《斐德若篇》《会饮篇》《理想国》和《法律篇》等八篇对话构成“文艺对话集”。作品运用“苏格拉底式的论辩法”,把各方观点都提出来,对其中的矛盾剥茧抽丝般地逐层揭露,从而引向比较有说服力的结论。

柏拉图的文艺思想有两个基本的出发点,一是他以“理念论”为中心的理性主义哲学体系,从中提出了“影子摹仿说”和“灵感论(迷狂说)”;一是他立足于自己的政治理想,从中提出了文艺的真善美统一论和文艺的社会功能论。

一、"影子摹仿说"和"灵感论(迷狂说)"

柏拉图的"理念论"是现在能够见到的最早提出的完整的哲学体系。"理念"有时也称为"相",具有形式化的特点。"相"的思想可以追溯到古希腊神话中的"命运"。在神话中,"命运"强调有一种不可见的力量主宰着事物。在古希腊城邦文明时期,这种"命运"通过理性的思考与表达而成为早期形而上学的重要组成部分,从毕达哥拉斯的"数",到赫拉克利特的"逻各斯",到巴门尼德的"存在",到苏格拉底追问事物本身,最终形成柏拉图的"理念"或"相"。在柏拉图看来,现实世界的万事万物是杂多的、变动的和有生有灭的,因而是不确定的、不真实的、不可信的。真实的、可信的,或者说真理是独一无二、不变不动、不生不灭的。这样的真理就是柏拉图的"理念"或"相"。"理念"并非存在于现实的感性世界,而毋宁说是存在于神的世界,人需要凭借于理性才能把握。但这样的"理念"却是现实感性事物的本质,现实事物是对它的摹仿或分有,是它的影子。这样就形成了一个理念的世界和一个现实的世界。柏拉图认为,还有一个模仿现实的艺术世界。在《国家篇》卷十,柏拉图用床作为例子对艺术问题进行了讨论,他认为存在"三张床":作为神创造的床、木匠制造的床、画家摹仿的床。"神创造了床的本质",也就是作为"理念"或"相"的床,而木匠对其进行模仿从而制作了作为用具的床,然后是画家模仿木匠制作的床,创造出作为艺术作品的床。神创造的是本质的床,是真正的床。在柏拉图看来,木匠制造的现实的床,和画家根据现实画出的艺术的床,这两者都是不真实的。[①]

这样,自然能够看出柏拉图的文艺本质观,也即文艺不过是对理念世界和现实世界的摹仿,画家的工作不过是对摹仿的摹仿,因此是影子的影子,和真理隔着两层。[②]一切文艺都是这种摹仿的摹仿,影子的影子。因此,我们可以把柏拉图关于艺术本质的摹仿论称为"影子摹仿论"。需要注意的是,柏拉图认为,图画只是外形的摹仿。所以摹仿和真实隔得很远,它在表面上像能制造一切事物,是因为它只取每件事物的一小部分,而那一小部分还只是一种影像。这无异于说,文艺只能摹仿外形,达不到真实体,只是一种影像,因此是不真实的,只能哄小孩子和愚笨的人们。[③]

与理念论(相论)密切关联的还有柏拉图关于文艺的灵感论(迷狂说)。如果说摹仿论是关于文艺的本质的话,那么,柏拉图从认识论出发谈到的"迷狂说"则是一种关于文艺的创作论。他认为诗人和文艺家在迷狂状态下,还是可以通过直接摹仿理念而成为神的代言人的。在《伊安篇》中,苏格拉底谈到了这类诗人。他认为,在迷狂状

---

① 柏拉图《柏拉图全集》第二卷,王晓朝,译,人民出版社,2003年版,第615-617页。

② 过去大多译为三层,是将画家的画自身算作一层,王晓朝的翻译中根据柏拉图的意思译为两层。

③ 柏拉图《柏拉图全集》第二卷,王晓朝,译,人民出版社,2003年版,第617、621、623、625、627页。

态中的灵感就像磁石的磁力一样是可以传递的:“我刚才说过,使你擅长解说荷马的才能不是一门技艺,而是一种神圣的力量,它像欧里庇得斯所说的磁石一样在推动着你,磁石也就是大多数人所说的‘赫拉克勒斯石’。”所谓磁石的磁力,这里就是指灵感。缪斯“首先使一些人产生灵感,然后通过这些有了灵感的人把灵感热情地传递出去,由此形成一条长链”。诗人凭的不是技艺,而是在神灵附体的情况下完成神的指派:“真正说话的是神,通过诗人,我们能够清晰地聆听神的话语。”①

柏拉图通过这段话表明:第一,诗人是神的代言人。柏拉图把诗人与占卜者和预言家都归为神的代言人,其中似乎也包含着文艺与巫术、原始宗教的密切关系的观点。这实质上是回忆说认识论的文艺学阐释。诗人代神立言,实质上也就是回忆起神所创造的理式,从而才能达到真实体。第二,诗人凭灵感创作。正因为诗人是神的代言人,因此他写诗、诵诗,就不凭技艺规矩,而是凭神力的灵感。第三,灵感是神灵凭附的迷狂状态。为了让诗人成为神的代言人,神就把自己的神力给予诗人,使他得到灵感,这种灵感使诗人失去平常的理智,进入迷狂状态。这就是说,诗人的创作动力来自神灵凭附的灵感,灵感的迷狂状态是对平常理智的否定,因此,诗的创作是一种非理性的活动,甚至是一种神秘的活动。第四,诗的创作的根据是神,诗人只是神与听众之中的一个中介环节。柏拉图用磁石把磁力传给许多铁环形成一串悬着的锁链来比喻诗的创作和接受以及诗人的地位。神是磁石,它是诗的创作和接受的总依据,诗人是神与听众之间传达神意的中间铁环。

显然,柏拉图注意到并深思了文艺实践的非理性问题,并由此对文艺的创作动力做出了灵感迷狂的诠释。

二、文艺的真善美统一论和文艺的社会功能论

柏拉图对文艺的功能的思考是从他的政治理想出发的。他的政治理想又集中体现在《国家篇》(汉文版单行本叫作《理想国》)中。

《理想国》又译作《国家篇》《共和国》等,与柏拉图大多数著作一样,以苏格拉底为主角,用对话体写成,共分10卷,其篇幅之长仅次于《法律篇》,一般认为属于柏拉图中期的作品。这部“哲学大全”不仅是柏拉图对自己前期哲学思想的概括和总结,而且是当时各门学科的综合,它探讨了哲学、政治、伦理道德、教育、文艺等各方面的问题,以理念论为基础,构建了一个系统的理想国家方案。

① 柏拉图《柏拉图全集》第一卷,王晓朝,译,人民出版社,2002年版,第304-305页。

《理想国》被学者们认为是柏拉图最伟大的一篇对话。对话的主题首先是追问正义,继而从对具体个人正义的追问上升到对国家正义的探讨,而国家正义所涉及的正是如何建构一个理想的国家。在柏拉图看来,理想的国家应该是善的,大到国家整体,小到个人,上到精通哲学的人做王,下到从事生产制造的农夫鞋匠,都应该是善的。在这样善的国家里,如果每个人都从事自己最擅长的事情,并且安于乐于只从事自己最擅长的事情,各行业的人将获得自己的美德,如统治者智慧,保卫者勇敢,劳作者节制,如此的国家就实现了正义。根据这种思想,在理想的国家中每个人都是国家必需的,都是对国家有直接的现实的益处的。这种实用的功利的思想,必然影响着柏拉图对文艺功能的主张。

在柏拉图的思想中,作为世界本原的相和创造它的神都应该是真善美的统一。而真正的文艺在根本上是摹仿理念的,是代神立言的,因而也应该做到真善美统一。因此,他非常赞同那种"以给人教益为目的"的文章,"只有那些为了阐明正义、荣耀、善良,为了教诲而写下来的作品,才能做到清晰完美,具有庄重、完整、严肃等特征,才会对听众的灵魂起到矫正作用。这样的文章才能被称作人的合法的子女……"[①]。在《理想国》中柏拉图强调:"好言词、好音调、好风格、好节奏都来自好气质,所谓好气质并非我们用委婉的口吻说出来的那些没头脑的忠厚老实,而是指心灵和品格中的真正美好的气质。"[②]所谓真正美好的气质,根据朱光潜先生的理解,就是心灵真正尽善尽美[③]。可见,柏拉图要求文艺表现尽善尽美的心灵,强调文艺的真善美的统一。正是从这种真善美统一的文论观出发,柏拉图要求把那些不写真善美的诗人赶出理想国,并且要求立法者监督诗人们,强迫他们在诗里只描写善的东西和美的东西的影像,否则就不准他们在城邦里作诗。在他的理想国里,除掉颂神的和赞美好人的诗歌以外,不准其它诗歌闯入国境。

也正是从此出发,柏拉图列举了摹仿性诗和诗人的罪状。第一,这种诗不真实,诗人抓不住真理。他指出,从荷马起,一切诗人都只是摹仿者,无论是摹仿德行,或是摹仿他们所写的一切题材,都只得到影像,并不曾抓住真理。第二,培养人性的低劣部分,摧残理性。他把诗人和画家摆在一个队伍里,因为他们有两点类似:头一点是他的作品对于真理没有多大价值;其次,他逢迎人性中的低劣部分。这就是第一个理由,我们要拒绝他进到一个政治修明的国家里来,因为他培养发育人性中低劣的部分,摧残理性的部分。第三,诗人亵渎神明。在柏拉图看来,神是真善美统一的最高

---

① 柏拉图《柏拉图全集》第二卷,王晓朝,译,人民出版社,2003年版,第202页。

② 柏拉图《柏拉图全集》第二卷,王晓朝,译,人民出版社,2003年版,第368页。

③ 柏拉图《文艺对话集》,朱光潜,译,人民文学出版社,1980年版,第61页。

实体的制造者,它只是好的事物的因,因此,他不同意荷马说"那些永乐的天神看见赫淮斯托斯在宫廷里忙忙碌碌,个个大笑不停"。[①]他还指出,我们不能让诗人使我们的年轻人相信:神可以造祸害,英雄并不比普通人好。他反对荷马把神写成"宙斯宫殿的地板上放着两只土瓶,瓶里是他赠送的礼物,一只装祸,一只装福",反对"宙斯把善与恶降给凡人","神欲毁巨室,降灾人世间"。[②]这类故事既大不敬,而且也不真实,祸害不能从神那里来。由此可见,柏拉图强调文艺的真善美统一在于为巩固奴隶主贵族的国家制度,健全他的理想国。这就突出了文艺的社会功能,尤其是政治功能。

柏拉图明确提出了文艺在真善美方面的教育功能。在《理想国》中他说:"我们必须寻找这样一些艺人,凭着优良的天赋,他们能够追随真正的美和善的踪迹,使我们的年轻人也能循此道路前进,进入健康之乡,那里的美好作品能给他们带来益处,他们的眼睛看到的和他们的耳朵听到的都是美好的东西,这样一来,就好比春风化雨,潜移默化,使他们不知不觉地受到熏陶,从童年起就与美好的理智融合为一。"[③]美的音乐同样能"渗入心灵深处,在那里牢牢扎根",并且使人"变得彬彬有礼",而"受过正确音乐教育的人能敏锐地察觉缺乏美的事物,也会厌恶丑恶的东西,他会赞赏美好的事物,为美好的事物所激励,从中吸取营养,使自己的心灵变得美好"。[④]

柏拉图反对悲剧和喜剧,就是因为悲剧和喜剧中痛感和快感并存,因而无法使人真正得到教益。他认为,在看悲剧时,因为我们拿旁人的灾祸来滋养自己的哀怜癖,等到亲临灾祸时,这种哀怜癖就不易控制了。而在看喜剧时,平时所引为羞耻而不肯说的话,不肯做的事,你就不嫌它粗鄙,反而感到愉快,结果就不免于无意中染到小丑的习气。

由此,我们可以看到,柏拉图之所以反对文艺,驱赶诗人,禁止戏剧,就是因为他发现文学艺术具有浸润心灵的强大审美功能,从而能影响人的心灵,发挥它的巨大社会政治作用。这就是他在《会饮篇》中所说的:最高最美的思想智慧是用于齐家治国的,它的品质通常叫作中和与正义。

柏拉图的文论思想一直影响从古希腊至20世纪的文论观念,形成了与亚里士多德现实主义文论相对立的浪漫主义文论传统。首先,柏拉图的文论观念直接影响了古罗马和中世纪早期的新柏拉图主义文艺美学。其次,由于柏拉图的影响,在欧洲形成了强调文艺的社会功用的传统,从亚里士多德、贺拉斯、锡德尼,直到车尔尼雪夫斯

---

① 柏拉图《柏拉图全集》第二卷,王晓朝,译,人民出版社,2003年版,第351页。

② 柏拉图《柏拉图全集》第二卷,王晓朝,译,人民出版社,2003年版,第341页。

③ 柏拉图《柏拉图全集》第二卷,王晓朝,译,人民出版社,2003年版,第368页。

④ 柏拉图《柏拉图全集》第二卷,王晓朝,译,人民出版社,2003年版,第369页。

基，都接受了柏拉图的影响，另外，柏拉图开创了欧洲浪漫主义文论传统。他的灵感论、天才论、迷狂说，是浪漫主义直接的理论根源。从柏拉图开始，经过普罗提诺、朗吉努斯、卢梭、雪莱、施莱格尔兄弟、雨果，也就是从前5世纪直到19世纪，由柏拉图发端，形成了绵延不绝的浪漫主义文论传统。柏拉图的文论观念对20世纪的现代主义形形色色的文论流派也都有直接或间接的影响。①

第二节 亚里士多德文论

亚里士多德(Aristotle，前384—前322)

亚里士多德，柏拉图的弟子，古希腊伟大的百科全书式的思想家，出生在希腊北部马其顿统治下的小城斯塔吉茹(Stagira)。亚里士多德17岁时赴雅典柏拉图学园，在那里学习和教书约20年，直到柏拉图去世。后来他曾到马其顿担任亚历山大大帝的老师。公元前335年他回到雅典，在吕克昂学园继续从事研究和教学。亚历山大死后，亚里士多德逃离雅典，次年病故。

亚里士多德是柏拉图的学生，一生著述宏富，古代图书馆的抄本目录中，列在其名下的著作就有197卷。从内容上看，他的著作涉及了当代科学的几乎所有重要门类。只要提出一个科研分支，一定能找到亚里士多德在其中工作的文献记录；随便提出一种人类生活的方式，就能找到亚里士多德关于这种方式的讨论！②

亚里士多德的文论思想主要见于《论诗歌》(中译本叫作《诗学》)和《论修辞术》(中译本叫作《修辞学》)等著作。③

亚里士多德深受老师柏拉图的思想的影响，但这种影响更多地体现在他对老师思想的批判中。西方学者们认为，亚里士多德在思考问题时，柏拉图的著作一直都在

① 张玉能《西方文论思潮》，武汉出版社，1999年版，第10-11页。

② 靳希平《亚里士多德传》，河北人民出版社，1997年版，第24-25页。

③《诗学》的中文译本较多，这里试举两例：一个译本是罗念生译，人民文学出版社，1962年版，与贺拉斯的《诗艺》合订为一本；另一个译本是陈中梅，译注，商务印书馆，1996年版。《修辞学》，罗念生，译，生活·读书·新知三联书店，1991年版。

他的眼前，他的整个学术活动都处在同柏拉图的对话之中。[①]因此，在文论上，我们也能看出亚里士多德与柏拉图的差异。

一、艺术本质上是对真实的摹仿

在艺术本质问题上，古希腊流行摹仿论。在柏拉图那里，艺术摹仿现实，而现实则摹仿理念或相（譬如现实中的床是摹仿作为相的床）。而且，柏拉图认为只有理念的世界才是根本的、真实可靠的；相反，现实世界则是不真实和不可靠的，因此以现实为摹仿对象的艺术就更不真实可靠了，它只不过是“摹仿的摹仿，影子的影子”，“和真理隔着两层”。

和老师柏拉图一样，亚里士多德也认为艺术的本质是摹仿。在《诗学》第一章，亚里士多德就开宗明义地指出：“……先从本质的问题谈起。史诗的编制，悲剧、喜剧、狄苏朗勃斯的编写以及绝大部分供阿洛斯和竖琴演奏的音乐，这一切总的说来都是摹仿。它们的差别有三点，即摹仿中采用不同的媒介，取用不同的对象，使用不同的、而不是相同的方式。”[②]这里亚里士多德首先强调了各种不同的艺术本质上都是摹仿。既然本质上都是摹仿，那为何有不同的艺术类别呢？亚里士多德强调是因为摹仿的媒介、对象、方式的不同导致了不同的艺术类别。譬如，摹仿的对象不同：喜剧总是摹仿比我们今天的人坏的人，悲剧总是摹仿比我们今天的人好的人[③]。摹仿的媒介不同：绘画和雕刻用颜色和姿态来制造形象，摹仿许多事物，音乐则用声音来摹仿，文学（史诗、悲剧、喜剧、酒神颂）则用节奏、语言、音调来摹仿。摹仿方式不同：史诗用叙述手法，戏剧（悲剧和喜剧）让人物出场，即表演。这或许是最早对艺术分类问题的探讨。

尽管和老师柏拉图一样认为艺术本质上是摹仿，但亚里士多德否定了柏拉图的理念论，否定了艺术应该摹仿非现实的理念的看法。在他这里，艺术在本质上是对现实（自然）的摹仿，而现实（自然）本身并非来自对理念的摹仿，而是由四种基本因素构成的，即：质料因、形式因、创造因（动力因）和目的因。这就是亚里士多德著名的“四因论”。这里的“因（altia）”与我们今天讲的因果关系不完全相同，不仅仅是指前面发生的事情导致了后面的结果。古希腊更偏向于从事物的结构方面来考虑因果问题。所以，亚里士多德的“因”多带有静态结构的组织成分的意思。如此，在亚里士多德看来，砖瓦可以称作房子的“因”，而房子的形式结构也可以称作原因。因此，“四因”之

---

① 靳希平《亚里士多德传》，河北人民出版社，1997年版，第6-7页。

② 亚里士多德《诗学》，陈中梅，译注，商务印书馆，1996年版，第27页。

③ 亚里士多德《诗学》，陈中梅，译注，商务印书馆，1996年版，第38页。

“因”可以理解为“功能因素”的“因”。[①]四因之间如何关联呢？拿一尊铜像来说，它的质料因是铜，形式因是铜像的形状，创造因是雕刻家，目的因则是艺术家要构成铜像的设想。这四因中，最核心的是形式因，它包含了动力因和目的因，因此四因也可以合并为两因，即质料因和形式因。根据亚里士多德的思想，现实（自然）并非一个静态的整体，而是一个动态的有机的整体，它是一个生成的过程，这个过程，就是低级的质料实现其高级的形式的过程。如此的过程，亚里士多德把它理解为万物的创造行为。

这样，艺术摹仿现实（自然），就不是机械地简单地复制静态的事物的外形，而是一种创造性的活动。在《诗学》第9章中，亚里士多德说：“诗人的职责不在于描述已经发生的事，而在于描述可能发生的事，即根据可然或必然的原则可能发生的事。历史学家和诗人的区别不在于是否用格律文写作（希罗多德的作品可以被改写成格律文，但仍然是一种历史，用不用格律不会改变这一点），而在于前者记述已经发生的事，后者描述可能发生的事。所以，诗是一种比历史更富哲学性、更严肃的艺术，因为诗倾向于表现带普遍性的事，而历史却倾向于记载具体事件。”[②]这里的诗其实就是指文艺。文艺和历史都具有真实性，但历史是个别的真实，而文艺则是普遍的、必然的、可能的真实，因而是一种更高的真实。也即是说，文艺的创作不应只追求个别事物的摹仿，也不能止于对事物的简单描述，如历史家所做的那样，而是应该追求对事物本质的表现。所谓本质就是人在某环境中必然要说的话和可能会说的话。显然，亚里士多德用真实摹仿论有力地批判了柏拉图的影子论，也为后来的现实主义文艺美学提供了最基本的原理。其次，诗人之所以为诗人，不是因为他使用格律文写作，而是因为“他是情节的创作者”。[③]诗人在作品中描述的情节可以不是现实生活中发生的真实事物，而是诗人组织起来、虚构出来的，但是它仍然是人生世界中的事物、行动、生活的规律的映相[④]，或者说是人生的情理的表现，是合乎必然性和或然性的。此外，亚里士多德不仅认为文艺是对现实的摹仿，而且认为文艺起源于摹仿本能。他在《诗学》第4章中说：“作为一个整体，诗艺的产生似乎有两个原因，都与人的天性有关。首先，从孩提时候起人就有摹仿的本能。人和动物的一个区别就在于人最善摹仿，并通过摹仿获得了最初的知识。其次，每个人都能从摹仿的成果中得到快感。”[⑤]这就从心理学方面最早探讨了文艺的起源——摹仿本能，而且说明了正因为摹仿本能使人

---

① 靳希平《亚里士多德传》，河北人民出版社，1997年版，第233页。

② 亚里士多德《诗学》，陈中梅，译注，商务印书馆，1996年版，第81页。

③ 希腊文“诗人”一词，就是“创作者”的意思。见靳希平《亚里士多德传》，河北人民出版社，1997年版，第164页。

④ 亚里士多德认为，人的思想、心理反应本来就是事物的映相，而语言就是对这种映相的表达。见靳希平《亚里士多德传》，河北人民出版社，1997年版，第164页。

⑤ 亚里士多德《诗学》，陈中梅，译注，商务印书馆，1996年版，第47页。

得到知识，同时又使人得到快感，因而就产生了诗（文艺），并进一步把文艺当作人与禽兽相区别的主要标志。

二、悲剧论

亚里士多德的文论思想主要见于《诗学》，《诗学》中最重要的，也影响最大的是他关于悲剧的论述。

在《诗学》第6章，亚里士多德提出了戏剧史上第一个比较完整的对悲剧的定义："悲剧是对一个严肃、完整、有一定长度的行动的摹仿，它的媒介是经过'装饰'的语言，以不同的形式分别被用于剧的不同部分，它的摹仿方式是借助人物的行动，而不是叙述，通过引发怜悯和恐惧使这些情感得到疏泄。"[①]亚里士多德关于悲剧的所有论述都是从这个定义出发的。通过这个悲剧定义，结合《诗学》的其他内容，亚里士多德关于悲剧的论述可归纳为如下几点。

1.悲剧的本质："对行动的摹仿"

悲剧的本质是对行动的摹仿，这是亚里士多德在《诗学》中提出的一个重要观点。在古希腊，戏剧作品之所以被称为drama，就因为是借人物的动作来摹仿，drama一词源于dram，含有"动作"的意思。实际上，希腊的戏剧（包括悲剧和喜剧）起源于酒神节。希腊全境多山少平地，不适合大规模的农耕，但适合种植葡萄和橄榄。葡萄丰收后被酿成美酒，橄榄则用来榨油。每年春季（大约3月份），古希腊人为了祈求风调雨顺，总要举行盛大的狂欢活动以表示对酒神狄奥尼索斯的敬意，这就是酒神节。酒神节上人们的歌舞后来逐渐形式化，就产生了古希腊的戏剧，庄重严肃、有着宏大主题的，为悲剧；诙谐幽默、带有讽刺解构倾向的，是喜剧。显然，亚里士多德在悲剧的本质上是遵循了悲剧的起源，回到了人的行动这一根本的出发点。

关于行动（praxis），亚里士多德认为，它既不同于生产，也不同于纯度很高的思辨活动。行动的主体是人，因而是一种受思考和选择驱动的、有目的的实践活动。严格来说，只有智力健全的成年人才有组织和进行行动的能力。所以，对行动引起的后果，当事人必须承担应该由他承担的责任（或某一部分责任）。[②]可见，并非任何人的行为都是悲剧所摹仿的行动。智力不健全的未成年人的行为就不会被悲剧所摹仿。那么，悲剧所摹仿的行动是如何发生的？亚里士多德认为，悲剧所摹仿的行动发生在情节中。在《诗学》第6章中，亚里士多德列出了悲剧艺术的六大成分：情节、性格、言

① 亚里士多德《诗学》，陈中梅，译注，商务印书馆，1996年版，第63页。
② 亚里士多德《诗学》，陈中梅，译注，商务印书馆，1996年版，第66页。

词、思想、形象、歌曲。他把情节，也即戏剧行动置于首位。“事件的组合是成分中最重要的，因为悲剧摹仿的不是人，而是行动和生活[人的幸福与不幸均体现在行动之中；生活的目的是某种行动，而不是品质；人的性格决定他们的品质，但他们的幸福与否却取决于自己的行动。]所以，人物不是为了表现性格才行动，而是为了行动才需要性格的配合。由此可见，事件，即情节是悲剧的目的，而目的是一切事物中最重要的。此外，没有行动即没有悲剧……”①亚里士多德进一步强调：“情节是悲剧的根本，用形象的话来说，是悲剧的灵魂。”“悲剧是对行动的摹仿，它之摹仿行动中的人物，是出于摹仿行动的需要。”②这里有一个确定的倾向，就是人物服从于行动，换句话说，就是人物服从于情节。如果要问，情节服从于什么呢？命运。古希腊悲剧惯常的看法是凸显命运的主题，命运作为不可抗拒的力量通过情节实现对人的规定。亚里士多德强调悲剧是对行动的摹仿，应该是受到这种命运悲剧观念的影响。

2.悲剧的形式：有机整体

亚里士多德从四因论出发，强调艺术的创造性，同时强调文艺作品的有机整体性。亚里士多德说：“一个完整的事物由起始、中段和结尾组成。起始指不必承继它者，但要接受其它存在或后来者的出于自然之承继的部分。与之相反，结尾指本身自然地承继它者，但不再接受承继的部分，它的承继或是因为出于必须，或是因为符合多数的情况。中段指自然地承上启下的部分。”③简而言之，一个整体所包含的起始、中段和结尾的任何部分都不可或缺且自然组成这个整体。在亚里士多德看来，艺术家的艺术创造实质上就是把一定的形式赋予一定的质料，进而形成一个完整的有机体式的作品。在《诗学》中亚里士多德说：“显然，和悲剧诗人一样，史诗诗人也应编制戏剧化的情节，即着意于一个完整划一、有起始、中段和结尾的行动。这样，它就能像一个完整的动物个体一样，给人一种应该由它引发的快感。”④为什么呢？因为亚里士多德认为只有整一性才美，才能给人以美的快感。他指出：“无论是活的动物，还是任何由部分组成的整体，若要显得美，就必须符合以下两个条件，即不仅本体各部分的排列要适当，而且要有一定的、不是得之于偶然的体积，因为美取决于体积和顺序。”⑤由此可见，在亚里士多德那里，美是文艺的一种特质，而美是一种整一性，因此，美的文艺作品就是一个完整的有机体，只有它才能给人以一种它特别能给的快感，即美感。

---

① 亚里士多德《诗学》，陈中梅，译注，商务印书馆，1996年版，第64页。
② 亚里士多德《诗学》，陈中梅，译注，商务印书馆，1996年版，第65页。
③ 亚里士多德《诗学》，陈中梅，译注，商务印书馆，1996年版，第74页。
④ 亚里士多德《诗学》，陈中梅，译注，商务印书馆，1996年版，第163页。
⑤ 亚里士多德《诗学》，陈中梅，译注，商务印书馆，1996年版，第74页。

在悲剧形式上，有机整体性更多地体现在亚里士多德对写悲剧要注意的事项的强调上。譬如悲剧事件不宜过长，否则一天演不完，影响艺术效果。所以，亚里士多德说“力图保持在太阳一周之内”，实际是说，悲剧的所有活动合在一起不能超过一天的时间。这被后来意大利的钦提奥解释为“时间整一律”，即悲剧长度为12小时。同时，亚里士多德特别强调情节的安排要注意内在联系，要有整体性，这被钦提奥归纳为“情节整一律”。此外，古希腊人是在露天环形剧场演出悲剧，很难更换大布景，所以，一般一出悲剧的故事从头到尾都发生在一个地点，这被钦提奥归纳为“地点整一律”。这三个方面合起来，就形成了后人所谓的亚里士多德关于戏剧创作的“三一律”或“三整一律”，即时间、地点、情节整一律。这被后来的高乃依、拉辛等戏剧界权威奉为金科玉律，乃至成了束缚戏剧发展的桎梏。

3.悲剧的原因：过失说

悲剧为何会发生？亚里士多德认为是悲剧主人公行为的过失导致了悲剧的发生。但这里的悲剧主人公并非与大众毫不相关的人，毋宁说是与大众密切相关的人。

在《诗学》第13章，亚里士多德强调：“悲剧不应表现好人由顺达之境转入败逆之境，因为这既不能引发恐惧，亦不能引发怜悯，倒是会使人产生反感。其次，不应表现坏人由败逆之境转入顺达之境，因为这与悲剧精神背道而驰，在哪一点上都不符合悲剧的要求——既不能引起同情，也不能引发怜悯或恐惧。再者，不应表现极恶的人由顺达之境转入败逆之境。此种安排可能会引起同情，却不能引发怜悯或恐惧，因为怜悯的对象是遭受了不该遭受之不幸的人，而恐惧的产生是因为遭受不幸者是和我们一样的人。……介于上述两种人之间还有另一种人，这些人不具十分的美德，也不是十分的公正，他们之所以遭受不幸，不是因为本身的罪恶或邪恶，而是因为犯了某种错误。”[①]亚里士多德在这里首先明确了悲剧的主角不是具有十分的美德、十分公正的人，也不是极恶之人，而是“比好人要坏”，同时又“比今天的人好的人”。“比好人要坏”，表明了主人公与普通人相似，主人公所犯错误普通人也可能犯，从而引起恐惧之情；而主人公“比今天的人好”，说明主人公与普通人还是有所区别，也就是指具有贵族和英雄倾向的人，正因为如此，他们所犯的错误才能引起怜悯和同情。换句话说，主人公与普通人既具有相似性，同时又有一种距离感，这样才能起到“疏泄”情感的作用。

我们知道，希腊悲剧源于宗教祭祀的酒神节，它渗透了浓浓的原始宗教意识，尤其是一种强烈的命运观念。因此，悲剧的发生也被看成一种命运的安排，譬如《奥瑞

① 亚里士多德《诗学》，陈中梅，译注，商务印书馆，1996年版，第97页。

斯提亚》《普罗米修斯三部曲》《俄狄浦斯》等,都揭示了明确的命运主题。但奇怪的是,在《诗学》中我们却找不到“命运”一词。亚里士多德没有人云亦云地以命运来解释悲剧的发生,而是回到悲剧的主角,回到人物的行为,从行为的过失上来理解悲剧的发生。在当时,这是一个极其大胆的思想,它表明亚里士多德不盲从传统的观念,而是尊重现实历史(“行动中的人”)。从宣扬神秘莫测的命运,到强调人物行为的过失,这是古希腊人自我意识的觉醒在悲剧思想上的深刻体现。正是这一转变,使得西方悲剧从古希腊的命运悲剧转向近代的性格悲剧成为可能。

4.悲剧的作用:陶冶说

在悲剧的定义中,亚里士多德强调悲剧的作用“... with incident arousing pity and fear, wherewith to accomplish its catharsis of such emotions.”[①]通常的汉译是“通过引发怜悯和恐惧使这些情感得到净化(或译陶冶,或译疏泄)”。亚里士多德原文使用的是“卡塔西斯(Katharsis)”。在亚里士多德的悲剧定义所包括的内容中,“卡塔西斯(Katharsis)”是《诗学》现存部分没有做过说明的唯一的一项内容。[②]“卡塔西斯(Katharsis)”原意为净化,解脱,在医学上是清洗、清除的意思,宗教上是“洗清罪过”“赎罪”的意思。文艺复兴以前,人们把“卡塔西斯(Katharsis)”理解为“宣泄”;文艺复兴之后,学者们对这一概念纷纷重新解释,各种意见可以归纳为两类六派。一类为“净化说”,包含三派:(1)悲剧的Katharsis在于净化怜悯和恐惧中的痛苦因素,以使心理恢复健康;(2)Katharsis在于净化怜悯与恐惧中的利己因素,使观众忘我,而令其对全人类的命运发生怜悯恐惧;(3)Katharsis在于净化凶杀行为的罪恶。另一类为“宣泄说”,也包含三派:(1)Katharsis是“以毒攻毒”,以悲剧的怜悯和恐惧去治疗人类生活中病态的怜悯与恐惧;(2)Katharsis使人们平时对怜悯和恐惧的欲求得到满足,观众看悲剧时发泄这两种感情,从中获得快感,然后趋于平静;(3)Katharsis重新激发了怜悯和恐惧之情,减缓了这两种情感力量的压力,导致心理平静。罗念生先生认为,以上六种说法均未道出亚里士多德思想的真谛,他认为亚里士多德的思想符合中庸之道,因此“Katharsis”应该翻译为“陶冶”。[③]陈中梅先生认为应该翻译成“疏泄”。张玉能先生则认为:“就《诗学》的含义来看,应该说主要是一种道德上洗净心灵,也包含着宗教上和医学上的归依神的境界和平衡心理的含义,而更着重在审美与道德的结合,即通过审美对象的严肃伟大而遭受不幸引起人们的恐惧和怜悯,从而使人们的心灵得到净化。

① H. Adams, L. Searle, *Critical Theory Since Plato*(*Third Edition*),北京大学出版社,2006年版,第55页。

② 亚里士多德《诗学》,陈中梅,译注,商务印书馆,1996年版,第67页。

③ 靳希平《亚里士多德传》,河北人民出版社,1997年版,第166-168页。

因此，卡塔西斯译为‘净化’似更合乎亚氏的原义。”①

其实，考虑到悲剧作为艺术对观众的影响毕竟不同于直接的传教，也不同于直接的科普，它纵然包含有宗教的医学的内涵，但重心应该偏移至审美了，只是从亚里士多德的立场考虑，悲剧的审美打上了伦理色彩。因此，对于“Katharsis”还是理解为“陶冶”比较恰当。就是说，在悲剧欣赏的过程中，悲剧在给观众提供审美享受的同时兼顾了伦理的、宗教的甚至医学的影响。不管包含了多少层次的内涵，“卡塔西斯”表明悲剧最终是让观众达到心理的平衡、心态的平静。由此扩大一步，就形成了亚里士多德关于文艺的社会功用的陶冶说。他在《政治学》第八卷中谈到音乐的审美效果时对陶冶也做了一点阐述，他说：“某些人特别容易受到某种情绪的影响，他们也可以在不同程度上受到音乐的激动，受到净化，因而心里感到一种轻松舒畅的快感。因此，具有净化作用的歌曲可以产生一种无害的快感。”②由悲剧到音乐，亚里士多德都谈到了它们的陶冶作用，也即是说，文艺的社会作用主要在于，通过一定的审美对象引起某种感情激动，从而使人的心灵被这些感情所感染，感到一种轻松舒畅的快感。因此，文艺的社会作用应该既有道德上的教化，也有宗教上的熏染，还有医学上的平衡，是三者的统一。可以一言以蔽之，是以情感涤荡心灵，即陶冶。

三、亚里士多德文论的影响

亚里士多德的文论对后世西方文论产生了极其巨大的影响。首先，与柏拉图的影响主要在于后世的浪漫主义类型的创作相反，亚里士多德的影响主要在于后世的现实主义一类的文学创作。他的《诗学》也被看成西方现实主义文论的奠基之作。“文艺模仿现实（自然）”以及“文艺按照可然律和必然律进行摹仿”，正是现实主义文艺理论中的艺术真实论和典型化原则的雏形。

其次，《诗学》中关于“悲剧”的理论，对罗马古典主义和法国新古典主义戏剧尤其是悲剧理论形成了直接的影响，贺拉斯的《诗艺》和布瓦罗的《论诗艺》都直接站在亚里士多德《诗学》的基础上。其中，形式上的有机整体观，创作中的“三一律”，以及“合理”“合式”原则等，都主要来源于《诗学》。

此外，亚里士多德是学科分类研究的开创者和集大成者，《诗学》作为对文学和艺术的专门探讨，也为我们今天所说的文艺学学科奠定了基础并对其发展形成了直接影响。再也不像柏拉图以前，文艺学只不过是一个思想家的哲学思想的一个组成部分。

---

① 张玉能《西方文论思潮》，武汉出版社，1999年版，第17页。

② 《政治学》卷八，“论音乐教育”第七节，朱光潜译稿。转引自北京大学哲学系美学教研室《西方美学家论美和美感》，商务印书馆，1980年版，第45页。

复习思考题：

1. 如何理解柏拉图的“理念论”？
2. 如何理解柏拉图关于文艺的“影子摹仿说”？
3. 如何理解柏拉图关于文艺的“灵感说”？
4. 如何理解柏拉图的文艺应该是真善美统一的思想？
5. 亚里士多德的艺术摹仿论与柏拉图的有何不同？
6. 如何理解亚里士多德的创造性摹仿？
7. 如何理解悲剧是对行动的摹仿？
8. 如何理解亚里士多德关于悲剧原因的“过失说”？
9. 如何理解悲剧的作用？

深入阅读书目：

1.《柏拉图文艺对话集》，朱光潜，译，人民文学出版社，1963年版。
2.《柏拉图全集》，王晓朝，译，人民出版社，2018年版。
3. 亚里士多德《诗学》，陈中梅，译注，商务印书馆，1996年版。
4.《亚里士多德全集》（卷一），苗力田主编，中国人民大学出版社，1990年版。
5.《亚里士多德全集》（卷九），苗力田主编，中国人民大学出版社，1994年版。

第二章 罗马古典主义与新古典主义文论

概述

古希腊以其辉煌的成就在古代西方傲然于世,成为之后几千年西方文化取之不尽的宝库。古希腊文明构成了西方文化的两大源头之一,影响深远广阔。西方世界经历几千年文明,历代变迁,各族地位起起伏伏,政治经济、思想文艺纷繁演变,古希腊的种种却始终贯穿其中,或明或潜。古希腊实体分裂后,取而代之的古罗马以古希腊为典范确立了古典主义传统,但在中世纪,古希腊文艺受到压抑转入暗里,文艺复兴时期才重获新生,并在17世纪的新古典主义那里发扬光大。直到19世纪浪漫主义的出现,这一古典传统才结束了它强大的模范规制。

前5世纪,古希腊文艺发展至巅峰,产生了埃斯库罗斯、索福克勒斯、欧里庇得斯三大悲剧诗人,古典哲学三大巨擘苏格拉底、柏拉图、亚里士多德先后出现。在与希腊西邻的亚平宁半岛中部的罗姆平原,罗马建国已取得可观成就。前3世纪左右,马其顿国王亚历山大将帝国版图扩展至欧亚非三大洲,希腊与罗马皆被收入其中。作为亚里士多德的学生,亚历山大推崇古希腊文艺及思想,将之推广至帝国版图所到之处,这一过程被称为"希腊化"。罗马最初接受古希腊的影响便是在这一时期。在古希腊文艺发挥影响的一百年后,罗马进入了共和制中期,出现了第一位诗人安德罗尼库斯,重要的作品之一是翻译作品《奥德赛》。其他的文艺成就还有模仿米德南新喜剧的戏剧作品。至罗马共和制末期,社会矛盾丛生,政治动荡,演说家西塞罗将希腊雄辩术为他所用,展示了语言的巨大力量,他的演说稿成为后世的散文典范。

古希腊对罗马的影响直接反映在文艺创作中,但在思想或理论上经过了亚历山大里亚学者的中介。古希腊雅典城邦衰落后,埃及的亚历山大里亚成为地中海各国的交通枢纽和科学文化中心。亚历山大里亚的学者,以及来自希腊的大批学者开始整理希腊古籍。古罗马征服马其顿各王国之后，继而成为政治、经济、文化中心，同时也接受了亚历山大里亚学者介绍的古希腊文化。亚历山大里亚学者大多是文化学家、语言学家和训诂学者，脱离实际，缺乏宏大的社会愿景以及为理想奋斗的激情。经他们的吸收改造，由古希腊的哲学思想分化出的伊壁鸠鲁派、斯多葛派和怀疑派哲学在古罗马十分流行。伊壁鸠鲁派宣扬无神论，认为人的灵魂会死，以摒弃感情的心灵宁静之乐为目标；斯多葛派主张世界理性决定事物的发展变化，人是美好的有秩序的宇宙的一部分，人应该协调自身，保持与宇宙大目标一致，安于命运，恬淡寡欲才能得到幸福；怀疑派哲学是感觉的、道德的、逻辑的怀疑主义，认为一切都是不可知的，未来的一切都无从把握，人不妨享受当下。它们虽然有不同的主张，但都不过是不同形式的逃避哲学。在这种哲学的影响下，古罗马的文艺气象也倾向于轻佻、纤细、感伤，艺术种类以新喜剧、颂歌、说教诗、讽刺诗、抒情诗为主，难以见到气魄宏伟的史诗和悲剧。

屋大维成为罗马的统治者之后，面对文艺的颓风非常不满，希望文艺与他的伟大统治相匹配，于是命令诗人梅赛纳斯招募文人，整治管理文艺。诗人贺拉斯围绕这一要求，根据当时流传于世的古希腊经典写作了《诗艺》，在理论上初次确立了向古希腊学习的古典原则。他认为古希腊文艺符合理性、整一、和谐等艺术最高标准。在创作方面，古罗马最伟大的诗人维吉尔模仿荷马史诗，将《伊利亚特》与《奥德赛》融合为一，写作了罗马的民族史诗《艾涅阿斯》，追溯了屋大维祖先的光荣传统和高贵出身。这部史诗保留了古希腊史诗恢宏壮丽的风格，结合了罗马民族务实奋进的气质，从形式到内容都达到了罗马文艺的巅峰，也进一步证实了以古希腊为典范的必要价值。它一方面来自上层统治提升文艺的要求，另一方面也来自部分异族人士轻视罗马本土文艺，向往古希腊，保持自我身份的意愿。这些异族人士沉迷于古希腊典籍，加以研究发挥，以表示与罗马本土文艺理念的距离，其中的代表有朗加纳斯的《论崇高》，讨论古希腊艺术的审美特质，提出了一个新的美学范畴——崇高，以此对照罗马的文艺现状并建立起自己的文艺理论体系。到了古罗马后期，西方文明历程转向中世纪阶段。普罗提诺是古代与中世纪哲学美学承传的思想家。他的著作集《九篇集》融合了古希腊毕达哥拉斯、亚里士多德、斯多葛派和东方宗教神秘主义美学，创立了新柏拉图主义。

进入中世纪之后，基督教确立起来，古希腊思想中的柏拉图和亚里士多德思想，主要潜在于基督教神学的深层结构之中，但在公开层面，古希腊元素遭到摒弃。中世纪末期，这种情况发生了巨大的改变，古希腊随着一场声势浩大的思想文化解放运动

——文艺复兴而强势回归。1453年,土耳其攻占了东罗马的拜占庭,保留于其中的古希腊典籍随着逃亡的人文学者回到欧洲,并且在罗马废墟中又发掘出许多古希腊古罗马时期的艺术品,给基督教世界造成了巨大冲击。原属于古希腊文明组成部分的意大利,成为复兴古典的首要阵地。正如恩格斯所说:"拜占庭灭亡时抢救出来的手稿,罗马废墟中发掘出来的古典古代雕像,在惊讶的西方面前展示了一个新世界——希腊古代;在它的光辉的形象面前,中世纪的幽灵消逝了;意大利出现了出人意料的艺术繁荣。"[①]文艺复兴运动之所以发生,根本原因是新兴的资本主义要求改变中世纪以来的封建制度,突破基督教的思想桎梏,虽然是打着"再生"希腊罗马的美学,其实际目的是反对封建的基督教文化,创造新的资产阶级文化。

意大利文艺复兴运动的引领者从古希腊的典籍与艺术品中发现了人文主义精神,肯定人,肯定人性、性感和理智,肯定人的世俗生活的价值。首先是表现在创作实践方面,艺术家和诗人遭受漫长压抑的创造力蓬勃而出,出现了美术三杰——达·芬奇、米开朗琪罗和拉斐尔,他们的绘画和雕塑作品从古希腊雕塑中获得灵感,结合新的科学理性发现,在技术上更为成熟,风格偏于写实,尤其是人体的线条和姿态,健美有力,彰显了人性的尊严。文学艺术方面,人文主义诗人但丁、薄伽丘和彼特拉克,其诗作的形式和内容都具有世俗主义的倾向,他们歌颂人的情感,赞赏人们对世俗幸福的追求。

诗人但丁提出了"四义说",认为《圣经》的语言有四层含义:字面义、譬喻义、道德义、寓言义,在此基础上,他阐释自己用俗语(意大利语)创作的《神曲》,指出《神曲》也是一部寓言,其寓言义是"人们凭自由意志去行善或行恶,将得到善报或恶报,"而创作的目的是"要使得生活在这一世界的人们摆脱悲惨的境遇,把他们引到幸福的境地。"《神曲》的内在精神符合新兴资产阶级发展自身的要求,更直接的是将俗语诗歌与《圣经》相提并论,将千年来作为神学婢女的文学艺术的地位极大地提升,而《神曲》高超的艺术成就和丰富的思想蕴涵是最为有力的证明。晚出但丁十年的诗人薄伽丘的观点与他相同,薄伽丘对但丁的诗作推崇备至,投入大量时间和精力注释并讲授《神曲》,借此进一步肯定诗歌的价值,提出"不仅诗是神学,而神学也就诗","诗人把真理隐藏在从表面看好像是不真实的东西后面,他们用虚构的故事而不用其他方式,因为这些虚构的故事的美能吸引哲学证明和辞令说服所不能吸引的听众。"但丁与薄伽丘结合自己的创作与时代精神,通过实践成果向世人证明了诗歌艺术的价值。另一位意大利思想家卡斯特尔维屈罗则直接借鉴古希腊文艺理论,以纠正欧洲基督教

① 中共中央马克思恩格斯列宁斯大林著作编译局《马克思恩格斯选集》第四卷,人民出版社,1995年版,第261页。

文艺偏见，他将《诗学》翻译成意大利语，并写作了《亚里士多德〈诗学〉诠释》。通过诠释，他主要发展了亚里士多德关于诗歌题材、语言以及目的的主张，同样将诗歌与历史相比较，认为诗歌“是关于本来不曾发生过的事物的，但是同时在愉快和真实两方面，都不比历史减色。”卡斯特尔维屈罗强调了诗歌的审美性和普及性。他更为重要的观点是根据亚里士多德在《诗学》开篇关于悲剧的观点——“悲剧力图以太阳的一周为限”“围绕着一个整一的时间行动，有头、有身、有尾。”提出了悲剧的“三一律”。“三一律”指的是“事件中的地点必须不变”，“表演的时间和所表演的事件的时间必须严格的相一致”，“事件的时间不超过十二小时”。时间、地点、情节的高度集中可以说是戏剧成熟的标志之一，对中世纪末期戏剧发展单一、粗糙的局面有一定的改进作用，为17世纪法国文艺理论家所继承，并奉为金科玉律。“三一律”是对亚里士多德《诗学》的过度阐释，这在罗马时期并不少见。将古希腊罗马文艺理论奉为权威，一度出现极端泥古的倾向，如德诺尔以古希腊悲剧为标尺批评瓜里尼的悲剧混杂剧，明屠尔指责《疯狂的罗兰》不符合荷马和维吉尔所遵守的合适的形式和谐度，情节杂多且主题没有古据。持反对意见者主张全面具体地学习古希腊罗马经典，支持悲喜混合，情节多样化，鼓励艺术创新。正反双方的辩论形式构成了西方文艺理论史上的第一次“古今之争”。除意大利之外，西班牙的戏剧家维加、小说家塞万提斯，英国诗人锡德尼都借助亚里士多德的“摹仿论”和贺拉斯的“寓教于乐”理论为诗歌的地位辩护。

文艺复兴时期的古典主义与古罗马不同，首先，文艺复兴所推崇的古典文艺是古希腊与古罗马并举，所接受的古希腊文艺思想也已经经过古罗马的吸收和改造；其次，文艺复兴从古典文艺提炼出来的“人文主义”是基于时代革新的直接要求，其重要意义是对人的价值、世俗生活、人性的肯定，反对中世纪基督教的文艺思想的局限，直接作用于艺术实践，成就了文艺的繁荣；最后，文艺复兴时期对古希腊古罗马的阐释存在误解与改造，从而形成新的艺术观念，如“三一律”。

到了17世纪，贺拉斯的主张以及意大利亚里士多德主义文论得到法国的布瓦洛，英国的德莱顿、蒲柏和约翰生，德国的温克尔曼等人的继承和发扬，形成了新古典主义。

“古典”一词来自拉丁语，意思是“典范”。首先是在意大利的美术界出现，推崇古希腊罗马，以《圣经》、神话、王朝历史作为主要题材，排斥现实生活，追求规模、庄严、宏大的气魄，宫廷中还注重豪华性，笔法简练、明确、清晰，与当时流行的另一种巴洛克风格形成鲜明的对比。凡尔赛宫就是古典主义风格的典型，立面为标准的古典主义三段式处理，即将立面划分为纵、横三段，建筑左右对称，造型轮廓整齐、庄重雄伟，被视作理性美的代表。但其内部装潢则以巴洛克风格为主。

新古典主义是17、18世纪封建君主统治面对新兴的资本主义的巨大压力，在文化思想上做出的应对，也是西方精神在经历了文艺复兴的人性和情感的巨大变动之后的某种退守。其现实基础是英、法、德等民族国家资本主义经济发展，君主专制在前期试图调和二者之间的矛盾。思想基础则是笛卡尔唯理主义，以理性为核心，轻视感性和情感。其中的科学精神符合资产阶级发展生产力的需要，而其抽象的形而上的性质有利于君主专制对秩序和法则的强调。这样的发展基础决定了，新古典主义文学思想在各国都是以自上而下的文学规范指导面貌出现的。

第一节　罗马古典主义文论

一、贺拉斯与《诗艺》

贺拉斯（前65—前8年）出生于意大利南部，其祖上为获释的奴隶。贺拉斯接受过良好的教育，青年时期支持共和派，反对屋大维，参加军队，共和派失败后逃离罗马。父亲死后他将田产上交公家，借此谋得了一个小官，被诗人维吉尔发现其诗才后向麦克纳斯推荐，成为奥古斯都宫廷文人集团的成员。贺拉斯的创作以抒情诗和讽刺诗为主。他对古希腊抒情诗格律进行了改造，使之更适合拉丁语，因影响深远而被称为“贺拉斯诗体”，在内容上多歌颂奥古斯都的功业。其讽刺诗则批评罗马吝啬、贪婪、淫靡的不良世风。贺拉斯的名望地位极高，成为当时诗人模仿学习的榜样。在他的诗作中可以散见他的文艺观念，他晚年所作的《诗艺》则是其文艺观念的集中表达。

《诗艺》本是一封书信，收信人是皮索父子三人，主要是回复皮索父子向贺拉斯请教如何写作的问题。书信本就是诗体，行文自由随意，并没有形成严谨的逻辑和系统。一百年后受罗马修辞学家推崇，命名为《诗艺》，其在西方文艺史上的地位由此得以奠定。上承亚里士多德的《诗学》，下开文艺复兴及十七世纪文艺理论之端，是欧洲古代文艺学中一部承上启下的作品。

在《诗艺》中，贺拉斯想回答的问题是“诗人的职责和功能何在，从何处可以汲取丰富的材料，从何处吸收养料，诗人是怎样形成的，什么适合于他，什么不适合于他，正途会引导他到什么去处，歧途又会引导他到什么去处”。[①]

1.诗歌应该“合情合理”

关于文学（主要讨论的是诗歌和悲剧）如何取材，贺拉斯的观点继承了亚里士多德的“模仿论”，认为应该从真实的自然、生活和风俗习惯中取材，强调的是合情合理。诗人所写的内容应该符合现实，不能天马行空、张冠李戴，须符合常识；诗歌或悲剧的语言应该符合习惯，不夸张、浮饰、生造；格律遵循固有规范，不要刻意标新立异；塑造人物、性格应该符合经典中的性格特点，人物语言符合年龄和身份；诗人获得成功最保险的做法是遵循古制，写人已写，如要创新，则必须做到内部一致，不破坏和谐。

2.“判断力是开端和源泉”

如何能做到上述几点，也即如何能成为一个合格的诗人。贺拉斯的解答是“判断力是开端和源泉”，这句话成了古典主义作家的信条。“判断力”一词的含义可以理解为“智慧”“判断”或“正确的思考”，贺拉斯随后的论证是：“如果一个人懂得他对于他的国家和朋友的责任是什么，懂得怎样去爱父兄、爱宾客，懂得元老和法官的职务是什么，派往战场的将领的作用是什么，那么他一定也懂得怎样把这些人物写得合情合理。”[②]据此，我们可以说“判断力”即理性，与思想、道德感、知识和经验有关。他在信中所提到的诗人应该具备的某些品质，比如懂写作规则、有魅力（感染力）、不甘平庸、天才与苦学并重、虚心学习、接受批评等，都可以归结为判断力。

3.诗应该“寓教于乐”

无论是对文学内容形式，还是对诗人素质提出种种标准和要求，根本都在于贺拉斯对文艺的社会功能和价值的认识。贺拉斯认为“诗人的愿望应该是个人益处和乐趣，他写的东西应该给人以快感，同时对生活有帮助”，即“寓教于乐”。关于“教”什么，在讨论悲剧中的歌队的作用时，贺拉斯明确地指出：“它必须赞助善良，给人以友好的劝告；纠正暴怒，爱护不敢犯罪的人。它应该赞美简朴的饮食，赞美有益的正义和法律，赞美敞开大门的闲适。”在他看来，文艺的社会功能是正面的、积极的、建设性的，从他寄望文艺对罗马的作用中，可以看出他对罗马现实的不满。贺拉斯对于文艺

---

① 亚里斯多德《诗学》，罗念生，译；贺拉斯《诗艺》，杨周翰，译，人民文学出版社，1962年版，第153页。

② 亚里斯多德《诗学》，罗念生，译；贺拉斯《诗艺》，杨周翰，译，人民文学出版社，1962年版，第154页。

和诗人的社会功能的认识来自两个方面的参照，古希腊与罗马的现实，将二者进行对比，他认为"诗神把天才，把完美的表达能力，赐给了希腊人；他们别无所求，只求得到荣誉。而我们罗马人从幼就长期学习算术，学会怎样把一斤分成一百份。……当这种铜锈和贪得的欲望腐蚀了人的心灵，我们怎能希望创作出来的诗歌还值得涂上杉脂，保存在光洁的柏木匣里呢？"[①]诗艺与诗人的理想状态是，"举世闻名的荷马和堤尔泰俄斯的诗歌激发了人们的雄心奔赴战场。神的旨意是通过诗歌传达的；诗歌也指示了生活的道路；（诗人也通过）诗歌求得帝王的恩宠；最后，在整天的劳动结束后，诗歌给人们带来欢乐。"[②]

贺拉斯借传授创作经验阐明了对文艺的认识，实际上是基于维护和加强统治力的要求，为文艺制定规则，对文艺进行改革与控制。《诗艺》以古希腊为榜样，对诗歌取材、形式、意义等各方面做出规范，在延续古希腊渊源的同时对其加以经典化，开创了文艺史上以古喻今的古典主义传统。

二、朗加纳斯《论崇高》

稍晚于贺拉斯的古罗马批评家朗加纳斯，在一封写给朋友特伦天的回信中，就另一位享有盛名的批评家凯齐留斯所写的论文《论崇高》发表了意见。他认为凯齐留斯的文章只停留在罗列例子说明崇高的性质这种没有意义的事情上，而没有解决更重要的问题，即怎么样提高懂得崇高的能力。在信中，朗加纳斯正是针对这一不足，探讨了如何才能实现崇高。朗加纳斯对古希腊文艺旁征博引，了如指掌，以古希腊为典范，在贺拉斯继承亚里士多德的道路之外，挖掘出了新的美学范畴——崇高。

1.何谓崇高

在朗加纳斯看来，崇高是人人都或多或少能有所了解的。他主要从艺术效果的角度来进行界说，"所谓崇高，不论它在何处出现，总是体现于一种措辞的高妙之中，而最伟大的诗人和散文家之得以高出侪辈并获享不朽的盛誉，总是因为有这一点，而且也只是因为这一点。崇高的语言对听众的效果不是说服而是狂喜"。这种诗歌，"使人惊叹"，可以"操纵一切读者，不论其愿从与否"，具有普遍性，在局部就可以"以闪电般的光彩照彻整个问题"。我们可以看出，朗加纳斯关于崇高的论述中强调了两点，一是崇高的介质——语言或措辞，二是崇高的体验特质——狂喜或惊叹。朗加纳斯对于崇高的体验的惊叹特质以及体验的普遍性的观点，对后世的德国古典哲学家

① 亚里斯多德《诗学》，罗念生，译；贺拉斯《诗艺》，杨周翰，译，人民文学出版社，1962年版，第154-155页。
② 亚里斯多德《诗学》，罗念生，译；贺拉斯《诗艺》，杨周翰，译，人民文学出版社，1962年版，第158页。

康德的崇高美学说有着深远的影响。康德在他所建立的先验哲学体系中，将其作为一个关键的环节确立了下来。但就朗加纳斯本人而言，在《论崇高》这封书信中，出于批评家纠正文风时弊、指正方向的考虑，更重要的工作是就崇高的介质——语言进行探讨。

当时，罗马批评界虽然对古希腊的崇高特质已有所认识并认可，但普遍认为“崇高是天生的，并非依靠传授所能获得的；天资是唯一能够教授它的老师”。[①]朗加纳斯对此有所保留，他认为天资与技术兼而有之，而且“作者在什么时候必须听天资的指挥，也只有从技术上才会体会到”。通过对具体作家和文本的对比分析，主要是以荷马的史诗为参照，朗加纳斯揭露出当时罗马文坛出现的一些弊端——浮夸、幼稚、滥情以及卖弄。为了避免这些毛病，需要培养文艺鉴别力，清楚地认识和体会真正的崇高。

2.如何实现崇高

真正的崇高的文章“自然能使我们扬举，襟怀磊落，慷慨激昂，充满了快乐的自豪感”，“使人心胸豁达，意志昂扬”[②]“百读不厌的，很难甚且不可能抵抗它的魅力，它给你牢固的、不可磨灭的印象”[③]。

朗加纳斯进一步分析出崇高的语言主要的来源有五个：第一是庄严伟大的思想，第二是强烈而激动的情感，第三是运用藻饰的技术，第四是高雅的措辞，第五是前四个的综合，即整个结构的堂皇卓越。他指出前两个条件要靠天赋，其余的可以依靠技术。

首先是庄严伟大的思想，它是崇高的首要条件，是对作者内心的要求，要求作者具备高尚的心胸，因为崇高是“伟大心灵的回声”。思想与感情都是获得崇高的先天条件，前人常常将二者混为一谈，朗加纳斯澄清说，只有悲壮的感情才能是崇高的，而怜悯、烦恼、恐惧等这种卑微的感情，离崇高很远。如果具有悲壮的感情和高尚的思想，即便没有后面的三个条件，也同样可以是崇高。值得一提的是，以此为标准，朗加纳斯比较了《伊利亚特》与《奥德赛》，认为前者是荷马壮年时的伟作，“全篇生意蓬勃，富有戏剧性”，而后者却是荷马晚年的作品，光华已逝，“逍遥于荒诞无稽的野史奇谈”[④]之中了。

在技术方面，朗加纳斯就崇高的结构和语言方面做出了翔实的分析。结构上应

---

① 伍蠡甫等《西方文论选》上卷，上海译文出版社，1979年版，第122页。

② 缪灵珠《缪灵珠美学译文集》第一卷，中国人民大学出版社，1998年版，第82页。

③ 缪灵珠《缪灵珠美学译文集》第一卷，中国人民大学出版社，1998年版，第82页。

④ 缪灵珠《缪灵珠美学译文集》第一卷，中国人民大学出版社，1998年版，第87页。

该注重题材的选择和选材的组织，选择最适当的本质成分，使之组成一个有机的整体，继而采用铺张的手法，“每一段的主题和论点都有不少起伏波澜，雄浑的文辞一句接一句滚滚而来，不断地增加其气魄”。[①]另外，就是要经营想象，想象是指“当你在灵感和热情感发之下仿佛目睹你所描述的事物，而且使它呈现在听众的眼前”，而且，诗人的想象有点类似于神话，远远超过了可信的限度。当然，这些做法，都必须参照借鉴古人，须常常自问“如果是荷马会怎样做？”语言方面，主要是指修辞，因为朗加纳斯的目的在于通过技术指导，帮助诗人达到崇高，故而，在信中花了很大篇幅讨论语言运用问题。他通过大量古典文本中的具体实例分析了誓词、设问、倒装、变数、变人称、婉曲、藻词、隐喻、俗语等修辞方法，建议写作应修辞混用，不着痕迹，浑然天成。除此之外，他还特意指出文学语言中音律的重要价值，“音律的和谐不仅是进行说服和引起快感的天然的工具，而且是作出壮语和表达情感的奇妙工具。”

3. 崇高是无用的

在信件的最后，朗加纳斯回应了一个哲人的观点，当世绝少真正崇高和极其伟大的天才，原因在于民主制度的消失，诗人没有自由，缺少彼此竞争的精神和争取高位的雄心。有论者认为，这是朗加纳斯婉曲地批判罗马日趋专制的政治统治。在朗加纳斯所生活的年代，奥古斯都已经去世，罗马的光辉荣耀的政治武功衰颓。生活于中下层的异族人氏朗加纳斯借怀念和推崇古希腊民主政治和经典文艺批判世风时弊。但是他也指出，“天才的败坏也许不应该归咎于天下太平，而是更应该归咎于我们内心的无穷无尽的祸乱，尤其是那些今日占据着蹂躏着我们生活的利欲”。在他看来，罗马人更大的病症在于贪利爱钱，爱享乐，“只重视必腐必朽的肉体，却不珍惜不朽的灵魂的发展”。实际上，在朗加纳斯这种推论的背后，有一个很重要的理据，他在信中品评古希腊诗人的伟大作品时，发现崇高的诗人并非十全十美，笔下的事物也并非对人有益有用之物，如他们歌颂喷发的火山而不写自己点燃的烛火，歌颂大江大海而不写取水的溪流，从而得出结论：“有用的和必需的东西在人看来并非难得，唯有非常的事物才往往引起我们惊叹。”崇高作为一种审美体验是与功利实用无关的，故而，当罗马人陷入利欲之中，便丧失了崇高的可能性。

朗加纳斯的《论崇高》突出崇高这一范畴，拓展了对艺术本质的认识，并且将艺术崇高的最根本归因于人本身的崇高，尤其是指出人的感情和想象力的重要作用，将艺术认识的对象从强调客体转向了对主体的观照，且极大地肯定了人的尊严和思想，其中的人本主义精神对文艺复兴、启蒙主义和浪漫主义都产生了重要的影响。信中关

① 缪灵珠《缪灵珠美学译文集》（第一卷），中国人民大学出版社，1998年版，第90页。

于崇高的永恒性与普遍性、结构的庄重和谐，语言的高雅堂皇等论点被17世纪新古典主义所继承。法国诗人布瓦洛把朗加纳斯的书信译成法语，使之广为流传，英国古典主义诗人德莱顿甚至把朗加纳斯称为继亚里士多德之后最伟大的批评家。

三、普罗提诺的"流溢说"

哲学家普罗提诺生活于古罗马的末期，将柏拉图的唯心主义哲学与东方神秘主义相结合，开创了新柏拉图主义，成为中世纪神学的基本哲学结构。由他的学生整理的论著《九章集》记录了他的哲学思想，其中第一卷第六章《论美》及第五卷第八章《论理性美》为专门的美学篇章。其关于艺术与美的谈论，基于他的"流溢"哲学体系。普罗提诺从柏拉图的"理念"说出发，借鉴神秘主义哲学，将作为宇宙万物的本源的"理念"改造为"太一"，因"太一"是完满的、充溢的，向下流溢，依次流溢出理性、灵魂、感性、物质，越往下越不完善。

普罗提诺认识到美首先源于感觉，但在感觉之上仍有美，而这种美是更高的，比如视觉和听觉等感觉到的美之外，还有行为、风度、学识、品德等方面的美。普遍的观念认为，美源于对称、和谐。但超越感觉的美并不能用比例合适、是否对称来衡量。所以，他提出"世间的事物之所以美，是由于分享了理型"[①]。理型即理念，也就是"太一"流溢而成。流溢过程需要经过"灵魂"这一环节，最终落入物质之中。可以说，美不存在于物质或人的艺术技艺之中，是一种先有的，前在的，早已决定了的，换句话说，先有"美"才有美的作品。从这样的结构出发，他与柏拉图的艺术"模仿说"相通。柏拉图认为，艺术是对物质的摹仿，而物质是对理念的摹仿，与真理隔了两层，是影子的影子，以此否定艺术的价值，甚至在《理想国》中批判诗人与诗歌，认为其虚假的摹仿有害真理，不利于养成理想的公民。但是普罗提诺对此做了修正，他认为"艺术不仅摹写可以看得见的世界，而且它还上升到自然所借以建立起来的那些原则；尤有进者，许多艺术作品都是有创造性的。因为它们本身具有美的源泉，可以弥补事物的缺陷"。[②]

普罗提诺的"流溢说"美学虽然没有像贺拉斯与朗加纳斯那样推崇古希腊文艺，但在理论的结构上更为深层地继承了古希腊哲学的传统，正是经由他的改造，古希腊的哲学的某些元素被纳入基督教神学体系之中而得以保存发展。他在美学上的思考也摆脱了具体现实和实践指导的局限，关注艺术的本质，给后世批评家提供了新的启发。

---

① 伍蠡甫等《西方文论选》上卷，上海译文出版社，1979年版，第138页。

② 伍蠡甫等《西方文论选》上卷，上海译文出版社，1979年版，第140–141页。

第二节　新古典主义文论

一、法国新古典主义与布瓦洛《诗的艺术》

法国年轻的国王路易十四，通过对外结束英法战争，统一法国，对内施行重商政策，增强国力，建立起了强有力的君主专制，号称“太阳王”。诗人布瓦洛便生活在这样的时代，他最初作为讽刺诗人跻身文坛，因得罪了封建贵族而境遇窘迫。之后布瓦洛在1669年至1677年创作一系列歌颂路易十四的《书简诗》而获得赏识，成为王朝的御用诗人和批评家，当选为法兰西学院院士。布瓦洛的文艺思想主要集中在《诗的艺术》《朗加纳斯〈论崇高〉读后感》《1770年给贝洛勒的信》这几篇文本中，其中，花了5年时间（1669—1674）写成的诗体论文《诗的艺术》影响巨大，站在维护王权的立场上，总结文学创作经验，以作为规范。

《诗的艺术》实际上与贺拉斯的《诗艺》同名，可见二者之间的紧密关系，以及布瓦洛的写作野心——写成一部指导文艺创作的经典。这部理论诗作分为四章，涉及文学创作的基本原则，牧歌、挽歌、颂歌、十四行诗等次要诗体的特点，悲剧、戏剧和史诗等主要诗体的优越性，以及诗人的道德修养与创作的关系等问题，确立文艺创作应符合理性、自然、表现真实、类型化、学习古典、遵守规则、典雅高贵的准则。

在布瓦洛看来，文艺创作的首要原则是符合理性。此处的理性一方面是笛卡儿哲学的抽象理性，普遍存在于每个人的心中，是永恒不变的，可以据此判断是非，辨别善恶；另一方面是常情常理的现实经验和常识。在他的论述逻辑中，真实、类型化、规则、高贵等标准多可以归结为理性。文艺创作的外在形式和内容以及思想都应该以理性为指导加以选择，安排。在本诗开篇，布瓦洛就诗歌最突出的音韵问题，指出“不管写什么主题，或庄严或谐谑，/都要情理和音韵永远互相配合，/二者似乎是仇敌，却并非不能相容;/音韵不过是奴隶,其职责只是服从"①。据此,布瓦洛指责当时法国文坛上出现的光怪陆离、陈词滥调、累赘堆砌的时弊,进而认为创作应该适度,结构布局"必须里面的一切都能布置得宜;/必须开端和结尾都能和中间相配;/必须用精湛的技巧求得段落的匀称,/把不同的各部门构成统一和完整"。②无论是音韵的服从适度还是布局的匀称完整,归结到底都是服从理性,作为这种文艺思想极致的表现,是戏剧"三一律",即"一地、一天内完成的一个故事"。在布瓦洛之前,法国文艺界便以形成了用时间、地点、情节一致评价戏剧的风气,戏剧家高乃依的作品《熙德》因为不符合"三一律"而受到批判,高乃依的反驳引起了一场争论,仍无法扭转局面。而布瓦洛的宣扬和路易十四的支持,使得"三一律"成为金科玉律。自此往后,喜剧家莫里哀的剧作几乎都遵照此律。

除了形式上符合理性的要求之外,布瓦洛在内容上要求以高贵人物的崇高精神和英雄功业为主,认为这才是作品长久流传的保证,"你是否想长久地受欢迎、永不讨厌? 那就该选个英雄本质上能得人怜,论勇武天下无敌,论道德众美兼赅;纵然是在弱点上也显得英雄气概;要他的惊人事迹能值得谱成演义,要伟大得象凯撒、亚力山大或路易"③。很明显,这其中有对法国王室的权威的塑造和维护。另外,针对当时法国文坛插科打诨,滥咏狂讴,"无理的偏激"和"累赘无用的细节","远离常理去寻找他的文思","在他离奇的句子里专想矫激惊人"等流弊,布瓦洛提出诗歌语言应该"要从工巧中求质朴,要雄壮而不骄矜,要优美而无虚饰",从而达到他的文学最高追求"典雅"。

除推崇"理性"最高原则之外,就文艺创作可操作的具体方法,布瓦洛提出,一是钻研自然;二是向古希腊罗马经典学习;三是"好好地认识都市,好好地研究宫廷"。

"钻研自然"中的自然,在布瓦洛文论中的基本含义是合乎常情常理的事物,尤其是指合乎常情常理的人性。要以理性选择和改造自然,表现合理的事物。具体在创作中主要是要求人物形象的塑造应该定性与共性,把握人物不同时间、身份的特点。如果写古代人物就该与他们在人们心目中早已定性的性格相符,不能任意改造,并且,性格应该始终如一,不能有任何发展变化。在共性上,是指现实生活上的类型化,哪一类人应该有哪一类性格,如年龄共性,"你教演员们说话万不能随随便便,使青年象个老者,使老者象个青年"。④但是,布瓦洛所说的自然主要是"宫廷和

① 伍蠡甫等《西方文论选》上卷,上海译文出版社,1979年版,第289页。
② 伍蠡甫等《西方文论选》上卷,上海译文出版社,1979年版,第295页。
③ 布瓦洛《诗的艺术》,任典译,人民文学出版社,1959年版,第47页。
④ 伍蠡甫等《西方文论选》上卷,上海译文出版社,1979年版,第302页。

城市”，宫廷和城市都是充满了模型，尤其是帝王将相们代表着的“自然人性”需要认真研究，据此他以莫里哀作为反例来说明，因为他太爱平民，喜欢滑稽，缺乏风雅与细致。

在《朗加纳斯〈论崇高〉》和《1770年给贝罗勒的信》中，他就学习古典问题做出论证，认为像荷马、柏拉图、维吉尔之类伟大的作家，并不是因为他们的作品流传的时间久，而是因为他们在这样长久的时间里博得人们的赞赏，故而值得尊重，摹仿古典是成功的保障。在他看来，古希腊、古罗马诗人是从自然和神那里得到启示，代表着摹仿自然的最高成就。对古典的极度推崇有着布瓦洛将法国文艺推进至如罗马帝国文艺一般以匹配“太阳王朝”的意图，也借此接续传统，保证了历史的厚度。关于尊崇古典这一问题，布瓦洛与当时以艾佛蒙为代表的诗人展开了一场古今之争。艾佛蒙反对盲目仿照古代，宣称“有权力在一切时代牵着人们鼻子走的东西毕竟很少，想永远用一些老规矩来衡量新作品，那是很可笑的。”“我们的时代的精神和寓言，与（古代）神怪故事的精神是对立的，我们喜欢干脆的真实”。他的观点表现了一种现实主义精神，打破了布瓦洛的古典主义教条。

二、英国新古典主义

与法国不同，英国17世纪已经发生了资产阶级革命，虽然君主制复辟，但社会思想已经发生了巨大变化，在这期间，新旧文艺力量此消彼长。英国新古典主义承担着维护君主制的责任，又面临民族主体性增长的压力，在诗人和批评家德莱顿和约翰生的思想中体现了这样的矛盾性。

德莱顿曾经赞成克伦威尔的资产阶级革命，经历独裁时期，在复辟后转而拥护查理二世，并被封为“桂冠诗人”，任王室史官，主要的文艺批评著作是《论剧体诗》（1668）、《悲剧批评的基础》（1679）。1663年一个法国评论家讽刺英国的戏剧完全不符合“三一律”，俗不可耐。受此刺激，德莱顿写作了《论剧体诗》，采取了苏格拉底似的对话方式，通过四个人的对话讨论英法问题、古今问题、有韵无韵问题。

一方面，清晰地阐述了法国的“三一律”，引入法国古典主义文艺思想，作为英国戏剧创作的借鉴，认为法国戏剧情节统一、有条有理、从容不迫、优美有韵，而英国戏剧情节枝蔓繁复，悲喜混杂，还直接在舞台上表现凶杀、死亡等残酷场面。

另一方面，针对法国人对英国戏剧的贬低而做出辩护，尤其是对莎士比亚，认为他的诗剧虽然不符合“三一律”，但“他是天生有学问的；他不需要戴上书籍的眼镜去窥察自然；他向内心一看，就发现自然在那里。……他往往平凡无味；有时调侃之词流于俏皮，严肃之语变为浮夸。但是在伟大的机缘呈现在他面前的时刻，他总是伟大的”。[①]并且，英国戏剧变化多端，规模宏大，虽说节外生枝，却也各得其所。进而他还将诗剧定义为“诗剧应该是关于人性的正确而生动的反映，它要表现人的激情与个性，以及他的时运的变化，其目的是给人类提供愉快与教导的。”[②]在《悲剧批评的基础》一文中，他进一步阐发了亚里士多德的悲剧观点，主要强调悲剧人物的行为应该是单一的、伟大的，人物性格应该鲜明、合适、一致、平衡；另外，他还继承贺拉斯的寓教于乐和朗加纳斯的崇高理念，注重文艺作品的道德教化功能，反对过度张扬的激情，“巧妙地运用了激情，台辞就会变得激昂而崇高，不然，用得不当的巨大的激情便是最最可笑的了”[③]。德莱顿作为英国古典主义的奠基人，影响巨大，但他是相对开明、宽松的批评家，并没有形成布瓦洛那样的强制性的艺术法则。

在德莱顿之后，英国诗人蒲柏将布瓦洛的古典主义思想加以英国化，成为英国古典主义的集大成者。他在理论代表作《论批评》中，首先是对“自然”进行了新的阐释，其次是将英国传统文艺思想中的“巧智”概念纳入古典主义的“自然”标准之中。蒲柏与法国古典主义者一样，将自然作为艺术的范本，因为自然没有任何偏差，自然是神圣的、永恒的、普遍的光辉。它将生命、力量和美赋予艺术，使艺术获得源泉、鹄的和检验的标准。无论是创作还是批评都应该追随自然，依自然而判断。与此相关，古典的就是自然的，摹仿古典就是模仿自然。

蒲柏的创见是将英国传统文论中“巧智”本意中的想象力和判断力相结合的独特艺术思维归为“自然”的恩赐，自然可以把常见却未得到表达的关联加以整理、突出，给人带来愉悦和惊奇。这“自然”不是浪漫主义设想的自然，而是标准、规则，是合理与稳妥，是符合古代目标。

到了18世纪，英国古典主义进入晚期，代表作家是约翰生，其文艺思想集中在《〈莎士比亚戏剧集〉序言》中。这部序言以单行本的形式发表，是一篇优秀的批评著作。因为是为莎士比亚戏剧所作的序言，所以，他对文艺的思考以莎士比亚为起点展开。在文艺表现的基础问题上，他认为“诗人的任务不是考察个别事物，而是考察类型；是注意普遍的特点和注意大体的形貌。他不数郁金香的纹路或描写森林的深浅不同的绿荫。在所画的自然画像中，要能展现出那样一些显著的特色，使人一看就想起原本，某一个人会注意到而另一个人会忽视的那些区别必须略去，要突出那些对有

① 转引自[美]佛朗·霍尔《西方文学批评简史》，张月超，译，南京大学出版社，1987年版，第77页。

② 《文艺理论译丛》(2)，中国文联出版公司，1984年版，第60页。

③ 伍蠡甫等《西方文论选》上卷，上海译文出版社，1979年版，第314页。着重号为原文所加。

心人和粗心人都同样明显的特征”。[①]莎士比亚正是向他的读者呈现风俗习惯和生活的真实的自然诗人，他所描绘的人通常代表一种类型，并能使读者联想到自己，因为他的人物符合普遍的人性，从来不预先做出善恶的界定，而是天生的性格类型，同时又有着个性特征，正因为有着普遍的感情和语言，才能长久地吸引各种各样的观众。约翰生虽然承袭了古典主义模仿自然、摹仿古典的基本思想，但是通过对莎士比亚戏剧的深入研究，反思“三一律”，否定时间、地点一致这两条，作为实际行动的摹仿，戏剧是经过幻想的创造，在幻想中时间和地点可以无限变化。他只认可情节一致，动摇了“三一律”法则。与此同时，古典主义也逐渐衰退，英国文坛迎来了浪漫主义的狂风暴雨。相比于法国，英国的新古典主义文论淡化了宫廷影响，也相对宽松，因为莎士比亚传统的强大抗力，使得英国新古典主义具有一定程度的现实主义内涵，有着独特的民族色彩。

三、德国新古典主义

德国在17世纪处于分裂状态，只能在英、法两大强国的夹缝中寻找统一和发展之路。新古典主义对英国和法国来说，是“古今之争”，对德国来说，却是在英法之间做出选择。以高特雪特为中心的莱比锡学派，是德国新古典主义的代表人物。他尊布瓦洛为榜样，写作了《批评的诗学》，向德国引进和介绍古典主义原则，试图纠正德国当时流行的巴洛克风格戏剧。他提出悲剧的情节结构应该是诗人想要教导给观众的道德主张的感性形式，他先拟好一个故事的轮廓，接着从历史里找出生平事迹颇类似于所拟故事情节的有名人物，把他们的名字套上剧中人物。高特雪特所看中的不是由“想象”和“惊奇”构成的感性形式，而是“道德主张”。他的文艺思想的基础是笛卡儿的理性主义，崇尚理性、经典和常规，反感神奇和怪诞，对于此时偏重情感和想象的德国文艺界来说起到了一定的中和作用，从而促使德国文艺逐渐接近近代文明，走向统一化和规范化。高特雪特的思想连接了18世纪德国的启蒙思想。

德国的另一位文艺思想家温克尔曼则另辟蹊径，不同于布瓦洛和高特雪特，而是直接回到“古典”——古希腊民主政治时期的造型艺术。他首先在1775年的《对古希腊绘画和雕刻的反思》一书中提出，在古希腊艺术中最重要的特点是，“无论是就姿势还是就表情来说，希腊艺术杰作的一般优点在于高贵的单纯和静穆的伟大。”

---

① 《莎士比亚戏剧集序言》，李赋宁，潘家洵，译，见文艺理论译丛编辑委员会《文艺理论译丛》，人民文学出版社，1958年第四期，第141-184页。

后世研究者认为,“高贵的单纯和静穆的伟大”只是温克尔曼的一种误解。他虽然亲自前往罗马研究造型艺术,但是他所看到的只是罗马人的复制品,如雕塑的材料几乎都采用大理石,大理石的单纯的色泽和质感给他造成了平静肃穆的感觉,而真正的古希腊雕像通常以木材为主材,成型后在外面覆盖金银和多彩的宝石作为装饰,且以表现情感和内心为追求,与温克尔曼发现的特质相差甚远。可以说,温克尔曼只是在古希腊艺术之中看到了自己的“理想”。

在1764年出版的《古代艺术史》中他进一步指出,古希腊艺术因为提供了真实的自然形象和精神的理想美,才成其为真正的艺术。另外,他以希腊古典艺术讽喻德国现状,将艺术特质与民族时代精神、自然环境、政治体制联系起来,认为“在国家体制和机构中占统治地位的那种自由乃是希腊艺术繁荣的主要原因。希腊永远是自由之乡”,是对当时的德国封建专制的抗议。温克尔曼对古典艺术十分推崇,尤其强调其中的“单纯”,成为德国新古典主义的突出特点,也对欧洲的文艺创作产生了极大的影响,如济慈的《希腊古翁颂》。德国古典主义的更大作用在于对后来的“德国古典美学”准备了条件。

17世纪及18世纪出现的新古典主义文论,是在封建王权加强和民族文学统一的需要之下产生的,各个国家的古典主义基本主张是“崇尚古典、自然;追求高雅、规范”等,除此之外,也受各民族的历史传统影响而各具特色。在文艺发展史中,新古典主义上接文艺复兴,对其中的感性、激情加以反拨和规范,下启18世纪启蒙主义文学,尤其是在戏剧结构和人物塑造上注重继承古典遗产,成就明显,并借助政治势力的支持在欧洲文学史上占据了近两个世纪的主导地位,直至19世纪浪漫主义的兴起,才最终退出舞台中心。

复习思考题:

1. 古罗马、文艺复兴、17世纪这三个阶段的古典主义的特点分别是什么?
2. 贺拉斯的古典主义文艺理论的主要内容有什么?
3. 朗加纳斯所提出的“崇高”的含义是什么?

深入阅读书目：

1. 亚里士多德《诗学》，罗念生，译；贺拉斯《诗艺》，杨周翰，译，人民文学出版社，2000年版。
2. 布瓦洛《诗的艺术》，任典，译，人民文学出版社，1959年版。
3. 缪灵珠《缪灵珠美学译文集》，中国人民大学出版社，1998年版。
4. 朗吉努斯，亚里士多德，贺拉斯《美学三论》，马文婷，宫雪，译，光明日报出版社，2009年版。
5. 亚里士多德《诗学》、贺拉斯《诗艺》，郝久新，译，中国社会科学出版社，2009年版。
6. 佛朗·霍尔《西方文学批评简史》，张月超，译，南京大学出版社，1987年版。
7. 伍蠡甫等《西方文论选》上卷，上海译文出版社，1979年版。
8. 莫里哀《莫里哀喜剧全集》，李健吾，译，湖南文艺出版社，1992年版。
9. 马弦《蒲柏诗歌研究》，社会科学文献出版社，2013年版。

第三章　启蒙文论

概述

18世纪欧洲出现的启蒙运动，是继文艺复兴之后的一次全欧性的资产阶级思想文化运动。在西方文明发展史上，启蒙运动可以说是一个极其重要的事件，是又一次的思想革命。这场以理性为主要特征的运动把西方文明近代以来崇尚的自由、平等、民主等思想提高到了一个前所未有的高度。启蒙运动发动的对宗教神学的质疑和批判，对蒙昧的揭露和解蔽，对封建专制主义的抨击和鞭挞，对理性、知识的推崇成为那个时代的主旋律，标志着欧洲历史上一个理性时代的到来。

启蒙运动有广义和狭义之说。广义的启蒙运动最早产生于英国，而后发展到法国、德国，波及荷兰、意大利、比利时、奥地利等国。启蒙运动以18世纪的法国声势最大，成就最高，影响最深，是欧洲启蒙运动的高潮和中心，故狭义的启蒙运动指的是18世纪法国的启蒙运动。

对于启蒙运动的开始年代，人们有不同的看法，部分学者把牛顿万有引力理论的发表（1687）作为启蒙运动的开端，而另外也有学者认为英国的光荣革命（1688）可看作启蒙运动出现的标志。这两者实际上也是欧洲启蒙运动的两个诱发因素，即：政治意识形态的发展和科学技术的发展。

从17世纪末到18世纪的一百多年里，欧洲各国的资本主义得到了不同程度的发展，以蒸汽和机械的使用为标志的资本主义生产力的发展必然要求彻底摆脱封建的生产关系的束缚和封建专制的政治统治，通过政治革命，建立和完善资本主义的生产关系，以最终确立资产阶级的统治地位。1688年英国“光荣革命”的成功和新兴资产阶级登上政治舞台，以及随后英国资本主义工商业的快速发展和英国在世界范围内霸主地位的上升，对欧洲社会产生了巨大影响。越来越多的人开始意识到了封建专制主义的弊端和对社会发展的阻碍，因此，希望通过对权力来源、权力制衡的思考，对各种政体的比较，找到一种理想的、普遍适用的民主政体，从而导致了启蒙思想的发展，启蒙运动的许多思想家都曾对这一问题有所思考和论述，必然要在思想文化领域引起一场深刻的革命。所以英国的资产阶级革命和新兴资产阶级生产方式的出现为启蒙运动的兴起奠定了坚实的政治和经济基础。欧洲的启蒙主义运动正是在这一特定历史背景下产生的。

另一方面，17世纪后半叶欧洲科学革命取得的一系列伟大成就对启蒙运动的出现和内容具有决定性的影响。科学革命从根本上革新了人的知识和观念，特别是牛顿雄辩地用科学理论解释了自然界运动规律的万有引力定律，实际上向当时的人们揭示了整个宇宙是由自然力量而不是非自然力量支配的，是完全可以被人类认识的，打破了传统神学对世界的解释。不仅如此，科学革命所取得的成果使得人们意识到"科学方法"的重要性，认为运用"科学方法"不仅可以研究和解决自然界的问题，而且还可以研究和解决人类面临的问题。人们对外部世界的认识的改变为理性主义时代的来临奠定了基础。

现代中文里的"启蒙"（古文中早就有这个词）、英文的Enlightenment和德文的die Aufklaerung，均是对法文les lumieres的翻译。在法文中，les lumieres字面上是指"光"或"光明"。用这个词的复数大写形式去指称"启蒙"或"启蒙运动"具有深刻的历史意蕴，并且体现了启蒙运动并非自绝于西方基督教文化传统，相反，它根植于这种传统并且远承希腊哲学的遗泽，近接文艺复兴的主脉，同时也给未来学者提供了发挥想象、进行不同解释的空间。18世纪的法国学者们用les lumieres这个词来表示一场尊崇理性，怀疑权威，追求自由、民主和进步的思想文化运动，不仅是出于修辞上的考虑，而且也是出于学理上的考虑，因为这个词通过典雅的诗意化表达既显示了17至18世纪那场思想文化运动与自柏拉图以来的视觉中心主义哲学的深刻联系（从而显示其渊源有自己的历史底蕴），又显示出启蒙思想承继过去同时又昭示未来、烛照未来的勃勃雄心。按照西方史学家的解释，"启蒙"即"照亮、启迪"，"启蒙运动"即"光明观念"的运动，或称思想解放的运动。启蒙运动是指当时的思想家们提倡用近代科学文化的成就"照亮"蒙昧、落后、黑暗的封建社会，用科学和理性的思想"启迪"人们的理智和智慧，消除长期以来宗教和封建贵族统治造成的迷信和偏见，实际上是一场思想解放运动。启蒙思想家们高扬资产阶级的人性，反对封建专制和教会对人性的束缚与扼杀，高举理性的旗帜，反对宗教蒙昧，他们相信理性和知识是照亮人们思想、改造不合理社会的根本力量，是建立"理性王国"的强大武器。18世纪常被称为"启蒙的世纪”,也被称为“理性的世纪”。

资产阶级的启蒙思想家所倡导的“理性原则”,从哲学的意义上讲,主要包括人性论和自然神论,前者视自由、平等、博爱的信念为人之理性,必然追求人的解放。后者尊自然为神,强调以自然规律作为人的行为准则。对于启蒙思想家所宣扬的“理性原则”的政治内涵,恩格斯曾这样评说“这个理性的王国不过是资产阶级的理想化的王国”“这个永恒的理性实际上不过是恰好那时正在发展成为资产者的中等市民的理性化的知性而已”。对自然神论,马克思也说,“自然神论——至少对唯物主义者来说——不过是摆脱宗教的一种简便易行的方法罢了”。启蒙思想家们所宣扬的“理性原则”,具有鲜明的时代性和进步意义。

启蒙的真谛首先在于勇敢地运用理性,独立地运用理性,自由地运用理性。只有勇敢地运用理性,我们方能以启蒙的方式对待启蒙;只有独立地运用理性,我们方能以理性的方式对待理性;只有自由地运用理性,我们方能以自由的方式对待自由。以理性的方式对待理性,意味着不把理性情绪化,意味着看到情感中确有理性不可说明的因素,意味着看到理性自我展开的历程中已经显示出自身的矛盾;以自由的方式对待自由,意味着不把自由看作一种固定不变的模式,而是把自由看作一种理想、一种观念、一种精神状态、一种制度,更是一种以尊重他人为特征的自我决定和自我规约的生活方式;以启蒙的方式对待启蒙,意味着看到启蒙的两面性,意味着克服对启蒙的不成熟看法所强化的不成熟的社会心态。正如康德所说“这一启蒙运动除了自由而外并不需要任何别的东西,而且还确乎是一切可以称之为自由的东西之中最无害的东西,那就是在一切事情上都有**公开运用**自己理性的自由”[①]。

启蒙运动在欧洲各国的的发展是不平衡的,演变的方向也不尽相同。启蒙思想最早出现在荷兰和英国,高潮在法国。

由于17世纪航海业的发展,荷兰成为当时欧洲经济发展最快的国家之一。经济繁荣、思想解放、学术自由是荷兰社会的特征。许多当时其他欧洲国家不能容忍的思想家常常在荷兰能安身立命并能自由表达自己的思想观点,许多在欧洲其他国家不能出版的书籍也可以在荷兰自由出版。荷兰的哲学家们在他们的哲学著作中高扬理性主义的批判精神,提倡科学,主张泛神论,以批判教会神学对人的思想的束缚,成为欧洲启蒙运动的先声。第一个运用近代自然法理论提出天赋人权学说的就是荷兰思想家格劳秀斯(Hugo Grotius,1583—1645),同时他也是较早提出了社会契约学说的思想家。而荷兰真正的启蒙思想代表人物是斯宾诺莎(Baruch de Spinoza,1632—

① 康德《答复这个问题:“什么是启蒙运动?”》,载《历史理性批判文集》,何兆武,译,商务印书馆,1990年版,第24页。着重号为原文所加。

1677)，他是西方近代哲学史上重要的理性主义者，与笛卡尔和莱布尼茨齐名。他的著作中最伟大的莫过于《依几何次序所证伦理学》(*Ethica Ordine Geometrico Demonstrata*，简称《伦理学》)，该著作一直到斯宾诺莎死后才得以发表。该书是以欧几里得的几何学方式来书写的，一开始就给出了一组公理以及各种公式，从中产生命题、证明、推论以及解释。他的其他两部重要的作品包括了《神学政治论》(*A Theologico-Political Treatise*)和《政治论》(*Tractatus Politicus*)。《神学政治论》的主题是圣经批评与政治理论，而后者则只谈政治理论。哲学上，斯宾诺莎是一名一元论者或泛神论者。他认为宇宙间只有一种实体，即作为整体的宇宙本身，而上帝和宇宙就是一回事。在伦理学上，斯宾诺莎认为，一个人只要受制于外在的影响，他就是处于奴役状态，而只要和上帝/自然达成一致，人们就不再受制于这种影响，而能获得相对的自由，也因此摆脱恐惧。斯宾诺莎还主张无知是一切罪恶的根源。斯宾诺莎否认有人格神、超自然神的存在，集中批判了神学目的论、拟人观和天意说，要求从自然界本身来说明自然，他认为构成万物存在和统一基础的实体是自然界，也就是神。他开创了用理性主义观点和历史的方法系统地批判《圣经》的历史，考察了宗教的起源、本质和历史作用，建立了近代西方无神论史上一个较早和较系统的体系。他克服了笛卡儿二元论的缺点，把唯理论与唯物主义和泛神论结合起来。以后的哲学家称具有这种特征的学说为斯宾诺莎主义。他对后来的哲学家，例如谢林、费尔巴哈、马克思等人都有过影响。

英国启蒙运动的先驱是托马斯·霍布斯(Thomas Hobbes，1588—1679)，他创立了机械唯物主义的完整体系，认为宇宙是所有机械地运动着的广延物体的总和。他提出“自然状态”和国家起源说，认为国家是人们为了遵守“自然法”而订立契约所形成的，是一部人造的机器人，反对君权神授，主张君主专制。他力图以机械运动原理解释人的情感、欲望，从中寻求社会动乱和安宁的根源。霍布斯著有《论公民》《论政体》《利维坦》等。霍布斯认为社会若要和平就必须要有社会契约。霍布斯认为社会是一群人服从于一个人的威权之下，而每个个人将刚刚好的自然权力交付给这威权，让它来维持内部的和平并抵抗外来的敌人。这个主权，无论是君主制、贵族制或民主制，都必须是一个“利维坦”，一个绝对的威权。

英国启蒙运动的代表人物是经验主义哲学家洛克(John Locke，1632—1704)。他也在社会契约理论上做出了重要贡献。他发展出了一套与托马斯·霍布斯的自然状态不同的理论，主张政府只有在取得被统治者的同意，并且保障人民拥有生命、自由和财产的自然权利时，其统治才有正当性。洛克相信，只有在取得被统治者的同意时，社会契约才会成立，如果缺乏了这种同意，那么人民便有推翻政府的权利。洛克的思想对于后代政治哲学的发展产生了巨大影响，并且被广泛视为启蒙时代最具影响力的思想家和自由主义者。而洛克最知名的两本著作则分别是《人类理解论》和《政府论》。在《人类理解论》一书中，洛克批评了宣称人生下来便带有内在思想的哲学理论，他主张人所经历过的感觉和经验才是形塑思想的主要来源。洛克认为人的心灵开始时就像一块“白板”，而向它提供精神内容的正是经验。

意大利虽领导了文艺复兴运动，后由于新大陆的发现，欧洲商业中心移到大西洋东岸，意大利开始走向衰退，加上内部久不统一，因此学术空气稀薄。启蒙运动发轫于荷兰，高潮在法国。随后传入德国，在德国掀起了“狂飙突进”运动，继而启蒙运动波及其他国家，成为全欧洲性质的思想文化运动。意大利的启蒙主义便是这时开始的。意大利启蒙主义文论以维柯(Giovanni Battista Vico，1668—1744)为代表。他的代表作《新科学》是18世纪西方人文社会科学的一部百科全书。在其中，维柯指出了原始思维与抽象思维的不同。原始思维，是一种想象思维，即通过感官接受外在事物的印象，把这些印象储存在记忆里，作为想象的材料，并借由这些材料进行思维与创造。抽象思维则是人们在认识活动中运用概念、判断、推理等思维形式，对客观现实进行间接的、概括的反映过程。想象思维具有“以己度物”和“想象性的类概念”两个重要特征。这成为维柯提倡“诗性智慧”的最重要基础。

法国的启蒙运动是在英国的直接影响下发生的，正如恩格斯所说：“18世纪法国哲学家伏尔泰、卢梭、狄德罗和达兰贝尔等所阐明的那些思想，不是首先产生在英国又是产生在哪儿呢?”欧洲启蒙主义文艺思想是启蒙运动的一个重要方面，是行将到来的资产阶级革命对新文艺的呼唤，其中法国、德国文艺理论家的理论建树奠定了启蒙主义文艺思想在欧洲文论发展史上的地位。

第一节 法国启蒙文论

法国启蒙主义思想者共同的特点是政治上反对封建制度，否定绝对君权；思想文化上提倡科学，反对宗教愚昧；文学艺术上批判古典主义，主张文艺反映新兴资产阶级的现实生活，为宣传启蒙思想服务。代表性的理论观点主要是伏尔泰的文学发展观和进步的文学主张，卢梭因不满现实而提出的“回到自然”的口号，以及狄德罗的严肃戏剧理论。

一、伏尔泰:《论史诗》及文学观

伏尔泰(Voltaire,1694—1778),原名弗朗索瓦-马利·阿鲁埃,法国启蒙时代的思想家、哲学家、文学家,启蒙运动公认的领袖和导师,被称为“法兰西思想之父”,是18世纪法国著名哲学家、文学家,启蒙运动的奠基者之一。他曾两次被捕入狱,主张开明的民主制度,强调自由与平等。伏尔泰作为前期启蒙主义的代表人物,其世界观充满着矛盾。在哲学上他相信自然神论,但是又没有摆脱唯心主义,认为物质世界不可认知;在政治上提倡开明君主,却对人民群众持鄙视的态度;在文艺思想上提倡进步发展的文学观,同时又为古典主义辩护,在自己的创作中还用古典形式写作史诗和悲剧。他的文艺思想充满着矛盾,既有明显反对古典主义教条的进步观点,但又不能完全摆脱古典主义的桎梏。伏尔泰是一个自然神论者,他认为“自然规律”即神所创造的永恒的规律。社会之所以不公正,是因为永恒的理性没有在人的心底伸张,如果理性在人心中居于主导地位,那么人类社会便可日臻完善。伏尔泰一生著作丰富,是个多产思想者。其哲学和科学著作有《哲学通信》《形而上学论》,哲理小说有《查第格》等,《论史诗》是他的文艺理论专著,集中体现了他的文学观的进步性与保守性。伏尔泰的著作和思想与托马斯·霍布斯及约翰·洛克一道,对美国革命和法国大革命的主要思想家都有影响。伏尔泰的主要文艺思想如下:

发展的文学观。伏尔泰认为文学艺术没有固定不变的标准,是发展变动的,具有自己的丰富性,从而不能完全以某种固定标准来要求和约束文学形式与内容。这说明伏尔泰对古典主义并不刻板地遵从。正如他自己所说:“人民的风俗、语言、爱好……同是这一个民族,经过三、四百年后也会变得认不得了。在这个完全依靠想象的艺术中,也正象在国家中所发生的那样,同样地在发生着革命,因为当人们竭力使艺术固定时,艺术却在千变万化着。”[①]由于各民族的风尚、习俗和生活方式的发展变化必然影响到这个民族的文学艺术的发展变化,而不同民族之间的差异性又必然造成各民族的艺术观念的独特性。

反对盲从古人。伏尔泰说:“我们可以赞美古人,但不要让我们的赞赏变成为盲从。为了更好地回顾过去并欣赏那些我们不能加以精确评价的古代作品,让我们不要对自然赋予的美闭上眼睛而使我们自己和自然遭受损失吧。”[②]在伏尔泰看来,最好的对待古人经典著作的方式就是赞美和借鉴,同时将学习借鉴古代艺术与研究总结各民族自己的艺术经验相结合,就算是最优秀的大师也不能成为我们盲目跟从模仿

① 阿尔泰莫诺夫,格腊日丹斯卡雅等《十八世纪外国文学史》上卷,方闻,译,上海文艺出版社,1958年版,第294页。
② 伏尔泰《论史诗》,见伍蠡甫等《西方文论选》上卷,上海译文出版社,1979年版,第324页。

的对象。艺术受到变化无常的因素的影响，一旦把前人的艺术经验、艺术经典视为法则而盲从，必然就失去了赞美的意义。他尤其强调研究各民族艺术的独立性、差异性。比如说："意大利语的柔和和甜蜜在不知不觉中渗入到意大利作家的资质中去。在我看来，词藻的华丽、隐喻的运用、风格的庄严，通常标志着西班牙作家的特点。对于英国人来说，他们更加讲究作品的力量，活力和雄浑，他们爱讽喻和明喻甚于一切。法国人则具有明彻、严密和幽雅的风格。他们既没有英国人的力量，也没有意大利人的柔和，前者在他们看来显得凶猛粗暴，后者在他们看来又未免缺乏须眉气概……要看出各相邻民族鉴赏趣味的差别，你必须考虑到他们不同的风格。"[①]正是由于各民族文学有自己的独特风格，因此在创作上就必须从本国民族的社会生活和民族特点出发，而不能盲目地跟从。

伏尔泰的积极的文学观既是对古代传统的继承，又是对艺术发展的自身规律的理论概括，反映了时代发展的要求，在启蒙时期文艺理论中占有重要地位。但是，伏尔泰晚年文艺观念渐趋保守、消极，就如他自己所说的："我是头一个把莎士比亚的大粪堆里所发现的珍珠指给法国人看，真料想不到有一天我竟帮助了人们把高乃依和拉辛的桂冠放在脚下践踏，来替一位野蛮的戏子贴金抹粉"[②]。他是最早将莎士比亚介绍到法国并在自己的写作中也主动地借鉴了莎士比亚的艺术经验。但是在法国人日渐把莎士比亚推崇至崇高的地位，并以此来贬低自己国家的高乃依、拉辛的地步的时候，伏尔泰开始痛心疾首，称莎士比亚为"野蛮的戏子"。也许，这也不能完全理解为伏尔泰文艺思想上的落后、退步。伏尔泰对于古典主义也好，古希腊罗马艺术也好，还是诸如莎士比亚类的其他民族国家的艺术者也好，他的观点还是赞美不等于盲从，还需辩证地看待。

二、卢梭：回到自然

让-雅克·卢梭（Jean-Jacques Rousseau，1712—1778），法国18世纪伟大的启蒙思想家、哲学家、教育家、文学家，是18世纪法国大革命的思想先驱，杰出的民主政论家和浪漫主义文学流派的开创者，启蒙运动最卓越的代表人物之一。其主要著作有《论人类不平等的起源和基础》《社会契约论》《爱弥儿》《忏悔录》《新爱洛伊丝》《植物学通信》等。

与卢梭的整体思想观念相应，卢梭抱持一种否定的艺术观，尽管卢梭也是一个

① 伏尔泰《论史诗》，见伍蠡甫等《西方文论选》上卷，上海译文出版社，1979年版，第323页。

② 伏尔泰《给达简塔尔的信》，转引自朱光潜《西方美学史》上卷，人民文学出版社，1979年版，第257页。

作曲家和音乐家。他的《论科学与艺术》是一篇激烈批判法国乃至欧洲的社会现实的著名学术论文，提出风俗败坏了艺术而艺术也会败坏风俗的观点。他不满于现实的社会秩序和风尚，把造成这种状况的根源归咎于科学和艺术的进步。他一方面认识到近代以来西方文化和艺术的腐朽，另一方面又看不到艺术的出路，所以否定艺术并不是真正的意图，而是对于近代以来艺术堕落的失望。正如他自己所说，在古代社会"艺术还没有能塑造我们的风格，没有教导我们的感情使用一种造作的语言之前，人类的风尚是粗朴的，然而却是自然的"，在古代社会中艺术是原初的，和人们的生活是一致的，人们能够相互深入了解，感到一种价值的优美，没有罪恶产生。然而，在细致的学术研究和更精微的趣味的艺术的影响下，人们的天性开始被扭曲，贵族社会的一整套原则严重地束缚着人们的思想，使"疑虑，猜忌，恐怖，冷酷，戒惧，仇恨与奸诈永远会隐藏在礼义的那种虚伪的面幕下边，隐藏在被我们夸耀为我们时代文明的根据的那种文质彬彬的背后"[①]。其实这里我们也可以看到，卢梭是因为厌恶近代社会人与人之间的冷漠、仇恨和奸诈，进而延伸到艺术领域，否定一切科学与艺术的现代发展："我们的灵魂是承受着我们的科学和我们的艺术之臻于完美而越发腐败。""承受着科学与艺术的光芒在我们的天边上升起，德行也就消逝了。"在他看来，近代社会以来"自从学者在我们中间开始出现之后，好人就不见了。从前，罗马人是安心实践德行的，但当他们开始研究德行后，一切就都完了。"[②]因此，我们可以看到，卢梭否定科学与艺术观念实质上是否定近代社会的伦理、政治、制度对于自然人的本性的压制，他只是用了一种极端的方式，以科学和艺术为切入口来表达自己内心的孤独和无望。

其次，卢梭的文艺思想中也深深地打上了"返回自然"的观念烙印。卢梭的思想体系里最重要的就是"返回自然"。《论科学与艺术》中提出的"返回自然"的观点在《论人类社会不平等的起源和基础》中得到了充分的展开。他认为社会的罪恶与不幸都是由于人类违背了自然，在原始社会里人类过着简单的生活，思想纯朴，人人平等相处，没有奴役和恶行，自人类进入阶级社会以后，社会制度钳制了人的本性，社会也失去了原始社会阶段那种自然状态，私有制的产生和阶级的出现破坏了这种自然状态，人间也就有了奴役和不平等，有了善与恶的斗争，在社会风尚里出现了虚伪与罪恶。卢梭所说的自然包含三个方面：一是外在的自然界。回到自然就是回到自然界，回到人类周围的实际自然中，回到山川草木、鸟兽虫鱼的和谐的自然状态；二是指内在的自然界，即指人的内心思想情感的自然平静状态；三是自然人，即人的原初的本性自

① 马奇《西方美学史资料选编（上卷）》，上海人民出版社，1987年版，第608页。

② 马奇《西方美学史资料选编（上卷）》，上海人民出版社，1987年版，第612页。

然状态。当然回到自然状态的原始社会是无法实现的,历史是不会倒退的。他清醒地认识到“返回自然”不过是一种和谐社会的理论上的向往,所谓“自然状态”“现在已不复存在,过去也许从来没有存在过,将来也许永远不会存在的”。[1]卢梭之所以提出“返回自然”的口号,目的在于用太古的纯朴与现实的虚伪和不平等相比较,用理想的自然社会来否定腐朽黑暗的现实社会,从这里我们看到的是作为一个启蒙思想家追求的理性王国和张扬个性自由解放的社会理想。

三、狄德罗的文艺思想

狄德罗(Denis Diderot,1713—1784)

狄德罗,生于法国郎格勒,平民出身,法国启蒙思想家、唯物主义哲学家、无神论者、作家、百科全书派的代表人物。他不但是《百科全书》的主编,还是主要撰稿人。主要有《哲学思想录》《美之根源及性质的哲学研究》《绘画论》《拉摩的侄儿》等哲学、美学和文学作品。

狄德罗在他的《哲学思想录》《对自然的解释》《关于物质和运动的哲学原理》等著作中表述了他的唯物主义哲学思想;在他的《美之根源及性质的哲学研究》《论戏剧艺术》《绘画论》等著作中表述了他的“美在关系”的美学思想。在《科学、艺术与手工业百科全书》“论美”条目中说:“我认为,组成美的就是关系”,“我把一切本身有能力在我的悟性之中唤醒关系这个观念的东西,称之为在我身外的美。而与我有关的美,一切唤醒上述概念的东西”,所谓“在我身外的美”即指客观存在的美。

1.戏剧理论

狄德罗的戏剧理论意图打破新古典主义的悲剧和喜剧的框架,建立符合资产阶级需要的严肃喜剧、市民剧。在古典戏剧理论中,悲剧和喜剧是严格区分开来的,随着新兴资产阶级力量的上升,古典悲剧和喜剧以及其严格的规则已经不能满足他们的要求,所以,狄德罗首先提倡符合资产阶级理想的市民剧即严肃剧,目的是让第三等级的人物能成为戏剧的正面角色,通过戏剧引发人们的严肃思考,达到启蒙、启迪的作用。正如他自己所说:“只要题材重要,诗人格调严肃认真,剧情发展复杂曲折,

① 卢梭《论人类不平等的起源和基础》,引自李思孝《西方古典美学史论》,南开大学出版社,1992年版,第250页。

那么即使没有使人发噱的笑料和令人战栗的危险，也一定有引起兴趣的东西。而且，据我看来，由于这些行动是生活中最普遍的行动，以这些行动为对象的剧种应该是最有益、最具普遍性的剧种。我把这种戏剧叫做严肃剧。”[①]狄德罗认为，新市民剧“坏人看到自己也曾做过的坏事感到愤慨，对自己给旁人造成的苦痛感到同情”，“走出戏院之后，作坏事情的倾向就比较减少”。[②]新市民剧在这种贴近生活的内容下真正达到教育教化的作用，戏剧就该这样宣扬德行。严肃剧有三个特点：一是主题的严肃性，具有道德教化的作用；二是题材的现实性，这样才能真正刺激到观众的感同身受而引起思考；三是悲剧和喜剧混合，既有严肃场面也有喜剧的因素。在启蒙运动初期的法国社会，新古典主义戏剧的影响还很强大，一般理论者都瞧不上狄德罗所提倡的新剧种。而狄德罗自己对于古典戏剧则是积极地辩证看待，一方面看到了高乃依和莱辛的成就，另一方面也反对古典戏剧的矫揉造作和清规戒律。狄德罗的戏剧理论，继承和发展了文艺复兴时期瓜里尼的悲喜混杂剧的理论，冲破了古希腊以来的戏剧传统，批判了古典主义的艺术原则，适应了资产阶级对艺术的要求，这是西方戏剧发展史上的一次革命。

2. 艺术真实性

狄德罗要求文艺表现真实，因为“任何东西都敌不过真实”。他所说的真实一方面是指真实地模仿自然，而另一方面真实不仅仅限于单纯的模仿，要达到真实地呈现事物的本来面貌，即达到“我们的判断和事物的一致”。[③]这表明狄德罗对艺术真实性的要求是模仿自然，而且这里的自然不仅仅是纯外在世界。同时，自然也不是贵族宫廷虚伪的世界，而是顺从内心的自然。他说“自然在什么时候为艺术提供范本呢？是在这样一些情景发生的时候：当女儿们在垂死的父亲床边扯发哀号，当母亲敞开胸怀，指着哺育过他的双乳恳求她的儿子；当一个人剪下自己的头发，把它撒在他朋友的尸体上；当他托着朋友尸体的头部，把尸体扛到柴堆上，然后搜集骨灰装进瓦罐，每逢祭日用自己的眼泪去浇奠；当披头散发的寡妇，因死神夺去她们的丈夫，用指甲抓破自己的脸；当人民的领袖在群众遇到灾难时伏地叩首，痛苦地解开衣襟以手捶胸，当父亲抱着他初生的儿子高高举向上天，指着婴孩起誓，向神祇祈祷”，[④]这里的自然是没有如贵族宫廷生活那样的矫饰，而是未经雕饰的市民生活的自然。所以模仿要真实，要自然，即使粗狂、野蛮。

---

① 狄德罗《和多华尔的谈话》第三篇，《狄德罗美学论文选》，张冠尧，桂裕芳，译，人民出版社，1984年版，第90页。

② 狄德罗《论戏剧体诗》，转引自朱光潜《西文美学史》，人民文学出版社，2002年版，第255页。

③ 狄德罗《和多华尔的谈话》第三篇，《狄德罗美学论文选》，张冠尧，桂裕芳，译，人民出版社，1984年版。

④ 狄德罗《论戏剧艺术》，《狄德罗美学论文选》，张冠尧，桂裕芳，译，人民出版社，1984年版，第205-206页。

狄德罗在追求真实的同时也推崇想象。他认为没有想象就没有逼真,因为只有运用想象才能揭示事物间的联系。“想象,这是一种特质,没有它,人既不能成为诗人,也不能成为哲学家、有思想的人、一个有理性的生物、一个真正的人。”[①]艺术家的想象的特点就在于通过想象使不在眼前的事物重现在眼前,获得生动的表象。由此他得出结论:诗人善于想象,哲学家长于推理,诗人追求的是描写事物联系的“逼真”,而哲学家追求的是揭示事物规律的真理。

3.美在关系或情境

狄德罗“美在关系”说中的“关系”,既包括一事物的不同组成部分以及事物之间的关系,也包括对象与人的关系。在《画论》中狄德罗明确“关系”为事物的内在联系或因果关系。比如他举例,如果在作画中,人体某一小部分失常了,全身各部分的形状都要受到影响。要求画家“在形体的外表结构上显示出年龄、习惯,或实现日常功能的本领”[②]。这里实际上已经把关系融入情景之中。关系只有在情境中才能显现出来,情境包含各种关系。所以,情境对于艺术来说是重要的“源头”。古典戏剧的情境都是根据人物性格诸如吝啬、嫉妒、虚伪、勇敢、高尚等来设置的。在狄德罗看来,这是古典戏剧理论的重要缺失。他说:“到目前为止,在喜剧里,性格是主要对象,处境只是次要的。今天,处境却应成为主要对象,性格只能是次要的。过去,人们从性格引出情节线索,一般是找些能烘托出性格的场合,然后把这些情景串起来。现在,作为作品基础的应该是人的社会地位、其义务、其顺境与逆境等。依我看,这个源泉比人物性格更丰富、更广阔、用处更大。因为只要人物性格渲染过分些,观众心里就会想,这人物并不是我。但他不能不看到在他面前展示的情境正是他的处境;他不能不承认自己的责任。他不能不把耳朵听到的和自己联系起来。”[③]狄德罗认为情境对于艺术来说是源头,情节在现实的情境中展开,体现真实的社会矛盾,才能达到戏剧的教育作用。而古典戏剧以性格的对比突出人物性格的做法,会使得人物性格简单化,而只有在情境当中,展开人物性格和情境的冲突,才能有效地突出人物,吸引观众,也才能达到教育的效果。这可以看作狄德罗对亚里士多德戏剧情节说的继承和发展。

---

① 狄德罗《论戏剧艺术》,见伍蠡甫等《西方文论选》上卷,上海译文出版社,1979年版,第357页。

② 狄德罗《画论》,引自朱光潜《西方美学史》,人民文学出版社,1963年版,第271页。

③ 狄德罗《和多华尔的谈话》第三篇,《狄德罗美学论文选》,张冠尧,桂裕芳,译,人民出版社,1984年版,第107页。

第二节　德国启蒙文论

18世纪初，德国在“三十年战争”的影响下，国家依然处在分裂割据状态，国家的不统一使得所谓的德国实质上还没有统一的德意志民族的概念，人们的民族意识非常淡薄。相比法国、英国的启蒙运动，德国的启蒙运动要晚得多，一直到18世纪中期，德国启蒙运动才逐渐展开。德国启蒙运动的兴起源于法国的古典主义和启蒙思潮对德国知识分子的刺激和影响，他们深感只有像法国那样的思想文化运动才能促成国家的统一和社会的进步，摆脱落后的状况。但是，由于德国一直处在封建割据状态，新兴的资产阶级依然十分软弱，这样使得德国启蒙运动同法国启蒙运动的目的不尽相同，它首要的任务是以统一国家发展资本主义为目的，而不是像法国那样制造反封建制度的革命舆论，同时，德国启蒙运动在文论思想上还需要重新审视古典主义文学和德国民族文学，讨论德国民族文学自己的根基，比如德国文艺领域在18世纪70年代以前，由于受高特舍特和温克尔曼古典主义思想的影响，开始时表现为对法国古典主义的摹仿，以后又表现为对古典主义的批判，正是由于没有自己的民族文学的根基而彷徨。因此，德国启蒙文艺思想家们的努力主要表现在这两个层面上。

高特舍特以法国新古典主义戏剧为楷模，开启了改革德国戏剧和建设戏剧理论的要求，形成了德国启蒙运动前期的“莱比锡派”。温克尔曼对古希腊造型艺术的研究则推动了学习古希腊艺术精神的古典主义风气。对德国人而言，他们的古典主义文艺思想可以看成德国民族文化建设的第一个阶段，它直接为第二个阶段，即德国启蒙主义文论奠定了基础。

赫尔德（1744—1803）是德国启蒙主义理论家，“狂飙突进”运动的精神领袖。他既很关注古典主义者温克尔曼的观点，同时也重视康德、莱辛、卢梭、狄德罗的启蒙思想。其代表作有《关于德意志风格与艺术》（与歌德合著）、《关于近代德国文学断片》《批评之林》《论语言的起源》等。与古典主义模仿其他民族的思路不同，赫尔德提倡挖掘民族文学资源，对古代和当代民歌民谣的搜集研究，考察历史发展与文学发展的关系、批判古典主义，辨析启蒙学者如莱辛等人的文艺观等，他的理论工作对德国民族文学的建立起了积极推动作用。

赫尔德通过对各民族不同历史时期民歌民谣的考察，认为各民族文学都有自己的独创性，各民族文学之间的关系是平等的。他强调一个民族的文学与这个民族的文化水平的一致性，反对用某一民族的文化水准去衡量一切民族的文学，不能以古希腊艺术为标准去衡量莎士比亚，也绝不能要求今天的英国产生古希腊那样的艺术。

赫尔德指出,民间文学尤其是民歌民谣是普通人的生活思想的反映,它们是真正的德国民族文学的根基。他说:“我们如果没有普通人民,我们也就没有自己的群众、民族、语言和文学,它们将不会活在我们心中,不会对我们起作用。……诗人一向是人民的创造者,诗人为人民创造喜悦。”诗歌的这种作用,是通过诗歌本身的形象和感染力来实现的,这就是赫尔德著名的“诗力说”。赫尔德的民族文学观念无疑是德国民族文学建设的重要组成部分。

一、莱辛的启蒙文艺思想

1.《拉奥孔》与莱辛的文艺思想

莱辛(Gotthold Ephraim Lessing,1729—1781)

莱辛是德国启蒙运动时期的优秀剧作家、文艺理论批评家,德国民族文学和现实主义戏剧理论的奠基人。他出生于萨克森的一个牧师家庭,少年时期学习古代语言,后来进莱比锡大学学习神学,同时学习自然科学、哲学、语言学,在文学艺术方面具有渊博的知识。莱辛1748年到柏林开始从事文学评论,与高特舍特进行论争,1765年写成美学名著《拉奥孔》。1766年受聘为汉堡民族剧院的顾问和剧评家,出版评论集《汉堡剧评》。他的文艺思想和创作为德国民族文学的建立奠定了基础。

《拉奥孔》的副标题为“论绘画和诗的界限”,是莱辛通过对拉奥孔这个题材在古典雕刻和古典诗歌中的不同应用及相似之处进行比较而成,同时,在此比较中,莱辛也对斯彭司、温克尔曼等的“诗画一致”观念进行了批判。“斯彭司对于诗画互相类似的看法是最离奇的。他相信这两种艺术在古代结合得非常紧密,经常携手并行,诗人总是要向艺术家看齐,而艺术家也总是要向诗人看齐。斯彭司不曾想到,诗是一门范围较广的艺术,有一些美是由诗随呼随来的而却不是画所能达到的;诗往往有很好的理由把非图画性的美看得比图画性的美更重要。所以每逢他在古代诗人和艺术家之间发见到顶细微的分歧时，他就陷入困境，想出一些最离奇的脱身术。"[①]莱辛的主要文艺思想如下：

第一，诗与画的界限。莱辛从三个方面阐明了诗与画的界限：一是摹仿的媒介不同。画以空间中的形体和颜色为符号，诗以时间中的声音和语言为符号，因此，画是空间艺术，诗是时间艺术。二是摹仿的对象不同。画以空间中的颜色、形体为符号，宜于表现全体或部分在空间中并列的物体；诗运用在时间中持续的声音和语言为符号，更适于表现全体或部分在时间中持续的事物。画表现静态的美，诗表现动态的美。静态美包括人体美和精神美，动态美包括思想感情与故事情节的美。三是艺术作品的效果不同。绘画作用于人的视觉，以形体、色彩引起欣赏者的美感；诗作用于人的听觉，通过声音、语言使欣赏者产生丰富的联想。

莱辛认为诗与画的共同点在于都是摹仿的艺术，但由于摹仿的媒介、对象和产生的效果不同而成为各具特征的艺术，若混淆两者的界限，就否定了它们的特殊性。

第二，诗与画的不同美学原则。莱辛所说的诗与画的界限，在文中实质是指诗与雕塑造型艺术的界限。他通过对维吉尔的诗所描写的拉奥孔和雕塑《拉奥孔》的比较，提出了画的最高原则是美，诗的最高原则是真。因为绘画和雕塑作为空间艺术，适于表达在空间中并列的物体或某一瞬间的表情，擅长表现静态事物，这就决定了它应着力描写的是事物的形态美或美的表情，因此美便成为绘画、雕塑创作的最高美学原则。"雕刻家要在既定的身体苦痛的情况之下表现出最高度的美。身体苦痛的情况下的激烈的形体扭曲和最高度的美是不相容的。所以他不得不把身体苦痛冲淡，把哀号化为轻微的叹息。这并非因为哀号就显出心灵不高贵，而是因为哀号会使面孔扭曲，令人恶心。"(《拉奥孔》)只是在莱辛的比较中，忽略了画与雕刻作为两门不同艺术形式的区别，将雕刻的艺术特质直接等同于绘画，似有不足。

第三，艺术的时空辩证观。莱辛强调画是空间艺术，诗是时间艺术，两者的界限不可混淆，但他又没有把问题绝对化。他指出，绘画所用的符号并非全都是自然的颜色、线条，诗所用的符号也不单是人为的声音、语言，"文字作为音调来看待，也可以很自然地来摹仿可以耳闻的对象"；诉诸听觉的先后承续的人为符号与诉诸视觉的先后承续的自然符号的结合，是诗与音乐、舞蹈的结合；戏剧艺术、演员的表演是自然符号与人为符号的巧妙结合。因此，"把多种美的艺术结合在一起，以便产生一种综合的效果，这种可能性和难易程度就要随这些艺术所用的符导的差异而定。"同时，莱辛指

① 莱辛《拉奥孔》，朱光潜译，人民文学出版社，1979年版，第51页。

出，诗虽长于表现动作，但通过动作也可以暗示物体；画虽长于表现物体，但通过物体也可以暗示动作，然而诗与画的界限并不能因此而混淆。

莱辛将艺术的时空辩证观运用于艺术创作，提出了关于选取“最富于孕育性的那一顷刻”的观点。他指出：“绘画在它的同时并列的构图里，只能运用动作中的某一顷刻，所以就要选择最富于孕育性的那一顷刻，使得前前后后都可以从这一顷刻中得到最清楚的理解。同理，诗在它的持续性的摹仿里，也只能运用物件的某一个属性，而所选择的就应该是，从诗要运用它那个观点去看，能够引起该物体的最生动的感性形象的那个属性。”

2.《汉堡剧评》与莱辛的戏剧理论

莱辛在汉堡民族剧院担任顾问和剧评家期间，写作了一系列的剧评文章，一共104篇，这就是在戏剧理论史上颇有地位的《汉堡剧评》。《汉堡剧评》很早就在理论界获得了推崇。席勒在给歌德的信中对此给予了极高的评价。在《汉堡剧评》中莱辛提出了建立市民剧的主张，他认为应该打破传统悲剧与喜剧的界限，在戏剧的题材内容等方面进行改革，使得戏剧能够反映现实生活的需要。他指出：“过去认为只有君主和上层人物才能引起我们的哀怜和恐惧，人们也觉得不合理，所以要找出一些中产阶级的主角，让他们穿上悲剧角色的高底靴，而在过去唯一的目的是把这些人描写得很可笑。”“强烈的情感和崇高的思想不见得就只属于戴王冠的头脑们而不属于他自己行业中的人。”也就是说，应该让市民剧反映出市民阶层的思想、情感和需要。他认为在艺术风格上艺术家要走向民间，在艺术语言上艺术家要运用日常生活用语，反对贵族语言；在社会作用上艺术家要宣传市民道德，批判贵族风尚。

复习思考题：

1. 怎么理解启蒙运动作为文艺复兴之后的第二次革命？
2. 如何理解启蒙运动、启蒙主义、启蒙主义文艺思想的关系？
3. 伏尔泰的文学发展观怎么理解？
4. 卢梭“返回自然”中的自然怎么理解？
5. 怎么理解狄德罗的艺术真实？
6. 如何理解莱辛的“诗画异质”？

深入阅读书目：

1. 朱光潜《西方美学史》，人民文学出版社，1963年版。

2. 狄德罗《狄德罗美学论文选》，张冠尧，桂裕芳，译，人民出版社，1984年版。

3. 伍蠡甫等《西方文论选》，上海译文出版社，1979年版。

4. 詹姆斯·施密特《启蒙运动与现代性——18世纪与20世纪的对话》，徐向东，卢华萍，译，上海人民出版社，2005年版。

5. 卢梭《论语言的起源：兼论旋律与音乐的摹仿》，洪涛，译，上海人民出版社，2003年版。

6. 彼得·赖尔、艾伦·威尔逊《启蒙运动百科全书》，刘北成，王皖强，译，上海人民出版社，2004年版。

7. 哈佛燕京学社《启蒙的反思》，江苏教育出版社，2005年版。

8. 卢梭《论人类不平等的起源和基础》，李常山，译，商务印书馆，1962年版。

9. E. 卡西勒《启蒙哲学》，顾伟铭，杨光仲，郑楚宣，译，山东人民出版社，1988年版。

10. 维塞尔《莱辛思想再释——对启蒙运动内在问题的探讨》，贺志刚，译，华夏出版社，2001年版。

第四章　德国古典文论

概述

在18世纪与19世纪之交的大约半个世纪的时间内，德国出现了康德、黑格尔、席勒和歌德等一批极富影响力的文学理论家。在他们之前有15世纪的文艺复兴，16世纪的宗教改革，17世纪的科学革命，18世纪的启蒙运动。在这样的历史语境中，德国古典哲学诞生了。尤其是启蒙运动以及它所导致的法国大革命深刻地影响了德国古典哲学，以至于黑格尔说，“康德哲学是在理论方面对启蒙运动的系统陈述”。[①]马克思说，德国古典哲学是“法国大革命的德国理论”。在这样的时代和思想背景下，同时还出现了歌德和席勒等文学家的文论。他们的文论与他们的哲学思想和艺术成就一起，标志着德国民族文学建设的完成和民族文化发展的高峰。

席勒自幼喜欢文学，与“自然”一样，“自由”也是他终生的信念，尤其是在读了启蒙运动的代表人物卢梭、狄德罗的著作后。歌德曾说：“贯穿席勒全部作品的是自由这个理想。”[②]23岁的时候，他因剧作《强盗》而一举成名，但里面的反抗精神，自由与独立的个性也导致了他后来的颠沛流离。他的主要美学著作有1794年出版的《审美教育书简》和1795年出版的《素朴的诗和感伤的诗》。

与历史上的许多革命一样，法国大革命后的状态依然是让人失望。对此，席勒颇有同感。他曾说：“所有的政治希望都失落到几世纪以后去了。”[③]他尤其对雅各宾派的专政深感失望。这不但与他的自由理想背道而驰，更重要的是他从中并不能看到人性和社会得到质的提升，上升到一个更美好的境地。于是，他认为社会的进步应当从人的改造做起。席勒认为，改造人性的唯一途径就是审美教育，就是这种精神的

① 黑格尔《哲学史讲演录》第四卷，贺麟，王太庆，译，商务印书馆，1978年版，第258页。

② 爱克曼《歌德谈话录》，朱光潜，译，人民文学出版社，1978年版，第108页。

③ 转引自童庆炳，曹卫东《西方文论专题十讲》，高等教育出版社，2005年版，第43页。

"自由的游戏",而文学艺术正是如此。他认为风和日丽的希腊的人性是感性和理性的和谐。人们应当从小把孩子送到希腊,长大后回国进行艺术创造和审美教育。这就是《审美教育书简》中的主要内容。席勒对革命的看法无疑是现实性的真实,而非理想性的浪漫。这与鲁迅对革命的认识颇有相似之处。因为如果在一场革命,尤其是暴力革命之后,人本身,尤其是权力的拥有者并没有使人和社会变得更好,还是"天下熙熙,皆为利来;天下攘攘,皆为利往",革命就只能是轮回。席勒对希腊情有独钟,他把希腊视为教育的圣地可能与他对古希腊的理解有关。如许多的诗人和思想家一样,对现实的失望使他们转向理想。但理想如果缺失丰富的内涵又会成为空想,而对古代社会的诗化描述毫无疑问能使理想获得天然的丰富性。因此,他们往往把理想寄托在"古代"这一历史建构之中。于是,在许多的诗人和思想家那里,"古代"已经不是一个历史学的概念,而成为一个心理学的范畴。席勒大约就是如此。

在《论素朴的诗和感伤的诗》中,席勒着重提出了"素朴"这一概念。素朴主要是指不矫揉造作,远离矫情。他说:"儿童们的言语行动也只会长久地给我们以素朴的纯粹印象,以致我们想不起他们艺术上的无能,而我们完全只想到他们的天赋自然与我们的矫揉造作的对照。素朴是一种天真,天真绝不能被期待。"①他认为,儿童的言语就是一种典型的素朴。素朴是天真,是纯真,是真诚。这就是一个诗人所应当追求的。他对诗人的理解与道家奉"返璞归真"为最高境界是一致的。素朴也不仅仅是一种存在或状态,而是一种"素朴精神"。同时,他也表明了素朴在时代中的失落,因为"天真绝不能被期待"。

在席勒的文字里,素朴与自然往往相提并论。他认为:"诗人或者是自然,或者寻求自然。前者造就素朴的诗人,后者造就感伤的诗人。"②可以说,素朴就是一种自然。通过对"自然"的理解我们可以更好地理解他的素朴这一观念。席勒把自然上升到一种理念的高度,而不是作为一种存在的状态。单凭自然的理念就可以决定我们的审美感受。譬如,一朵逼真的假花完全具有自然的外观。当我们误以为它是自然的花朵时,我们会有最真实的审美感受。但一旦我们知道它是假的,这种美好的情感就会不复如初了,以至于消失。在这种情况下,审美对象本身并没有改变,改变的是我们自身的观念。但只是这一观念的变化足以决定我们的美感。在这里,起决定性作用的就是自然真实的理念。他还认为,在有些情况下,审美对象既是自然的,也同时是素朴的。他甚至把艺术与自然对立起来,因为"自然与艺术形成鲜明对照,从而使艺

① 席勒《论素朴的诗与感伤的诗》,转引自童庆炳,曹卫东《西方文论专题十讲》,高等教育出版社,2005年版,第23页。
② 席勒《论素朴的诗与感伤的诗》,转引自童庆炳,曹卫东《西方文论专题十讲》,高等教育出版社,2005年版,第32页。

术相形见绌”，[1]而且“自然必定有权，而艺术却必定无权”。[2]正是自然这种本体的而又至上的地位，所以席勒说：“**它们是我们曾经是的东西，它们是我们应该重新成为的东西**。我们曾经是自然，就像它们一样，而且我们的文化应该使我们在理性和自由的道路上复归于自然。因此，它们同时是我们失去的童年的表现，这种童年永远是我们最珍贵的东西。”[3]在素朴、自然、童年这些言语的激荡中，或许我们能更好地理解席勒所说的素朴的真意。

席勒所强调的素朴其实是与庄子一致的，即“强哭者虽悲不哀，强怒者虽严不威，强亲者虽笑不和”以及“真悲无声而哀，真怒未发而威，真亲未笑而和”[4]的纯真自然的境域。正是奠基在这一对诗的理解的基础上，感伤的诗就与素朴的诗区别了开来。素朴的诗是现实的，感伤的诗是理想的。素朴的诗是内敛的、平静的，而感伤的诗是外露的、激情的。素朴的诗是愉悦的、纯净的，而感伤的诗则是严肃的、紧张的。他有时甚至用“现实主义”和“理想主义”来分别指这两者。席勒进一步把对诗的范畴的理解与历史结合起来。古代的诗就属于素朴的诗这一范畴，现代的诗就属于感伤的诗这一范畴。但同时，他也看到了这一区分的不完美之处。他指出古代的诗也有感伤的，而现代的诗也有素朴的。即使是在同一个诗人、同一部作品里，两者也是时有兼备，而且这种混合型的作品才最具有动人的力量。从席勒的区分及其反思中，我们看到了一种普遍的理论困境。区分，就其绝对完全的意义而言，其实往往是不可区分的。简言之，即区分的不可区分性。面对这一处境，也许，后现代的思维是一个启发。理论其实往往只是一种视角。不是诗有素朴的和感伤的两种，而是我们从素朴和感伤这两个视角去观察诗的现象。此外，与许多理论家不同，席勒更推崇喜剧。他认为悲剧诗人的人格是崇高的，而喜剧作家则是优美的。悲剧是激情的，而喜剧则是理性的。

总之，席勒的这些引人入胜的思想源自他对于诗的深情与执着。正如他所说：“诗的精神是不朽的，它决不会从人性中消失。”[5]

歌德是德国著名的诗人、作家、美学家，但他在其他领域，如历史、艺术和科学等方面也有出色的贡献。他的文学成就使他获得了与荷马、但丁、莎士比亚并驾齐驱的地位。他出生于法兰克福的一个中产阶级家庭。虽然他以文学而著名，但他获得的学位却是法学博士。他曾在魏玛这个小公国身居高位，任枢密顾问。1794年歌德与

---

① 席勒《论素朴的诗与感伤的诗》，转引自童庆炳，曹卫东《西方文论专题十讲》，高等教育出版社，2005年版，第21页。

② 席勒《论素朴的诗与感伤的诗》，转引自童庆炳，曹卫东《西方文论专题十讲》，高等教育出版社，2005年版，第23页。

③ 席勒《论素朴的诗与感伤的诗》，转引自童庆炳，曹卫东《西方文论专题十讲》，高等教育出版社，2005年版，第22页。加黑为原文如此。

④ 见王先谦《庄子集解》，中华书局，1987年版，第275页。

⑤ 席勒《论素朴的诗与感伤的诗》，转引自童庆炳，曹卫东《西方文论专题十讲》，高等教育出版社，2005年版，第32页。

席勒成为挚友，他们一起成为德国著名的“狂飙突进”运动的旗手。他所有的作品都收集在143卷的《歌德全集》里。他的美学和诗学著作主要有：《歌德的格言和感想集》《诗与真》《歌德谈话录》《说不尽的莎士比亚》《自然的单纯摹仿·作风·风格》等。在文学上，他深受德国民间文学、莎士比亚和荷马史诗的影响；在思想上，狄德罗和莱辛极大地影响了他。

作家与生活的关系是决定一个作家能否成功的基础，因此，“生活”成了歌德的一个主题。歌德非常强调作品应当毫不犹豫地切入现实生活之中，在与现实生活的血肉联系中成长出来。对于那些远离实际生活的作品，他坦率地表达了自己的轻蔑：“我一向瞧不起空中楼阁的诗。”[①]他反驳了那种认为现实生活没有诗意的观点。不是生活中没有诗意，而是我们没有足够的能力去感受、去发现生活中的诗意。他意识到在艺术创作中，主体的把握力至关重要。正如深入生活并不是简单地走进一个不同的生活群体中去，而是一种“灵魂的深入”。法国大作家普鲁斯特35岁后“终年生活在一间门窗经常不打开的房间中”，但依然写出了世界名著《追忆似水年华》，因为他曾经生活并深刻地体验过。即使他的身体只是存在于一个房间中，但他灵魂的触角已触及生活中那些最幽暗的角落与最鲜明的色彩。所以，对歌德强调作家与现实生活的生死相依的关系不能做简单肤浅的理解。正是奠基在这一对现实生活的基础性地位的理解之上，与席勒对现实与理想的区分有些类似，歌德对“古典的”和“浪漫的”进行了区分。在他的思想语境里，“古典的”意味着健康的、纯朴的、现实的，“浪漫的”意味着病态的、感伤的、软弱的。如《荷马史诗》就是古典的，因为它充满着英雄气质、昂扬向上的生命力以及征战的精神。

“自然”同样是歌德审美思想的一个主旨，这与他的好友席勒是完全一致的。他对艺术家与自然的关系有着自己独到的理解。他认为艺术家既是“自然的主宰”，又是“自然的奴隶”。他说：“艺术家对于自然有着双重关系：他既是自然的主宰，又是自然的奴隶。他是自然的奴隶，因为他必须用人世间的材料来进行工作，才能使人理解；同时他又是自然的主宰，因为他使这种人世间的材料服从他的较高的意旨，并且为这较高的意旨服务。”[②]“材料”一词在这里不能做狭义的理解，如建筑所用的材料、绘画所用的材料、雕塑所用的材料等等，而是前边所说的生活。“自然的奴隶”意味着作家必须遵循生活本身的规律，把握生活的深刻、生动以及必然性。“自然的主宰”则是说在不违背生活自身的逻辑的前提下，作家应当使创作对象“活”起来，是“字立纸上”而不是“字卧纸上”。尽管有无数的东西呈现在他的面前，他都能把这一切自由地

① 爱克曼《歌德谈话录》，朱光潜，译，人民文学出版社，1978年版，第6页。

② 爱克曼《歌德谈话录》，朱光潜，译，人民文学出版社，1978年版，第137页。

运作于自己思维中的“空灵之境”，以“空”御“实”，以“无”御“有”。

在一些思想倾向性非常强势的作家笔下或时代政治性非常强势的气氛中，他们往往把文学视为某种观念的工具，把文学作为“手段”而不是“目的”，其结果是背离了文学自身的价值，甚至让作品沦为宣传品。有鉴于此，歌德认为文学创作有两种程序。第一种程序由某种抽象一般观念演绎出一个来作为特殊的故事。在这种情况下，特殊只不过是一个事例或典型。如寓言故事的创作大略就是如此，一些象征型的作品在这方面也比较明显。这种创作方式有时虽也可以成功，但更多的时候却易于流于概念化。人物和叙事的丰富性、深刻性、独特性，那种血肉与丰满都失落了。第二种程序是由特殊到一般。在创作者的意识中，首先出现的并不是某种认识上或理性的观念，一个叙述的控制中心，而是一个由心中自然而然生成的故事或人物。但当我们去深思这个故事的时候，它的深刻性、本质性或普遍性就会静静地在那儿等待着我们。歌德在谈到普遍和个别孰先孰后的问题时，主要是指时间上的在先。实际上，逻辑上的在先同样是如此。有时，尽管一般和特殊在心中是同时生成的，很难说谁先谁后，但如果一种强势的观念一直在控制着，即逻辑上在先，这样生产出来的作品依旧会是单薄的、片面的。在歌德的时代，一种重要的创作理念就是“高贵的单纯和静穆的伟大”，追求美之中的完美，而不是真实的个性。这固然可以作为一种追求，但如果作家都去这么做，无疑会导致千篇一律，由此而造成的人物形象的单一性无疑会损害文学的繁荣。歌德则与另一批理论家提倡更为重要的“特征”原则，即把握事物的特殊个性。歌德以为：“艺术的真正生命正在于对个别特殊事物的掌握和描述。此外，作家如果满足于一般，任何人都可以照样摹仿；但是如果写出个别特殊，旁人就无法摹仿，因为没有亲身体验过。你也不用担心个别特殊引不起同情共鸣。每种人物性格，不管多么个别特殊，每一件描绘出来的东西，从顽石到人，都有些普遍性；因此各种现象都经常复现，世间没有任何东西只出现一次。”[①]在这里，歌德其实指出了创作所应追求的一个基本原则，那就是独特性，即不可复制性。个别特殊的不可摹仿、独一无二的性质满足了这一点。他同时指出了艺术家不用担心本质会因此而失落的一个有力的理由：只要个别存在，本质一般就必然存在。可以说，存在即本质。

早在古希腊的时候，斯多亚派的创始人芝诺（Zero，前336—264年）就提出了“世界城邦”和“世界公民”的思想。苏格拉底和犬儒派的第欧根尼在被问到他们属于哪个城邦的时候，都回答说：“世界。”歌德作为新轴心时代的思想家，敏锐地感受到了这种世界时代的来临。他第一次提出了“世界文学”的理念。他说道：“诗是人类的共同

---

① 爱克曼《歌德谈话录》，人民文学出版社，1978年版，第10页。

财产。……民族文学在现代算不了很大的一回事，世界文学的时代已快来临了。现在每个人都应该出力促使它早日来临。”[①]但歌德所说的世界文学绝不是趋同，绝不是全世界的作家都按照“一个方式”去创作，去思考。他对特殊性的强调鲜明地反驳了这一点。世界文学应该是在保持各民族独特的魅力的同时，互相认识、理解、借鉴、喜爱和宽容。总之，要有一颗“爱真理的心灵”。

第一节　康德文论

伊曼努尔·康德（Immanuel Kant，1724—1804年）

伊曼努尔·康德，出生于东普鲁士的格尼斯堡。康德16岁进入格尼斯堡大学神学院，毕业后当了九年的家庭教师。康德31岁开始在格尼斯堡大学任编外讲师，15年后，也就是他46岁时成为教授。他自幼体弱，与柏拉图、笛卡儿、霍布斯、洛克、莱布尼茨、休谟这些西方著名的哲学家一样，终身未婚。与许多其他的大思想家有丰富的旅游阅历不同的是，康德一生几乎没有离开过故乡，除了偶尔去过离家不远的城市旅行。他的生活极有规律，每天下午都会在同样的时间出现在同一条街道上（后来被称为“康德小道”），以至于当地的居民通过他来校对手表，只是在读卢梭的《爱弥儿》（Emile）时才中断了两天。

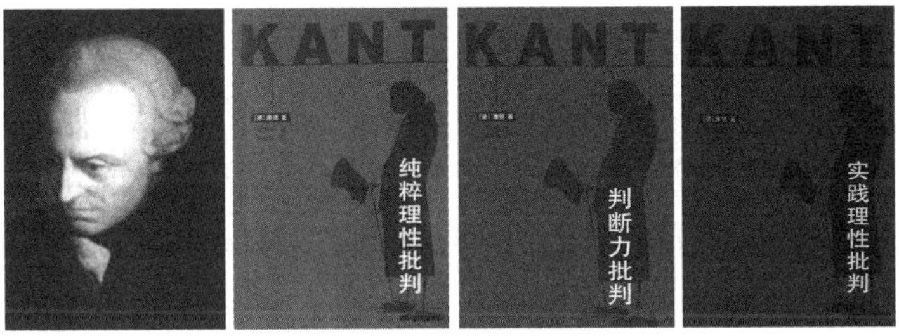

西方的思想主要分作三个时期，两次大的转向。即本体论、认识论、语言学三个大阶段，认识论的转向与语言学的转向。如果说在本体论时期最重要的代表人物是柏拉图，那么在认识论时期最重要的代表人物就是康德。康德把自己的探索称为“哥白尼革命”。他深受卢梭的影响。他说：“我天生是一个探索者。我渴求知识，总是不安于现状，而要在知识中向前推进，并以取得的每一个进步为乐事。我曾经相信这就

① 爱克曼《歌德谈话录》，朱光潜译，人民文学出版社，1978年版，第113页。

构成了人类的尊荣，而看不起那些无知的民众。卢梭在这个问题上纠正了我。这盲目的偏见消失了。我学会了尊重人，并且感到：除非我相信自己的这种探索者的态度能在建立人类权力方面给予所有人以价值，我就不比普通的劳动者更有用。”[①]1781年，57岁的康德大器晚成，发表了西方近代哲学最重要的著作之一《纯粹理性批判》。在随后9年的时间里，他相继写出了“三大批判”中的另外两大“批判”，即1788年的《实践理性批判》和1790年的《判断力批判》。还有一些其他的重要著作，如《未来形而上学导论》（1783年，简要说明《纯粹理性批判》）和《道德形而上学基础》（1785年）。《纯粹理性批判》讨论人的认识能力问题，《实践理性批判》讨论道德法则问题，而《判断力批判》则主要讨论了美学问题。康德对文学艺术的论述集中在《判断力批判》上卷，主要的内容包括“美的分析”与“崇高的分析”等内容。

一、美与崇高

康德从质、量、关系、情状四个方面分析了美的本质，他称之为“美的四个契机”。其中最主要的是对审美本质的分析，因为它是其他的三个特征的基础。他认为审美有两个根本的要素。首先，美感是一种快感。其次，这种快感是无利害的。谈到审美鉴赏时，他说：“鉴赏是凭借完全无利害观念的快感和不快感对某一对象或其表现方法的一种判断力。”[②]康德区分了三种不同类型的快感：感官的、善的和美的。感官的快感也可以说是生理上的快感，如美味或排泄等等。善的愉快是由高尚的道德行为等而引起的内心感受，它合乎我们的某种目的，如甘地的非暴力不合作运动、马丁·路德·金的民权运动等。其实，善即合目的之意，且只是自身的目的，而不是手段、工具。只是康德把官能的合目的分离了出来。美的愉悦如对花草的喜爱、对流云的迷恋、对高山的仰慕等等。显然，官能的快适和善的快适都与事物对于我们是否有益有关系，都与“目的”不可分割地联系在一起。在个体的生存中，目的固然必不可少。但一旦目的开始主宰我们的时候，“自由”就在悄然之中失落了。“目的”与“自由”本质上是对立的。而美的快适则与前两者有着鲜明的区别。它没有实践的实用的目的。因此，美就是自由。简而言之，对美的本质的理解就由“快适”“目的”“自由”这三个语词构成。

审美判断的第二契机就是从“量”的视角来考察美感。也就是说，一个事物是美的，它是对一个人、一些人还是所有人都有效。康德认为，审美鉴赏具有普遍有效性。但他的这一论断显然与实践相左。因为在现实中，一个人或一些人认为是美的东西

---

① 转引自张祥龙《西方哲学笔记（修订版）》，北京大学出版社，2005年版，第304页。

② 康德《判断力批判》上，宗白华，译，商务印书馆，1964年版，第47页。

其他人并不认为是如此。但这并不妨碍康德坚持他的观点。他提出“真正的审美判断”区别于实际生活中人们所做出的审美判断。在实际生活中,人们所做出的鉴赏判断可能是不准确的或是错误的。如果一个审美判断得不到别人的承认,没有普遍有效性,那么可能是我的判断有误,我应当改正自己的审美判断以获得真正的审美判断。如果经过反思审视之后,我们坚信自己的审美判断是正确的,别人依然还是不承认,那么可能是别人的鉴赏能力不够或是鉴赏有误,在努力之下总有一天他会认同这个审美判断的。这一点对于那些天才的原创的艺术家来说尤为重要。因为他们对美的创造总是要等到很久之后才会得到这个世界的承认。如果他们不是坚持,而是轻易地放弃,那些天才的作品就不复存在了。

审美判断的第三个契机是“关系”。这是考察审美鉴赏中与目的的关系。这一点与第一契机的联系尤为紧密。在第一契机里,康德论述了美感是没有实际功利的目的的。审美对象的物理存在完全不在审美的关怀之列。它完全可以不存在,它可以只是一幅画,一个形象、意象或形式。既然实物都不存在了,当然就无满足我们实际需要的可能性。但换一个视角来看,不从这种生理物理的角度,而是从心理的方面出发,它依然合乎某种内心精神的目的。如一朵花,如果我们去考察它的成分以及治疗作用,这就是功利的,合乎实用的目的的。但许多时候,我们并不是如此,只是观赏它,它的物理特性无关紧要,我们只需要表象、形象即可。或是说,我们只关注它的形式因,而非质料因。这时,它就是无目的的。然而,从一个更高的心理精神层面来说,它把我们从功利的目的中解放了出来,而让人生回归到应有的自由之境,因而合乎生命自身的审美精神的目的。只是因为这一目的潜藏于生命的原生之处,极深而又久远,以至于我们都快要把它忘记了。归纳起来,从目的因方面而言,它有三个阶段:有目的、无目的、合目的。而合乎生命自身的目的才是一个更高也更深的追求。一言以蔽之,审美判断的第三个方面就是它的无目的的合目的性。无目的是指没有物质功利的目的,合目的是说合乎审美精神的目的。

最后,康德从“情状”的范畴考察了审美鉴赏。这里的情状指的是审美主体对于审美对象所感到的愉悦的情形状态。但康德并不是浅层次地描述这种状态,而是做出深刻的理论分析。他指出,美的愉快的状态是一种必然性的状态。这就是说,一个真正的审美判断必然会得到所有人的赞同。并且,这种必然的状态不是由抽象的“概念”推理出来的,也不是从普遍的“经验”,即人们的一致同意中总结出来的,因为经验总是不完全的,总会有新的经验。这种必然性是一种“例证式”的必然性。它只是某种普遍规律的一个例证,而这种普遍规律具体的到底是什么则是难以说明白的。这种情感上的共同一致虽然是主观的，却拥有“主观的普遍性”，而不是每个人主观上的任意性或差异性。这种主观普遍性的根源就在于每个人心中的“共通感”。

早在古罗马的时候，朗加纳斯就写过《论崇高》。后来到了18世纪的时候，英国的柏克写过《论崇高与美》。康德早期也写过《关于美和崇高的感情的考察》。他继承了柏克的观点，认为崇高是从痛感到快感的一种转化。

康德认为崇高和美有许多共同之处，如它们自身都是令人愉快的。并且它们都不是感官的，而是一种心理直观，都不涉概念，不是科学认知中的概念判断，而是“单个的判断”。但崇高与美有诸多不同之处：崇高是无限的，美是有限的；崇高是无形式的，美是有形式的；崇高是间接的，而美是直接的；崇高在主体之内，而美在对象之上；崇高在于量，而美则在于质；崇高是属于理性的，而美则是属于悟性的。康德所说的理性是指我们内心中超感官的能力，形式都无法表现的理性观念。如风暴中的海洋，当人们只是在感官上面对着它的时候，并不会有崇高之感，反倒觉得可怕。但如果我们看到这个景象的时候，心中怀有某种没有哪种形式能容纳得下的理性观念，就会战胜这种可怕，产生崇高之感。美是一种活跃的想象力的游戏，它给人一种直接促进生命的感觉。而崇高的愉快则是间接产生的。“它经历着一个瞬间的生命力的阻滞，而立刻继之以生命力的因而更加强烈的喷射。”[①]如果说美是游戏式的愉悦，那么崇高则是严肃的。康德以为崇高不只是含有“积极的快乐”，而且还有“消极的快乐”的成分，因为它含有太多的惊叹和崇敬。

二、艺术、天才与审美理想

康德对艺术的理解是：“正当地说来，人们只能把通过自由而产生的成品，这就是通过一意图，把他的诸行为筑基于理性之上，唤做艺术。”[②]在这里，他指出了艺术的两个本质特征：自由与理性。他认为艺术作品就是理性之上自由创造的结果。一般看来，理性与自由似乎是矛盾的。其实不然，我们有理性，但我们并没有因此而没有自由。在文学艺术的实践中同样是如此，一个作家几乎不可能没有理性的构思，但他创作与想象力的自由同时也会洋溢在他的作品中。

自由有三个维度：行动、言语、意识。在行动层，即在实际的行动中，人受各种因素的影响，常常是不自由的。自由之所以成为一种普遍的诉求，正是因为人本真的不自由状态。正如人们欲求正义，乃是因为我们有诸多的不正义；欲求信心，乃是因为

---

① 康德《判断力批判》上，宗白华，译，商务印书馆，1964年版，第84页。

② 康德《判断力批判》上，宗白华，译，商务印书馆，1964年版，第148页。

心中已有了不自信;欲求反对腐败,乃是因为腐败已是一种严重的存在。而在言语的层面上,虽然我们并不能想说什么就说什么,但相较于行动而言,自由的程度大得多了。而最自由的就是人的意识。在人的意识里,不管合法的还是不合法的,合理的还是不合理的,合乎道德的还是不合乎道德的,都可以存在。随思漫想、胡思乱想,乃至不思不想都可以。所以,与西方相比,并不是中国人的自由精神不够强烈,只是他们明白在实际生活中自由的艰难,不如转向意识之内或者说精神维度的自由。这种"精神的逍遥"和"逍遥的精神"才能把自由发挥到极致。这种自由远非现实生活中的自由可比。从行动层到言语层再到意识层,自由的程度越来越高;反之,自由度就越来越低。康德意识到了现实世界中人们的不自由。如他自己就不能去自由地拥有爱情,因为他虽需要却无力供养。康德也意识到审美精神的自由对于实际生活中自由的匮乏的补充作用。为了说明这种审美的自由,他以儿童的游戏为例进行了分析。因为与大人的世界相比,儿童的世界无疑具有更多的自由。他们想说就说、想做就做,想吃糖就把罐子打破。儿童的游戏更是自由的表征。在游戏里,他们可以成为他们想要成为的国王,也可以成为他们想要成为的将军,还可以成为他们所喜欢的喜羊羊或灰太狼。而且,他们可以随时更换角色,也可以随时更改规则。对于他们而言,重要的不是遵守规则,而是遵循内心。在游戏里,没有目的;如果有的话,那也只有一个,即愉快。

奠基在对艺术的这一理解的基础上,康德对艺术活动与自然活动、科学活动、工艺活动做了区分。艺术活动有理性的意图,自然活动则没有。蜜蜂造的蜂窝尽管很精致,但只是一种自然本能的结果,而不是出自某些思考和积淀后的意图。艺术活动与科学活动不同的是:大略来讲,科技的东西知道了后就能够做。如知道了面积的计算方法我们就可以计算出任何一块规则地块的面积。但艺术活动则不然。一个人读了艺术史,学习了文学创作的各种方法,练习了各种修辞技巧,并不能保证他就能够成为一个文学家或艺术家,抑或一个文章高手。艺术活动与工艺制作的区别在于艺术活动是自由的游戏,而工艺制作则只是一种劳动。前者是愉快的,后者则是不愉快的。显然,这一区分"有时"的确如此,但不能做绝对的理解。"有时",按照海德格尔的理解,是"在一正确时间",而不是偶然任意的随便某个时候。

康德根据自己对艺术的理解进一步把艺术分为"机械的艺术"和"审美的艺术"。他又把审美的艺术分为"快适的艺术"和"美的艺术"。如果一部作品有着强烈的认识目的,是某种概念的图解,那么它就是机械的艺术。如果艺术是以快感为目的,那么它就是审美的艺术。但快感也有不同,如果是以官能的享受为目的,如宴席间开心的谈话,它就是快适的艺术。如果以审美的快感为目的,即无目的的合目的性,它就是美的艺术。康德以为美的艺术最合乎艺术的本质,而"诗"则是美的艺术的最高形式,是"艺术的艺术",因为它是一种"纯粹的想象力"。也就是说,它不像绘画、雕塑、建筑等艺术那样把形象用物质材料确定下来,而是用"精神材料"语言把它留在不确定性之域。美的艺术的特点除了前边所说的无目的的合目的性,就是它的"不是自然,恰似自然"。也就是说,美的艺术尽管有着理性的意图在里面,但它给人的感觉却必须是似无意图的,是一件自然的作品。即"美的艺术须被看做是自然,尽管人们知道它是艺术"①。他还说:"自然显得美,如果它同时像似艺术;而艺术只能被称为美的,如果我们意识到它是艺术而它又对我们表现为自然。"②康德这种对自然的强调,要求艺术家尽可能地抹去人工的痕迹,与道家有其一致之处,它同时也是艺术的最高境界。

在艺术的诸种类中,康德把美的艺术放在了最高的位置。他认为这种美的艺术必然地源自天才,而天才就是"一个主体在他的认识诸机能的自由运用里表现着他的天赋才能的典范式的独创性"③。在这里,他指出了天才的三个特征:独创、典范与自由。康德以为,天才的独创性是他的"第一特性"。它不给人们制定一个普遍的适用的规定性,更不是由这种规定性可以学习得到的。因此,天才具有"神秘"的特点。而"神秘"或者说"奥秘"永远是这个世界的一种本体性存在,它不可能被彻底地解码。天才既不可"教",又不可"学",而是直接地受之于天。天才的这种不可延续性所导致的就是人亡技绝。在这一点上,艺术与科学不同,牛顿可以把他的知识传授给别人,而王维却无法让别人学会他的诗艺,也写不出"大漠孤烟直,长河落日圆"这样的天才之作。从这个意义上讲,康德把天才归于艺术,而不是科学。天才不仅仅是"典范性"的,而且也是"典范式"的。天才是自然的骄子,他的作品具有典范性,因为自然通过天才为艺术立法。但这种立法不是制定或暗示某个特定的法则,而只是提供一个范例,给人们以启示、领悟和灵感。它是"法",却又是"无法之法"。就它是法而言,它是典范性的;就它是无法之法而言,它又是典范式的。正是因为天才的创作是"立法",它可以不受既有艺术法则的约束,所以它是自由的。但这种自由不是"无知的自由",而是一种"有识度的自由"。儿童是自由的,但儿童不大可能创造出天才的作品,因为他们没有足够的学识和鉴赏力。而天才则不同,他们非凡的审美鉴赏能力会使他们找到最好的艺术形式,创作出最有表现力的杰作。天才的自由是奠基在天才的鉴赏力之上的。

---

① 康德《判断力批判》上,宗白华,译,商务印书馆,1964年版,第152页。

② 康德《判断力批判》上,宗白华,译,商务印书馆,1964年版,第152页。

③ 康德《判断力批判》上,宗白华,译,商务印书馆,1964年版,第164页。

艺术和天才的最高体现就是审美理想,因此审美理想是康德的美学思想中又一重要的范畴。它又被译作“审美观念”。而观念又可被译为“理念”。于是,审美理想也可被理解为审美理念。从柏拉图的理念论中我们可以更好地理解康德的审美理想或审美理念。“理念”源自动词“看”(ide),它的原意是指“所见”,即看到的东西。而我们的眼睛所看到的往往是事物的形象,所以,在荷马和早期的希腊哲学家那里,这个词是指事物的“显像”“形状”等。由此,柏拉图进一步把它引申为“灵魂的眼睛所见”。在英文中,对它的翻译有两种:idea或form。据此,中文把它翻译为“理念”“型相”,或是综合这两个意思翻译为“理式”。柏拉图认为理念是世界的本体,一切事物由此而来。具体而言,如悉尼歌剧院,它当初在设计者脑中的构图就是理念,建成后的歌剧院就是对理念的摹仿,我们在图片上看到的悉尼歌剧院就是“摹仿的摹仿”,或者说“影子的影子”。可见,“理念”一词的确有“形式”之意。这也是后来许多思想家把“形式”视为根本、视为原动力的原因所在。总之,理念就是一种完美的设计,一种理想。康德的审美理想即此意。

正是奠基在对美的这一最高追求上,康德说:“我所了解的审美观念就是想象力里的那一表象,它生起许多思想而没有任何一特定的思想,即一个概念能和它相切合,因此没有言语能够完全企及它,把它表达出来。”[①]从这里我们可以看出,审美观念不单是一种理想,而且是一种创造力,它“生出许多思想而没有任何一特定的思想”,而这才是思想的本质。它“生”而不“成”,因为它永“生”。它总是去“是”、去“思”,而不是“是者”或存在者。审美理想的又一特征是它的无限的丰富性。这种理想的形象既是“说不尽的”,又是“说不准的”。它是说不准的,因为它总是不确定的,如李商隐的《锦瑟》,尤其是在那些微小之处。后现代的一个重要思想认为,世界从根本上来说是不确定的,所以说不准不是它的缺点,反倒是它与本原的真理的切合之处。在中国古代的“言意之辨”中,也总是认为言不尽意。康德认为审美理想是言语所不能企及的,这与中国古人的思想也是“不约而同”。在叙事性的作品中,审美理想的集中体现就是典型,如哈姆雷特、林黛玉等;在抒情性作品中,审美理想的集中体现就是意境,如“鸡声茅店月,人迹板桥霜”“落霞与孤鹜齐飞,秋水共长天一色”等。此外,康德还进一步谈到了审美理想形成的心理机制。审美理想是想象力、理解力、理性力与鉴赏力的一种和谐自由的运动。他所说的理解力是指一种悟性或知性,理性力则是一种精神。在这四种力量中,想象力最为活跃,也最为重要。

康德美学思想的价值是不言而喻的。他的审美无利害的观点把美作为一个独立

① 康德《判断力批判》上,宗白华,译,商务印书馆,1964年版,第160页。

的领域与其他事物，尤其是与道德判断、知识判断、快适判断区别开来，使美获得了自身独立的身份。他的这一观点与他的诸多思想一样，引起了人们的争议。但20世纪语言哲学的成就表明，理论上的问题往往是由语言本身造成的，里面有太多的误解，而非理解。在这一争议中，我们需要考虑的是：美、艺术、叙事是不是一个概念；审美无利害是指审美的那个时刻还是指它之前或之后的时间；利害是有意识的还是无意识的；美感是实际生活中人们产生的所有的自以为美的感受还是“真正的美感”；等等。可见，“美感”一词本身还有不清晰之处。而且，批评者还须意识到，康德并不认为文学艺术就是无功利之美。他区分了“依存美”和“纯粹美”。文学艺术大多都不是纯粹美，而是依存美，而且美的理想就在依存美上。在美的诸多样式形态中，他指出了美的最高境界：审美理想。在对天才的分析中，神秘性也揭示了艺术与世界的本真状态。

第二节　黑格尔文论

威廉·弗里德里希·黑格尔（Wilhelm Friedrich Hegel，1770—1831）

黑格尔生于德国一个高级官吏家庭。中学毕业后他进入图宾根神学院学习。毕业后他当了7年的家庭教师。随后成为耶拿大学的编外讲师。37岁时他出版了第一部著作《精神现象学》。之后在纽伦堡当了八年的中学校长。1816年黑格尔任海德堡大学教授，两年后任柏林大学教授。1829年他被任命为柏林大学校长，1831年死于霍乱。死后他的讲稿被整理为《哲学史讲演录》《美学讲演录》《宗教哲学讲演录》。

黑格尔自幼喜欢文学，尤其是古希腊悲剧。他年少时就渴求知识，并注意到这个世界的矛盾现象。如他在日记里说“年轻之时，想吃不得吃；年老之时，有吃不想吃”；“晚间应各自回去睡觉，白天再来观看星宿。”①他热爱希腊文和古代史，上大学时向往古希腊艺术、宗教、政治于一体的生活。在大学期间，正值法国大革命，他与谢林、荷

① 贺麟《黑格尔哲学讲演集》，上海人民出版社，2011年版，第617页。

尔德林一起到公园种植“自由之树”，并写下“自由万岁”“卢梭万岁”。虽然他反感雅各宾派的暴政，但他并不以个人好恶遮蔽“历史哲学”，到晚年还站在“历史哲学”的高度表达自己对法国大革命的热忱：“自从太阳站在天空，星辰围绕着它，大家从来没有看见，人类把自己放在他的头脑、放在他的‘思想’上面，而且依照思想，建筑现实。亚拿克萨哥拉斯第一个说，νοϑξ（‘理性’）统治世界；但是直到现在，人类才进而认识到这个原则，知道‘思想’应该统治精神的现实。所以这是一个光辉灿烂的黎明。一切有思想的存在，都分享到了这个新纪元的欢欣。一种性质崇高的情绪激动着当时的人心；一种精神的热忱震撼着整个的世界，仿佛‘神圣的东西’和‘世界’的调和现在首次完成了。”[①]黑格尔狂热地崇拜拿破仑，他为见到这位“骑在马背上的世界精神”而惊喜。在普法战争中，他竟然希望法军取胜，虽然他自己的个人财物都被洗劫。对于黑格尔而言，思想重于现实。黑格尔思想的突出特点就是构造出一个庞大的思想体系，是一个典型的体系性哲学家，虽然这种方式后来遭到诸多批判。对于他的哲学体系，可以用他自己的一句话来进行评论：“真理不是一种铸成了的硬币，可以现成地拿过来就用。”[②]

黑格尔关于美学的思想主要体现在《美学》一书中，他的美学基本命题就是“美是理念的感性显现”。不过，他认为美学更应当被称为“艺术哲学”。所以，他的美学思想实质上是对艺术的各个方面的探讨，如艺术美的概念和基本原理、艺术理想、艺术类型和各门艺术等。

一、艺术理想

与康德一样，黑格尔也非常重视审美理想的问题。只是在他的美学体系中，他称之为“艺术理想”。要更好地理解黑格尔对艺术理想的探讨，就要理解他对美的基本理解以及在此基础上产生的自然美和艺术美。

黑格尔对美的定义来自他的哲学体系，而他的哲学体系的基石或者说核心就是“绝对精神”。他把这种绝对精神又称作“绝对理念”。世界的一切都是由绝对理念发展而来的，而一切又只不过是一种理念形态。绝对理念的发展经历了三个阶段：逻辑阶段、自然阶段和精神阶段。在逻辑阶段，绝对理念只是抽象的概念；在自然阶段，绝对理念外化为自然，外化为物质实体；在精神阶段，绝对理念回复到自身，但不是简单的重复，而是在最高的层次上回归，它充满着对自身的意识。绝对理念通过三种方式

---

① 黑格尔《历史哲学》，王造时，译，商务印书馆，1963年版，第493页。

② 黑格尔《精神现象学》上卷，贺麟，王玖兴，译，商务印书馆，1979年版，第25页。

认识自己:艺术、宗教和哲学。因此,黑格尔所说的美或艺术就是绝对理念在最高阶段的产物。正是如此,黑格尔所说的美就与理念密不可分,可以说美就是理念。他说道:“真,就它是真来说,也存在着。当真在它的这种外在存在中是直接呈现于意识,而且它的概念是直接和它的外在现象处于统一体时,理念就不仅是真的,而且是美的了。美因此可以下这样的定义:美就是理念的感性显现。”[①]当理念外化为自然而成为美的时候,它就是自然美,尤其是自然生命之美。与许多推崇自然美的艺术家和文学家不同,在黑格尔的体系中,自然美处在美的理念形成的初级阶段,是一种理念的最浅近的存在。他谈论自然美,但其中一个重要的内容却是自然美的缺陷,而不是它的完满。在黑格尔看来,“只有艺术美才是符合美的理念的实在”。[②]当绝对理念上升回归到更高的阶段,艺术美就诞生了。这种艺术美的理念就是艺术理想。

黑格尔所说的艺术理想就是指艺术美的理念,而这种艺术美的理念并不是空无一物的普遍性的概念。在柏拉图那里,理念世界与现实世界是分离的,理念与物理的存在是两回事。而在黑格尔的世界中,理念,或者说真正的理念是理念与存在物的一体。他的这种理解不但与柏拉图有别,而且与人们惯常的语言思维习惯也不同。他说:“但是正如概念如果脱离它的客观存在,就不是真实的概念,理念如果没有现实存在而外在于现实存在,也就不是真实的理念。”“理念和体现理念的现实二者的统一就是理念。”“所以我们对于美的理念,也要如其本质地就它在它的现实客观存在中作为具体的主体性因而也就是作为个别事物去理解,因为只有作为现实的理念,美的理念才能存在,而理念的现实性,只有在具体个别事物里才能得到。”[③]由此可见,真正的理念并不是外在于现实存在,它包含万物于其自身。而美的理念也必须作为个别事物、作为具体,而不是作为抽象概念去理解。理念与现实一体,理念与万物一体。黑格尔以这种独特的思维方式强调了观念与现实的不可分割的联系。他的方式是晦涩的、令人费解的,因为他不遵循语言的惯例,但也只有这种方式才能强有力地打破概念和实在的二元对立的思维模式。同时,这种超越既有的语言和思维的方式也为我们提供了一种创造性的真理和创造性的理解。在这一根本性的颠覆之下,我们的许多观念可能不得不面临着死亡与重生。

总而言之,黑格尔的艺术理想就是理念和具体形象的统一。它既是感性的,又是理性的;既是个别的,又是一般的。与黑格尔的矛盾的对立统一思想一致,他也强调艺术理想的对立和统一。所谓对立,就是要把人物放到激烈的矛盾冲突中,显示“性

---

① 黑格尔《美学》第一卷,朱光潜,译,商务印书馆,1979年版,第142页。着重号为原文所加。

② 黑格尔《美学》第一卷,朱光潜,译,商务印书馆,1979年版,第183页。着重号为原文所加。

③ 黑格尔《美学》第一卷,朱光潜,译,商务印书馆,1979年版,第184、185页。

格的深厚和坚强”，而且应当表现重大的主题。所谓统一，就是在激烈的冲突中依然能泰然自若，并能在更高的层面上回归冲突后的宁静、和悦。艺术理想的中心是人物性格，而作为理想的性格应该具有丰富性、主导性和决断性等。如荷马史诗中的阿喀琉斯，凶狠、仁慈、忠诚、勇敢但也会伤痛，就是丰富性的典范。但丰富性并不是把各种不同的性格杂乱无章地堆放在一起，而是有机地合成在一个主体身上，形成一种活生生的个性，因此，丰富性同时也意味着完整性。一个丰富的性格必然是多种多样的，但主体中这种多元的成分并不是平分秋色、势均力敌，而是其中之一居于主导地位。黑格尔以朱丽叶为例："朱丽叶也是一样的从许多关系的整体中显出她的性格，例如她对父母、保姆、巴里斯伯爵，以及神父劳伦斯的关系。尽管有这些复杂的关系，她在每一种情境里也是一心一意地沉浸在自己的情感里，只有一种情感，即她的热烈的爱，渗透到而且支持起她整个的性格。"[①]最后，黑格尔认为理想性格不应当是优柔寡断的，也不应当是感伤软弱的，而是坚决果断。所以，他的理想性格带有英雄气质。按照黑格尔的标准，《红楼梦》中的贾宝玉绝不是性格的理想表现。不过，他为哈姆雷特做了辩护，哈姆雷特不是不能决定去做什么，而是不知道如何去做。

黑格尔认为要创造出理想性格还须选择把人物放在怎样的"一般世界情况"和"情境"中。一般世界情况就是时代或历史的大环境。情境是指一般世界情况具体化的人物所处的特定的小环境。在个体和环境的冲突中，理想性格就会得到充分的表现。虽然他说理念是万物之源，但在创作中，他却认为艺术家应当从生活出发，而不是从观念演绎。并且，艺术的创造应该面向大众、时代和民族。他明确表示："艺术不是为一小撮有文化修养的关在一个小圈子里的学者，而是为全国的人民大众。"[②]可见，他所提倡的不是一个小群体的"小艺术"，而是一种为国民的"大艺术"。他说诗人和艺术家创作的目的应该"首先是为他自己的民族和时代而创造"。[③]在这一点上，黑格尔的哲学精神与艺术精神是一致的，那就是真正的哲学和艺术所追求的不是个体，而是整体。这意味着，那些只为自身而谋的人永远无法真正懂得艺术与哲学。相反，他们貌合神离的追逐只是一种损害，追求者成了损害者，而且是以追求的方式损害着。与许多理论家一样，黑格尔非常强调想象，把想象放到了第一位。他说艺术家"最杰出的艺术本领就是想象"。[④]他认为想象与幻想的区别在于前者是深刻的、主动的，而后者则缺少这种深刻性，是被动的。黑格尔还谈到了天才和灵感的问题。他说

① 黑格尔《美学》第一卷，朱光潜，译，商务印书馆，1979年版，第305页。着重号为原文所加。

② 黑格尔《美学》第一卷，朱光潜，译，商务印书馆，1979年版，第347页。

③ 黑格尔《美学》第一卷，朱光潜，译，商务印书馆，1979年版，第336页。

④ 黑格尔《美学》第一卷，朱光潜，译，商务印书馆，1979年版，第357页。着重号为原文所加。

天才除个人的原因外，还有民族的因素。至于灵感，他否定那种以为感官刺激能产生灵感的想法。

二、艺术类型

黑格尔对艺术的分类的这种逻辑性思考是与对历史的考察不可分割地联系在一起的。他把人类文化发展的过程看作人类精神逐步地征服自然的一种过程。在人类社会的早期，精神还处在一片蒙昧的状态。精神与自然无异，都是一种“自在”的存在。随着精神的发展，人类慢慢地产生了自我意识。这种自我意识不仅把自然当作实践和认识的对象，而且还把人自身当作思考探索的对象。这样，人就成为一种“自为”的存在。在精神的这个最后的过程中，又有从初级到高级的三个阶段，每个阶段对应于一种文化形态。艺术处在精神发展的初级阶段，然后是宗教，处在最后的高级阶段的是哲学。

艺术虽然处在人类精神的初级阶段，但在精神与自然的关系上又可分为三种形态。最初的时候，精神虽然摆脱了蒙昧状态，但还没有抵达完全的自觉。它无法清晰地意识到自身的理性内容，因而也就无法找到恰当的感性形式去表现它，只能用符号去象征这种朦胧的精神内容，如神庙、金字塔等。它们的特征是用一个庞大的物质形式来象征一个民族的精神理念，是物质的形式压倒了精神的内容，给人的心灵一种压迫感。它属于“崇高风格”。虽然艺术都是理念的感性显现，但理念与感性并不总是和谐的。在这种风格中，精神的内容不明确，自然的物质形态过于强大，精神与自然并不是一个和谐的统一体。简而言之，即物质压倒了精神。由于它们并不代表精神与自然的和谐，因此不是理想的艺术。而要改变这种理性内容与感性形象之间的扭曲的关系，象征型艺术就必须发展到一个新的阶段。这就是古典型艺术。

古典型艺术是精神已经到达完全的自觉的阶段的产物。在这个阶段，理性内容与感性形式在精神的发展中终于达到了完全的和谐。物质形式恰到好处地表现了精神，而精神也找到了最合适的物质形式。这种物质与精神的和谐是由于精神明确地认识到了自身和对象。古典型艺术的代表就是古希腊雕刻。它总是把神以人的形式表现出来。因为人体是精神的居所，所以这种物质形式最适合表现精神。它不至于过于庞大使精神仿佛只能居留于物质的某个角落。雕刻是静态的，它符合黑格尔静穆和悦的艺术理想。但精神的特质就在于它是无限和自由的，它总是力图摆脱一切束缚。人体形式的有限和不自由从本质上来说与精神的个性是相冲突的。当精神继续无限自由地发展的时候，它就会打破物质的束缚，产生新的艺术形式。这就是浪漫型艺术。

浪漫型艺术不仅仅是18至19世纪浪漫主义运动所产生的艺术。黑格尔用它来指西方进入资本主义时代以来所形成的艺术。因此，"浪漫型艺术"与"浪漫主义艺术"是两个不同的概念。当精神打破物质的束缚继续发展的时候，它终于彻底地摆脱了物质，而这种彻底地摆脱物质意味着它只是纯粹的精神。这样，精神就回到了它自身。当作为精神的自我意识沉浸到它自身的时候，它仿佛只有它自己而没有外在的世界，于是，精神和世界，或者说精神和现实就对立了起来。在这一对立中，"中心"就形成了。当自我成为中心、成为强大的主宰之后，它忽略了物质感性的存在，肆意地凭个人的意旨和愿望摆弄感性形象。这样，精神就压倒了物质，艺术的精神内容与物质的感性形态在古典型艺术中的和谐失落了。由于个人成了中心，他就不再像古典型人物那样追求普遍的伦理、宗教和政治理想。浪漫型艺术失去了古典型艺术的静穆和悦的气象。艺术不再是美的，它反倒常常与"丑"、与"痛"、与"罪"为伴。它所表现的是现代人"灵魂的分裂"和"分裂的灵魂"。和谐的灵魂分裂了，而且这种分裂已经成为灵魂的一种存在状态。这种分裂是一种"双重的分裂"，既是精神与世界的分裂，也是精神自身的分裂。这会导致艺术的解体，精神彻底抛弃了感性，从而进入哲学的境界。艺术"不复是心灵的最高需要了"，尽管黑格尔说艺术的价值就在于它满足了人们"心灵自由的需要"。

此外，黑格尔还对各门类的艺术进行了区分。他从主体对艺术的感知方式以及与之相应的物质材料或媒介把艺术分为三种：造型艺术，如建筑、雕刻、绘画，它们主要使用有形的物质材料如石料、颜料等，人们通过视觉的方式去把握它；声音艺术，如音乐，它使用无形的物理材料声音，人们通过听觉的方式去把握它；语言艺术或者说诗，它几乎不依赖于某种具体的物质，而是使用抽象的材料——符号，人们通过表象的方式去把握，即通过符号在大脑中重现事物之形、事物之象。黑格尔对诗尤其重视，他认为诗是一切艺术的共同元素，也是研究其他艺术的起点。他所说的诗就是文学。

虽然黑格尔的巨大的体系是一次"巨大的流产"，但大成就总是与大错误同在。他对艺术理想的论述为典型理论奠定了基础。他从物质与精神的关系来划分艺术的范畴也给人以启发。其实，人格也可以有同样的三种：物质压倒精神；精神压倒物质；物质与精神的和谐。而只有第三种才最有可能收获幸福。

复习思考题：

1. 如何理解素朴的诗和感伤的诗及其区分？
2. 如何理解歌德的"世界文学"的理念？
3. 如何理解康德的审美无利害？
4. 如何理解康德的审美理想？
5. 黑格尔的艺术理念或理想有何独特之处？
6. 如何从历史与逻辑相统一的角度来理解艺术的三种类型？

深入阅读书目：

1. 黑格尔《哲学史讲演录》，贺麟，王太庆，译，商务印书馆，1981年版。
2. 爱克曼《歌德谈话录》，朱光潜，译，人民文学出版社，1978年版。
3. 童庆炳、曹卫东《西方文论专题十讲》，高等教育出版社，2005年版。
4. 阿尔森·古留加《康德传》，贾泽林，侯鸿勋，王炳文，译，商务印书馆，1981年版。
5. 张祥龙《西方哲学笔记》，北京大学出版社，2005年版。
6. 康德《判断力批判》，宗白华，译，商务印书馆，1964年版。
7. 黑格尔《美学》，朱光潜，译，商务印书馆，1979年版。

第五章　浪漫主义文论与现实主义文论

概述

浪漫主义，其概念有广义和狭义之分。广义的浪漫主义是指一种注重主观情感和想象的文学创作方法。作为一种创作方法的浪漫主义，常见于古今中外各个阶段的文学作品中。例如但丁在《神曲》中对地狱、炼狱、天堂的幻想，李白诗歌中如江河奔腾的情感流露等都具有鲜明的浪漫主义色彩。狭义的浪漫主义则是指18世纪末到19世纪上半叶最早发端于英国和德国的一种文学思潮。其代表人物主要有英国的华兹华斯、柯勒律治、济慈、雪莱，法国的雨果、斯达尔夫人，德国的施勒格尔兄弟、赫尔德等。浪漫主义反对古典主义的清规戒律，强调作家的创作自由，重在表现主观情感和内心世界。

从现实基础上看，法国大革命对浪漫主义的产生起到了积极的作用。法国大革命从根本上动摇了封建制度，不仅在政治上产生了重大影响，而且改变了人们的思想和精神面貌。法国大革命所倡导的“自由、平等、博爱”传遍了整个欧洲，个人的独立和自由随即取得政治上的合法地位，同时促进了人们对个性解放和情感自由进行抒发的要求，对个人自由和独立的强调也成为浪漫主义文学的主题。而法国大革命之后，资产阶级革命家们许诺的自由、平等、博爱的理性王国却并没有到来，一些作家对资本主义社会的现实表现出极大的不满，对现实的失望使他们将眼光投向理想世界，在对理想世界和理想人物的创造中寻找新的社会出路，浪漫主义也就在这种情况下产生了。

德国古典哲学和空想社会主义思潮为浪漫主义的产生奠定了思想基础。德国古典哲学为浪漫主义文学做了哲学上的铺垫，尤其是为其主观性提供了理论上的依据。

康德区分了物自体(自在之物)和现象界,认为人类通过感性和理性能认识的只有现象界,而自在之物是人类所无法认识和达到的。在人的主观意识中存在着几种先验形式:对时间空间的直观能力,对概念范畴的归纳、推理和判断能力。康德认为人们所认识的世界并非世界本身,而是世界在人的主观意识中通过几种先验形式的加工所显示出来的样子。在美学方面,康德认为客观事物无所谓美,客观事物在何种主观条件的鉴赏下显得美才是其研究的核心。康德的哲学在认识论上确定了人的主观性的地位,人的主观性是人的认识成为可能的基础。黑格尔在《美学》中将美的内容定义为理念,在他看来理念是在社会、自然之前存在的一种精神实体。理念的美并不等于现实生活的美,现实生活的美只是其不完整的体现。理想美高于生活美。因此文学艺术应表现超越现实的理想中的美则成为浪漫主义作家们共同的追求。英法的空想社会主义从另一个角度启示了浪漫主义作家们。空想社会主义的代表人物如欧文、圣西门、傅立叶否定了现行社会的腐朽虚伪,为人类构想了一个没有阶级压迫和剥削,全体社会成员各尽其能,人人自由平等的大同世界。这种对社会发展的美好愿望成为浪漫主义在社会学上的思想基础。

19世纪的浪漫主义经历了一个漫长的发展过程,有着自身的文学渊源。就西方文学而言,无论是古代神话还是荷马的史诗,无论是古希腊悲喜剧还是中世纪的宗教文学,无疑都使用了浪漫主义手法。浪漫主义手法注重表现作者的主观情感和理想,不同于再现现实的本来面目。18世纪的启蒙运动提倡个性解放、思想自由,英国的感伤主义和德国的狂飙突进运动重视对情感的抒发和对个性、自由的追求,在某种程度上都具有浪漫主义的特点。浪漫主义直接来源于中世纪的骑士传奇。骑士传奇多是讲述带有离奇情节的爱情或冒险故事,浪漫主义文学因具有这种骑士传奇中的罗曼蒂克情调而得名。

同浪漫主义一样,现实主义也有广义和狭义之分。广义的现实主义指侧重于以写实的方式再现客观现实的一种文学形态,它将文学再现现实的逼真性作为追求的目标。这种意义上的现实主义文学和理论古已有之。柏拉图的“模仿说”虽然目的在于贬低艺术,但客观上也揭示出了文艺是对现实的真实反映。亚里士多德在《诗学》中肯定了文艺对现实模仿的真实性。文艺复兴时期的艺术家们如达·芬奇提出艺术是再现现实的一面镜子。狭义的现实主义指19世纪发生在欧洲的以批判现实为特征的一场文学运动。其代表作家有法国的司汤达、巴尔扎克、福楼拜,英国的狄更斯,俄国的列夫·托尔斯泰、别林斯基等。现实主义追求艺术的真实性，强调客观再现现实生活，无情地揭露和批判社会的黑暗和腐败，塑造典型环境中的典型性格。

现实主义产生的现实基础在于19世纪的欧洲阶级矛盾日趋激烈，社会弊病日益暴露。现实主义是资本主义制度在欧洲取得统治地位后的产物。19世纪资本主义经济迅猛发展，19世纪30年代后，法国和英国的资产阶级获得了统治地位，资本主义制度随之得到确立。欧洲其他国家在英、法两国的影响下逐步地从封建制度过渡到资本主义制度。19世纪的俄国资本主义有较大的发展，但俄国的沙皇制和农奴制严重阻碍了资本主义的进一步发展。由于大资产阶级掌权，各国资产阶级内部大资产阶级与小资产阶级的矛盾日益加剧。资产阶级通过压迫和剥削工人阶级的方式制造剩余价值，积累财富，使得资产阶级和工人阶级之间的关系恶化，于是工人运动的出现便是不可避免的。社会的巨变深刻地影响着人们的道德观念和思想文化。资本主义的功利观开始支配人类的活动，金钱成为衡量一切人和事的标准，人和人之间的温情面纱被无情地撕下，取而代之的是赤裸裸的利益关系，人与人的关系空前恶化。从宗教和理性的束缚中挣脱出来的人们又拜倒在了物质利益面前。资本主义社会贫富的巨大差距使社会一直处于动荡不安之中。如此一幅暴露出无数丑恶的社会图景使人们感到无比失望，启蒙主义承诺的“理性王国”不过是海市蜃楼而已，而浪漫主义脱离现实的理想也并不能真正解决现实矛盾。面对如此严峻的社会现实，人们开始抛弃浪漫主义的主观性和抒情性，不得不用冷峻的眼光看待社会，思考人生问题，从现实层面寻求改善现实处境的方法，要求文学真实揭露社会的种种弊端。因此，可以说现实主义是欧洲资本主义制度建立后暴露出的社会矛盾的产物。

19世纪科学技术的长足发展也有助于现实主义文学的形成。这一时期，尤其是细胞学说、能量转化学说和进化论取得了突破性成就。人们开始借助科学认识和征服自然并表现出从未有过的自信。科学主义成为当时最为流行的社会思潮，建立在宗教之上的许多旧观念被瓦解，宗教的影响逐渐衰退，人们在科学的指引下建立起新的观念和信仰。在科学主义思潮的鼓舞下，人们试着用科学研究社会问题，探讨社会弊病的成因和解决方法。艺术家们也试着以科学家的姿态，借用科学的思维方法和研究手段，以客观的态度描写现实，甚至将生物学、遗传学、解剖学等科学理论用于创作之中。这股科学主义思潮促使艺术家们用客观、写实的眼光来观察社会矛盾，为现实主义的产生奠定了基础。

现实主义的兴起是文学自身发展的结果。现实主义是打着浪漫主义的旗号登上历史舞台的，许多现实主义作家并没有明确地和浪漫主义划清界限，很多人都是从浪漫主义转向现实主义的，如巴尔扎克、果戈理、梅里美等。浪漫主义本身就包含着现实主义的因素，一些作家深感浪漫主义的理想与现实相去甚远，从而不能真正达到寻求新的社会出路的目的，于是他们深入挖掘其中的现实主义因素，主张用冷静客观的态度如实地描写日常生活，揭露社会矛盾。于是，现实主义逐步代替浪漫主义成为欧洲占据主导地位的文学思潮。

第一节　浪漫主义文论

对于浪漫主义，不同的作家和理论家有着不同的理论主张，但作为和古典主义相对立的一种文艺思潮其具有共同的特征：

第一，浪漫主义强调创作的绝对自由，突破古典主义为文艺设立的各种规范，强调个人情感的自由抒发，突出文学的抒情表现功能，具有强烈的主观性，而且浪漫主义抒发的感情常表现为激情，比如要表现生气就不会是怒而不语，含而不露，而是怒发冲冠，怒不可遏；写悲伤也不是黯然掉泪，而是痛哭流涕，呼天抢地。浪漫主义作品中的人物也常常是充满激情的，其抒发的情感往往是与爱情和死亡有关的，因为这两种感情是最能激动人心的。浪漫主义作家常用直抒胸臆的方式充分表达自己的情感，由此出发，他们最常用也是最擅长的文学体裁就是抒情诗，即使写作叙事诗也是在简单的故事描写里穿插大段的抒情，借叙事以抒情。

第二，浪漫主义作品超越现实，表现理想，在理想世界的建构中表现作家超越现实的主观愿望，所以根据其表现的理想的走向一般又将浪漫主义分为积极的浪漫主义和消极的浪漫主义，所谓积极的浪漫主义就是作家将理想生活的希望寄托在空想的大同世界中，而消极的浪漫主义则是作家在作品中回到过去，并在失去的天堂里叹息哀伤。当然，积极的浪漫主义和消极的浪漫主义并非如此泾渭分明，它们有可能同时体现在一个作家身上。除了写理想，浪漫主义者们还致力于对梦和幻想的描写，在自由的梦境中可以无拘无束，不受任何时空限制地建造所有美好的一切，可以看出浪漫主义写梦和幻想和其理想主义是密不可分的。

第三，浪漫主义者们喜欢写历史，尤其是中世纪的历史，他们提出了“回到中世纪”的口号。浪漫主义之所以会有这样的主张是想要反古典主义之道而行之，古典主义排斥和贬低中世纪的文学。英国浪漫派小说家司各特就因写了大量的历史小说而被称为“欧洲历史小说的创始人”，值得注意的是，浪漫派作家对历史的描写并不在乎其是否反映了历史的真实面目，他们只是借历史的小片段驰骋自己的想象。“回到中世纪”的另一方面则是“回到自然”，回到中世纪单纯的田园生活中，要求作家们描写自然风光。作为农业社会的中世纪，其自然田园被浪漫主义者们当成逃离资本主义罪恶的精神家园。因而浪漫主义的大多数作品都是偏重自然风光的描写。另外，“回到中世纪”使欧洲的浪漫主义带有中世纪基督教色彩，浪漫派作品的故事中常会出现教士、神父和教堂。

第四，浪漫主义文学所写的理想并不从生活中汲取创作素材，并不追求细节上的真实，为了获得强烈的艺术效果，浪漫主义充分利用夸张，变形等手法，在作品中大胆地发挥想象，编织离奇的情节，塑造超凡的人物形象，虚构出现实生活中不存在但合乎作家情感真实的艺术形象。

第五，浪漫主义文学具有极强的民间性，重视民间文学。古典主义排斥民间，要求作家只能描绘上层阶级。浪漫主义则在民间吸取到新的营养，不仅搜集整理和学习民间文学(安徒生的很多童话就是在民间故事的基础上改写创作而成的)，而且主张表现普通人的日常生活，使用民间口语进行创作。这在很大程度上发扬了西方文学的民间传统。

浪漫主义作为一场文学运动具有相当的自觉性，这首先表现在一大批浪漫派作家有着自己明确的理论宣言，高举浪漫主义的旗帜进行创作，不管是英国的华兹华斯、柯勒律治，还是法国的雨果、斯达尔夫人，都鲜明地提出了自己的浪漫主义美学观念；其次在于浪漫主义者们形成了自己的文学团体，像英国的湖畔派，德国的耶拿派、海德堡派，法国的法兰西第二文学社等；最后表现在浪漫主义与社会革命运动、现实斗争紧密相连，有些浪漫派作家本身就是社会革命者，像拜伦就曾参加过烧炭党革命，并自建军队投身于希腊反对土耳其的民族战争中。浪漫主义本身也是在和古典主义的斗争中登上历史舞台的。在雨果的戏剧《欧那尼》的演出中浪漫主义和古典主义展开了激烈的斗争，从言语冲突上升到肢体冲突，并最终赢得了胜利。

一、德国浪漫主义文论

施勒格尔兄弟(弗利德里希·施勒格尔和奥古斯特·威廉·施勒格尔)是德国浪漫主义理论的关键人物，曾在耶拿大学任教，他们因在耶拿刊物《雅典女神》上发表了浪漫主义主张而被称为“耶拿派浪漫主义”。弗利德里希的主要文学批评著作为《断片集》，奥古斯特·威廉则主要在《关于美文学和艺术讲座》一书中表明自己的理论主张。

弗利德里希主张浪漫主义不受任何规则约束的无限自由。他在《断片集》中这样写道："只有浪漫诗才是无限的，一如只有浪漫诗才是自由的，才承认诗人的随心所欲容不得任何限制自己的法则一样。"①他认为诗人不应受任何规律的限制，诗人的主观精神可以支配一切，无所不能，诗人唯一遵从的基本规律就是任凭自己兴之所至进行的创作，因此，古典主义一切公式化的教条都应该被彻底清除。这一观点明显是在强调诗歌和艺术的独创性和个性。虽然弗利德里希倡导文学创作的自由对于破除古典主义理性原则对文学的束缚有一定的进步意义，但他忽视了文学内部的基本规律，对文学的无限自由的主张又走向了另一个极端。弗利德里希在《断片集》中强调浪漫诗在文学艺术中至高无上的地位，将浪漫诗视为诗歌乃至整个文学艺术的代表。他说"浪漫诗在各种艺术中的地位，与如同哲学的机智、社交、聚汇、友谊和爱在生活中的地位并无二致。其他的文学体裁都已衰亡，现在可以彻底地肢解开来。浪漫诗风则正处于生成之中；的确，永远只在变化生成，永远不会完结，这正是浪漫诗的真正本质。……浪漫诗体裁是惟一大于体裁的文学样式，可以说就是诗本身：因为在某种意义上，一切诗都是、或都应是浪漫的。"②弗利德里希崇尚直觉等无意识在文艺中的作用，他认为在每一首好诗里，一切都是意图，一切又都是直觉。也就是说，在文艺活动中所有的理性意图都必须转化为艺术家的灵感和直觉，才能达到创作真正理想的自由境界。

奥古斯特·威廉·施勒格尔受康德美学的影响，主张艺术的无目的性。他认为艺术的本质就在于其无用，它使效用成为多余的东西。艺术是人类精神的产物，在艺术审美活动中人类得不到任何实际的经济效益。但也应该看到在无功利、无目的的背后艺术也包含着某种功利性，比如人们可以通过审美活动更加深刻地认识社会的真相和人生的意义，也可以陶冶自己的情感，升华自己的灵魂。而奥古斯特·威廉·施勒格尔忽略了文艺无功利性所隐藏着的间接目的性。

以施勒格尔兄弟为代表的耶拿派浪漫主义理论表现出明显的主观唯心主义色彩。弗利德里希的无限自由理论否定了艺术的客观规律。奥古斯特将文艺完全看成一种自由的纯粹的心灵活动，他认为一部艺术作品的关键就是"心灵的向外扩张和回复到心灵自身之间的震颤"③。虽然耶拿派的浪漫主义理论突出了文艺的主观性和个性特征，对击碎古典主义的教条有明显的进步作用，但否定文艺的客观规律又使其走向了纯粹主观化的极端。

---

① 施勒格尔《浪漫派风格——施勒格尔批评文集》，李伯杰，译，华夏出版社，2005年版，第72页。

② 施勒格尔《浪漫派风格——施勒格尔批评文集》，李伯杰，译，华夏出版社，2005年版，第71-72页。

③ 马新国《西方文论史》(修订版)，高等教育出版社，2022年版，第206页。

海涅(Heinrich Heine,1797—1856)

海涅是德国从浪漫主义转向现实主义时期的重要诗人、散文家、文论家,也是德国文学史上继歌德和席勒之后最重要的著名作家。海涅青年时期受过浪漫主义的熏陶,崇拜奥古斯特·威廉·施勒格尔,但在巴黎认识马克思后,他的思想和创作都发生了很大的变化。海涅最具代表性的理论著作有《论德国宗教和哲学的历史》《论浪漫派》,后来两书合订在一起以《论德国》为名出版。

《论浪漫派》所涉及的内容十分广泛,海涅主要对德国文学的发展做了简要的分析和概括,并对当时流行的浪漫主义,尤其是耶拿派浪漫主义进行了无情的批评。19世纪30年代,德国开始将眼光投向社会的实际问题,人们对浪漫派的态度也随之发生改变。海涅就是在此基础上将批判的锋芒直指以施勒格尔兄弟为代表的耶拿派,讽刺他们对艺术创作的随心所欲,并认为浪漫主义作品因沉溺在主观的情感世界中,与现实拉开了距离而没有重大的意义。海涅在《论浪漫派》中有一段形象化的评论是颇为著名的:"可是他们的遭遇却跟故事里的老侍女一样,据说:那个侍女发现她的女主人拥有一种使人返老还童的仙药,于是她趁主人外出,从主人的梳妆台里取来盛魔汁的小瓶。可是她不是略饮几滴,而是大喝一口,于是这种返老还童的魔汤魔力大发,这个侍女不仅重新变得年轻,甚至变成了一个小极了的孩子。"[①]海涅尖锐地指出了耶拿派浪漫主义无视德国现实,而一味回到中世纪,在中世纪中寻求出路的消极一面。海涅认为德国文学不应继承中世纪的浪漫主义,他指出,中世纪浪漫主义的传统和特征在于,"浪漫主义艺术表现的,或者不如说暗示的,乃是无限的事物,尽是些虚幻的关系,他们仰仗的是一套传统的象征手法,或者进而仰仗譬喻,基督自己就试图以各式各样的譬喻来阐明他的唯灵论的思想。因而在中世纪的艺术品里充满了神秘的、谜样的、奇异的和虚夸的成分。"[②]海涅批评了中世纪浪漫主义的虚幻,并认为它已经没有继承下去的必要了。

在《论浪漫派》中,海涅对席勒和歌德给予了全面又适当的评价,认为德国文学应该沿着席勒和歌德的路子继续前进。他认为不应贬低歌德抬高席勒,二者都是德国伟大的作家,不分伯仲,各有特点。他写道:"席勒为伟大的革命思想而写作,他摧毁

① 亨利希·海涅《论浪漫派》,张玉书,译,人民文学出版社,1979年版,第26页。

② 亨利希·海涅《论浪漫派》,张玉书,译,人民文学出版社,1979年版,第14页。

了精神上的巴斯底狱，建造着自由的庙堂。”[①]“歌德最大的功绩正在于他所描绘的一切，全都完美无缺；在他的作品里，看不见那些部分强，那些部分弱。”[②]海涅肯定席勒为现实革命而写作，对于歌德则肯定他在艺术上达到的完美。海涅认为德国未来的文学应吸收席勒和歌德二者的优点，即，既要如席勒般将文学和现实紧密联系起来，又要追求歌德在艺术上的臻于完善，这也是海涅为德国文学指出的一条发展之道。

二、英国浪漫主义文论

华兹华斯（1770—1850），因同柯勒律治等几位诗人居住于英格兰北部的湖区，又常以湖区为其诗歌描写对象，而被誉为“湖畔派”诗人。在这派诗人中，华兹华斯是最具代表性的、最具有声望的一位。华兹华斯在1798年与柯勒律治共同出版的诗集《抒情歌谣集》是英国浪漫主义的代表作品。1800年在诗集再版时的序言中华兹华斯明确阐述了自己独特的诗歌观念。这篇序言因体现了浪漫主义的文学思想而被认为是英国浪漫主义的宣言和纲领。

浪漫主义是以古典主义的对立面而登上文坛的。古典主义文学强调理性和秩序的重要性，要求作家遵从一系列的人为确立的艺术法则，文学艺术必须服从理性的原则；而浪漫主义则是对理性异化的一种反叛，它反对墨守成规，追求标新立异和个体的独特性，宣扬人的天才和个性，并将表现情感视为诗歌的本质。古典主义把古希腊、古罗马的艺术作为至高无上的典范来进行模仿，而浪漫主义则要求诗人表现独一无二的自己。华兹华斯的《〈抒情歌谣集〉序言》中处处体现出浪漫主义和古典主义的这种对立。

首先，在诗歌题材上，华兹华斯主张选择日常生活里的事件和情节。他要求突破古典主义的题材规范，将描写对象从宫廷转向民间。华兹华斯在序言中坦言其创作的诗歌通常都选择田园生活作为题材，因为在这种生活里人们的情感少受一些拘束，显得更加直率和纯洁。华兹华斯强调写单纯的田园生活，以农村的质朴对照宫廷生活的虚伪矫揉，显然有其进步意义，但也应该注意到，这种回到过去宁静生活的理想无疑具有忽略和逃避现实矛盾的消极一面。关于诗歌语言，华兹华斯主张诗应采用人们真正使用的语言，即使用生动的民间口语进行创作，以此跳出古典主义语言虚浮矫饰的窠臼。最好的语言与最好的外界相通，而这最好的外界就是华兹华斯一直赞颂的田园生活，他认为诗歌语言必须来自日常生活，要保持语言的生动性则必须让语

① 亨利希·海涅《论浪漫派》，张玉书，译，人民文学出版社，1979年版，第47页。

② 亨利希·海涅《论浪漫派》，张玉书，译，人民文学出版社，1979年版，第53页。“那”为“哪”之误。

言与生活保持密切的联系，并且要能真挚而直接地表达出诗人的情感，这无疑是对古典主义僵死的语言模式的有力冲击。

华兹华斯在《〈抒情歌谣集〉序言》中强调情感在创作中的重要性，主张“诗是强烈情感的自然流露”，把情感视为诗歌的本质，这是对古典主义的理性原则发起直接的进攻。古典主义贬低情感，强调情感服从理性，理性统治一切，因而在文学艺术创作上制定出了很多条条框框，要求作家艺术家们严守规范，比如戏剧创作要遵循“三一律”，即情节、时间和地点必须保持整一，即必须在同一个地方，在一天的时间里围绕单一的情节进行。所有的这些创作规则虽然起初起到了节制文艺复兴后期所表现出来的过度情欲的积极作用，但一旦这些规则转变为刻板的教条之后就会束缚创作，限制创造力。华兹华斯认识到这一点，主张诗歌来源于诗人自身情感的自然流露。诗歌表现的必须是诗人自身所独有的真诚的情感，绝不容许有丝毫的虚伪和造作。华兹华斯同时还认识到感情浓烈时不宜作诗，他认为好诗必须得经过长时间的思索和沉淀，因为我们的情感源泉应受到思想的修正和指引。由此可知，华兹华斯的诗论避免了偏执一端的弊病，强调情感是诗歌的本质，但也未忽视理性的作用。

华兹华斯在主张诗歌应表现诗人情感的同时，也对诗人的特殊才能做出了说明。他认为诗人之所以与一般人不同，就在于诗人与生俱来具有更强烈的感情，具有更敏锐的观察力、感受力、想象力和语言表达能力，他能更细微地捕捉内心情感微妙的变化，并能将之形象地表达出来。诗人能够摆脱当前世界，利用想象而非依靠外在的直接刺激来唤起自己心中的热情。另外，华兹华斯还表示，浪漫主义诗歌是带有目的的诗歌，它的目的不是实用主义式地给人以慰藉，而是旨在提高人类情感的敏锐性，矫正人们的情感以使其更加纯洁，更合于自然。华兹华斯重视想象和幻想，并指出了二者的区别：幻想是在于激发和诱导我们天性的暂时部分，想象是在于激发和支持我们天性的永久部分[①]。想象是表现我们自身内在创造性的能力，而幻想是表现外部世界的能力。

华兹华斯的浪漫主义诗歌创作获得了极大的成功，在西方影响巨大，他因此也获得了“桂冠诗人”的称号。华兹华斯的浪漫主义诗论要求诗歌关注普通人的普通生活，强调对自然生活的描写和情感的自然流露，将文学的重心转向了诗人的情感，这在西方诗歌发展史上产生了重要的影响。

柯勒律治（1772—1834），英国诗人兼评论家，曾和华兹华斯共同发表《抒情歌谣集》。柯勒律治的诗歌创作数量不多，但有限的诗歌作品质量都很高，几乎每一首都

① 伍蠡甫等《西方文论选》下，上海译文出版社，1979年版，第29页。

是精品。柯勒律治的诗作展现出奇幻的想象力和神秘色彩，具有浓郁的浪漫主义气息。柯勒律治的文学批评著作《文学生涯》在西方文论史上享有很高的声誉。

柯勒律治认为诗的本质是：介乎某一思想和某一事物之间的，是自然事物和纯属人类事物之间的一致与和谐。他认为艺术是由不一致的或对立的事物组合而成的，并共同综合于某一思想之中。柯勒律治将这种综合代替华兹华斯的“自然”作为诗歌的最高评判标准。他认为华兹华斯诗论中“自然”与“艺术”的对立是不能够成立的，各项对立因素，包括自然和人为、主观和客观都能在诗歌内部得到统一，表现于诗歌的思想之中。柯勒律治此论突破了古典主义模仿自然的理论，将诗歌看成在某一思想观念支配下主客观的统一。而使诗歌内部对立的东西统一起来的动力，柯勒律治认为是想象。他特别突出想象的重要意义：“良知是诗才的躯体，幻想是它的衣衫，运动是它的生命，而想象则是它的灵魂，无所不在，贯穿一切，把一切塑造成为一个有风姿、有意义的整体。”[①]想象具有一种创造力，将主观的思想情感与客观的世界融合起来，使不协调的因素统一起来。柯勒律治进而区分了想象和幻想。他认为想象是活泼的，和生命的僵死状态无缘，它是对既有的东西进行分解、综合，关键在于它是一种创造，而幻想则停留在现实世界既存的固定的东西上，它不进行重造，只是通过联想和回忆将现成素材联系起来。柯勒律治的诗作本身就在积极践行自己的这一理论。以长篇叙事诗《古舟子吟》为例，它讲述了一个老水手一次惊险的航海经历，其过程中出现的信天翁带领船员走出迷途，死鬼和活鬼的赌博等情节展现出丰富的奇幻色彩。显而易见，柯勒律治并不是根据日常生活经验和人类常识来创造这首诗歌的，而是完全依靠自己的想象面壁虚构。柯勒律治在驰骋自己想象的同时又相当注意细节的真实，让读者在阅读时产生了仿佛又回到了生活本身的幻觉。在虚幻中融合来自客观世界的生活真实，两者在想象的作用下加以调和则成功地避免了作品的荒诞不实之感。想象在艺术中起着非常重要的作用，它可以使主观的东西客观化，使抽象的东西具体化，如果没有想象，各种对立的、不协调的东西，如古老与新鲜、虚构与真实、一般与个别是不可能取得平衡，从而成就一个成功的艺术整体的。柯勒律治的诗论将浪漫主义对想象力的推崇推到极致。

柯勒律治推崇天才，以对抗古典主义的教条。他将诗的创作归因于天才，认为诗是诗的天才的产物。作为天才的诗人，柯勒律治认为他们的独特之处在于他们具有更敏锐的观察力和感知力，能把人们习以为常的人和事表达出新意；他们情感丰富，富有激情，不仅能轻易捕捉到自身细微的情感变化，还要能将自己丰富的情感投射到

---

① 伍蠡甫等《西方文论选》下，上海译文出版社，1979年版，第34页。

外部事物之上；另外，天才的诗人还必须具有相当的思想深度。柯勒律治在强调天才的同时也并没有抹杀后天学习的重要性。他对莎士比亚无比推崇，认为莎士比亚的成功是其先天禀赋和后天努力的双重结果。

三、法国浪漫主义文论

雨果（1802—1885），法国著名的诗人、小说家、戏剧家，也是法国浪漫主义的集大成者，其剧本《欧那尼》的成功上演标志着浪漫主义对古典主义的胜利。雨果在1827年10月发表的《〈克伦威尔〉序言》中提出了新的美学观念，被视为法国浪漫主义文学的宣言。

雨果在《〈克伦威尔〉序言》中首先将人类诗歌的发展分为原始时期、古代和近代三个历史阶段，在不同的历史阶段中诗歌表现出不同的特征：在属于人类诗歌发展第一阶段的原始时期，诗人离上帝最近，圣歌和赞美诗就是他们的诗篇。《创世纪》就是这原初阶段诗歌的代表。雨果认为最早的诗来源于宗教，来源于人们抒发内心对上帝的虔诚之情。人类诗歌发展的第二阶段是古代诗。古代，人类社会因出现了国家，民族相互之间开始出现矛盾，并最终爆发战争。诗歌也由抒情转为叙事，荷马史诗就是这一时期诗歌的代表。到了第三阶段，也就是近代，诗歌表现出不同于原始时期和古代的新的特征：向人的精神维度进行深入挖掘，不再停留于单纯的一维模式，而是将美丑并置，使崇高和低劣共在，于是这个时期产生了戏剧，其代表就是莎士比亚。

雨果在论述人类诗歌发展的三个阶段时提出了一个新的文学观：诗总是建筑在社会之上的。文学不是孤立的，它总是和社会发生着联系。社会是不断向前发展的，因此文学也应随着社会的不断变化而发展。雨果从时代发展的角度来对文学进行分类是具有创造性的，揭示了社会发展对文学的影响以及文学应随时代而变的规律。

在《〈克伦威尔〉序言》中雨果提出了著名的美丑对照的艺术原则："丑就在美的旁边，畸形靠近着优美，丑怪藏在崇高背后，美与恶并存，光明与黑暗相共。"[①]雨果主张将丑和滑稽引入文学殿堂，因为他认为美与恶、丑怪与崇高并非决然对立，它们是可以被统一在一起的。雨果要求文学能表现出真实人生，而在现实人生中不存在单调的美，只有美丑的对立统一，因此文学必须遵循对照原则。雨果一直用这条美丑对照原则来指导自己的创作。雨果的小说《巴黎圣母院》中的卡西莫多就是集极端的外貌丑和内在的心灵美于一体，通过强烈的对比制造出让人难以忘记的艺术效果。自《〈克伦威尔〉序言》将"丑"引进文学的审美范畴，浪漫主义作家们开始重视丑的美学

① 雨果《雨果论文学》，柳鸣九，译，上海译文出版社，1980年版，第30页。

价值，通过强烈的反差丑也可以起到衬托美的作用，美与丑是不可分割的两面，用丑去表现美，反而更能增强人们对美的感受。因此，用美丑对照去表现美比单纯地表现美能收到更好的效果。雨果的美丑对照原则在反对古典主义上具有重大意义，古典主义要求文学只能表现华丽典雅的宫廷题材，排斥生活中的平凡和粗鄙，雨果打破了古典主义的这种题材限制，将丑怪引入文学创作，将其作为追求更高美学理想的一种途径。另外，美丑对照打破了古典主义的整一和平衡，获得了强烈的对比效果。

在《〈克伦威尔〉序言》中，雨果还维护了创作中的自由，以对抗古典主义对文学的限制。雨果猛烈抨击古典主义的各项教条主义原则，批评三一律，批评“模仿古典”，以古希腊古罗马文学为典范的创作原则。在《论文学》中，雨果在谈及浪漫主义时认为浪漫主义就是文学上的一种自由主义。雨果理解的自由原则并非一味打碎一切的文学规范和原则，而是在符合艺术内在创作规律下的自由。雨果告诫世人，创作不应模仿任何人，一味模仿只能丧失自身的独特性，我们应在独立的创作中展示自己的本色。文学艺术中不具有一成不变的法则，因此雨果认为像古典主义这样僵死的教条必须要被推翻才能创造出具有全新面貌的艺术。

斯达尔夫人（1766—1817），法国浪漫主义的先驱，是著名的女作家和文学评论家，她的文论具有很强的文学社会学的特征。她著有《从文学与社会制度的关系论文学》《德国的文学与艺术》。

在其最具代表性的理论著作《从文学与社会制度的关系论文学》一书的开篇，斯达尔夫人就明确表明了自己写作这本书的初衷，即考察文学和社会制度之间的关系。书中第一次提出了“北方文学”和“南方文学”的概念，斯达尔夫人将当时的欧洲大致分为北方和南方，认为南北文学的不同取决于南北不同的自然环境因素以及由此形成的不同人性。斯达尔夫人这样从地域上划分南北文学：“希腊人、拉丁人、意大利人、西班牙人和路易十四时代的法兰西人属于我所谓南方文学这一类型。英国作品、德国作品、丹麦和瑞典的某些作品应该列入由苏格兰行吟诗人、冰岛寓言和斯堪的纳维亚诗歌肇始的北方文学。”[①]斯达尔夫人认为以法国为代表的南方气候温和，植被丰富，水域覆盖面积广，因此滋养出南方人民不受拘束，兴趣广泛，热爱艺术但思想深度稍加逊色的个性特征。而北方土地贫瘠，气候阴沉，便滋长出北方人民的忧郁、想象力和对生命的哲思。南北双方不同的自然地理环境，不同的人民个性，形成了南北文学的不同特征。南方文学典雅、细腻、欢快，北方文学思辨、质朴。斯达尔夫人对文学的这一划分显然是将地理环境作为影响文学发展的唯一因素，走入了地理环境决定

① 斯达尔夫人《论文学》，徐继曾，译，人民文学出版社，1986年版，第145页。

论的误区。地理环境对文学的产生和发展无疑会产生一定的作用,但绝不是唯一的、决定性的。因此,斯达尔夫人对欧洲文学的划分并不具有严谨的科学意义,也不能准确解释欧洲文学变化与发展的实际情况。但斯达尔夫人的这一理论对实证主义文学批评具有相当重要的影响,丹纳的种族、环境和时代三要素决定文学的理论主张就吸收了斯达尔夫人理论的营养。

作为法国浪漫主义的先驱,斯达尔夫人推崇浪漫主义文学。她将南方文学和北方文学分别与古典主义和浪漫主义对应起来,在贬低古典主义的同时高度赞扬浪漫主义。她认为北方的浪漫主义文学具有独创性,情感强烈而真挚,是真正成就最高的文学。她鲜明地指出:"浪漫主义的文学是唯一还有可能充实完美的文学"[①]。她对古典主义和布瓦洛提出了尖锐的批评,称"布瓦洛一方面使趣味和语言都臻于完善,另一方面无疑使法国人的思想极不利于诗的发展。他只说了一大通应当防止什么,他所强调的只是理应如何和讲究分寸的教义,将某种学究气息引进文学,而这对艺术崇高的激情是很有害的。"[②]她认为古典主义严格的创作规则制约了文学的发展,使文坛丧失了生机。

浪漫主义继承了文艺复兴和启蒙运动时期的人文主义思想,表现人的内心世界,为心灵和情感的表现在文学领域争得一席之地,作家的情感和心理也开始走入批评者们的视野。浪漫主义在文学发展史上具有重大的转折性的意义,它确立了人类精神领域的价值。但为了否定古典主义的理性原则,浪漫主义又容易走向神秘主义的极端。

第二节　现实主义文论

同浪漫主义文论一样,现实主义文论也主要是作家文论,是作家们对自己的经验和创作观念进行的总结。不同时期、不同国家的现实主义作家常常具有非常不同的观念,但是在现实主义写作方法的主张方面,又有着一定的共性。

第一,现实主义要求文学真实、客观地再现现实生活。真实性成为现实主义作家的创作追求,甚至也成为评价作品价值高低的一条重要标准。文学的真实性要求作

① 伍蠡甫、胡经之《西方文艺理论名著选编》中,北京大学出版社,1986年版,第41页。

② 德·斯太尔夫人《德国的文学与艺术》,丁世中,译,人民文学出版社,1981年版,第45页。

家摒弃脱离实际的想象，按照生活本来的样子去反映生活，成为一个时代的记录员。并且将文学作为研究社会矛盾、探索社会新出路的手段。相对而言，为了取得真实的艺术效果，现实主义作家不再将自己主观的情感和评价在作品中进行直接的表现，而是像上帝一样，无处不在但又无处可见。为了真实再现生活，现实主义者们格外重视细节的真实，认为细节真实对作品的真实性具有决定性的影响，因此他们可以不遗余力地收集大量资料，以期能够做到忠实于生活，巴尔扎克就是其中最为重要的代表。现实主义作家虽然以逼近生活原貌为自己的创作目标，但从他们的创作实践可以看出，他们的作品也并不等同于生活本身，现实主义者们对生活场景的选取和剪裁无不体现出作家自身的情感体验和对生活的评价。

第二，现实主义文学强调塑造典型环境中的典型性格。典型是普遍与特殊、有限与无限、共性与个性的统一，因此典型就不单单代表一个拥有鲜明个性的人物，而且能展现出更丰富的内容。现实主义者们认为人是环境的产物，主张在人物所处的环境中描写人物，真实再现人物和环境的关系，通过对典型环境中的典型性格的描写展示时代风貌和生活本质，不仅要求写出人物的行为，更要挖掘出人物如此行动的社会动因。现实主义文学在人物塑造上取得了前所未有的成绩，这些人物不仅贴近生活，而且具有极强的概括性，往往体现着某种时代精神和大众心态，成为文学人物长廊中不朽的形象。

第三，现实主义深刻揭露社会黑暗，表现出强烈的批判性。高尔基把现实主义称为“批判的现实主义”，原因就在于它暴露了资本主义社会的弊病和罪恶。现实主义者们在作品中表现出一种人道主义立场，他们批判资产阶级在财富积累过程中的贪婪和卑鄙，同情下层劳动人民，怀疑现存制度的合理性，揭露资本主义社会的各种矛盾，表现出对人类生存处境和未来命运的极大关怀。他们将文学作为现实斗争的工具，通过对现实的真实性描写来达到剖析社会弊端的目的。但是由于现实主义者自身的局限性，他们的批判并没有涉及资本主义社会矛盾的根源，因此也就无法为解决社会问题找到正确的出路。

第四，现实主义者们力图在自己的作品中展现一个时代的全貌，因此小说，尤其是长篇小说成为他们的首选体裁。文学从浪漫主义时期的抒情转向现实主义时期的叙事。小说艺术在这个时期走向成熟。现实主义者们试图用文学来真实地反映社会，回答一系列由社会提出的紧迫性问题，在此情况下，叙事性文学，尤其是小说就有了比其他体裁更为有利的发展空间。现实主义的小说广泛而深刻地反映着整个时代，展现出特定时代的历史画卷，取得了比以往时期的小说更为显著的成绩。

一、法国现实主义文论

司汤达(Stendhal,1783—1842)

司汤达,法国著名的批判现实主义作家,原名亨利·贝尔,出生于格勒诺布尔,父亲是一名律师。司汤达因深受启蒙思想的熏陶,厌恶上流社会的习俗和传统。司汤达一生著作颇丰,著有小说、评论、游记等共79卷。《拉辛与莎士比亚》是司汤达的一部重要的文艺论著,也被视为批判现实主义的纲领性宣言。司汤达的小说《红与黑》实践了现实主义的创作原则,是一部现实主义的成熟之作。

司汤达主张文学必须反映时代风尚和现实状况。在《拉辛与莎士比亚》中,司汤达否定古典主义而肯定浪漫主义。他嘲讽古典主义者们谨守着僵死的教条,只知一味模仿,特别对古典主义的“三一律”进行了尖锐的批评:我认为遵守地点整一律和时间整一律实在是法国的一种习惯,根深蒂固的习惯,也是我们很难摆脱的习惯,理由就是因为巴黎是欧洲的沙龙,欧洲的风格、气派,但是我要说,这种整一律对于产生深刻的情绪和真正的戏剧效果,是完全不必要的[1]。他认为一些情节激烈复杂的戏剧如果限制在几十个小时内完成,不可能完全展示出情感发展的过程,因此也就不能取得很好的戏剧效果。他论述道:“浪漫主义是为人民提供文学作品的艺术……表现人民的习惯和信仰的现实状况……给人民以最大的愉快。……古典主义恰恰相反,古典主义提供的文学是给他们的祖先以最大的愉快的。”[2]司汤达所说的浪漫主义具有反映时代要求和人民状况的特征,因此不是狭义上的浪漫主义,根据其具体的论述可以看出实质上指的是现实主义。

在《拉辛与莎士比亚》中,司汤达批评古典主义,宣扬浪漫主义,实际上是在阐释他的现实主义观点。因此,司汤达才会说一切伟大的作家都是他们所处时代的浪漫主义者,因为他们表现了某些时代所蕴含的真实的东西。司汤达不仅将拉辛和莎士比亚看成浪漫主义者,还将索福克勒斯、欧里庇得斯等人也归入浪漫主义的阵营,原因就在于“他们的悲剧是按照当时人们的道德习惯、宗教信仰,对于人的尊严的固定看法创作出来的”[3]。司汤达将浪漫主义定义为和生活紧密联系并能反映时代风尚和

① 司汤达《拉辛与莎士比亚》,王道乾,译,上海译文出版社,1979年版,第6-7页。

② 伍蠡甫,翁义钦《欧洲文论简史》,人民文学出版社,2004年版,第233页。

③ 司汤达《拉辛与莎士比亚》,王道乾,译,上海译文出版社,1979年版,第46页。

人民心理的文学，这其实就是对现实主义的艺术要求。艺术应到民间生活中去寻找创作根源，而不应像古典主义般逃避现实，停留在对过去的留恋中。司汤达一再主张文学应反映现实生活，揭露社会矛盾。不管是在《意大利绘画史》中，还是在小说《红与黑》中，司汤达都表示，文学应像一面镜子，直面真实人生，客观地反映社会生活，不应回避生活中的丑恶面。

社会生活是由外部物理世界和内部心理世界二者共同构成的，因此，真实反映社会生活还包括描绘人类心灵的变化，真实刻画内部心灵世界。司汤达强调文学应真实再现内心情感的细腻变化，展现出情感的发展过程。他认为莎士比亚的成功就来自其作品表现出了人物情感的激荡和心灵的细微变化。司汤达自己的作品就是真实再现人物心理变化的典范，小说《红与黑》的人物描写便是着重再现其内心世界的矛盾。

司汤达认为艺术来自现实却高于现实。艺术不是对现实的直录，艺术的想象、虚构和夸张必不可少，艺术是对现实生活理想化、典型化的结果。艺术中的事件未必是生活中真实存在的，艺术真实虽然不同于生活真实，但艺术却可以通过一系列的艺术加工更真实地揭示出生活中众多复杂现象背后的本质，制造出“舞台假象”，强烈感染人们的情绪，让人们信以为真。司汤达举了一个真实的例子，一名士兵在看《奥赛罗》第五幕奥赛罗杀死苔丝德蒙娜的情节时，开枪打伤了扮演奥赛罗的演员。艺术中虚构的真实让读者和观众身临其境，完全相信其真实性。如司汤达自己所说，一件艺术品永远是一个美的谎言罢了，艺术不是对生活简单机械地重复，而是在艺术家设定的假定性情境中表现生活内蕴的真实。在此司汤达辩证地回答了现实主义文学中现实与文学的关系问题。

巴尔扎克（1799—1850），法国著名的现实主义作家。一生创作颇丰，共计91部小说，总题为《人间喜剧》。《人间喜剧》分为“风俗研究”“哲理研究”“分析研究”三部分，其中以“分析研究”内容最为丰富。《人间喜剧》所涉及的内容极为丰富，因以文学史上的空前规模再现时代风貌，将现实主义推向高潮而被誉为“社会百科全书”。其在创作上取得的重大成就被恩格斯誉为“现实主义的伟大胜利”。巴尔扎克主要在《〈人间喜剧〉前言》和其他的大量评论中表明自己的现实主义文艺观。

巴尔扎克要求文学要忠实于现实，要真实地反映整个历史时代。巴尔扎克明确提到自己的创作雄心：“法国社会将要作历史家，我只能当它的书记，编制恶习和德行的清单、搜集情欲的主要事实、刻画性格、选择社会上主要事件、结合几个性质相同的性格的特点揉成典型人物，这样我也许可以写出许多历史家忘记了写的那部历史，就是说风俗史。”[①]巴尔扎克把自己的小说联系起来，共同反映一个完整的时代，这也是其写作《人间喜剧》的伟大目标。他继承了文艺复兴的镜子说，认为作家身上藏着一面可以集中一切事物的镜子，整个宇宙都依照作家自身的剪裁反映在镜子中。他认为，文学应取材于生活，作家应熟悉生活中的各种现象，但同时巴尔扎克也注意到艺术真实不同于生活真实，反映现实并非纯客观地临摹抄袭现实。他指出作家在选取生活素材时必须借助自己的想象对其进行整理、综合，文学应使用绘画上应用的手法：在绘画上，为了画出一个美人，从这个模特儿身上取其手，从另一个模特儿身上取其足，从这个模特儿身上取其胸，从另一个模特儿身上取其肩。画家的任务就是赋予这精选的各个部分以生命，并且叫人信以为真。作家必须对生活进行典型化的加工才能更忠实地反映生活的本质。一方面，巴尔扎克认为文学的根必须深扎在生活之中，远离生活的作品不会带来任何意义，他的作品就严格遵循再现现实的创作原则，无情地揭露社会的丑恶和黑暗；另一方面巴尔扎克并不是刻板地要求对现实进行照抄照搬，而是强调艺术加工在真实再现自然的过程中的重要作用。

巴尔扎克对现实主义做出了这样的要求：文学从现实生活出发，突出重大的具有典型性的事件，对生活进行概括和综合以突显其本质特征，通过对社会各个阶层各个领域的复杂事件的典型化来展现广阔的社会历史画卷。巴尔扎克主张文学不仅要再现生活表象，还要对生活进行研究，探讨生活现象背后的深层动因和内在意义。他告诫艺术家应“进一步研究产生这些社会现象的多种原因或一种原因，寻出隐藏在广大的人物、热情和事故里面的意义”[②]。

要展现一个时代的风俗，势必会涉及众多人物和场景。巴尔扎克以人和环境的关系为侧面展现一个时代。具体说来就是，巴尔扎克认为环境对人物具有决定性的作用，其作品中的环境描写不仅是人物活动的场所和故事发生的背景，还是人物思想行动产生的基础。巴尔扎克受到科学主义思潮的影响，从自然环境对生物进化的决定作用联想到人类社会中人们生活的不同环境将人们塑造成不同类型。

巴尔扎克在强调文学再现时代风俗的同时非常重视文学的细节真实，他认为小说如果在细节上不真实就没有多大价值了。《人间喜剧》就为我们提供了大量的经济细节，为了保证这些细节的真实性，巴尔扎克费尽心思到处搜集资料。小说

① 伍蠡甫等《西方文论选》下，上海译文出版社，1979年版，第168页。
② 伍蠡甫等《西方文论选》下，上海译文出版社，1979年版，第168页。

因此具有认识时代的重大价值。对于《人间喜剧》中的经济细节，恩格斯曾表示惊叹，认为通过阅读小说就比在当时的职业历史学家、经济学家那里学到的还多。细节真实是现实主义的重要特征，也是其真实性原则的基础。巴尔扎克要求文学细节描写的真实，必须做到所描写的习俗符合时代的习俗，人物的活动符合人物的性格特征。

巴尔扎克提出了典型化的理论。他提出，为了使人物的存在变得更悠久，艺术必须创造典型，通过典型反映现实。何为典型？巴尔扎克这样解释："'典型'指的是人物，在这个人物身上包括着所有那些在某种程度跟它相似的人们最鲜明的性格特征；典型是类的样本。因此，在这种或那种典型和他的许许多多同时代人之间随时随地都可以找出一些共同点。但是，如果把他们弄得一模一样，则又会成为作家的毁灭性的判决，因为他作品中的人物不会是艺术虚构的产物了。"[①]典型从现实生活而来，具有类的共性特征，同时典型是作家虚构的产物，必须具有鲜明的个性特征。为了更好地表现个性，巴尔扎克还强调对偶然现象的研究，他认为偶然是世界上最伟大的小说家，它不仅可以体现事和物的共性，而且还具有鲜明的个性。巴尔扎克指出，典型理论不仅适用于人物塑造，还可以包括事件和环境，生活上的主要事件也都有典型表现，有一些情境是人人都经历过的。巴尔扎克将塑造典型环境中的典型人物作为其创作的自觉追求，他认为文学要达到反映整个时代的高度就必须创造典型，而典型的创造必须从生活现实出发而非从观念出发。因此，巴尔扎克一再强调作家的生活经历和体验在创作中的重要性，他要求作家深入生活，搜集生活素材并研究其背后的意义。

巴尔扎克在《〈人间喜剧〉前言》中还提出了作家有不同于政治家的法则，作家的法则能够与政治家的法则分庭抗礼，甚至比政治家的法则还要杰出。他认为，一个作家在道德上和政治上应该有自己的定见。艺术家和政治家的法则区别就在于，作家遵守固定的原则，不管是保皇党还是民主党，他们都可以超越个人的政治立场站在全人类的立场上追求真实性的创作；而政治家则是根据自身所在集团或派别的利益做出判断。作家们必须遵循巴尔扎克提到的法则有可能违背自己的政治立场，真实地反映社会。巴尔扎克自身的创作实践也证明了这一点。巴尔扎克在政治上是个正统派，同情即将没落的贵族阶级，但在作品中却辛辣地讽刺贵族阶级，对共和主义者却大加赞扬。巴尔扎克通过自己的实践告诉艺术家们，只有坚持作家的法则，才有可能突破政治偏见，真实地揭示出阶级关系和社会矛盾。

---

① 巴尔扎克《〈一桩无头公案〉初版序言》(节译)，《古典文艺理论译丛》，1965第10期，第137页。

二、俄国现实主义文论

别林斯基(Vissarion Grigoryevich Belinsky,1811—1848)

别林斯基,俄国现实主义理论的奠基人,现实主义的基本原则,包括真实性、典型性、完整性等都是由他确定的。别林斯基的思想发展大致以19世纪40年代为界分为前后两期。前期受黑格尔客观唯心主义哲学的影响,并接受黑格尔"美在理念"的美学观点,后期则摒弃了黑格尔的哲学和艺术思想,完成了向唯物主义和现实主义的转变。别林斯基的著作主要有《艺术的概念》《文学的幻想》《给果戈理的信》《论普希金》等。

别林斯基强调文学的真实性,认为文学不能脱离现实生活,现实是文学的基础和来源,并要求文学按照现实的本样如实地进行描写。别林斯基按照人与人之间的关系来理解现实,认为人与人之间的关系构成了现实生活,因此文学反映现实就要从人和人的关系中来把握真实的社会状况。对现实的反映不能停留在简单地复制、抄袭生活现象上,而是要揭示生活现象背后的规律和意义。"诗在于创造性地复制有可能的现实"[1],别林斯基认为文学中的真实是现实生活中并不存在的,却是按照生活规律有可能发生的,它来源于生活却高于生活,因此作家既要从生活规律出发进行创作,又不能违背艺术自身的规律。

文学要从人与人的关系出发复制有可能的现实,则必须通过塑造典型的方法。别林斯基认为,典型就是"一个人,同时又是许多人,一个人物,同时又是许多人物,也就是说,把一个人描写成这样,使他在自身中包括着表达同一概念的许多人,整类的人"[2]。典型意味着作家将生活中最具特征、最富有意义的东西加以特征化,通过有限表现无限。一方面,典型是共性与个性的统一,即具有类的一般意义,代表着生活中的普遍人性,仿佛是我们都熟知的场景和人物;另一方面,典型又具有鲜明的个性,让人觉得陌生。所以,别林斯基用"熟悉的陌生人"来说明典型是普遍性和特殊性、有限性和无限性的统一。

别林斯基明确地提出了形象思维的概念,认为艺术将思想寓于形象,艺术通过形象进行思考。别林斯基认为艺术和科学一样,都能正确揭示出真理和社会生活的本

[1] 别林斯基《别林斯基论文学》,梁真,译,新文艺出版社,1958年版,第111页。着重号为原文所加。
[2] 别林斯基《别林斯基选集》第2卷,满涛,译,上海译文出版社,1979年版,第24页。

质规律，只是二者使用的方式不一样。科学通过概念进行思考，它借助理性和抽象逻辑对客观现象进行观察、研究和实验，而艺术则是用生动的形象诉诸人们的想象，在艺术的真实图景中显示社会某一阶级的状况。别林斯基肯定了艺术的认识作用，并且指出了艺术在思维方式和表现形式上的本质特征。别林斯基在论及形象思维时非常重视想象的作用，他认为艺术塑造典型必须运用想象，想象是形象思维最为重要的环节。

别林斯基还主张现实主义文学批评也应该忠实于现实，批评家对艺术作品的批评必须坚持历史和审美标准的统一。别林斯基指出，批评家要按照艺术本身的规律来评判艺术，不能用政治标准代替艺术标准作为衡量艺术的准绳。艺术和政治分属于不同的领域，它们拥有各自不同的法则，因此不能将二者混淆，用艺术评判政治，用政治讨论艺术。在艺术批评过程中，除了审美标准外，历史观点也是必不可少的，只是历史观是奠定在美学观的基础之上的，并不能取代美学观而成为文学批评的唯一标准。审美的和历史的批评必须联系起来才能完整地批评，才能全面而综合地评估作品本身的意义所在。审美批评只能阐释作品本身的存在方式，不涉及作品生成的时代对创作的影响，因而就不能正确考察时代和文学之间的关系。所以，在审美批评的基础上，实现审美批评和历史批评二者的结合，才能将文学批评最终指向社会批评。别林斯基的文学批评观奠定了现实主义文学批评的基础。

别林斯基反对“为艺术而艺术”，认为艺术应服务于社会的崇高利益。崇高利益在别林斯基看来就是废除农奴制，推进全体人民的幸福。别林斯基将艺术活动和自己的革命民主主义立场联系起来，但他同时也看到，艺术具有自身特有的规律，不能成为社会活动和主张的简单图解，艺术在服务于一项社会事业时首先不能违背自身的美学规律，一定的社会主张和思想必须透过形象思维进行表达。

车尔尼雪夫斯基(1828—1889)，俄国著名作家、文艺批评家和社会革命家。他深受别林斯基等人的影响，反对农奴制。他著有长篇小说《怎么办?》以及文艺美学批评《艺术对现实的审美关系》(《生活与美学》)。车尔尼雪夫斯基在其著作中明确提出了现实主义的创作原则，认为生活才是艺术的来源。

车尔尼雪夫斯基首先提出了“美是生活”的命题，强调艺术来源于生活，反对为艺术而艺术。车尔尼雪夫斯基阐释了艺术与生活的关系，认为生活高于艺术，生活美高于艺术美，真正的美存在于人们的现实生活中而非虚构的艺术世界里：任何事物，凡是我们在那里面看得见依照我们的理解应当如此的生活，那就是美的；任何东西，凡是显示出生活或使我们想起生活的，那就是美的。[①]虽然车尔尼雪夫斯基的这一观点

① 车尔尼雪夫斯基《生活与美学》，周扬，译，人民文学出版社，1957年版，第6页。

存在偏颇，但对当时流行的“美是理念的感性显现”的唯心主义美学观起到了矫正的作用，有效地防止了艺术脱离生活的不良倾向。

车尔尼雪夫斯基肯定了艺术之根深扎于生活之中，他认为现实生活富有更多戏剧性，这是艺术所不能全部表现出来的，因此艺术只是对生活局部的片面的展示，不能再现生活的全部，只是现实和生活的代替品而已。他以绘画为例说明绘画很难表现现实中情感的细微变化，因此绘画不及生活。而我们之所以需要艺术是因为“现实中美的事物并不是人人都能够随时欣赏的，经过艺术的再现（固然拙劣、粗糙、苍白，但毕竟再现出来了）却使人人都能随意欣赏了”[①]，这就是艺术的意义所在。可以看出，车尔尼雪夫斯基对艺术家的创造性和主动性还不够重视。

车尔尼雪夫斯基提出了自己独特的悲剧观。他认为，“悲剧是人的苦难和死亡，这苦难和死亡即使不显示出任何无限伟大与不可战胜的力量，也已经完全足够使我们充满恐怖和同情”[②]。他反对将悲剧概念同人与命运的冲突联系在一起，他认为这是不从生活出发来界定悲剧的唯心主义观点。他并不认为英雄人物的奋战就一定是悲剧性的，这要视乎其所处环境和人物本身的主体性。车尔尼雪夫斯基的悲剧观强调悲剧来自现实生活，表现出强烈的现实主义色彩。

车尔尼雪夫斯基在总体上是否定艺术想象的。他认为人们诉诸想象来填补自己对生活的不满，一旦生活富足而美满，想象就无用武之地。想象的功能仅限于此，因此就算在艺术领域也没有多大的意义，因为人们至多能想象出和我们日常生活中经历过的事物同等的美，而不能超越现实想象出更完美的对象，所以即使是艺术的想象，同生活相比，也是会黯然失色的。

列夫·托尔斯泰（1828—1910），俄国文学巨匠，因其作品的现实批判性而被列宁称为“俄国革命的一面镜子”。他出生于图拉省的一个贵族之家。托尔斯泰同情农民，与上层贵族决裂而站在农民的立场上，反抗沙皇专制制度和农奴制度，同时又宣扬“道德上自我完善”和“勿以暴力抗恶”的思想，长期的思想矛盾使托尔斯泰陷入极端的精神痛苦之中，因此才会在82岁的高龄离家出走，病死于阿斯塔波沃火车站。托尔斯泰最具代表性的文艺理论著作是《论艺术》。

在《论艺术》中，托尔斯泰首先提出艺术是一种情感交流活动。他反对用美来定义艺术，因为美的概念本身就含混不清；他也反对将艺术的目的解释为给人们提供享受，因为他认为艺术不该是少数人享乐的工具，而是人与人之间进行交际的一种手段。他强调，艺术是传达情感的工具，作家在作品中有感而发，表现出自己独特而真

① 车尔尼雪夫斯基《生活与美学》，周扬，译，人民文学出版社，1957年版，第91页。

② 车尔尼雪夫斯基《生活与美学》，周扬，译，人民文学出版社，1957年版，第32页。

挚的情感,然后读者在阅读中与作者形成共鸣,作家和读者以作品作为中介进行情感交流。各种各样能够感染读者的感情都能构成艺术的对象和内容。托尔斯泰在此明确提出,艺术不是表现作家的抽象思想,而是借助语言表达情感。因此,托尔斯泰将艺术活动描述为:在自己心里唤起曾经一度体验过的感情,在唤起这种感情之后,用动作、线条、色彩、声音以及言词所表达的形象来传达出这种感情,使别人也能体验到这同样的感情。[①]

托尔斯泰强调艺术家所表现的情感必须是其有切身体会的,这样才能反映艺术家独特的体验,才能够真挚感人。他认为艺术应表现人类世界最好的情感,这最好的情感就是宗教情感。因而他认为艺术应体现博爱意识,能传达博爱意识的艺术才是真正好的艺术。托尔斯泰要求艺术家表现的感情必须是艺术家自身在生活中经历过的,是具有现实基础的,并且包含着对现实的体验和认识,在此意义上,托尔斯泰的艺术情感说并不与其现实主义原则相违背。具体到托尔斯泰自己的文学创作,他致力于表现人物博爱和宽容的情感,并"不以暴力抗恶",表现他们在道德上的自我完善。托尔斯泰看到现实的腐败和黑暗,对现实的否定是毫不留情的,其作品也真实地揭示出了某些社会弊病的本质,但他惧怕暴力革命,将改造人类社会的希望寄托在人们自我道德的不断完善上,企图从人们的道德方面来拯救社会,这无疑具有消极的一面。艺术品因表现感情而具有感染性。托尔斯泰进而将感染性作为划分艺术与非艺术的标准,以及评价艺术价值的标准。托尔斯泰在《论艺术》中这样说道:要区分真正的艺术与虚伪的艺术,有一个肯定无疑的标志,即艺术的感染性[②]。在艺术作品中,作家表现的情感能感染到读者,读者和作者的感情能够达到交流和共鸣。而在非艺术作品中这种情况就不能够发生。托尔斯泰认为感染性也是评判作品价值的标准,作品越能感染读者就越具有价值。托尔斯泰认为艺术感染力的大小取决于这几个条件:情感的独特性、情感的清晰程度和情感的真挚程度。艺术所表达的情感越独特、清晰、真挚,其感染性就越大。托尔斯泰认为必须将表现的情感与生活联系起来,才能保证其独特性、清晰性,尤其是真挚性。所以他强调艺术是属于大众的,是为大众服务的,不能为了满足少数上层阶级追求享乐的目的而使艺术脱离大众,脱离生活。如果艺术沦落为上层阶级追求享乐的工具,则会产生出骄傲的情感、淫荡的色情和厌世的情感,艺术的感染性也就将荡然无存。

托尔斯泰不仅在自己的创作中关注现实人生,主张文学应真实地反映现实生活,再现时代风貌,而且在理论上也阐明了这种现实主义的态度,他强调作品的真实性,

---

① 列夫·托尔斯泰《艺术论》,丰陈宝,译,人民文学出版社,1958年版,第47页。

② 列夫·托尔斯泰《艺术论》,丰陈宝,译,人民文学出版社,1958年版,第148页。

反对作家脱离生活凭空捏造，认为那对于艺术是非常有害的。艺术中的谎言甚至比生活中的谎言更为可怕，因为它有可能会毁掉整个作品。托尔斯泰也因自己小说中的主人公再现了真实而感到自豪。

浪漫主义和现实主义作为文学的两大重要传统，在文学发展之初就一直存在，只是到19世纪其理论才真正成熟起来，形成了各自的特征：一是崇尚自由，表现主观；一是批判社会，再现客观。文学中这两条线一直互补地发展着，艾布拉姆斯在《镜与灯—浪漫主义文论及批评传统》中将现实主义和浪漫主义分别比喻为“镜”和“灯”，指出前者如镜子一样忠实于现实，后者如同发光的灯，将自身的情感投射到外物上。

复习思考题：

1. 浪漫主义文论和现实主义文论的基本特征分别是什么？
2. 浪漫主义和现实主义文学思潮之间有什么内在联系？
3. 试论华兹华斯的浪漫主义文艺观。
4. 简述别林斯基的形象思维。
5. 试论巴尔扎克的典型理论。

深入阅读书目：

1. 艾布拉姆斯《镜与灯——浪漫主义文论及批评传统》，郦稚牛，张照进，童庆生，译，北京大学出版社，1989年版。
2. 亨利希·海涅《论浪漫派》，张玉书，译，人民文学出版社，1979年版。
3. 华兹华斯《〈抒情歌谣集〉序言》，《古典文艺理论译丛》第一册，人民文学出版社，1961年版。
4. 柯勒律治《文学生涯》，伍蠡甫等《西方文论选》（下），上海译文出版社，1979年版。
5. 施勒格尔《浪漫派风格——施勒格尔批评文集》，李伯杰，译，华夏出版社，2005年版。
6. 雨果《雨果论文学》，柳鸣九，译，上海译文出版社，1980年版。
7. 斯达尔夫人《论文学》，徐继曾，译，人民文学出版社，1986年版。
8. 列夫·托尔斯泰《艺术论》，丰陈宝，译，人民文学出版社，1958年版.
9. 巴尔扎克《〈人间喜剧〉前言》，伍蠡甫等《西方文论选》（下），上海译文出版社，1979年版。
10. 司汤达《拉辛与莎士比亚》，王道乾，译，上海译文出版社，1979年版。
11. 别林斯基《别林斯基论文学》，梁真，译，新文艺出版社，1958年版。
12. 车尔尼雪夫斯基《生活与美学》，周扬，译，人民文学出版社，1957年版。

第六章　从唯美主义到意象派文论

概述

一般认为，唯美主义、象征主义和直觉主义作为自觉的文学运动与流派，都源于法国，随之兴盛于欧洲，并产生了世界性的影响。这些运动和流派，包括意象派在内，在拥有各自的美学原则和创作手法的同时，相互之间也都有着千丝万缕的联系，并被认为是现代主义文论的开端。

唯美主义(Aestheticism)肇始于19世纪下半叶，其诞生是为了对抗当时占主导地位的科学主义实用思想以及中产阶级的功利主义思想的社会现状。其思想内涵，主要是通过宣扬艺术的自我自足性，进而割断与外在社会的道德目的或社会价值，以此来证明艺术品本身就是艺术创作的最终目的，因而诞生了“为艺术而艺术”这一流传至今的宣传口号。

作为唯美主义的最早倡导者，法国诗人、小说家泰奥菲尔·戈蒂耶(Théophile Gautier)在《莫班小姐·序》(1935)中正式提出了“为艺术而艺术”这一主张。他继承了美国作家埃德加·艾伦·坡(Edgar Allan Poe)在《诗歌原理》(1850)中的诗学见解：最高超的诗是“为诗而做的诗”，并进一步认为：“只有毫无用处的东西才是真正美的；一切有用的东西都是丑的，因为这表明了某种需要，而人的需要就象他那可怜的、残缺不全的本性一样，是卑鄙无耻、令人恶心的。……我属于那些认为多余的东西是必需的人之列，我对东西和人的喜爱与他们对我的有用程度适成反比。”[①]这被认为是一次机智有效的宣言，它开启了唯美主义的大幕，并启发了后来的王尔德、波德莱尔等人的创作与思想。

就唯美主义的理论根源来说，研究者指出可以最早追溯到柏拉图《大希庇阿斯

① 伍蠡甫《西方古今文论选》，复旦大学出版社，1984年版，第226页。

篇》中对于美的绝对性的讨论，从而否定了美的功利性。①较近的则是德国哲学家伊曼纽尔·康德《判断力批判》(1790)中的理论："纯粹"的审美体验是对审美客体的一种毫无功利色彩的沉思冥想，这种体验超越了艺术品自身的现实性或"外在"的实用价值及道德标准。②当然，他们的理论吸收又失之偏颇，过度强调美的价值，使其直接超越道德，并高高地凌驾于秩序之上，最终也必然导致走向颓废与没落。

唯美主义经过理论家沃尔特·佩特(Walter Pater)传入维多利亚时代的英国。佩特在以其《文艺复兴》为代表的一系列著作中，强调创作技巧的别具匠心和艺术风格的精巧玄妙，主张以高雅的情感主导个人的生活，同时还宣扬美的无上价值和"为艺术而艺术"的观念，以此来特别提倡"纯粹美"。值得注意的是，佩特对于艺术家和时代关系的强调，也令他招致了包括T.S.艾略特等后辈新批评家的指责。③不过，在佩特的推动下，唯美主义在英国得到进一步繁荣，并在阿尔杰农·斯文伯尼、奥斯卡·王尔德、阿瑟·西蒙斯、J.M.惠斯勒、奥布里·比尔兹利等人的理论与作品中得以体现。

直觉主义(Intuitionism)是产生于19世纪70年代的一个现代非理性主义流派，其代表人物是法国哲学家亨利·柏格森。作为反传统理性主义的直觉主义，其诞生与发展，既反映了当时欧洲的社会现实，包括社会动荡、思维僵化、自然科学的迅猛发展，又有其哲学层面的内在逻辑脉络。

由于在19世纪末以前，西方自然科学体系中形而上学、机械论的认识论和方法论处于支配地位，这使得自然科学家更倾向于将物质看成不可再分的粒子的机械集合，牛顿的机械力学被推到了绝对真理的地位，不可置疑。这种单调的认知理念导致当时文化审美思维走向僵化，品味渐渐流于平庸。在这种背景下，许多哲学家致力于瓦解这种僵化的世界观与思维方式，借用非理性的直觉主义建立新的认知体系。

从理论渊源上看，柏格森的直觉主义受康德的二元论思想、黑格尔的辩证法思想和叔本华、尼采的意志主义以及达尔文进化论思想的影响较大。

作为反传统理性主义的直觉主义，强调从人本身出发，探求世界的内在本质，极大程度地尊重人与世界之间的沟通，因此，这种观念为人们认识流动的混沌世界提供了新鲜的哲学视角，对西方学界产生了广泛的影响，特别是在文学、艺术等方面，都极大地刺激了创作者的灵感。柏格森的追随者为数众多，其中包括创立表现主义的B.克罗齐(Benedetto Croce)、创立现象学的E.胡塞尔(E.Edmund Husserl)。如有研究者

① 柏拉图《柏拉图文艺对话集》，朱光潜，译，人民文学出版社，1963年版。

② M.H.艾布拉姆斯《文学术语与词典(中英对照)》，吴松江，主译，北京大学出版社，2009年版，第7页。

③ 张岩冰《〈文艺复兴〉译后记》，见沃尔特·佩特《文艺复兴：插图珍藏本》，张岩冰，译，广西师范大学出版社，2000年版，第231页。

就指出:“几乎没有一个当代哲学家敢夸耀他们完全没有受到柏格森的影响(不管是直接的还是间接的)。尽管很少有人提到或引证柏格森,但柏格森的存在却是不能从我们的文明中消失。”[①]当然,柏格森将直觉与理性一分为二地对立起来,并过度贬低后者,未免有矫枉过正的嫌疑。实际上,理性也有直觉无法替代的作用。而晚年柏格森的思想渐渐陷入神秘主义,也遭受到了批评。

同样崛起于19世纪下半叶的象征主义(Symbolism),其思想直接源于唯美主义。二者关系紧密,比如象征主义诗歌的代表波德莱尔,就曾在早期颇受唯美主义影响。作为欧美现代主义文学中出现最为核心的文学派别之一,象征主义的“象征”(symbol)一词,源于古希腊语(动词形式为symballein,意为“汇集”,而名词则是symbolon),意思是将原有的一件东西分为两半,双方各据其一,并以此为信物。在此基础上,“象征”演变成为可以指代某事物的事物。就此意义而言,所有的词都是象征。不过,在文学的领域,“象征”这个术语仅用来指代某一事物或事件的词或短语,被指代的事物或事件本身又指代了另一事物,或具有超越自身的参照范围。一些指代当然不是“完全任意的”,“它在能指与所指之间有一点自然联系的根基”[②],亦即“约定俗成的”,或“公众的”;但有些诗人也会使用一些“私人的”或“个人的”象征。他们往往利用了某一事物、事件或行动与某一特定概念之间人们广泛共有的联想。[③]

一般认为,“象征主义”最早出自居住在法国的希腊诗人莫雷亚斯(Jean Moréas)的《〈短歌集〉序言》(1886年)。而作为文学流派,它主要用于特指自查尔斯·波德莱尔以来的一群法国作家,包括后来的阿尔蒂尔·兰波、保罗·魏尔兰、斯蒂芬·马拉梅、保罗·瓦雷里等诗人。有学者认为,波德莱尔诗中的象征模式部分建立在爱伦·坡论著的基础上,尤其是建立在与此相关的古代信仰上——在人类思想与外部世界之间,在自然世界与精神世界之间,存在着内在的、系统的相似性这一学说。波德莱尔是这样解释这一学说的:“一切,形式,运动,数,颜色,芳香,在精神上如同在自然上,都是有意味的,相互的,交流的,应和的。”[④]法国象征主义者在其寓意丰富而非意义明确的诗歌里,娴熟地运用一种私人象征的表现手法,对整个欧洲都产生了巨大的影响,(特别是从19世纪90年代开始)对英国与美国的诗人也产生了深远的影响,如W.B.叶芝、颓废派的阿瑟·西蒙斯、欧内斯特·道森等,以及埃兹拉·庞德、迪伦·托马斯、哈特·克莱恩、E.E.肯明斯和华莱士·斯蒂文斯。德国主要的象征主义诗人有施特凡·格奥尔

① 拉·科拉柯夫斯基《柏格森》,牟斌,译,中国社会科学出版社,1991年版,序言第6页。

② 费尔迪南·德·索绪尔《普通语言学教程》,高名凯,译,商务印书馆,1980年,第104页。

③ M.H.艾布拉姆斯《文学术语与词典》,吴松江,主译,北京大学出版社,2009年版,第623页。

④ 波德莱尔《波德莱尔美学论文选》,郭宏安,译,人民文学出版社,1987年版,第97页。

格与R.M.里尔克。[①]

一般认为,象征主义的代表人物,是以创作《恶之花》闻名于世的波德莱尔与以理论见长的马拉美(Stéphane Mallarmé),因为他们"合乎连贯性和独创性的检验标准"[②]。马拉美反对传统文论的"再现生活"原则,强调"召唤事物",主张通过象征主义的暗示手法,揭示出隐匿在平凡表象之下的"绝对世界"。他的诗作晦涩难懂,富于神秘气息,追求音乐性,是对生命本质的追索,"善于通过每一个极平凡的事物而深刻地挖掘出一个海阔天空、甚至充满着海市蜃楼般奇观的幽眇的精神境界"[③]。他的代表诗作有《希罗狄亚德》(1875年)、《牧神的午后》(1876年)。后期象征主义的代表诗人则包括叶芝、里尔克和T.S.艾略特。

意象派与象征主义联系紧密,不过它所建立的诗歌传统被认为基本上源于英美。意象派是20世纪初出现在英国的一个现代主义诗歌流派,是盛行于西方世界的象征主义文学运动的一个分支,产生的最初意图是对当时诗坛文风的一种反拨。其宗旨是要求诗人以鲜明、准确、含蓄和高度凝练的意象来生动、形象地展现事物,并将诗人瞬息之间的思想感情融入诗行。因此,意象派反对发表空洞的议论和感叹。与注重暗示、擅长抽象描写、具有神秘主义倾向的象征主义"河流"相比,以直觉主义为哲学基础的意象派更像是一条"小溪":看重直接表现具象化的事物,擅长意象的排列组合,给人清晰凝练的美妙感受。

意象派的前身可以追溯到英国诗人休姆(T.E.Hulme)组织的一个"诗人俱乐部"。作为"英国现代主义文学中最重要的知识分子之一",休姆是现代欧洲艺术、哲学和文学思想的引导者,他自觉肩负着现代诗歌的创作任务。他宣传柏格森的直觉主义思想,认为"诗要绝对精确地呈现,不要冗词赘语",对意象本身进行了切实有效的讨论,并以此为指导创作了少量的诗歌,为意象派奠定了美学基础。

意象派诗歌运动起源于一批英美诗人在伦敦的大力倡导,并随后被介绍到美国本土,主要阶段也是由一些美国诗人如埃兹拉·庞德(Ezra Pound)、卡洛斯·威廉斯(William Carlos Williams)、艾米·洛厄尔(Amy Lowell)、希尔达·杜利特尔(Hilda Doolittle)等领导的。

作为美国著名诗人、文艺批评家的庞德是意象派的代表,他被认为是"现代文学中最富有色彩、最易引起争议的人物"。他从中国古典诗歌、日本俳句中生发出"诗歌意象"的理论,为东西方诗歌的互相借鉴做出了卓越贡献。T.S.艾略特则被认为是后期象征主义诗歌、意象派的另一个代表诗人。

---

① M.H.艾布拉姆斯《文学术语与词典》,吴松江,主译,北京大学出版社,2009年版,第629页。

② 雷纳·韦勒克《近代文学批评史》(第四卷),杨自伍,译,上海译文出版社,2009年版,第509-510页。

③ 葛雷《马拉美诗全集·译序》,见《马拉美诗全集》,葛雷,梁栋,译,浙江文艺出版社,1997年版,第9页。

意象派诗歌在现代诗歌史上影响巨大，是“英美现代派诗的第一章，它所倡导的诗学原则（如采用日常口语，强调精练凝缩，以片语节奏代替轻重音节拍，构造意象的特殊手法）不仅对英美现代诗有指导意义，还产生了国际性影响”①。

第一节　唯美主义文论

王尔德（Oscar Wilde，1854—1900）

王尔德生于一个艺术氛围浓厚的贵族家庭。1874年，他就读于牛津大学莫德林学院，并慢慢接受了沃尔特·佩特、约翰·拉斯金的审美观念。他个人特立独行，生活放浪，毁誉参半。代表作有小说《道连·葛雷的画像》，童话集《快乐王子及其他故事》，戏剧《莎乐美》《理想的丈夫》等。

王尔德是以唯美主义集大成者的姿态出现在文学史中的，他的理论核心仍旧是继承了戈蒂耶“为艺术而艺术”的观念，并在此基础上大力推崇美，将美作为艺术的最高追求：“只有美是时间无法伤害的，各种哲学象沙子一样垮掉了，各种宗教教条接二连三地象秋天的树叶般凋零，唯独美的东西是四季皆宜的乐趣，永恒的财富。”②“只有美的无忧的殿堂，可以使人忘却，使人欢乐。我们不去往美的殿堂还能去往何方呢？”③一言以蔽之，在王尔德看来，艺术高于一切的美。王尔德的艺术观在唯美主义者中颇具代表性，概括起来有以下三点。

一、艺术发明生活

早在柏拉图的哲学中，艺术创造就被看成对“理式”（idea）的模仿。而极富个性的王尔德却提出不是艺术模仿自然，而是自然模仿艺术，从而将艺术家——人置于艺术活动的决定位置。在他看来：

---

① 袁可嘉《欧美现代派文学概论》，上海文艺出版社，1993年版，第195页。
② 王尔德《英国的文艺复兴》，见赵澧，徐京安《唯美主义》，中国人民大学出版社，1988年版，第98页。
③ 王尔德《英国的文艺复兴》，见赵澧，徐京安《唯美主义》，中国人民大学出版社，1988年版，第100页。

“自然是什么呢？自然不是生育我们的伟大母亲，它是我们的创造物。正是在我们的脑子里，它获得了生命。事物存在是因为我们看见它们，我们看见什么，我们如何看见它，还是依影响我们的艺术而决定的。看一样东西和看见一样东西是非常不同的。人们在看见一事物的美以前是看不见这事物的。然后，只有在这时候，这事物方始存在。现在，人们看见雾不是因为有雾，而是因为诗人和画家教他们懂得这种景色的神秘的可爱性。也许伦敦有了好几世纪的雾。我敢说是有的。但是没有人看见雾，因此我们不知道任何关于雾的事情。雾没有存在，直到艺术发明了雾。”①

可见，王尔德努力通过这样的论述将艺术提升到了至高无上的境界，进而构建起一个完全独立的艺术王国。在这里，艺术完全凌驾于现实生活之上。现实早已存在，但因为缺乏艺术的眼光而可以忽略不计。而只有当现实的事物被审美观照，被创造成艺术品，它才显现出自身的特征与独特的美感。此时，弥漫在伦敦几个世纪的“雾”只是艺术的原材料，在本质上是与艺术截然不同的存在。在此背景下，就不难理解王尔德为何称莎士比亚“绝不是一位完美无缺的艺术家”这样的评论：莎翁戏剧中有些段落语言粗鲁、庸俗、夸大、怪诞，甚至淫猥，都是因为“生活要求为它自己的声音寻求反响”，“他过于喜欢直接走向生活，并借用生活的朴质语言”。②

王尔德的这种颠倒生活与艺术的关系，自然令其所倡导的唯美主义饱受争议。但考虑到当时压抑的社会背景，他的这种观点除了与王尔德本人的个性相关，恐怕客观上也起到了一定的反拨作用。他对艺术独立性的强调，确实提高了艺术本身的地位，促使后来的艺术家重新认识艺术与现实的关系。

艺术是非功利、非道德的。实用主义的一个重要的社会功能就是有益于公民道德，这一点在《理想国》中就有诗哲之争这一源头。因此，想要为唯美主义争取立足之地，必须割断文学艺术的这一社会要求，因此他宣称：“一切艺术都是毫无用处的”。③“你们的文学所需要的，不是增强道德感和道德控制，实际上诗歌无所谓道德不道德——诗歌只有写得好和不好的，仅此而已。艺术表现任何道德因素，或者隐隐提到道德标准，常常是某种程度的想象力不完美的特征，标志着艺术创作中和谐之错乱。一切好的艺术作品都追求纯粹的艺术效果。”④因为在王尔德看来，艺术的目的就是其自

① 王尔德《谎言的衰朽》，见赵澧，徐京安《唯美主义》，中国人民大学出版社，1988年版，第133页。
② 王尔德《谎言的衰朽》，见赵澧，徐京安《唯美主义》，中国人民大学出版社，1988年版，第121页。
③ 王尔德《〈道连·葛雷的画像〉自序》，《道连·葛雷的画像》，荣如德，译，上海译文出版社，2006年版，第4页。
④ 王尔德《英国的文艺复兴》，见赵澧，徐京安《唯美主义》，中国人民大学出版社，1988年版，第97页。

身,有独立的生命,由自己的纯粹路线去发展。

王尔德完全将评判艺术的标准局限在艺术本身的范围——不仅在创造的这一维度,而且在价值评判这一维度上也切断了现实的干扰。王尔德就是要在追求美的过程中,保护艺术家不受外界干扰,可以完全独立发挥个人的想象力,坚持自我意识,去营造美的乌托邦。因此他说:"人的精神生活只是艺术家创作题材的一部分,艺术的道德则在于完美地运用并不完美的手段。""艺术家并不企求证明任何事情。即使那些天经地义的事情也是可以证明的。""艺术家没有伦理上的好恶。艺术家在伦理上有所臧否,那是不可原谅的矫揉造作。"①

同时,王尔德也认为:"邪恶与美德是艺术家艺术创作的素材。"②可以看出,在他的创作思想中,道德已非清规戒律,反而成了被观察的对象,成为艺术的题材。比如王尔德的《道连·葛雷的画像》,现实中的主人公与画像中的他命运紧密联系,犹如双胞胎兄弟一样,极富艺术魅力。因此,在该书出版后被指有伤风化时,王尔德回应说:"艺术家是美的作品的创造者",并且"在美的作品中发现丑恶含义的人是堕落的,而且堕落得一无可爱之处。这是一种罪过。"③当然,王尔德的这种观念也有其偏颇之处。过于维护艺术品的独立性和纯粹性,也有可能限制创作的空间。

二、创造美的形式

对于唯美主义艺术家来说,最重要的是创造出一个理想的世界,那么这个世界必然在形式上是"美"的。任何理念上的形式不是凭空而来的,必须能够落实到现实的形式之中。那么,衡量美的最终标准是什么?是美的形式。爱伦·坡大力强调诗歌的形式美和音律美,认为诗歌只有将形式和内容完美结合,才能实现"效果统一"。因为,如果艺术品的形式不纯粹,那么其所表达的内容将受污染。

受爱伦·坡的影响,王尔德大力推崇艺术内部"纯粹"的形式才是独立的标准,认为艺术只有一条最高的法则,即形式的或者和谐的法则。他懂得:"形式和实质在一部艺术作品里不可割裂开来:它们总是一体。但是为了分析的目的,暂时撇开审美印象的整体,在理智上我们便可割裂二者。""每件艺术作品都是把思想化为形象。"在艺术中,"外在用于表达内在;灵魂变成了化身;身体受到精神的驱动。"④在这一方面,王尔德成功地超越了浪漫主义华兹华斯"宁静回忆中的激情"的境界,进一步上升到济

① 王尔德《〈道连·葛雷的画像〉自序》,《道连·葛雷的画像》,荣如德,译,上海译文出版社,2006年版,第3-4页。
② 王尔德《〈道连·葛雷的画像〉自序》,《道连·葛雷的画像》,荣如德,译,上海译文出版社,2006年版,第4页。
③ 王尔德《〈道连·葛雷的画像〉自序》,《道连·葛雷的画像》,荣如德,译,上海译文出版社,2006年版,第3页。
④ 转引自雷纳·韦勒克《近代文学批评史1750-1950》(第四卷),杨自伍,译,上海译文出版社,1997年版,第488页。

慈“能够脱离这种热病而作诗”的客观状态。

当然，王尔德与爱伦·坡也有不同。有论者指出，爱伦·坡比一般人想象的更加具有超验视角，富于精神探索：“依坡所言，诗歌仅能使人瞥见彼岸、理想、上界、清真之域的鳞爪。”[①]而相比之下，王尔德则更注重外在形式对感官的刺激以及在内心中引起的满足——“形式的成分是直接诉诸感官的，不假思索而一目了然的，如图画的形色分配以及诗中的声音节奏”[②]。

从客观上讲，唯美主义对艺术形式的重视与诗歌韵律的讲究，确实能够增强艺术作品的表现力。王尔德自己在创作中就特别注重形式美。以其诗歌创作为例，在他看来，“韵律要多于理智”。他在韵律上刻意求工，曾在写作《斯芬克斯》(1894)一诗时，为了找到与“lupanar”(妓院)押韵的词，翻阅词典，最后在朋友的建议下，采用“nenuphar”(睡莲)，使得诗歌在两种意向的并列中产生了张力。[③]当然，过于迷恋形式美感，也会令创作流于外在，而忽略了理性的反省，而走向颓废，乃至短命的结局。

第二节　直觉主义文论

柏格森(Henri Bergson，1859—1941)

柏格森，出生于巴黎，20世纪最著名的哲学家之一，其父母是犹太人。他早在读书期间就显示出了卓越的思辨才能与数理能力。1927年因《创造进化论》(1907)“丰富的且充满生命力的思想，以及所表现出来的光辉灿烂的技巧”而获得诺贝尔文学奖。其代表作还包括：《笑》《时间与自由意志》《形而上学导言》《材料与记忆》等。

柏格森通过以“直觉”“绵延”为核心的文艺美学观念，不仅完成了对西方哲学理性主义的反拨与超越，而且还继承了早期古希腊以感觉为认知起点的哲学观念，并建

① 雷纳·韦勒克《近代文学批评史》(第三卷)，杨自伍，译，上海译文出版社，1991年版，第193页。

② 朱光潜《诗论》，上海古籍出版社，2005年版，第60页。

③ 陈瑞红《王尔德创作的形式主义特征》，载《南京师范大学文学院学报》，2007年9月第3期，第124页。

立起属于自己的直觉主义哲学体系。他的美学见解,代表了直觉主义文论的主要思想,概括如下。

一、"美在绵延"

柏格森的直觉主义对世界的描述主要是通过"绵延"来完成的。在柏格森看来,时间分两种,一类是物理学意义上的时间,即"空间时间";另一类是体验性时间,即"心理时间"。在直觉主义看来,前者过于实用、抽象,并不真实,只属于无机体。而后者才可以进入无尽的完整的时间之"流"。将生命体看成一个对象(object)是错误的,比较合适的是"比做整个物质宇宙","因为一个生命体可以被观察到,而整个宇宙则是由思维构造或重构起来的","这种比较至少能提醒我们注意到结构的基本特征。有机体存活于一种延续的东西当中,如同作为整体的宇宙,如同每个有意识生命分别采取的存在方式那样。其处于整体状态的过去,被延伸到了其当前之中,逗留在那里,并实实在在地行动着"。[①]因此,世界的本质是一种完整连续的生命之流,是变动不居的,是在不断创造的:"宇宙延续着(endures)。我们越是研究时间,就越是会领悟到:绵延意味着创新,意味着新形式的创造,意味着不断精心构成崭新的东西。"[②]

因此,作为生命体必须以更为适合的方式进入这种"绵延之美"中,这就是"直觉"。柏格森很多次界定了何为"直觉":"所谓直觉,就是一种理智的交融,这种交融使人们自己置身于对象之内,以便与其中独特的、从而是无法表达的东西相符合。"[③]"这里所说的直觉,是指脱离了利害关系的,具有自我意识的本能。它能在对象上反思自身,并且能无限放大对象的范围。"无论是哪种定义,在柏格森看来,直觉就是对事物瞬间本能的感受与把握。相比较那些感觉、知觉、概念所提供的一些人为符号,直觉是与理智对立起来的,处于"绝对的领域"[④],这个绝对领域,即一切运动变化、绵延的生命之流。而"我们的绵延只有在直觉中才能直接地显示给我们"[⑤]。

而正是在这种生命之流中,美就是绵延。柏格森借由叔本华的"美在意志"论,又一次强调了生命意志的流动本身就是美。在他看来,理性是一种符号化的认知过程,距离真实的本质甚远,只有直觉的方式才能进入绵延的生命之流,才能把握这种真实

① 昂利·柏格森《创造进化论》,肖聿,译,华夏出版社,2000年版,第19-20页。

② 昂利·柏格森《创造进化论》,肖聿,译,华夏出版社,2000年版,第16页。

③ 昂利·柏格森《形而上学导言》,刘放桐,译,商务印书馆,1963年版,第3-4页。着重号为原文所加。

④ 昂利·柏格森《形而上学导言》,刘放桐,译,商务印书馆,1963年版,第1页。

⑤ 昂利·柏格森《形而上学导言》,刘放桐,译,商务印书馆,1963年版,第10页。

的、持续不断的宇宙状态，才能穿越实在的现象，进而更好地洞察宇宙本身。因此，对于柏格森来说，艺术家拥有直觉十分必要，这样可以超越理智，去掉遮蔽，抛开先入之见，进而直达美本身。

在另一层次上，"美在绵延"也有创造的含义。不同于静止的、空间性的古典理性主义美学，直觉主义认为由于美源于绵延，绵延意味着生命，而生命是变化的，因此美是始终流动的、时间性的，这样美也就是不断生成的状态："我们的个性在萌发着，生长着，成熟着，没有片刻停息。我们个性的每个瞬间，都是增添了某种新东西的前一个瞬间。我们可以进一步地说：它不仅是某种新东西，而且是某种无法预知的东西。"[①]而"直接经验向我们显示：我们意识存在的根本基础就是记忆，换句话说，就是过去向当前中的延伸，或者简而言之，就是活动着的、不可逆转的绵延"[②]，而美就在其中。

二、"美在感应"

在柏格森看来，直觉既是一种认识能力，也是一种认识方式。因为直觉就是人类先天被上帝赋予的一种本能——一种原始生命的表征。这种本能促进了生命体与外在事物之间的交融，令主体能够进入一种"遗忘"状态，既外于外物，又外于主体自身，进而达到"麻醉""暗示"的状态，以便能够在"忘我"之际与审美客体产生"感应"（sympathy，又译作"同情"）。

一方面，在柏格森看来，艺术创造本身就是一种直觉活动。艺术家通过直觉去把握和重现生命冲动，并将其再现。他们凭借直觉，借助感应能力，打破空间障碍，将自己重新放置在对象之中。在这种感应的过程中，艺术家首先感受到的是"绵延"，并置身于生命之流当中，进而有了创作的灵感，并产生了最初的创作构思。在这个过程中，"直觉"是沟通主体与世界发生感应的催化剂。柏格森说："本能即同情。这种同情若能扩大其对象，并且反映其自身，那它就会将理解生命运作过程的钥匙交给我们，这就如同发达的、经过训练的智力将我们引向了材料那样。……智力在生命周围活动，从生命外部采取尽可能多的视点，将生命拉向自己，而不是进入生命内部。然而，直觉（intuition）却将我们引向了生命的最深处。这里所说的'直觉'，指的是一种本能，它已经不具倾向，能自我意识，能反射到其对象上、并无限地扩展其对象。"[③]

---

① 昂利·柏格森《创造进化论》，肖聿，译，华夏出版社，2000年版，第12页。

② 昂利·柏格森《创造进化论》，肖聿，译，华夏出版社，2000年版，第21页。

③ 昂利·柏格森《创造进化论》，肖聿，译，华夏出版社，2000年版，第150页。

另一方面，艺术欣赏也需要具有生命意识的“感应”。因为对于想要每时每刻都在创造某种东西的欣赏者来说，必须自己动手去揭开那条遮盖在自己心灵之上的帷幕，进而投入艺术中的生命之流。因此，柏格森这样描述从创作到欣赏之间的“感应”：“诗人是这样一个人，他把情感发展为形象，又把形象发展为字句，而字句把形象翻译出来，同时遵守节奏的规律。读者在心目中陆续看到这些形象，于是就有了诗人有的情感，这情感可说是这些形象在情绪上的等值量。节奏的抑扬顿挫麻痹了读者的心灵，使他忘记一切，使他如在梦里一样跟着诗人一样想和一样看；但是如果没有节奏的抑扬顿挫，则这些形象再也不会那样强热地呈现在读者的心目中。”[①]可以说，这些富于“情感”生命的“节奏”“字句”引发了读者“忘记一切”，令其“麻醉”，进而和诗人一样，体会到艺术内在的生命之流。

因此，柏格森是这样总结艺术是如何与欣赏者发生“感应”的：“这样看来，与其说艺术的目的在于表达情感，不如说把情感铭刻在我们心上；艺术向我们暗示种种情感，而当艺术家找到较有效的手段时就乐于不再模仿自然。如同艺术一样，大自然是通过暗示进行的；可是大自然并未握有节奏所具有的财宝。大自然以长期的伴侣关系来补充这种缺乏；这关系建立在自然事物以及人们自己所共同受到的种种影响的基础上。所以只要有一种情绪极其微薄地被大自然表示出来，它就会引起我们的同情，正如只要催眠家轻轻做个手势，就能把他心中的暗示强加于那惯于受他催眠的人。当大自然把一件具有标准比例的东西摆在我们眼前时，这种同情尤其会流露出来。对于有了这种比例的东西，我们会注意它的一切部分，而不集中注意任何一个部分：从而我们的知觉能力被这番和谐所麻痹与安慰，本来只要障碍一被扫除就会即刻涌出的同情于是自然流露而不再受任何阻挠。”[②]在他看来，艺术是通过“暗示”，而非明显的直诉来完成的。通过暗示，美在欣赏者的心灵中产生了感应——同情。人们借此与艺术、自然沟通，并见叶知秋，通过部分掌握所有的宇宙秘密。

三、滑稽与艺术

柏格森是最早系统研究滑稽的学者，他将发表在《巴黎评论》上的三篇随笔结集为《笑》，就有了对此专门的论述。柏格森对滑稽的研究，也是出自直觉主义的立场，能够代表其文艺观念。其主要论述如下：

首先，柏格森对滑稽的界定。自古希腊亚里士多德以来，就将滑稽的本质与丑联

---

① 柏格森《时间与自由意志》，吴士栋，译，商务印书馆，1989年版，第10页。

② 柏格森《时间与自由意志》，吴士栋，译，商务印书馆，1989年版，第11页。着重号为原文所加。

系在了一起。但柏格森从生命哲学出发,把生命看成一种创造性活动,因此认为:滑稽的关键不在于丑,而在于僵,在于生命的机械化,是对人的生命本质的歪曲与不协调。他在《泛论滑稽》篇中这么说:“我们的出发点还是‘镶嵌在活的东西上面的机械的东西’这一点。在这种情况下,滑稽之所以产生,是因为活的身体僵化成了机器。在我们看来,活的身体应该是充分灵活的,应该是那工作不已的本体的永远清醒的活动。……它应该是一个更高的本体在我们心中点燃的、由于透明而能在体外窥见的那个生命的火焰。”[①]

其次,柏格森认为滑稽有三种存在条件:一、“在真正是属于人的范围以外无所谓滑稽”,以此将滑稽作为人的独特属性;二、“通常伴随着笑的乃是一种不动感情的心理状态。看来只有在宁静平和的心灵上,滑稽才能产生它震撼的作用。无动于衷的心理状态是笑的自然环境。”三、“这样一种智力活动必须和别人的智力活动保持接触”[②],因为如果一个人有孤立的感觉,他就不会体会滑稽,他必须在人与人之间进行这种活动,这样才能取得合适的效果。从这三点可以看出,柏格森认为滑稽具有鲜明的社会性,无法脱离功利性,因此和纯粹的艺术相比,滑稽属于“半艺术”,只是介于艺术与生活之间具有社会属性的艺术活动。

再次,柏格森归纳了三种形式的滑稽,分别是:情景滑稽、语言滑稽以及性格滑稽,并在此基础上着重论述了滑稽、倒置、相互干涉的具体运用。在讨论中,柏格森说:“艺术的目的是什么?如果现实能直接震撼我们的感官和意识,如果我们能直接与事物以及我们自己相沟通,我想艺术就没有什么用处,或者说,我们会全都成了艺术家,因为这时候我们的心灵将是一直不断地和自然共鸣了。”[③]那么,艺术家能做什么呢?“他通过事物的色彩和形式所看到的乃是事物的内在生命。他然后逐渐使事物的内在生命进入我们原来是混乱的知觉之中。至少在片刻之间,他把我们从横隔在我们的眼睛与现实之间的关于色彩和形式的偏见中解除出来。这样他就实现了艺术的最高目的,那就是把自然显示给我们。”[④]这是与柏格森直觉主义的“生命之流”一脉相承的。接着这个思路,柏格森把话题引到戏剧上来,并对比了悲剧、正剧、喜剧之间的区别。首先,悲剧和正剧主要侧重于刻画人物,而非人物身上的性格缺点,因此正剧的名字差不多都是一个专有名词,如《奥赛罗》《乔治·唐丹》;相比之下,喜剧则倾向于刻画人的性格缺点,因此它的剧名都是普通名词,如《吝啬鬼》《赌徒》《嫉妒者》等。

① 柏格森《笑》,徐继曾,译,北京十月文艺出版社,2005年版,第33页。
② 柏格森《笑》,徐继曾,译,北京十月文艺出版社,2005年版,第2–4页。着重号为原文所加。
③ 柏格森《笑》,徐继曾,译,北京十月文艺出版社,2005年版,第101页。
④ 柏格森《笑》,徐继曾,译,北京十月文艺出版社,2005年版,第104–105页。

其次，悲剧和正剧致力于揭露隐藏在实用主义之后的深刻的现实，甚至于把我们人格中的悲剧成分也揭示出来，从而使我们产生怜悯和同情之心；喜剧仅仅停留在社会的表面，只诉诸理智，而不诉诸感情。再次，悲剧致力于刻画个人，表现个体的、私己的、不可复制的情感，悲剧主人公是一个独特的个体；而喜剧致力于刻画类型，表现一些大众的性格，其中的人物因而也总是成群地、脸谱化地游走在情节之中。最后，就创作方法来看，悲剧诗人致力于努力挖掘个体内心的冲突；喜剧诗人则是从外部进行观察，只触及人物的共同情感的表层，进行大体的概括。

第三节　象征主义文论和意象派文论

一、象征主义文论

尽管不同时期各个国家的不同作家的知识渊源、生活背景、精神气质有所差异，但总的来说，还是可以归纳出在以象征为基本的审美原则和创作方式中的一些基本的美学特征。

1.以内心的真实作为表现目标

承袭唯美主义独立的自我意识，象征主义借此以表达对社会现实的教条，以及理性主义的实用性倾向的批评。象征主义作家从平时最易被忽略的日常生活中挖掘写作题材，剔除了此前现实主义、史诗所热衷的英雄主义、纯美爱情、爱国情操、宗教信仰等传统主题，把目光聚焦在现实生活的平常物、阴暗面、丑陋处，以此挖掘美、人性与真实的生命状态和宇宙奥秘，以期到达彼岸。

正是为了达到内心的真实，波德莱尔写出了他的《恶之花》，并借此表达了他崭新的美学观念。在《恶之花》中，他在从四个方面对"恶"进行了描绘，分别包含社会之恶、自然之恶、人性之恶和精神之恶，并建立起了分支庞大的恶的意象群。[①]其中包括了猫、雾雨、晨光、头发、衣衫、阳台、烟斗、画框、音乐、月亮、太阳、天鹅、盲人、乞丐、猫头鹰乃至骷髅农夫、腐烂的尸体等等。波德莱尔通过这些意象打断了美与善之间的古典主义的必然联系，将眼光对准了另一种美："带有热忱，也带有愁思……是能够同

① 张洪学《发掘恶中之美：论〈恶之花〉中恶的意象及其审美特征》，载《四川师范大学学报》（社会科学版），1998年7月，第25卷第3期，第58-69页。

时满足感官并引起愁思的迷蒙梦境的；它暗示着忧郁，疲倦，甚至餍腻之感；或是暗示着相反的感觉——一种热忱，一种生活的愿望，同失意或绝望所产生的沉闷心情中的怨恨相混合。神秘和悔恨也是美的一些特征。”①

2.“应和”与暗示的运用

象征主义诗人在表现心灵最高的真实时，既不追求通过浪漫主义直抒胸臆的手法，也不是通过复杂的分析，而是通过波德莱尔“应和”(correspondences，又译“通感”“对应”“交响”“感应”等)来作为象征主义的基本诗学追求与审美倾向，是一种通过特定的客观对应物来表达特定情绪、感情、心理甚至隐秘真理的方式。在此期间，内在与外在，感性与理性，明显与外在，犹如原本的一对，抑或本来就是融合为一体，从而还原了诗人眼前的世界之本原状态。

雷蒙(Marcel Raymod)讨论了波德莱尔“对应”概念的三个层次：“各种感性材料之间的对应；理性世界与诗人心灵之间的对应；以及可感世界与超感世界的对应。”②因此，当我们阅读并思考象征主义诗歌的时候，值得读者考虑的建议是不断地调动自己的哲学修养与生命经验，进而提高自身的精神境界，触及世界的本质。

在诗人兰波看来，“应和”就是“通灵”，而诗人就是真正的“盗火者”“通灵者”，他们“必须使各种感觉经历长期的、广泛的、有意识的错位，各种形式的情爱、痛苦和疯狂，诗人才能成为一个通灵者。”③而这个“灵”，就是西方哲学中的本体，或称为“神”，东方则称为“道”。写作者只有通过乞灵于神，才能够获得宇宙意识，其诗歌才能够达到一种智性与感性弥合的混沌状态。

“应和”手法的具体运用是暗示。波德莱尔说“诗人的‘合法权利’就是制造‘暗示的梦幻’”④，在他看来只有暗示才能产生纯粹美，因此梦幻是诗人之至境。

而“暗示”在马拉美那里，首先意味着“召唤”，是对读者的生命经验以及宇宙意识的“召唤”，是对沉睡了的记忆的“召唤”。这意味着对于读者阅读的感情与理性的尊重，同时也需要读者进行积极的配合，并将自己的生命情感投入其中。同时，“暗示”也意味着对直抒胸臆的反叛，意味着对情感的暂时“隐藏”。T.S.艾略特的“客观对应物”同样也体现出这种“暗示”的主张，他在其论文《哈姆雷特和他的问题》(Hamlet and His Problems，1919)中指出：“用艺术形式表现情感的唯一方法是寻找一个‘客观对应物’；换句话说，是用一系列实物、场景，一连串事件来表现某种特定的情感。”不

① 伍蠡甫等《西方文论选》(下)，上海译文出版社，1988年版，第215页。

② 柳扬《花非花——象征主义诗学》，旅游教育出版社，1991年版，“译者前言”第9页。

③ 黄晋凯，张秉真，杨恒达《象征主义·意象派》，中国人民大学出版社，1989年版，第35页。

④ 黄晋凯，张秉真，杨恒达《象征主义·意象派》，中国人民大学出版社，1989年版，第25页。

仅如此，艾略特还力图通过“客观对应物”来完成对人表层情感与本能心理的超越，以便进入具有超验性的智性领域，能够接纳更为高级的意志和欲望，因为智性可以代表美德，可以控制简单的情感和欲望。正如他在《传统与个人才能》中引用的柏拉图《灵魂篇》中的名句所说的那样：“灵魂乃天赐，圣洁不动情。”[①]

不过，暗示手法在具体实践中也影响到了象征主义诗歌的晦涩风格。比如由于马拉美诗歌语言的节制、省略，使得他的诗歌一直处于“出神”的半飞翔状态。这当然会为读者造成阅读困难，但也是出自诗人内心的选择：“我守住了我的秘密，我没有把自己泄露给大众。”[②]

3. 纯诗与灵魂的音乐

瓦雷里有一段话，值得我们注意：“至于谈到纯诗情的感受，应当着重指出，它与人的其他情感不同，具有一种特殊性质，一种令人惊奇的特征：这种感受总是力图激起我们的某种幻觉或者对某种世界的幻想，——在这个**幻想世界**里，事件、形象、有生命的和无生命的东西都仍然像我们在日常生活的世界里所见的一样，但同时它们与我们的整个感觉领域存在着一种不可思议的内在联系。我们所熟悉的有生命的或无生命的东西，如果可以这样说的话，好像都**配上了音乐**；它们互相协调形成了一种好像完全适应我们的感觉的共鸣关系。”[③]在象征主义者看来，世界自上而下，由内及外，都是互相联系的庞大体系。这个体系形式优美，结构精妙，是具有数学几何的生命体，因此与流动的音乐有着隐秘的联系。

在瓦格纳等音乐家的影响下，象征主义者尤其是后期象征主义者非常希望自己的诗歌艺术形式向音乐汲取艺术经验，因此在他们的诗歌以及戏剧中都体现出明显的音乐性。从表现思想经验的角度来说，象征主义诗歌在通过追求音乐性的形式过程中，映射了他们所追求的世界秩序，这也正体现了精神世界与诗歌形式的统一。

在瓦格纳(W. R. Wagner)的歌剧与音乐理论中，他不仅强调诗歌的音乐性，而且还将诗歌与音乐等同，进而凸显出音乐背后所能表达出的神秘主义与世界观。这让很多象征主义诗人都产生了共鸣。马拉美认为“诗人最完美的作品(在它最终的目标上)变成了一种纯然的音乐。”波德莱尔认为音乐的暗示性正与象征主义的美学追求一致，因此诗要向音乐学习，如此才能打破词所固有的精确的特点，以表达我们对人类和宇宙之永恒秘密的“猜测”。叶芝则指出：诗歌讲求韵律的目的在于“延长冥想”，“当我们处于又睡又醒的时刻，也就是唯一的创造的时刻。其方法是用迷人的单调使

① 转引自王恩衷《艾略特诗学文集》，国际文化出版公司，1989年版，第8页。

② 柳扬《花非花——象征主义诗学》，旅游教育出版社，1991年版，第95页。

③ 杨匡汉，刘福春《西文现代诗论》，花城出版社，1988年版，第218页。加黑为原文如此。

我们入睡，同时用多彩的变化使我们清醒。”而作家乔治·夏尔·于依思曼就曾经这样评价魏尔伦：“在本质上是个音乐家。好象他就是用音乐来思维，他只是把自己的感觉和感情按照他感受到它们时的韵律表达出来罢了。”[①]可见，象征主义诗人坚持从音乐中吸取灵感，不仅在于这是一种乞灵方式，更是他们与宇宙生命交流的见证。

4.神秘主义与超验意义

在很多研究者看来，象征主义诗歌常常显得晦涩难懂，具有神秘主义的色彩。象征主义诗人通常要表现的那种心灵上的真实，实际上是一种难以捉摸、难以用语言完全具象化的状态，因此在这一方面就表现出艺术或者诗歌的原有特征：一种理性和非理性兼得的状态。这实际上也是几千年来西方诗人的一贯追求。

具体而言，有研究者指出，“所有此类的象征性文学都密切联系着神秘主义，而且在很大程度上表达了神秘主义。神秘主义学说给予我们的，不是行动的指南，不是有关幸福的计划，也不是关于一切神秘的解释，而是一种生存的理论——它使我们熟悉神秘事物，而且似乎还协调那些为宗教、热情和艺术而生的直觉，使我们马上摆脱极大的束缚。”[②]

由此，有人把象征主义简述为这样一种艺术：“它表达思想和感情不是直接描绘它们，也不是通过与具体意象明显的比较来解释它们，而是暗示这些思想和感情，通过运用那些未加解释的象征在读者心中重新创造它们。”这是象征的第一种情况，“即可以被称为保持人事层面的个人方面”，准确地说，是传达个人情绪的象征。第二种象征称为“超验的象征主义”，这种象征中，具体的意象被用来作这样一种象征，“它不是诗人心中具体思想和感情的象征，而是一个巨大而普遍的理想世界的象征，而现实世界只不过是这个世界的一个不完美的表现。”[③]可见，在研究者看来，神秘主义和超验意义的追求，是象征主义思想中的两个层次。

波德莱尔曾在《对几位同代人的思考》中通过表达对作家雨果的推崇，来解释其对“生命的神秘”的理解：“雨果的诗不仅善于为人的灵魂表达出它得自可见的自然的最直接的快乐，而且善于表达通过可见之物、通过无生命的自然（或所谓的无生命的自然）传递的最短暂的、最复杂的、最道德的感觉（我特意提到道德的感觉）；不仅有人以外的一种东西（植物或矿物）的形象，而且还有它的表情、它的目光、它的忧愁、它的温情、它的巨大的快乐、它的讨厌的仇恨、它的沉醉或它的恐惧，总之，换句话说，所有

① 转引自张英伦《法国象征主义诗歌概观》，载《诗探索》，1981年第1期，第172页。“象”为“像”之误。

② 柳扬《花非花——象征主义诗学》，旅游教育出版社，1991年版，第110页。

③ 柳扬《花非花——象征主义诗学》，旅游教育出版社，1991年版，第4页。

东西中的一切具有人性的东西，以及非凡的、神圣的或恶毒的一切。”①实际上，如果波德莱尔不具备这种终极的眼光，他根本无法看到“所有东西中的一切具有人性的东西，以及非凡的、神圣的或恶毒的一切”。

一般说来，现代主义的各种思潮、流派，都有各自的哲学背景。从具体层面上看，其所探寻的美学宗旨，都与人类的生命有关。而在终极意义的层面，则都可以从本体论——超验的视角进行考察。我们阅读西方文学与文论，都需要接受这种思维训练，且应该将其应用到自己的创作、研究以及现实生活的一点一滴当中。

二、意象派文论

埃兹拉·庞德(Ezra Pound,1885—1962)

庞德，美国诗人和文学评论家。1885年出生于美国爱达荷州，先后在宾夕法尼亚大学、汉密尔顿大学学习历史、古典文学和罗曼斯语言文学等。1908年庞德定居伦敦，以后一度成为伦敦文坛上举足轻重的人物。作为美国现代主义诗歌的创始人，埃兹拉·庞德与意象派联系紧密，他的代表作包括《诗章》，以及译作《华夏集》等。

庞德先后结识了包括叶芝、T.E.休姆、T.S.艾略特、W.C.威廉姆斯、希尔达·杜丽特以及海明威等人，在文学艺术界有着广泛的影响。在他的影响下，叶芝的诗风从晦涩散漫转变为清晰准确、直抒胸臆；乔伊斯的《尤利西斯》得以出版；艾略特的《荒原》经他亲自删修问世后大为轰动；此外，庞德还扶植了海明威、D.H.劳伦斯、罗伯特·弗罗斯特等人。

庞德的影响在很大程度上来自他在艺术形式上的“激进主义”和对诗歌“意象”的关注。一个几乎众所周知的事实是，庞德对诗歌意象的兴趣很大程度上来自中国古典诗歌的影响。1913年，他得到了西班牙裔美国东方学者费诺罗萨(Ernest Fenollosa)关于中国古诗的英文笔记，并从中接触了作为表意文字的汉字，并进而通过这些英文注释了解并“翻译”了李白、王维的诗歌以及包括《大学》《中庸》《论语》在内的众多中国典籍。虽然这种“翻译”有很多再创作的成分，但他却借此掌握了中国古典诗歌意象之间的排列方式，并赞叹其所造成的独特效果。他的工作随后引发了美国人译介

① 波德莱尔《1846年的沙龙：波德莱尔美学论文选》，郭宏安，译，广西师范大学出版社，2002年版，第85页。

中国古诗的热潮，包括雷克斯罗斯（K.Rexroth）、施耐德（G.Snyder）等在内的诗人都受其鼓舞，加入了这一行列。1915年，庞德说："中国像希腊一样富有刺激性……许多未被发掘的艺术和素材泻入伦敦的旋涡之中。即使我们盲目地反对，它们也必然要带来同文艺复兴一样巨大的变化。"[①]毋庸置疑的是，庞德的译诗活动为西方现代主义诗歌，特别是意象派带来了新鲜的美学观念与创作方法，是中西方文化交流的重要事件。

1911年10月，庞德作为芝加哥《诗刊》的国外代表，将赫·杜立特尔夫妇的诗作署名为"意象主义者H.D."（Imagist H. D.），同月，将T.E.休姆的诗歌作为附录收在自己的诗集《还击》中，并在序文中称后者为"意象派的一名成员"，这是"意象派"第一次出现在印刷品中，意象派作为一个团体由此得名。"1913年3月号《诗刊》发表了弗林特的《意象主义》一文，提出了三条原则：（一）直接处理事物，不管它是主观的还是客观的；（二）绝对不用任何无益于表现的词；（三）至于节奏，用音乐性短句、而不是节拍器的反复来完成。"[②]

以上各种主张，实际上都有着较为突出的批判象征主义的针对性，因此某种意义上说，意象派也可以看成在象征主义诗歌基础上的一种发展。1914年9月，庞德在《两星期评论》中发表的《论一种形式更严的意象主义——"漩涡主义"》一文中表达得十分明确："象征主义者运用联想，即一种幻想，几近乎一种寓言。他们把象征贬低到一个词的地位，他们把象征搞成一种节拍器的形式。举例来说，用'十字架'来意味'苦难'诗人就能大体上算作象征了。象征主义者的象征有固定的价值，像算术中的数目，像1，2和7。意象主义者的意象有着可变的意义，像代数中的符号a，b，x……著者必须用他的意象，因为他看到或感到它，而不是因为他认为他能用意象来支撑某种信条或伦理体系或经济。"[③]

1915年，美国女诗人艾米·罗厄尔因不满庞德的自大专制作风，在她编选的意象主义年度诗选中"申述了六点纲领：（一）运用日常会话的语言，使用精确的词，而不仅仅是装饰性的词；（二）创造新的节奏，把自由诗作为一种原则来奋斗；（三）题材选择上允许绝对的自由；（四）要呈现意象，精确地处理个别，而不是含糊地处理一般；（五）写出硬朗、清晰的诗，决不要模糊的或无边无际的诗；（六）凝练是诗歌的灵魂。"[④]

① 彭予《二十世纪美国诗歌：从庞德到罗伯特·布莱》，河南大学出版社，1995年版，第15页。

② 袁可嘉《欧美现代派文学概论》，上海文艺出版社，1993年版，第196页。

③ 王珂《诗体学散论：中外诗体生成流变研究》，上海三联书店，2008年版，第217页。

④ 袁可嘉《欧美现代派文学概论》，上海文艺出版社，1993年版，第181页。

随后庞德创办了刊物《风暴》,发起漩涡主义(Vorticisme),进一步发展了意象派的美学见解,认为意象不应该仅仅是静止的视觉画面,而应是充满能量的漩涡和观念集合体,更为复杂、密实,并接近混沌状态。可以看出,漩涡主义的诗体容量巨大,内涵丰富,被庞德等人作为现代史诗的载体,从而突破了早期象征主义相对单一的写作模式,更适合现代主义复杂的社会心理与时代意识。

作为诗人与批评家,庞德的诗学理论首先通过休姆受到了柏格森直觉主义的影响。柏格森对心理时间的论述与倡导"生命之流"的"绵延说",使得庞德在创作与理论中倾向于尊重直觉,专注于捕捉转瞬即逝的意象和意象之间所造成的心理效果。在庞德看来,"一个意象是在瞬间呈现出的一个理性与感情的复合体。这种复合体的突然呈现给人以突然解放的感觉,不受时空限制的自由的感觉,一种我们在面对最伟大的艺术品时经受到突然长大了的感觉。"[①]因此,意象派更乐于"直接处理事物",用所谓"客观"的描述构建源于心理的美感的真实性。

因此,庞德追求的是艺术的真实,是那种更能经得起时间考验的真实。这种真实与人的内心以及美本身联系密切。在具体实践上,庞德强调诗歌不仅要反映现实,而且还要真实准确地记录本真状态。这一观点主要反映在其《严肃的艺术家》一文中:"倘若一位艺术家在写他的报告时歪曲了人性,歪曲了他的本性,歪曲了他理想中至善的本质,歪曲了他对理想中的这一事物的本质,歪曲了上帝的本质——倘若确实有上帝的话——歪曲了生命力的本质,歪曲了善与恶的本质——倘若确有善恶之分的话——,歪曲了促使他相信或不相信这一事物或那一事物的动力的本质,歪曲了他所受的不同程度的痛苦或幸福的本质;倘若他为了迎合时尚,为了迎合君王、为了将就某种先入为主的道德标准,而在他的报告中歪曲了上述事情或任何其它事情,那么,他就是撒谎。不论他撒谎是出于有意或无心,出于疏懒或怯懦,不论是出于何种疏忽,总之他是撒了谎……他的罪行和那位医生的罪行的是性质相同的,因此他应当根据地位的高低和罪行的轻重,对未来的痛苦或错误理解负责。"[②]

在庞德看来,艺术内部存在着一种至关重要的东西,具有一种"渗入、焊接和统一的力量",这就是艺术本身所具有的感召力。这种感召力必须忠实于本质,包括人性、本性、理想中至善的本质、生命的本质以及上帝的本质。所以我们看到,庞德同样是一位具有终极关怀的诗人,这种追求一直贯穿在他的诗学思想之中,因此我们看到他几乎终其一生都在构思、创作、修改《诗章》(*The Cantos*)。

在庞德看来,"现代诗人随时可以体验古代神话的生命力,因为神依然与我们同

① 黄晋凯,张秉真,杨恒达《象征主义·意象派》,中国人民大学出版社,1989年版,第135-136页。

② 引自杨匡汉,刘福春《西方现代诗论》,花城出版社,1988年版,第41-42页。

在。《树》(1908)一开始就是'静静地站着,我是林中一棵树',这里不使用明喻是庞德很典型的作法;形变依然是可能的,现代诗人可以体验形变","他认为当代诗人可以把自己设想为历史上或传说中的人物来进行古今之间的对话。……庞德在《诗章》第一首里把这一方法运用得淋漓尽致。这首诗重述了《奥德赛》第十一章里奥德修斯去阴间的故事,该诗叙事有文艺复兴时期拉丁文译者的简炼笔法,其风格则借鉴了盎格鲁撒克逊史诗。斑斓的历史色彩使我们可以从复杂的历史和文学角度来观察这位现代奥德修斯式的诗人。"[①]

我们看到,庞德的《诗章》实践了他对更高的艺术真实的追求。首先,《诗章》表现的是历史。诗中的神话,被庞德看作历史见证,当成某种精神力量或超然意志的化身;[②]其次,庞德《诗章》中呈现出的对历史波动的沉思以及对智性、美的歌颂,都是更高层次上的"真实",超越了表象的模式,进一步打破了原本看不到的壁垒,使得诗歌成为挽救人类于危难之中的武器。有研究者这样归纳《诗章》的主旨:"变迁与永恒,流动与定型:一支挽歌的主题,哀叹被战火毁灭的那一切庙宇、石像、古迹,然而永恒之物将常驻'不灭的思绪'中;面临子弹或绞索,这颗易碎的心,以其毕生的诗才,写下它所感受到的一切。"[③]

复习思考题:

1. 王尔德的文艺观有哪些?
2. 你是怎么理解"艺术发明生活"的?
3. 柏格森的美学思想有哪些?
4. 你是怎么评价"美在绵延"这个观点的?
5. 在柏格森的文艺理论中,悲剧、正剧和喜剧的区别是什么?
6. 请以波德莱尔《恶之花》中的作品为例,谈谈你是怎么理解"应和"的?
7. 如何理解《恶之花》中恶与美的关系?
8. 象征主义的美学特征有哪些?
9. 请举例比较象征主义的"应和"手法与中国的"通感"手法。
10. 请问意象派的原则有哪些?
11. 请举例分析意象派的"意象并置"手法?

---

① 埃默里·埃利奥特《哥伦比亚美国文学史》,朱通伯,译,四川辞书出版社,1994年版,第793-794页。

② 彭予《二十世纪美国诗歌:从庞德到罗伯特·布莱》,河南大学出版社,1995年版,第27页。

③ 休·肯纳《〈比萨诗章〉论述》(选译),见伊兹拉·庞德《庞德诗选——比萨诗章》,黄运特,译,漓江出版社,1998年版,第260页。

深入阅读书目:

1. 奥斯卡·王尔德《道连·葛雷的画像》,荣如德,译,上海译文出版社,2006年版。
2. 赵澧,徐京安《唯美主义》,中国人民大学出版社,1988年版。
3. 昂利·柏格森《创造进化论》,肖聿,译,华夏出版社,2000年版。
4. 黄晋凯,张秉真,杨恒达《象征主义·意象派》,中国人民大学出版社,1989年版。
5. 波德莱尔《恶之花》,郭宏安,译,广西师范大学出版社,2002年版。
6. 波德莱尔《波德莱尔美学论文选》,郭宏安,译,人民文学出版社,1987年版。
7. 伊兹拉·庞德《庞德诗选——比萨诗章》,黄运特,译,张子清,校订,漓江出版社,1998年版。
8. 艾略特《荒原》,赵萝蕤,张子清等,译,北京燕山出版社,2006年版。
9. 艾略特《艾略特诗学文集》,王恩衷,编译,樊心民,校,国际文化出版公司,1989年版。
10. 袁可嘉《欧美现代派文学概论》,上海文艺出版社,1993年版。
11. 赵毅衡《诗神远游:中国如何改变了美国现代诗》,上海译文出版社,2003年版。

第七章　现代心理学文论

概述

20世纪被称为“批评的世纪”,这一百年里各种理论思潮争相上场争芬夺艳,可谓“百花齐放,百家争鸣”。西方现代心理学文论,是这一百年中规模最为庞大、最具影响力的文论流派之一。在此之前,虽有里普斯、古鲁斯的“移情理论”以及布洛等人从心理的角度研究美和艺术,然而这些心理学流派始终未能突破哲学的束缚,始终未能真正突破“自上而下”的研究路径,更多的是感悟印象式的评述。德国实验心理学的先驱费希纳的两大卷《美学导论》,不但预示了实验心理学的崛起,也意味着独立、系统的心理学学科的确立以及“自下而上”的研究范式的革新。不过,实验心理学文论涉及的美学命题还较为狭窄,对审美艺术活动中的关键问题,如情感、动机、接受等均未充分论述,更遑论系统科学的心理学文论体系了。

西格蒙德·弗洛伊德以其精神分析理论跨越19世纪、20世纪,对其后的西方乃至全世界思想界产生了巨大的影响。20世纪末,在总结人文社会科学领域过去一个世纪影响最大的思想家时,弗洛伊德和萨特成为被公认的两位,甚至有人将弗洛伊德与哥白尼、达尔文并列为人类发展历史上贡献最大的发现者。虽然对弗洛伊德的批评和指责甚至诋毁也不绝于耳,但必须承认,精神分析学说对20世纪各个领域、各个学科的影响是非常深远的。

弗洛伊德出生于一个犹太商人家庭,从小受到反犹太主义的排挤和压迫,这使弗洛伊德逐渐养成了特立独行、勇敢自信、善于思考的性格。1881年,时年25岁的弗洛伊德获得维也纳大学医学博士学位,此后一直从事临床医疗和科学研究工作,精神分析学说就是在他长期对精神疾病患者进行诊治的过程中逐渐形成的。无意识理论是弗洛伊德精神分析的核心,无意识由本能欲望所组成,而受压抑的本能欲望又逐渐形成各种“情结”。梦的理论是弗洛伊德精神分析的具体体现,也是他的文论的基础。

在弗洛伊德看来，梦是潜意识的化装，是欲望的满足；梦具有显意和隐意，梦的显意即梦者回忆起的梦境，而梦的隐意是梦者潜意识中的本能欲望，常常体现为性本能。释梦的主要任务便是引导梦者进行自由联想，然后揭示梦者的潜意识。弗洛伊德的文论是其释梦理论的扩展。概括地说，弗洛伊德认为，文学艺术是本能的外化与升华，文学艺术作品和幻想一样，都是童年时代曾做过的游戏的继续和替代。人在成长中逐渐区分了想象世界和现实世界，意识到自己童年时期的想入非非的幼稚以及为人所不齿，因此本能愿望就通过梦和文学艺术进行表达。文学艺术的技巧保证了读者的共鸣等情感效应，也保证了作家的内心不会产生羞愧。

稍晚于弗洛伊德，瑞士著名心理学家荣格创立了分析心理学。早期的荣格倾慕弗洛伊德，弗洛伊德也赏识荣格，一度将荣格当作精神分析的传承者，两人第一次会面时畅谈了13个小时之久。但他们亦师亦友的关系并没有一直保持下去，后来两人分道扬镳。学界普遍认为，荣格在许多方面修正和丰富了弗洛伊德的精神分析理论，并对神话—原型批评以及文学人类学的发展起到了重要的引领作用。荣格的核心术语是“集体无意识”，荣格认为弗洛伊德的无意识是个体的无意识，个体无意识还是表层的无意识，在个体无意识的背后是深层的集体无意识。个体无意识的主要内容是“情结”，即个体曾经经历、曾经意识到，然而后来由于被遗忘或被压抑而从意识中消失了的内容；但集体无意识的内容是个体从来不曾经历和意识到的，集体无意识的存在完全得自于遗传。集体无意识的三个特征是集体性、普遍性和非个人性，其主要内容是原型。原型是一种原始时代就已经存在的意象，是“本能行为的模式”，是一种心理遗存和记忆蕴藏。

原型批评的集大成者是加拿大的文学理论家诺思罗普·弗莱。弗莱的批评理论除了受到荣格的影响，还从弗雷泽、剑桥学派等方面汲取了营养。弗雷泽的巨著《金枝》考察了世界上丰富的巫术仪式，揭示出巫术仪式是西方文化的源起，也发现了西方文学当中的一些较为普遍的原型（如“替罪羊”）；剑桥学派（亦称“神话—仪式学派”）的哈里森则在《古代艺术与仪式》一书中令人信服地论证了文学艺术起源于巫术。受到人类学和荣格“原型”理论的启发，弗莱创立了独具特色、影响深远的原型批评理论。弗莱的原型批评理论体系严密且视野宏阔，具有一种整体性的文学观，其“原型”概念潜藏着四层含义：其一，神话即原型，神话是一切文学主题的原型；其二，形象即原型，某些形象、意象会反复出现在不同时代、不同作家的作品中；其三，模式即原型，某种叙事结构、叙事模型伴随着文学的循环发展；其四，文学即原型。形象、象征层面的原型，弗莱认为主要有三种：神谕的形象、魔怪的形象和类比的形象。弗莱所说的三种象征或原型实际是其文学类型的具体演化：神谕的形象对应于神话类型；魔怪的形象对应于讽刺类型；在文学的循环发展中，神话类型要趋向于讽刺类型又回到神话类型，周而复始，在两者的对立和过渡中又造就了类比形象所对应的三种类型——传奇、高模仿和低模仿。

精神分析除了开创者弗洛伊德，还有众多的后继者，如安娜·弗洛伊德（西格蒙德·弗洛伊德之女）、美籍德裔心理学家海因兹·哈特曼（后提出“自我心理学”）、奥地利精神分析学家勒内·斯皮茨、美籍奥地利裔精神分析师玛格丽特·马勒、美籍德裔精神分析师伊迪思·雅各布森、美国精神病学家哈里·斯塔克·沙利文、奥地利精神分析学家梅兰妮·克莱因，以及当代修正者奥托·柯恩伯格、罗伊·沙弗、汉斯·洛伊沃尔德等人。追随和修正精神分析理论的学者实在太多，难以一一列出。不仅仅是心理学界，20世纪思想界、文论界受到精神分析理论影响的不乏大家，如奥地利的阿尔弗雷德·阿德勒，如结合语言学、结构主义而提出结构主义精神分析学说的法国思想家雅克·拉康，以及著名后现代主义者、“法国当代最光彩夺目的思想家”米歇尔·福柯等等。而荣格、弗莱等的原型批评理论，也对20世纪的神话学、人类学、宗教学、民俗学等学科产生了巨大的影响，特别是对文学人类学学科的形成和发展起到了至关重要的作用。总之，要理解整个20世纪乃至当下的学术思潮，精神分析和原型理论都是无法跳过的关键篇章。不是因为它们存在过，而是因为它们还存在着。

第一节　弗洛伊德精神分析文论

西格蒙德·弗洛伊德（Sigmund Freud，1856—1939）

弗洛伊德，奥地利著名精神病学家、心理学家，精神分析学说的创立者。他的主要著作有：《梦的解析》（1900）、《图腾与禁忌》（1913）、《精神分析引论》（1920）、《超越快乐原则》（1920）、《自我与本我》（1923）、《文明及其缺陷》（1930）、《摩西与一神教》（1939）等。弗洛伊德是一位极具争议性的人物，有人将之与哥白尼、达尔文并列为人类发展历史上贡献最大的发现者，但也有人说他是最大的学术骗子。客观来看，弗洛伊德及其精神分析学说对西方的社会思潮、文学创作以及学术研究确实产生了极为广泛和深刻的影响。

一、精神分析学说

1.无意识与人格结构理论

精神分析理论的核心基石是“无意识”理论,该词并不是弗洛伊德首次提出的,但经过弗洛伊德的阐释,“无意识”成为精神分析学派的标志性术语之一。

在1912年发表的《论精神分析中的无意识》一文中,弗洛伊德将人的精神领域分为三个层次:无意识系统(unconscious)、前意识系统(preconscious)和意识系统(conscious)。无意识系统处于最下层,是意识所察觉不到的深层心理部分,处于潜伏状态,但它的内容最丰富,权力也最大。无意识由各种被压抑的活动构成,主要体现为受到外在压制的本能冲动。因此,无意识也是精神系统中最原始的部分。意识系统处于最上层,是与直接感知相关的心理层面。无意识与意识并非完全隔绝,处于两者之间的是前意识系统,前意识是随时可以成为意识的本能冲动。因为无意识中的本能冲动异常强烈,只遵循快乐原则(pleasure principle),时刻需要满足;而意识则遵循现实原则(reality principle),根据外在社会而在一定程度上选择部分本能欲望予以满足,而压制绝大部分的无意识。“前意识系统具有意识系统的特性”,[①]起到过渡和检查的作用,相当于一个缓冲区。在无意识和前意识之间首先形成一道关卡,意识中内化到前意识的部分执行对无意识的第一次筛选,无法通过此关卡的内容必须留在无意识中;通过了第一道关卡的无意识内容进入前意识,但还不能转变为意识,只是具有了转变的可能性,因为在前意识系统与意识系统之间还有第二道关卡,前意识中的内容只有在一定条件下突破这道关卡才能成为意识的对象。

基于无意识、前意识、意识的划分,弗洛伊德在1923年出版的《自我与本我》一书中将人的精神结构区分为三个层次:本我(id)、自我(ego)和超我(superego)。

本我是人的人格结构最基础和最原始性的一个部分,是动力源。本我是人类的本能欲望与冲动的聚集地,是无意识内容形成的根源。本我只遵循快乐原则,寻求快感的满足。本我亦不信奉任何的道德价值规范,不在意一切的逻辑与理性,它是纯粹的欲望,是我们与生俱来的。本我不是意识的某个区域,它是不自觉的,也总是受到压抑的,但它寻求满足的特点为人的行为提供驱动力。

人在婴儿时期几乎只有本我,而随着人的成长,本我中的本能欲望的满足受到限制,许多本能冲动由于与社会规范相抵触而受到压制,而只有部分本能欲望能得到一定程度上的满足。在这个过程中,“自我”就从“本我”中分化而来,“自我”是“本我”与社会相交汇的那一部分。在无意识的本我中,“自我依托在它的表层,知觉系统从它

---

① 弗洛伊德《弗洛伊德自述》,黄忠晶,王银瓶,黄巍,译,天津人民出版社,2010年版,第68页。

的内核中发展出来"[1]。意即"自我"是在外部世界的影响下所形成的知觉系统，是属于"理性和常识的东西"[2]，是个体的意识层次。本我遵循快乐原则，自我则遵循现实原则，根据外部世界的可能性来调节本我，因此自我的能量大部分都消耗在对本我的压制和规约的过程中。弗洛伊德将自我与本我之间的关系比喻为骑手与马的关系——骑手用自己的力量去控制和牵引马奔跑的方向。

超我是自我中存在的一个等级，从"自我"中分化而来，弗洛伊德也称之为"自我典范"，它由价值和理想等构成，是在一定时代和地域的文化观念、道德伦理、社会理想的影响下形成的。超我在人格结构中处于最高层，按照至善原则，指导理性的自我去控制非理性的本我。超我也形成于个体的童年期，首先体现为父母与老师对个体的教育。当个体年幼时，父母通过奖励鼓励符合社会道德规范的行为，通过惩罚控制越轨行为，超我就在这个过程中逐步形成，代表着个体的"良心"。但这并不意味着超我就是最善良和大度的，超我和本我一样，都以强烈的、毫不妥协的方式追求满足，本我追求的是本能欲望的满足，而超我追求的是伦理完善。在两者的强硬对抗、互不屈服中，自我起调节作用，既调节自我欲望的满足，也引导本我遵循超我的规约。可见，本我、自我、超我并不是截然区分的三个层次。在这个人格结构中，本我是基础和动力源，依次派生出自我和超我，三者相互影响、相互关联，并没有严格的界限。

2.本能学说

本能是源自个体内部的一种恒定的力量，"是有机体生命中固有的一种恢复事物早先状态的冲动"[3]，它对心理和神经系统具有强大的刺激和驱动作用。因此，本能具有固有性、恒定性和驱动性三个特征。

在早期理论中，弗洛伊德基于"生存竞争"这一生物学事实，认为人和动物都具有自我保存和种族保存这两种本能倾向，他归纳为生存本能（又译"自我本能"）和性本能。其中，性本能是最为核心、驱动力也更强的一种本能，弗洛伊德称之为"力比多"（libido）。不过，需要注意的是，弗洛伊德所说的"性本能"并非仅仅指性交或者与生殖器相关的内容，他的概念其实更为宽泛，包括任何种类的感官愉悦。性本能在按照快乐原则寻求满足自身时，会受到遵循现实原则的自我的节制，被压制的性本能往往就形成"情结"。男孩往往将母亲作为第一个性爱对象，正如古希腊悲剧作家索福克勒斯笔下的俄狄浦斯王一样，具有弑父娶母的无意识冲动，但又时刻受到阉割的恐惧，本能被压制，形成所谓男性普遍具有的"俄狄浦斯情结"（Oedipus complex）；女性

① 西格蒙德·弗洛伊德《弗洛伊德后期著作选》，林尘，张唤民，陈伟奇，译，上海译文出版社，2005年版，第174页。

② 西格蒙德·弗洛伊德《弗洛伊德后期著作选》，林尘，张唤民，陈伟奇，译，上海译文出版社，2005年版，第176页。

③ 西格蒙德·弗洛伊德《弗洛伊德后期著作选》，林尘，张唤民，陈伟奇，译，上海译文出版社，2005年版，第40页。着重号为原文所加。

同样也具有类似本能，女孩往往迷恋父亲，排斥母亲，弗洛伊德称之为“厄勒克特拉情结”(Electra complex)。

经历第一次世界大战之后，弗洛伊德在晚期著作中对本能理论进行了修改，他将生存本能和性本能合称为“爱的本能”，与之相对应的则被称为“死的本能”。前者是爱和建设的力量，后者则是恨和破坏性冲动，两者的矛盾运动构成了生命的历程。

3.释梦理论

梦是弗洛伊德精神分析的重要内容。在弗洛伊德看来，梦是欲望的满足。在人的人格结构中，自我具有控制作用，本我中的本能欲望处于被压制的状态。但是，人在睡眠的时候，自我的控制能力降低，本我中的部分本能欲望就从潜意识进入意识层面，经过化装等方式形成了梦。因此，梦是化装的潜意识，是本能欲望的满足。

梦有两种功能：检查作用和象征作用。梦不是对睡眠的破坏，相反，弗洛伊德认为，梦是为了保证睡眠。本能欲望受到了自我的压制，但本能欲望不会善罢甘休，会时刻给大脑刺激，潜意识会时刻向意识冲击。如果人在睡眠的时候意识仍然需要强有力地对潜意识进行控制，那睡眠过程就难以完成，机体也得不到相应的休息。因此，在梦中，意识在一定程度上给予潜意识表达和满足的自由。潜意识和意识达成一定程度的妥协，潜意识中的本能欲望得到宣泄，产生快感，缓解本能欲望带给人的焦虑；同时，潜意识在梦中的满足也不是完全自由的，因为本能欲望往往是“违反伦理的、审美的或社会的观点，我们平时根本不敢想到，纵然想到也必深感厌恶”[①]。诸如乱伦、复仇、杀人等欲望，是被社会的伦理和道德所拒斥的，类似的本能欲望在梦中一样受到了意识的检查，潜意识只能通过化装以象征的方式满足。

梦的象征工作基于本能欲望之不为伦理所容，梦中出现于意识的事物往往“象征的只是梦的潜意识的精神元素”，[②]即某种本能欲望的元素。弗洛伊德发现，在梦中房屋常常象征人体，皇帝及皇后或国王及王后或其他高贵人物常常象征父母，小动物或害虫常常象征不亲切的儿女、兄弟、姐妹，衣服和制服常常象征裸体。但这一类象征在弗洛伊德看来还比较贫乏和单调，他认为“梦中大多数的象征都是性的象征”[③]。这方面的例子弗洛伊德举了很多，比如男性生殖器的象征，可以是长形直竖之物(手杖、伞、竹竿、树干等)，也可以是有穿刺性和伤害性的物体(小刀、枪、矛、炮等)，有时还是水所从中流出之物(水龙头、水壶、泉水等)，有时又是可拉长之物(铅笔、笔

① 弗洛伊德《精神分析引论》，高觉敷，译，商务印书馆，1984年版，第106页。
② 弗洛伊德《精神分析引论》，高觉敷，译，商务印书馆，1984年版，第114页。
③ 弗洛伊德《精神分析引论》，高觉敷，译，商务印书馆，1984年版，第115页。

杆、铁锤等），还有爬虫、鱼、蛇、帽子、外套甚至手脚都可能是男性生殖器的象征；而女性生殖器则以具有空间性和容纳性的事物为象征，如坑、穴、罐、瓶、箱、橱柜、口袋、房间、蜗牛、蛙、嘴、珠宝盒等。总之，梦的象征方式主要有四种：以部分代全体；暗喻；象征；意象。

弗洛伊德进一步将梦区分为两个层次：梦者意识到的梦境称为“显梦”，而显梦所象征、暗示的潜意识欲望则为“隐梦”。“隐梦变做显梦的过程叫做梦的工作”[①]，即潜意识欲望通过化装成为梦者意识到的梦境的过程。梦的工作也有四种：压缩、移植、意象和润饰。隐梦形成显梦一般经过了梦的压缩作用，某种隐梦的因素可能完全消失，或者只有隐梦的一个片段进入显梦，或者某些同类性质的隐梦因素在显梦中混合为一体。经过压缩，显梦的内容往往较隐梦简单。梦的移植主要有两种情况：(1)隐梦不以自己的一部分元素为代表，而是以关系不大的其他事相替代；(2)在形成显梦的过程中，隐梦的重点由一重要元素移植到另一不重要的元素上。梦的意象作用即将隐梦变成知觉的形式，特别是视觉的影像。梦的润饰作用即在显梦中将混乱、颠倒、无逻辑的隐梦的某些元素处理成连贯的整体。

释梦的目的便是通过梦者的显梦去寻找、推断隐梦，揭示梦者的潜意识，而揭示的手段则主要依靠“自由联想法”。所谓自由联想，是梦者在释梦者的启发下任意联想。释梦者就从梦者联想的一大堆材料中抽丝剥茧，抓住能揭示潜意识的因素。弗洛伊德曾解过一个少妇的梦，堪称精神分析释梦的典范。梦者是一多年前已结婚的年轻妇女，某夜得梦：她和丈夫在剧院里，正厅前排尚有一边完全空着。丈夫说艾丽丝和她的未婚夫也要来看戏，不过只能以一个半弗洛林[②]买到三个坏座位，他们当然不会要。她说，依她看，他们不会因此有所损失。

弗洛伊德引导梦者自由联想，最后逐步阐释了此梦：梦者是前一星期订的剧院位子，订得较早，多付了票价，入场才发现之前的担忧多余，因为有一边的座位完全空着，她的丈夫调侃她太急。此事出现在显梦中，梦中也有剧院看戏和空座位的情况。梦者又叙述自己听到的一个消息：她的嫂嫂收到丈夫寄来的150个弗洛林，便匆忙去珠宝店，全部用来买了一件珠宝，好像迟了就买不到一样。梦者随后又说到自己结婚已10年，而梦中的订婚的女子艾丽丝比她只小三个月。弗洛伊德由此推断出：看戏代表着结婚，梦者觉得急于结婚太傻（订票太早、她嫂嫂买珠宝太急），珠宝和坏座位是丈夫的代替物。因此，该梦的隐梦显示梦者看不起丈夫，深悔自己结婚太早。弗洛伊德更是通常将隐梦阐释为性本能，如梦者梦见头部与灯架相撞以至血流如注；梦见

① 弗洛伊德《精神分析引论》，高觉敷，译，商务印书馆，1984年版，第129页。着重号为原文所加。

② 弗洛林：一种金币的名称。

戴红帽子的军官猛追自己，她逃入房间，紧闭加锁。据弗洛伊德的阐释，这两个梦是性交的隐喻，隐梦都可追溯至性本能。

总之，在弗洛伊德看来，梦是潜意识的化装，是欲望的满足，梦具有隐意和显意，梦的显意即梦者回忆起的梦境，而梦的隐意是梦者潜意识中的本能欲望，常常体现为性本能。释梦的主要任务便是引导梦者进行自由联想，然后揭示梦者的潜意识。

二、弗洛伊德的精神分析文论

弗洛伊德的主要文艺论著有：《詹森的〈格拉迪沃〉中的幻觉与梦》(1907)、《作家与白日梦》(1908)、《达·芬奇的童年回忆》(1910)、《米开朗琪罗的摩西》(1914)、《歌德在〈诗与真〉里的童年回忆》(1917)、《陀思妥耶夫斯基与弑父行为》(1928)。

1.文学艺术是本能的外化与升华

弗洛伊德认为，本能不但是个体的内部驱动力，同时也是文学艺术甚至社会文化产生的根源。前已述及，本能遵循快乐原则，不顾一切地追求满足，但超我和自我却时时刻刻予以压制。本能需求既然得不到直接的满足，就可能转向采取间接的方式，比如在梦中得到想象的满足。与梦的原理相似，文学艺术在本质上也是本能的转化。但文学艺术的转化与梦的形成又是具有明显区别的。文学艺术是社会允许和鼓励的一种活动，本能从被压抑的状态转化到文学艺术这类更远大、更有社会价值的活动，实际上是一种“升华”。弗洛伊德认为：“性的精力被升华了，就是说，它舍却性的目标，而转向他种较高尚的社会的目标。”①

因此，比起梦对本能的转化而言，文学艺术是对本能的升华。不过，并非每个人都能够成为艺术家，艺术家虽然同常人一样具有性的本能，但艺术家的本能欲望表现得更为强烈，受到压抑的程度也更强烈。“人们的日常生活表明，多数人把他们的性本能力量相当大的一部分，成功地应用到了他们的专业活动上。因为性本能本身就具有升华能力，所以它特别适合做出这种奉献。换言之，它有能力让其他具有更高价值的、不是性的目的来取代它的直接目标。”②艺术家的特殊之处便是他们具有创造力和艺术才能，能够从外在世界转向主观世界，能够通过想象、幻想等主观的创造来宣泄本能、缓解压抑。“只有在艺术中，才会发生一个充满着欲望的人去从事某些类似于满足欲望的事情……毫无疑问，艺术当初并非是为艺术的目的而产生的。最初，它被用

① 弗洛伊德《精神分析引论》，高觉敷，译，商务印书馆，1984年版，第9页。

② 弗洛伊德《达·芬奇的童年回忆》，张恒，译，新星出版社，2010年版，第51页。

来宣泄那些在今天大多已消失了的冲动。”①

总之，弗洛伊德将文学艺术活动看作本能的一种升华形式，其源泉是人的本能欲望，而其目的便是宣泄被压抑在无意识深渊中的本能欲望。因此，具体的文学艺术作品不过是本能欲望外化的一种形式，体现着创作者被压抑的欲望。弗洛伊德用此理论来分析艺术家，其中的一个典型个案便是对文艺复兴时期著名画家达·芬奇的分析。弗洛伊德指出，《蒙娜丽莎》那谜一般的微笑潜藏着身为私生子的作者被压抑的对母亲的强烈的性爱冲动。

2.俄狄浦斯情结与艺术家

“俄狄浦斯情结”这一术语源于古希腊著名悲剧艺术家索福克勒斯的悲剧作品《俄狄浦斯王》，俄狄浦斯所犯的便是弑父娶母罪。弗洛伊德认为男性普遍具有恋母情结，女性普遍具有恋父情结。前者被称为“俄狄浦斯情结”，后者被称为“厄勒克特拉情结”。弗洛伊德显然更偏爱“俄狄浦斯情结”这个词，该词逐渐涵盖了“厄勒克特拉情结”。他认为，俄狄浦斯情结是人类的一种普遍状况，伟大艺术之所以感动不同时代的人而流传千古，其根本原因正是艺术家在作品中展现了人类普遍存在的这一“俄狄浦斯情结”。

弗洛伊德在分析悲剧《俄狄浦斯王》时指出：“如果说《俄狄浦斯王》这一悲剧感动现代观众的力量，不亚于它感动当时的希腊人，其唯一可能的解释只能是，这种效果并不出于命运与人类意志的冲突，而是在于其所举出的冲突情节中的某种特殊天性。在我们的内心中必定也有某种呼声，随时与俄狄浦斯王命运中那种强制力量发生共鸣……在俄狄浦斯王故事中确实存在着可以解释我们内心呼声的一个因素，他的命运能打动我们，只是因为那也是我们大家共同的命运——因为和他一样，在我们出生以前，神谕已把同样的诅咒加诸我们身上了。我们所有人的命运，也许都是把最初的性冲动指向自己的母亲，而把最初的仇恨和原始的杀戮欲望指向自己的父亲。”②

艺术家的艺术才能使得他们能够将人类普遍存在的“俄狄浦斯情结”在作品中体现出来，读者在阅读过程中获得共鸣是因为作品中潜藏的无意识内容唤醒了读者受到压抑的本能冲动，两者产生了契合。阅读和创作一样，都是在想象中宣泄本能，是社会所允许的发泄方式，因此人在阅读中宣泄本能时并不觉得愧疚。如同梦者意识不到显梦背后的隐梦一样，作家也往往不是有意识地要在作品中表达俄狄浦斯情结，

① 弗洛伊德《图腾与禁忌》，赵立玮，译，上海人民出版社，2005年版，第112页。

② 弗洛伊德《弗洛伊德论美》，邵迎生，张恒，译，金城出版社，2010年版，第11页。

一般读者在阅读时也意识不到自己的本能宣泄过程。但对于敏锐、专业的读者或批评家来说,通过作品中的各种"症候"能够发现其背后的无意识本能。

弗洛伊德认为,除了索福克勒斯的《俄狄浦斯王》,莎士比亚的《哈姆雷特》和陀思妥耶夫斯基的《卡拉马佐夫兄弟》也都表现了弑父主题和俄狄浦斯情结。哈姆雷特并不是一个软弱者,他杀了挂毯背后的窃听者,他巧妙地处死了两位谋害他的朝臣,但在杀死叔父为父亲报仇一事上他却犹豫不决,而他犹豫的根源,就在于"他感到自己实际上并不比杀父娶母的凶手高明"[①],内心的强烈自责导致哈姆雷特无法行动。《卡拉马佐夫兄弟》揭示了陀思妥耶夫斯基与沙皇(父亲的替代)之间的关系,被判为政治犯使得陀思妥耶夫斯基具有弑父冲动,但沙皇作为父亲的替代又使得他具有强烈的罪感,最终使得他患上了癫痫症。弗洛伊德还从陀思妥耶夫斯基的日记中发现了证据——陀思妥耶夫斯基曾有一段时间沉湎于赌博,弗洛伊德认为赌博是手淫的替代,手淫则体现了陀思妥耶夫斯基的恋母冲动。

总之,人类共有的俄狄浦斯情结是艺术交流得以形成的深层根源,创作和阅读都是本能的宣泄,艺术家的本能欲望隐藏在艺术品的表象中,读者阅读时的共鸣是无意识的共鸣。批评家,特别是如弗洛伊德一样具有精神分析能力的读者有责任去揭示作品以及作家的无意识本能。

3.创作过程与白日梦

梦在弗洛伊德的精神分析理论中非常重要,梦也是弗洛伊德理解文学艺术创作的重要参照。在解释梦的象征工作以及梦的化装过程(压缩、移植、意象和润饰)时,弗洛伊德已经不时举文学作品为例,在《创造性作家与白日梦》一文中,弗洛伊德集中讨论了作家创作与儿童游戏以及幻想之间的关系。

文学创作类似于儿童的游戏,都是通过想象创造一片新的天地。儿童在玩耍时非常认真,倾注了极大的情感,用自己喜爱的方式组合自己天地中的一切。作家的艺术创造也是如此,作家总是倾注极大情感地创造一片想入非非的天地。弗洛伊德认为,语言保留了孩子玩耍与诗歌创作之间的关系:德语中充满想象的写作形式,被称为"spied",该词的字面意思为"玩耍";德语中的"喜剧"(lustspiel)和"悲剧"(trauer-spied),其字面意思分别为"快乐玩耍"和"悲痛玩耍"。但是文学艺术和儿童游戏也有较大的区别,儿童在游戏时,总是将想象中的事物和情境与现实中看得见摸得着的事物联系起来,而作家在创作时,严格地将想象世界与现实世界进行了区分。艺术想象的"非真实性",恰好说明了艺术技巧的重要性和艺术接受的可能性——文学艺术作

① 弗洛伊德《弗洛伊德论美》,邵迎生,张恒,译,金城出版社,2010年版,第13页。

品中“许多令人兴奋的内容实际上是令人悲痛的，但在一个作家的作品上演中，却成为了听众和观众的快乐源泉”。[①]

儿童游戏和艺术创作的核心共性在于都具备幻想的特征，弗洛伊德由此更进一步将文学艺术的创作过程与幻想、梦联系起来。前已述及，弗洛伊德认为梦是本能欲望的想象性满足，自然而然，他认为幻想的动力是愿望的不满足，“每一次幻想都是一次愿望的满足，是对令人不满足的现实的一次纠正”。[②]文学艺术是非现实的，满足的是作家的某种愿望，因此文学中的形象不是现实的写照。弗洛伊德发现小说的主人公常常成为“唯我独尊的自我”——主人公往往经历危险但会奇迹般地获救、女人无不爱上主人公、人物总是截然分为好人和坏人等。意识流小说本质上也是这样，只不过作家“往往凭借自我观察，将其主人公分裂成为许多部分的本我(part-egos)。结果，作家把自己精神生活中相冲突的几种倾向，在几个主人公身上体现了出来”。

那么，体现作家的愿望的文学作品如何引起了读者的情感效应？作家是如何做到这一点的？在弗洛伊德看来，如同做梦者羞于向别人陈述自己的梦境一样，作家也不能推心置腹地直接告诉自己的愿望，作家如果真的直接陈述，引起读者的反应恰恰是厌恶的感觉。因此，“诗歌艺术的精华，在于克服我们心中厌恶感的技巧”[③]，这种技巧体现为两个方面：一是改变和掩饰作家愿望的利己性；二是所呈现幻想的过程中，给予读者纯形式的快感，即“额外刺激”。通过艺术技巧，激发读者从深层的精神源泉中释放出快乐，获得精神紧张状态的宣泄和摆脱；同时，作者也不会因为呈现了自己的幻想和本能愿望而自责和感到羞愧。

总之，弗洛伊德认为，文学艺术作品和幻想一样，都是童年时代曾做过的游戏的继续和替代。人在成长中逐渐区分了想象世界和现实世界，意识到自己童年时期的想入非非的幼稚以及为人所不齿，因此本能愿望就通过梦和文学艺术进行表达。文学艺术的技巧保证了读者的共鸣等情感效应，也保证了作家的内心不会产生羞愧。

---

① 弗洛伊德《弗洛伊德论美》，邵迎生，张恒，译，金城出版社，2010年版，第81页。

② 弗洛伊德《弗洛伊德论美》，邵迎生，张恒，译，金城出版社，2010年版，第83页。

③ 弗洛伊德《弗洛伊德论美》，邵迎生，张恒，译，金城出版社，2010年版，第87页。

第二节 原型批评

一、荣格的“集体无意识”理论

卡尔·古斯塔夫·荣格(Carl Gustav Jung,1875—1961)

荣格,瑞士著名心理学家、精神分析医生,创立了分析心理学。其主要著作已编成《荣格全集》19卷出版,其关于文学艺术的著述主要包括:《集体无意识的原型》《集体无意识的概念》《论分析心理学与诗歌的关系》《心理学与文学》《美学中的类型问题》《日神精神与酒神精神》《现实与超现实》等。荣格早年是弗洛伊德的拥护者,弗洛伊德也将荣格看作志同道合者,二人亦师亦友。但后来二人因为学术分歧而分道扬镳,荣格创立了分析心理学。荣格以“集体无意识”“原型”等为关键词的艺术见解对后世文论有重大影响。

1.“集体无意识”和“原型”

荣格对弗洛伊德的无意识理论提出了质疑,“最初,无意识概念仅限于指那种受到压抑的或遗忘的内容状态。甚至弗洛伊德,他至少是隐喻地让无意识登台表演,也认定无意识只不过是遗忘和压抑内容的集合场所,而且仅仅由于这种情况才具有一定的功能上的意义。因此,对于弗洛伊德来说,虽然他看到了无意识这一概念具有古老和神话色彩的思想形式,他仍然赋予无意识以完全个人的特性。”①

荣格认为弗洛伊德的无意识是个体的无意识,个体无意识还是表层的无意识,在个体无意识的背后是深层的集体无意识。“或多或少属于表层的无意识无疑含有个人特性,我把它称之为‘个人无意识’,但这种个人无意识有赖于更深的一层,它并非来源于个人经验,并非从后天中获得,而是先天地存在的。我把这更深的一层定名为‘集体无意识’。选择‘集体’一词是因为这部分无意识不是个别的,而是普遍的。它与个性心理相反,具备了所有地方和所有个人皆有的大体相似的内容和行为方式。换言之,由于它在所有人身上都是相同的,因此它组成了一种超个性的心理基础,并

① 卡尔·古斯塔夫·荣格《心理学与文学》,冯川,苏克,译,译林出版社,2014年版,第22页。

且普遍地存在于我们每一个人身上。”[①]

在弗洛伊德的理论中，个体无意识的主要内容是“情结”，即个体曾经经历、曾经意识到然而后来由于被遗忘或被压抑而从意识中消失了的内容；但荣格所言的“集体无意识”的内容是个体从来不曾经历和意识的，集体无意识的存在完全得自遗传。集体无意识的三个特征是集体性、普遍性和非个人性，其主要内容是原型。原型是一种原始时代就已经存在的意象，是“本能行为的模式”，是一种心理遗存和记忆蕴藏。“原始意象或者原型是一种形象（无论这形象是魔鬼，是一个人还是一个过程），它在历史进程中不断发生并且显现于创造性幻想得到自由表现的任何地方。因此，它本质上是一种神话形象。”[②]“每一个原始意象中都有着人类精神和人类命运的一块碎片，都有着在我们祖先的历史中重复了无数次的欢乐和悲哀的一点残余，并且总的说来始终遵循同样的路线。”[③]原型源于人类只有“知觉”尚无思考的时代，它是在人类面对外在环境而行动的过程中逐渐产生和积淀下来的。由于早期人类在面对环境时具有共同性，不同时代的人类也会遇到相似的环境，因此原型对于所有时代和所有民族的人来说都是相通的。“相似的环境”被荣格称为“典型环境”（又译“典型情境”），原型的存在正是依靠于典型环境的存在，“生活中有多少种典型环境，就有多少个原型。无穷无尽的重复已经把这些经验刻进了我们的精神构造中……当符合某种特定原型的情景出现时，那个原型就复活过来”[④]。

宗教和神话是表现原型的两种主要方式，现代人的梦境和幻境中也有原型，原型通过个人直接表现时更富于个性和更难理解。“原型从根本上说是一种无意识的内容，当它逐渐成为意识及可以察觉时便发生改变，并且从其出现的个体意识中获得色彩。”[⑤]艺术的本质就在于呈现原始意象，揭示和唤醒人类的集体无意识，“一部真正的艺术作品的特殊意义正在于：它避免了个人的局限并且超越于作者个人的考虑之外”[⑥]。伟大艺术的奥秘就在于激活原始意象，使我们可能找到一条道路以返回生命的最深的源泉，以“最好地补偿了我们今天的片面和匮乏”。[⑦]

2. 艺术家的双重性

弗洛伊德认为艺术家表现的是个体的无意识欲望，但荣格认为这无法说明艺术

① 卡尔·古斯塔夫·荣格《心理学与文学》，冯川，苏克，译，译林出版社，2014年版，第22-23页。
② 卡尔·古斯塔夫·荣格《心理学与文学》，冯川，苏克，译，译林出版社，2014年版，第84页。
③ 卡尔·古斯塔夫·荣格《心理学与文学》，冯川，苏克，译，译林出版社，2014年版，第85页。
④ 卡尔·古斯塔夫·荣格《心理学与文学》，冯川，苏克，译，译林出版社，2014年版，第67页。
⑤ 卡尔·古斯塔夫·荣格《心理学与文学》，冯川，苏克，译，译林出版社，2014年版，第24页。
⑥ 卡尔·古斯塔夫·荣格《心理学与文学》，冯川，苏克，译，译林出版社，2014年版，第74页。
⑦ 卡尔·古斯塔夫·荣格《心理学与文学》，冯川，苏克，译，译林出版社，2014年版，第86页。

的本质,“事实上,作品中个人的东西越多,也就越不成其为艺术。艺术作品的本质在于它超越了个人生活领域而以艺术家的心灵向全人类的心灵说话。个人色彩在艺术中是一种局限甚至是一种罪孽”。[①]

荣格认为,每一个富于创造性的艺术家都具有双重性:一方面,他是一个过着个人生活的人类成员,即作为个体的人;另一方面,他又是一个无个性的创作过程,即作为集体的人。艺术家进行艺术创造的时候,是以“集体的人”的身份进行的,艺术召唤艺术家运用自己的艺术才能去完成表达人类集体无意识的伟大使命。荣格强调:“艺术是一种天赋的动力,它抓住一个人,使他成为它的工具。艺术家不是拥有自由意志、寻找实现其个人目的的人,而是一个允许艺术通过他实现艺术目的的人。他作为个人可能有喜怒哀乐、个人意志和个人目的,然而作为艺术家他却是更高意义上的人即‘集体的人’,是一个负荷并造就人类无意识精神生活的人。”[②]荣格有句名言:“不是歌德创造了《浮士德》,而是《浮士德》创造了歌德。”[③]“浮士德”其实是一种象征,一种人类导师和医生的原始意象,它经由歌德而得以重现。人们的日常生活往往具有片面性和虚伪倾向,而艺术家则从集体无意识中召唤出治疗和拯救的力量,以保证个人能够将其感情和努力传达给整个人类。荣格在这里也解释了艺术的效用,感染读者、引起读者共鸣的根本在于深层的集体无意识,一种共通的生命模式,荣格称这一过程为“神秘共享”。

3. 艺术创作的模式

荣格认为艺术创作的模式主要有两种:一种模式是“心理的”,另一种模式是“幻觉的”。“心理的模式加工的素材来自人的意识领域,例如人生的教训、情感的震惊、激情的体验,以及人类普遍命运的危机,这一切便构成了人的意识生活,尤其是他的情感生活。”[④]艺术家对意识的内容进行解释和说明,使得读者能够更加清晰、更加深刻地洞悉人的内心。属于“心理的”类型的文学作品包括许多的爱情小说、环境小说、家庭小说、犯罪小说、社会小说和说教诗等。这一艺术模式由于表现的是意识的内容,也就未能超越心理学可以理解的范围。

“幻觉的”艺术模式则表现的不是意识,“这里为艺术表现提供素材的经验已不再为人们所熟悉。这是来自人类心灵深处的某种陌生的东西,它仿佛来自人类史前

① 卡尔·古斯塔夫·荣格《心理学与文学》,冯川,苏克,译,译林出版社,2014年版,第103页。
② 卡尔·古斯塔夫·荣格《心理学与文学》,冯川,苏克,译,译林出版社,2014年版,第104页。
③ 卡尔·古斯塔夫·荣格《心理学与文学》,冯川,苏克,译,译林出版社,2014年版,第105页。
④ 卡尔·古斯塔夫·荣格《心理学与文学》,冯川,苏克,译,译林出版社,2014年版,第91页。

时代的深渊，又仿佛来自光明与黑暗对照的超人世界。”[①]这种经验不来自日常生活经验，超越了人的情感和理解的范围，粉碎了人类的价值标准和美学形式的标准。荣格认为但丁的作品、歌德的《浮士德》、瓦格纳的《尼伯龙根的指环》、尼采的《勃勃生气的狄奥尼索斯》等作品就属于幻觉的艺术模式。对于艺术家而言，由于“幻觉的”艺术模式超越了他的经验，因此艺术家的创作根源于他的原始经验，这种经验深不可测，无法以寻常的方式得到表现和理解，只有借助于神话想象来赋予它形式。“原始经验本身并不提供词汇和意象，因为它‘仿佛是在黑暗中从镜子里’看见的幻象。它不过是一种拼命要获得表现的深层预感。”最终，这种需要表现的原始经验通过诗人的想象得以呈现。

总之，荣格将艺术类型区分为心理型和幻觉型。前者表现个人的意识内容，后者表现个人意识不到的深层的集体无意识内容。集体无意识不是以通常的方式展现的，而主要是依靠神话意象。显然，荣格更看重幻觉型的艺术模式，他所说的伟大的艺术作品都属于此类。

二、弗莱的原型批评

诺思罗普·弗莱（Northrop Frye，1912—1991）

弗莱，加拿大著名文学理论家。弗莱一生笔耕不辍，著作甚丰，共26种。影响较大的著作有：《威严的对称》（1947）、《文学原型》（1951）、《批评的解剖》（1957）、《批评之路》（1971）、《伟大的代码》（1982）、《神力的语言》（1990）等。其中，《批评的解剖》是弗莱的代表作，已被欧美学界公认为20世纪最有影响的文学批评和文学理论著作之一。

1.文学批评是一门独立的学科

弗莱以《参与争鸣的导言》一文作为《批评的解剖》一书的序，此文驳斥了许多关

① 卡尔·古斯塔夫·荣格《心理学与文学》，冯川，苏克，译，译林出版社，2014年版，第92页。

于文学批评的流行看法，是弗莱关于文学批评的基本理念和整体思路。概括来说，弗莱认为，文学批评是一门独立的、科学的学科，其主要研究方法为伦理批评和历史批评。

弗莱首先驳斥了批评无用论。有的艺术家和学者认为艺术直接诉诸大众，合乎大众情趣，不需要批评家的矫揉造作；有的则从“为艺术而艺术”出发，认为批评无法真正理解艺术。弗莱认为，“艺术价值与大众对它的接受之间，实际上并不存在互相对应的关系”，而逃避批评的“为艺术而艺术”则“使文明生活沦于贫乏”。[①]批评不是艺术的附属，批评家也不是“文化掮客”，“文学批评的对象是一种艺术，批评本身显然也是一种艺术”。批评活动基于如下前提：“批评是一种思想和知识的结构，这种结构本身有权利存在，而且不依附于它所讨论的艺术，具有一定程度的独立性。”[②]

为“文学批评”正名之后，弗莱陆续批判了几种流行的批评方法。第一种谬见是认为只有诗人去世后才能恰如其分地盖棺论定，理由是只有去世了的诗人才不会反对。弗莱认为，这种观念的实质是认为诗人是自己的作品或文学理论的权威者，而批评者不过是寄人篱下的人。诗人自己的批评和批评家的批评有着质的区别：“诗人从事批评，就难免不把与自己创作实践密切相关的鉴赏和情趣扩而大之，当成文学的普遍规律。可是批评应建立在整个文学的实际操作的基础上。”[③]因此，诗人的评论只能够是批评家研究用的文献。换言之，诗人的批评必然囿于主观而具有片面性，而批评家的批评则是宏观且客观、科学的。第二种谬见是，文学批评隶属于文学以外的“形形色色的框架上”。弗莱认为古典主义、精神分析、存在主义等理论照搬神学、心理学、哲学等其他学科的知识强加到文学之上，这夸大了文学中那些与其他外部根源有联系的价值。文学的批评原理，应从文学艺术中形成，“文学批评家应做的第一件事是阅读文学作品，用归纳法对自己的领域有个通盘的了解，并且只有从关于该领域的知识中才能形成他的批评原理。”[④]第三种谬见是将文学批评与文学鉴赏相等同。弗莱不否认在所有的批评中存在大量的“无用的”东西，但他认为文学研究者和鉴赏者之间唯一的共同点是对文学的兴趣。文学批评是系统的、科学的、结构合乎逻辑的形式，“批评之于艺术，恰如史学之于行动，哲学之于智慧……批评家同样应善于构筑起一个自己的观念世界并生活在其中”[⑤]。

总之，弗莱强调文学批评的独立性、系统性、整体性和科学性。要建立真正的诗

① 诺思罗普·弗莱《批评的解剖》，陈慧，袁宪军，吴伟仁，译，百花文艺出版社，2006年版，第5页。
② 诺思罗普·弗莱《批评的解剖》，陈慧，袁宪军，吴伟仁，译，百花文艺出版社，2006年版，第6页。
③ 诺思罗普·弗莱《批评的解剖》，陈慧，袁宪军，吴伟仁，译，百花文艺出版社，2006年版，第7页。
④ 诺思罗普·弗莱《批评的解剖》，陈慧，袁宪军，吴伟仁，译，百花文艺出版社，2006年版，第8-9页。
⑤ 诺思罗普·弗莱《批评的解剖》，陈慧，袁宪军，吴伟仁，译，百花文艺出版社，2006年版，第16页。

学，他认为有两个重要步骤：第一步是“必须识别并摈弃毫无意义的批评”。他认为诸如批评概论、杂感式评论、意识形态的高谈阔论等论调纯属大而无当、胡言乱语，对建立系统的知识体系毫无助益。第二步是要“认识到文学批评具有许多相邻的学科，批评家务必在确保自身独立性的前提下建立与它们之间的关系”。弗莱推崇两种批评模式，一种是历史式批评，另一种是伦理批评。历史批评重视语境，“旨在表述一切文学艺术对当代的影响，而不是仅仅选取一种传统”；伦理批评则重视交流，“伦理批评之研究文学艺术，是把后者视为过去对今天的交流，而这种批评是建立在要同时全面掌握过去文化的观念上的。”[①]

2. 文学模式循环论

弗莱“按照主人公的行动力量超过我们、不及我们或是与我们大致相同”的分类标准，将虚构型文学作品分为五大类：

①神话。主人公在性质上超过凡人及凡人的环境，是一个神祇，即通常意义上关于神的故事。

②传奇。主人公在程度上超过其他人和其他人所处的环境，虽然他的行动出类拔萃，但他仍被视作人类的一员，这便是传奇中的典型人物。传奇的主人公常见的情况是拥有不可思议的超凡勇气和忍耐，拥有有魔力的武器，还会出现会说话的动物、可怕的妖魔和巫婆、具有神奇力量的法宝等等。传说、民间故事、童话等都是传奇的类型。

③高模仿。主人公虽然在程度上比其他人优越，但并不超越他所处的自然环境，是人间的首领。这类人物所具有的权威、激情以及表达力量都远远超过我们，但是他的一切作为既受社会批评制约，又得服从自然规律。这类主人公便属于高模仿类型，弗莱认为大多数史诗和悲剧的主人公属于高模仿类型。

④低模仿。主人公不优越于别人，也不超越自己所处的环境，和我们常人一样，读者能感受到主人公身上共同的人性，并要求诗人对可能发生的情节所推行的准则与我们自己经验中的情况保持一致。低模仿类型的主人公，常见于多数喜剧和现实主义小说。

⑤讽刺。主人公论体力和智力都比常人低劣，使读者感到可以睥睨他们受奴役、遭挫折或行为荒唐可笑的境况，此类主人公便属于讽刺类型。

弗莱认为，欧洲虚构文学的发展即按照上述五个阶段顺序移动：中世纪以前的时期主要是神话类型；描写骑士阶层和圣徒传说的阶段为传奇类型；文艺复兴时期的文

① 诺思罗普·弗莱《批评的解剖》，陈慧，袁宪军，吴伟仁，译，百花文艺出版社，2006年版，第35页。

学属于高模仿类型；随后从笛福到19世纪末，中产阶级的新文化将“低模仿”引进了文学；西方现代文学则处于讽刺的类型中。对于弗莱而言，这五种模式是循环的，虚构文学在五种模式的循环中发展。处于讽刺模式的现代西方文学明显地出现了向神话回归的倾向，弗莱认为乔伊斯、普鲁斯特、艾略特、庞德等人的作品便是此倾向的典型。

弗莱不仅从虚构文学历史发展的宏阔视野中论述文学类型，还进一步认为各种文学类型的叙事结构对应于生物的生命周期。这就是他的叙事结构循环论，认为文学类型的叙事结构随着生物的生命周期发生循环变化。具体而言，弗莱认为：生命周期的主要体现为春夏秋冬的四季循环。喜剧是春季的叙事结构；传奇是夏季的叙事结构；悲剧是秋季的叙事结构；讽刺是冬季的叙事结构。处于四种叙事结构之上的是神话叙事结构，它是最原始的叙事规则，孕育了各种叙事结构，各叙事结构发展了神话的某一个层次。需要注意的是，弗莱所谓的春夏秋冬是在比喻的意义上使用的，指的是世界和事物由生到死又由死复生的循环过程。

3.原型批评理论

弗莱是原型批评理论的集大成者。“原型”在荣格等人那里主要是一个心理学术语；弗莱将之引入文学批评，成为一个重要的文学理论术语。

在弗莱的定义中，原型“是一种可以交流的象征”[①]，“是一种典型的或反复出现的形象。我所说的原型，是指将一首诗与另一首诗联系起来的象征，可用以把我们的文学经验统一并整合起来”[②]。原型是文学作品之间的链接纽带，是不同作品之间的共性。在弗莱看来，虽然文学作品中有诗人个性的因素，但其深层内容则是神话原型潜藏的人类深层经验和愿望，恰恰是因为原型，文学才突破了文学的个人因素。“原型的文学观告诉我们，文学是一个整体的形式，而文学经验则是生活之链的一部分，此时诗人的功能之一在于形象地描绘出人类劳作的目标。”[③]弗莱的原型潜藏着四层含义：其一，神话即原型，神话是一切文学主题的原型；其二，形象即原型，某些形象、意象会反复出现在不同时代、不同作家的作品中；其三，模式即原型，某种叙事结构、叙事模型伴随着文学的循环发展；其四，文学即原型，“文学具有一种原型功能，它在对愿望的世界形象地描绘时，不是借以逃避‘现实’，而是以它作为人类生活竭力模仿的那个世界的真实形式。”[④]

形象、象征层面的原型，弗莱认为主要有三种：神谕的形象、魔怪的形象和类比的

① 诺思罗普·弗莱《批评的解剖》，陈慧，袁宪军，吴伟仁，译，百花文艺出版社，2006年版，第154页。着重号为原文所加。
② 诺思罗普·弗莱《批评的解剖》，陈慧，袁宪军，吴伟仁，译，百花文艺出版社，2006年版，第142页。
③ 诺思罗普·弗莱《批评的解剖》，陈慧，袁宪军，吴伟仁，译，百花文艺出版社，2006年版，第164页。
④ 诺思罗普·弗莱《批评的解剖》，陈慧，袁宪军，吴伟仁，译，百花文艺出版社，2006年版，第265页。

形象。神谕的形象即宗教中讲的天堂,以及与天堂相联系的事物、形象或空间,如城市、花园等。魔怪的形象与神谕的形象相反,是表现被人类欲望彻底鄙弃的世界,是噩梦、劫难、痛苦、堕落、迷惘的世界,即宗教中所说的地狱,比如邪恶的两性关系、充满着怪物的动物世界、阴森可怖的森林等。类比的形象居于神谕的形象与魔怪的形象之间,因为文学艺术中大多数形象所描绘的两个世界并不是如此极端、绝对地对立的。类比的形象可分为三种:第一,天真的类比,即传奇模式中所展示的理想化世界,诸如勇武豪侠的男人、花容月貌的女人、慈父般的智慧老人等,这类人间形象类似于神谕世界的形象;第二,自然和理性的类比,即高模仿作品所展示的爱情和形式,这类类比倾向于视一些人物为神祇和超凡世界在俗世的代表而加以理想化,诸如国王、宫廷的爱妃、鹰、雄狮、骏马、天鹅等象征;第三,经验的类比,即低模仿的作品所呈现的世界,这个世界中的形象来自平常的生活经验,比如农夫或砍柴火的乡下人、迷宫般的大都市等。

显然,弗莱所说的三种象征或原型实际上是其文学类型的具体演化:神谕的形象对应于神话类型。魔怪的形象对应于讽刺类型。在文学的循环发展中,神话类型要趋向于讽刺类型又回到神话类型,周而复始,在两者的对立和过渡中又造就了类比形象所对应的三种类型——传奇、高模仿和低模仿。总之,弗莱的原型批评理论体系严密且视野宏阔,具有一种整体性的文学观,弗莱自己的话可作为对原型批评的总结:“原型批评所关心的,主要是要把文学视为一种社会现象、一种交流的模式。这种批评通过对程式和体裁的研究,力图把个别的诗篇纳入全部诗歌的整体中去。”[①]

复习思考题:

1. 如何理解弗洛伊德的“无意识”及人格结构理论?
2. 简要阐述弗洛伊德关于梦的理论。
3. 梦形成的根源和形成的机制是什么?
4. 如何理解弗洛伊德所说的“俄狄浦斯情结”?
5. 荣格的“集体无意识”与弗洛伊德的“无意识”有何区别和联系?
6. 试从艺术目的、艺术动机、艺术家和创作过程等方面简要阐述荣格的文艺思想。
7. 你是如何理解“文学批评”的? 对弗莱所说的“文学批评是一门科学”你有何评价?
8. 弗莱所言的“原型”与荣格有何联系和区别?
9. 你是如何理解弗莱的原型理论的?

① 诺思罗普·弗莱《批评的解剖》,陈慧,袁宪军,吴伟仁,译,百花文艺出版社,2006年版,第142页。

深入阅读书目：

1. 弗洛伊德《精神分析引论》，高觉敷，译，商务印书馆，1984年版。

2. 弗洛伊德《弗洛伊德论美》，邵迎生，张恒，译，金城出版社，2010年版。

3. 弗洛伊德《释梦》，孙名之，译，商务印书馆，1996年版。

4. 卡尔·古斯塔夫·荣格《心理学与文学》，冯川，苏克，译，译林出版社，2014年版。

5. 卡尔·古斯塔夫·荣格《人、艺术与文学中的精神》，姜国权，译，国际文化出版公司，2011年版。

6. 诺思罗普·弗莱《批评的解剖》，陈慧，袁宪军，吴伟仁，译，百花文艺出版社，2006年版。

7. 诺思洛普·弗莱《神力的语言——"圣经与文学"研究续编》，吴持哲，译，社会科学文献出版社，2004年版。

8. 诺思洛普·弗莱《世俗的经典：传奇故事结构研究》，孟祥春，译，上海人民出版社，2010年版。

9. 叶舒宪《神话—原型批评》（增订版），陕西师范大学出版总社有限公司，2011年版。

10. 程金城《原型批判与重释》，甘肃人民美术出版社，2008年版。

第八章　俄国形式主义文论与新批评

概述

19世纪后期，由于西方哲学从理性领域向非理性领域的转换，与之相关联的文学理论也发生了相应的转变。唯美主义常常被看作“现代文论”的开端，一个重要的原因就是由于它最早明确受到直觉主义等非理性哲学的影响。[①]与此同时，又由于唯美主义、直觉主义和象征主义等依旧是以作家的创作论为主的文论，因此与浪漫主义等文论还有着千丝万缕的关联。鉴于这种过渡性质，唯美主义、直觉主义和象征主义等文论一般又被看成早期现代文论。

进入20世纪之后，第一个非常明确的文论事件则是俄国形式主义的兴起与发展。英国文论家伊格尔顿把1917年看成西方文论发生新变化的一个关键年头，就是因为：“就在这一年，年轻的俄国形式主义者维克多·什克洛夫斯基（Viktor Shklovsky）发表了他那篇开拓性的论文《作为手段的艺术》（Art as Device）。从那时起，特别是最近20年来，文学理论数量激增，‘文学’（literature）、‘阅读’（reading）和‘批评’（criticism）的含义已经发生了深刻的变化。”[②]这种变化可以从多个层面和角度进行描述，从文论本身来看，这种变化是从作者和创作问题中心向文本和读者问题中心的转移。而从其哲学基础的角度看，则是从哲学认识论向哲学方法论的转变，其突出的表征就是对语言的关注。

从俄国形式主义开始，20世纪西方文论开始非常有效地将“语言”问题纳入文学理论的体系之中。与其说这是俄国形式主义的偶然的独创，不如说，俄国形式主义将

① 例如马新国主编的《西方文论史》，就曾明确指出：“西方现代文论大体是指19世纪末期到20世纪60~70年代，伴随着非理性哲学和文学的兴起以及现代科学主义的发展而产生的文学艺术理论。现代文论前期有唯美主义、直觉主义和象征主义文论。”见马新国《西方文论史》，高等教育出版社，2008年版，第285页。

② 特雷·伊格尔顿《二十世纪西方文学理论》，伍晓明，译，北京大学出版社，2007年版，序言第5页。

对于“语言”问题的探索彻底挑明了，将唯美主义以来对于“语言”的关注进一步发展了，只不过其基础不再是神秘性的哲学，而是与结构主义等新的方法论哲学思潮紧紧联系在一起。从俄国形式主义开始，文学理论开始重新反思和批判“作者”——或者说主体性——以及社会语境在文学中的位置，转而赋予“语言”以一种较以往文学理论中重要得多的位置。可以说，20世纪文学理论中最为核心的问题就是语言问题了，以它为圆心，不同的文学理论立场相互竞争、不断发展，形成了蔚为壮观的局面：“当前的文学研究领域，是一种多样性的构造，它由竞争性的实践和认知所组成，涵盖了文学批评中如新批评这样的传统的形式主义，道德—美学的批评，还涵盖了更为新近的结构主义、读者理论、女性主义，以及各种后结构主义。”①

与俄国形式主义一起，对文学或语言本身的重视做出了重大贡献的，是美国的新批评。在谈到形式主义的时候，美国文论家韦勒克指出：“显而易见，这种学说和美国新批评派的努力可以相提并论，虽然我们不可轻描淡写对待二者在精神气质和侧重方面所存在的差异：比如俄国形式主义者与革命而非传统相联系，他们笃信的是科学而非细读。”②

本章将集中讨论俄国形式主义和新批评，揭示二者在现代文学理论中的位置与作用。为了更好地帮助同学们理解有关概念与方法，本章将尽可能结合中国的文学作品，进行阐释和说明。

第一节 俄国形式主义文论

俄国文学及其理论与批评一向具有强烈的道德说教色彩，尤其以列夫·托尔斯泰为代表。受到19世纪末象征主义运动的鼓励，俄国文学批评也有了自己的象征主义，但象征主义运动本身也是复杂的，有的侧重于神秘主义，有的侧重于审美特性。经过各种争论，到20世纪头十年，俄国文学在保持既有的基本格局的同时，呈现出各种纷繁复杂的先锋派运动与思潮。就在十月革命前后，产生了形式主义运动，其最先的标志性人物是维克多·什克洛夫斯基，随即群体性地出版了“诗歌语言理论论丛”之类的丛书。到1919年，形式主义有了属于自己的正式组织——“诗歌

① 菲利普·赖斯、帕特里夏·沃《现代文学理论读本》，劳特利奇出版社，1992年版，第5页．
② 雷纳·韦勒克：《近代文学批评史·第七卷》，杨自伍，译，上海译文出版社，2009年版，第576页。

语言研究会”。[1]在此之前，还有罗曼·雅各布森等人所领导的短暂存在过的“莫斯科语言小组”。随着这些组织的活动，形式主义运动首先致力于各种论战，在1921年前后确定了自己的位置。

但是，在1928年之后，形式主义受到马克思主义的压力，一些形式主义者放弃了自己的学说，有一些则转入逃避之中，形式主义作为一种运动开始消退。但是，形式主义的主将们并没有因此而停止自己的文学活动。例如，什克洛夫斯基一直活到20世纪80年代，在晚年仍具有重要影响；雅各布森不仅在捷克斯洛伐克度过了不少年头，且1941年去美国后依旧长期坚持工作，经过他的努力，形式主义后来深刻地影响了结构主义运动。

形式主义活动家们见解纷繁，代表人物众多，如什克洛夫斯基、艾亨鲍姆、梯尼亚诺夫、托马舍夫斯基、日尔蒙斯基等人。限于篇幅，在此只选取其重要代表人物什克洛夫斯基和艾亨鲍姆的主要观点加以介绍。

一、什克洛夫斯基的“文学自主”观及“陌生化”

什克洛夫斯基一般都被认为是俄国形式主义的开创者和领导者，俄国形式主义许多重要的思想包括术语都是他所提出来的。在他的诸多作品中，最为著名的恐怕非《散文理论》莫属了。尽管这本书有不同版本，但其思想却是一以贯之的，在其中的一些文章中，他提出了一些具有指导意义的基本原则，为形式主义确定了基本的方向。

维克多·什克洛夫斯基（Viktor Shklovsky，1893—1984）

什克洛夫斯基，苏联文艺学家、作家，1893年生于教师家庭，是俄国“诗歌语言研究会”的主要成员，也是俄国形式主义学派的创始人和领袖之一。他对诗歌语言的特点的研究，关于文学的“陌生化”理论等对整个20世纪的文学理论和文学批评的发展和走向产生了十分重要的影响。著有《语词的复活》《散文理论》《列夫·托尔斯泰》等。

什克洛夫斯基是苏联重要的文学理论家、俄国形式主义的重要代表人物。《散文理论》一书中包含了其著名文章《作为手法的艺术》等，它们为俄国形式主义奠定了基础。

① 简称OPOYAZ，因此有时候又音译为“奥波亚兹”。

首先，什克洛夫斯基将“文学”看作一种独立的自主世界，而不仅仅是社会生活的一种反映。这是一种典型的文学自主观，可以说，他在19到20世纪之交各种文学理论的观念斗争中，他最终站在了先锋派运动一边。在1929年版的《散文理论》中，什克洛夫斯基开篇承认道：“不言而喻，语言处于社会关系的影响之下”，但是这不意味着语言就是社会的附属品，相反，在研究文学的时候，我们可以不从社会入手，而是从语言本身入手。“在文学理论中我从事的是其内部规律的研究。如以工厂生产来类比的话，则我关心的不是世界棉布市场的形势，不是各托拉斯的政策，而是棉纱的标号及其纺织方法。”[①]这样，什克洛夫斯基就毫不犹豫地将文学理论的中心问题从社会反映论，挪移到对于文学作品本身的高度关注之中。但是如何真正做到将文学作品本身作为目的，同时也作为有效的分析手段本身呢？答案在于“陌生化”。

什克洛夫斯基对文学理论最重要的贡献，恐怕是“陌生化”（俄语中为остранение，英语译作defamiliarization）这个概念了，这个概念又被译为“反常化”“奇异化”，但是这些译法似乎没有“陌生化”这个词更为贴切。这个概念的发明，目的是为了区别日常语言与诗歌语言，从而突出诗歌的特性、突出文学的特性。什克洛夫斯基在谈到这个问题时，说：

> 那种被称为艺术的东西的存在，正是为了唤回人对生活的感受，使人感受到事物，使石头更成其为石头。艺术的目的是使你对事物的感觉如同你所见的视象那样，而不是如同你所认知的那样；艺术的手法是事物的“反常化”（остранение，引者按：即陌生化）手法，是复杂化形式的手法，它增加了感受的难度和时延，既然艺术中的领悟过程是以自身为目的的，它就理应延长；艺术是一种体验事物之创造的方式，而被创造物在艺术中已无足轻重。[②]

在一般的文学理论看来，文学是生活的反映，文学的目的是写出生活内容，语言不过属于形式；语言作为一种手段，完成了对生活内容的反映也就达到了目的，就可以变得不再重要。但是，什克洛夫斯基将语言本身看作了文学非常重要的，甚至是本质的特征。在他看来，文学性体现于词语被使用的过程中，而不仅仅是一种结果。在此，他区分了日常语言与诗性语言。他后来回忆了他提出这个问题的背景：“我们那时有了一个想法，即诗的语言与日常生活的语言是不同的，它是一个特殊的领域，在

① 维·什克洛夫斯基《散文理论》，刘宗次，译，百花洲文艺出版社，1997年版，第3页。

② 什克洛夫斯基《作为手法的艺术》，引自什克洛夫斯基等：《俄国形式主义文论选》，方珊等，译，生活·读书·新知三联书店，1989年版，第6页。着重号为原文所加。

这里连嘴唇的动作都至关重要。”[①]所谓“嘴唇的动作”，指的是“如何发音”、音乐美的问题。在他看来，日常语言是一种实用性的语言，它确实传递了彼此之间的思想甚至情感，但它不过是一种工具性的东西。什克洛夫斯基认为，这并不是艺术，或者说，这些日常性的词语当初也许本来具有艺术性与诗意，但在长久的使用过程中会变得大众化，具有了一种既定的意义，在我们说出它的时候它不过是在自动地产生意义，这样，它就不一定是我们最想说的话、最想表达的感情，因而谈不上是真正的艺术与诗性。

为了让已经没有诗意的词语重新焕发出它原有的诗意，就需要对这些词语进行“陌生化”的加工与处理。如何做到这一点呢？什克洛夫斯基以列夫·托尔斯泰为例：“列夫·托尔斯泰的反常化手法在于，他不用事物的名称来指称事物，而是象描述第一次看到的事物那样去加以描述，就象是初次发生的事情，同时，他在描述事物时所使用的名称，不是该事物中已通用的那部分的名称，而是象称呼其它事物中相应部分那样来称呼。”[②]这句话可以分为两层来理解：第一，要用新奇的眼光去看待事物、描述事物，这意味着一种诗意的眼光，这需要一种独立的、个体的感知能力发挥作用；第二，要想真正地描述独特的、个体的感受，那么必须放弃现有的语言表达，而去借助于别的语言——例如，一些特定的修辞手段，比喻、通感等手法——来表达目前所见之物。在这二者的基础上，熟悉的事物会被一种陌生的语言形式加以表述，通过这种陌生的语言，观察者有效地表述了自己所见到的事物，也促使读者摆脱日常语言所形成的固化的意义系统，而采用一种新的眼光去看待这些惯常的事物。正是在这个过程中，世界变成了一个不一样的世界，作者与读者都建立了与日常世界不一样的崭新的、充满了艺术与诗意的世界。例如，中国读者在面对“月亮”这一传统诗歌意象时，我们首先想到的恐怕是故乡，是分离与思念。这是因为从《诗经》的“月出皎兮”到《古诗十九首》的《明月何皎皎》，再经过李白、苏轼等诗人对于月亮的赞颂，“月亮”这个词被反复吟咏，它最开始作为一种独特体验的诗意逐渐被日常化、观念化了。“月亮”意象与思念、团圆和故乡等联系在一起，越来越具有趋同性，从而渐渐丧失了原初的诗意。这一过程，也就是“月亮”从一个独特的、具有“陌生性”的意象转变为一个大家都熟悉的固定的观念的过程，某种意义上说，也就是逐渐丧失其文学性的过程。

而当代诗人顾城在其《爱的日记》中是这样描述“月亮”的：“我好像，终于/碰到了月亮/绿的，渗着蓝光/是一枚很薄的金属纽扣吧/钉在浅浅的天上。”显然，这里的“月亮”是无法用传统的理解定式来阐释的。通过一次“陌生化”的书写，顾城用自己的眼

① 维·什克洛夫斯基《散文理论》，刘宗次，译，百花洲文艺出版社，1997年版，第80页。

② 维克托·什克洛夫斯基等：《俄国形式主义文论选》方珊等，译，生活·读书·新知三联书店，1989年版，第7页。“象”应为“像”。

光重新赋予了“月亮”这一意象所包含的丰富的诗意，即一种现代人基于自己特殊感受的直观体验，它是现代无数儿童在凝视天空的时候可能都有过的幻想。正是建立在这种直接的经验基础上，才会导致最后那单独分段的一句：“开始，开始很凉”。这是一句结论，也是以上所有感受的明确化，是习以为常的“月亮”的意象的一次陌生化书写。它让人想到月光的凄清，想到古诗中写到月亮时的甜蜜与忧伤。而真正的艺术，就是在这样一种不断地“陌生化”的过程中不断地产生的。否则，仅仅固守于某种前人的眼光去看世界并不断重复着去书写，那么不过是一种日常语言的陈词滥调而已。

什克洛夫斯基所提出的“陌生化”对现代文学理论的影响至今依然清晰可见。它明确地拆除了“形式/内容”这种二元划分。通过“陌生化”，“形式”或“词语”本身，即会产生新的“内容”，或者更准确地说，陌生化的形式手法本身将真正地凸显出我们对于“意义”“内容”本身的关注度，而这种关注本身又是一种深刻的、诗意的呈现。这样，艺术与诗意并不存在于“形式”所“反映”的“内容”之中，而是就存在于形式如何帮助我们感知事物存在的样子这一过程之中。“陌生化”这一基本术语不但改变了文学理论的基本观念，而且将写作本身有效地从陈词滥调中解放了出来，还将文学史从社会史的外部视角有效地拉回到艺术与文学自身的内部规律性之中。

除了对于诗歌语言的独特性提供了许多精辟的见解，什克洛夫斯基其实还对小说的形式分析做出了可贵的努力。什克洛夫斯基非常推崇英国小说家斯特恩，甚至认为他影响过托尔斯泰、陀思妥耶夫斯基和普希金所代表的俄罗斯文学传统。而斯特恩的伟大之处，不仅仅在于他记录了一种独特的生活，而在于他极具独特性地记录了生活。他的贡献在于他的小说写作技法，所以，他在论述斯特恩时的第一句话便是：“我们要讲的这位伟大作家，喜欢前后移位。”这突出地表现在《项狄传》的开头：“小说的开头几乎就是个谜。老项狄上了年纪才回到家乡，娶妻生子。”这么做意味着什么呢？什克洛夫斯基指出：“所有的作品或几乎所有的作品或几乎所有的长篇小说，开始都要简明地描写一下主人公的童年，然后再写青年和各种遭遇。”从这一对比性中我们可以看出，什克洛夫斯基看重斯特恩的地方，就在于他非同凡响的写作技法，这种与众不同的处理方式在某种程度上相当于诗歌语言中的“陌生化”手法。这种手法表现在斯特恩的小说中使得斯特恩灵活地处理了小说中的人物叙述，甚至改变了自然的时间：“斯特恩是第一个要把人与人之间纷杂关系的根基理出头绪来的人。他改变了描绘的比例尺，用特写镜头摄下了微不足道的东西。他改变了艺术中的时间。”“为了这个目的，他不得不对小说时间采取戏拟态度。”[①]什克洛夫斯基在这里用电影艺术来同斯特恩的小说进行比较。从我们今天被视觉化的眼光来看，斯特恩的小说技法也许显得平淡无奇，但是，当我们意识到这一事实：斯特恩逝世的年份是1768年，而要等到此后的一百多年，现代的文化景观——电影——才会诞生，那么，我们便会理解为什么什克洛夫斯基对斯特恩小说的开头如此击节赞赏。斯特恩的小说超越了他那个时代的小说规范，打开了一种新的写作可能性，对于他的同时代小说家来说，这可以称得上是一种“陌生化”的写作，它使得我们有可能重新去认识小说这一概念本身，也有助于我们重新去认识小说所书写的生活。

对小说的这种分析路径与方法，在今天看来可能并不新奇甚至显得粗陋，但是，如果没有这种形式主义对于小说作品自身的强调，没有形式主义者对于小说“情节是如何形成的”——而非简单地从情节本身中去直接得出某种社会反映论的结论——进行仔细而详尽的研究，我们很难想象，当代的叙述学的建立和发展会如此顺利。

二、艾亨鲍姆关于“文学是一种科学”的文学观及其基本表现形式

另一个重要的俄国形式主义理论家是艾亨鲍姆。同其他重要的形式主义理论家一样，艾亨鲍姆特别看重对于文学自身形式的研究。他特别强调“文学”自身是一个特殊的领域，形式主义因此不仅仅是一种“方法”。为此，他甚至称文学研究为一种科学、一个独立的学科：“问题不在于文学研究的方法，而在于建构文学科学的原则，亦即该学科的内容，研究的主要对象，以及建构作为特殊科学的文学的问题。”[②]这是真正地将“文学研究”同“文学创作”做了本质性的区分，“文学研究”不仅仅是文化史的一部分，更重要的是，文学自身便是文学研究的对象和领域，正是在这个意义上，文学研究变成了一种科学，因此，艾亨鲍姆宣称：“人们在谈论形式主义者的‘胜利’。问题在于是谁取胜了，——得胜的并非形式主义者，而是科学。”[③]可以说，艾亨鲍姆明确地将“文学研究”定位为一种像自然科学那样去讨论的东西。正是在这个意义上，“形式主义”一词不但指示着一种研究方法的转变，更意味着整个文学研究的基础和目的都发生了改变。这不仅仅是一项雄心勃勃的计划，更是一种彻底重写“文学研究”的尝试。

因此，我们便不难理解，艾亨鲍姆曾经倒转过讨论问题的基础，从形式的角度研

---

① 维·什克洛夫斯基《散文理论》，刘宗次，译，百花洲文艺出版社，1997年版，第231页。

② 扎娜·明茨、伊·切尔诺夫《俄国形式主义文论选》，王薇生，编译，郑州大学出版社，2005年版，第256页。引者按：该书将艾亨鲍姆译为“艾兴包姆”，今径改为主流译法；又，该书一些文章为编译本，非作者原本。

③ 扎娜·明茨、伊·切尔诺夫《俄国形式主义文论选》，王薇生，编译，郑州大学出版社，2005年版，第264-265页。

究过“悲剧”问题。与自古希腊以来对于“悲剧”净化人心的基本观点有所差异的是，他尽管也强调“悲剧”的效果，但他通过对席勒的悲剧定义中“享受怜悯的艺术才可以叫作悲剧”的“享受怜悯”做了重点关注和发挥。在此基础上，他认为，“对艺术家来说，最重要的是善于唤起观众心中的特殊形式的怜悯感；对观众而言，只有这样怜悯才能成为其艺术享受的素材”。很明显，他将我们惯常所认为的“悲剧”之所以打动人是由于其“故事情节”，转移到这一情节是如何发生和实现的过程之中。这正是同俄国形式主义的基本精神一脉相承的，或者说，他将古典悲剧理论进行了形式主义的改造。“因此，他期待于艺术家的并不是这一情感本身，而是用以唤起这种情感的一些特殊程序。这些程序越精巧、独特，艺术感染力也就越强烈；程序越隐蔽，骗局就越成功，这就是艺术的成功。”[①]艾亨鲍姆不是将悲剧的内容本身看作力量的源泉，而是认为通过一种独特而隐蔽的程序，造成一种“骗局”，在结局不断地延宕到来的这一过程中，观众享受着它，并被它——被这种延宕本身——所深深打动。

正是基于这种理论观念，艾亨鲍姆在分析文学作品的时候牢牢地抓住其对象——文学作品——本身，正如一个科学家在面对一个细胞或遥远恒星的红外线波动一样，研究者首先要关注的便是所研究的对象本身，对它进行细致的切分与探讨。这首先意味着对于历史的一种反对，是将文本自身作为意义所生发的基础与来源，就像韦勒克所指出的那样：“形式主义起初采取了刻意而明确的反历史态度。和形式主义不谋而合的现象是语文学的转向，即放弃语音变化的历史研究，转向以描述方式来处理各种活的语言，放弃单个语音的语音研究，转向视为意义的语音单元……”[②]

艾亨鲍姆对形式的关注，也同样反映在他对诗歌的看法当中。他对诗歌的分析也是建立在词语本身的基础上的，但他更注意诗歌语言中的声音问题，例如他曾写过《俄国抒情韵文旋律学》一书。艾亨鲍姆的出发点同什克洛夫斯基是一致的，这一论点既包含了什克洛夫斯基的“陌生化”的基本理念，也有他个人独特的创造：“诗有别于非诗之处，恰恰在于它的语音系列，而非语义系列……可以断言，在诗语构成中，发声(和语能器官动作)及语音表现具有首要意义。如果事情果真如此，那么，常用语词对诗人来说乃是材料，诗人在其特性中能揭示出在其自动使用中被遮蔽了的一面。”[③]将声音置于语义之上，对于传统的文学理论来说貌似不可思议，也有悖于常识。难道我们不是在诗歌中去阅读思想和情感吗？为什么说那些不过是材料，而真正的阅读过程应该在意的是声音呢？并且，凭什么认为，声音能给读者带来一种隐藏的意义感知？

① 维克托·什克洛夫斯基，等《俄国形式主义文论选》，方珊等，译，生活·读书·新知三联书店，1989年版，第35-36页。着重号为原文所加。

② 雷纳·韦勒克《近代文学批评史·第七卷》，杨自伍，译，上海译文出版社，2009年版，第572页。

③ 转引自：张冰《陌生化诗学：俄国形式主义研究》，北京师范大学出版社，2000年版，第88页。

虽然艾亨鲍姆的观点是以俄国抒情诗为基础的，但实际上不同民族、不同时代的诗歌，在声音的问题上还是有着共同的特征的，这就是或明或暗地关注语词的声音和节奏，有的诗歌我们能够直接感受到其强烈的声音美，语音和语义之间是一种水乳交融的关系。只不过，艾亨鲍姆在他的阐述中将“语音”与“意义”之间的关系进行了重新厘定，突出了通过“语音”来重构“意义”的可能性。

除了诗歌外，艾亨鲍姆对于小说的形式主义分析也同样做出了突出的贡献。在他的重要著作《青年托尔斯泰》中，他并非简单地去完成这位伟大作家的传记，更重要的是，他在这部著作中系统而全面地探讨了托尔斯泰作品的风格与形式的形成问题："十八世纪英国和法国文学作品是托尔斯泰爱好的主要读物。其中包含有他的许多手法和形式借鉴的传统。"这种评价和前述什克洛夫斯基在论及斯泰恩的小说与托尔斯泰小说时的观点如出一辙。小说不是对于生活的简单记录，而是面对各种形式不断地进行调整和寻觅的过程："在托尔斯泰作品中，我们一方面看到通过分解和混合而产生的形式，另方面通过恢复旧形式的方法，又产生了使这些奉为典范的形式重新陷入困境的过程。"[①]艾亨鲍姆显然很重视这样的问题：托尔斯泰如何处理形式、尝试新的形式，又是如何试图采用原有形式，但又不得不重新对它们进行改造。正是这种深入“形式”本身之中的过程，使得年轻的托尔斯泰不断接近和到达了创作的成熟期。这种对于小说“形式”本身的关注，正是俄国形式主义基本思想在小说领域中的反映。

艾亨鲍姆另一篇关于小说的力作是《果戈理的〈外套〉是怎样创作的》，它秉承了基本的形式主义分析思想。在该文的开篇，艾亨鲍姆便直接地亮出了自己的立场与观念："短篇小说的结构在很大程度上须仰仗作者个人在小说结构笔调方面所起的作用。换言之，这种笔调可能大致上是产生故事虚构的组成原理，但它也可能是各种事件之间形式上的纽带，因而是只起辅助作用的纽带。最初的短篇小说都没有虚构的故事，而且也不需要，因为小说的趣味和生动情节，都是由事件和情景迅速而出乎意料的交替决定的。"艾亨鲍姆所说的“笔调”，在某种程度上相当于什克洛夫斯基所定义的“技法”。与一般人所认为的小说的核心在于“故事”本身不同，艾亨鲍姆认为“如何讲”这些故事，才是更为紧要的问题，不过，他也意识到，不是每篇小说都能够真正做到重视“笔调”，能够使“笔调”的作用变得真正重要。相反，果戈理却是重视“笔调”——或者说，叙述手法——的真正的杰出代表。“在果戈理的许多短篇小说或某些章节片段里，我们可以找到很丰富的研究‘故事叙述’的材料。果戈理作品中的结构并不是由情节决定的，因为他的作品中情节总是贫乏的，甚至没有情节。”艾亨鲍姆将

① 扎娜·明茨、伊·切尔诺夫：《俄国形式主义文论选》，王薇生，编译，郑州大学出版社，2005年版，第267页。

“笔调”这一术语具体化为“故事叙述”，预示了俄国形式主义在小说分析中同此后“叙述学”之间可能存在的相通性。

他对果戈理的判断显然与许多观点不同，也许这不过是他故意要突出“技法”重要性的一种策略性表述，但他确实是大量地描述了果戈理作品中的形式问题，不仅仅是叙述方面，甚至连果戈理小说中的“声音”也成为他关注的重要对象。“在他的作品中，发音和声学效果变成有表现力的重要手法。因此，他很喜欢各种称呼、姓氏、名字等等。他从这里找到发音手法的广阔天地。”[①]这简直是将对于诗歌语言的研究挪移到小说分析中的绝妙典范。当然，在此之外，艾亨鲍姆还着重分析了果戈理小说的基本结构层次及其连接体系、相互交替等等问题。虽然与后来的叙述学相比，艾亨鲍姆对于小说文本形式的分析可能有些“古典”色彩，但他对于这一问题的探索，他对于文本所做出的细致而耐心的分析性论著，足以为他自己、也为俄国形式主义运动添上浓墨重彩的一笔。

第二节　新批评

如果说俄国形式主义为现代西方文论提供了崭新的观念与切实的分析方法的话，那么流行于20世纪四五十年代英美批评界的“新批评”，则是它在这条崭新道路上的另一支强有力的盟友。同俄国形式主义一样，“新批评”也将关注点从社会、历史、作者这些传统的文学理论基石，转移到关注文学作品本身这一新的切入点之上。新批评也是从反驳19世纪后半叶占主导地位的历史与传记式批评开始的，同时也是以反浪漫主义的面目出现的。在这个意义上，我们可以把它理解为对于世纪之交的象征主义的继承与发展。因此，我们不难理解，为什么英国后期象征主义的重要代表诗人艾略特常常被认为是新批评的先驱者之一。

除了艾略特这个先驱，英国的理查兹也是新批评的开创性人物。不过，把新批评发扬光大的，却是美国的批评家们。美国田纳西州梵德比尔特大学的教授兰色姆及其学生退特、布鲁克斯和沃伦就是其中最核心的人物。理查兹的学生燕卜荪，写出了著名的《朦胧的七种类型》，也算是新批评的重要人物。在第二次世界大战之后，新批

① 扎娜·明茨、伊·切尔诺夫《俄国形式主义文论选》，王薇生，编译，郑州大学出版社，2005年版，第280页。

评在美国盛极一时,维姆萨特以及韦勒克则成为他们中的新鲜力量。

艾略特写于1917年的《传统与个人才能》可能是作家写作的文论中最为著名的一篇。正是在这篇文章中,艾略特说出了一段令普通读者可能有些困惑的话:"诗歌不是感情的放纵,而是感情的脱离;诗歌不是个性的表现,而是个性的脱离。当然,只有具有个性和感情的人们才懂得想要脱离这些东西是什么意思……把对诗人的兴趣转移到诗歌上面来,这是一个值得赞扬的目标,因为这样做将会有助于对当前的诗歌,好诗和坏诗,都能做出更为公允的评价。许多人都欣赏表达真诚感情的诗体,还有少数人能够欣赏技巧的卓越。"[①]对于从小就耳濡目染,懂得"诗歌是一种抒情的艺术"的中国读者来说,这样的表述似乎令人难以赞同。但显然,艾略特的观点也并不是孤立的看法。其实,艾略特并不是简单地反对诗歌表达思想感情,而是说,要通过恰当的文本本身去恰当地表达思想感情。这是因为,他站在整个文学史的角度,发现了个体诗人写作并非单独的个人化创造行为,而是总是居于文学史的传统之中的。"从来没有任何诗人,或从事任何一门艺术的艺术家,他本人就已具备完整的意义。他的重要性,人们对他的评价,也就是对他和已故诗人和艺术家之间关系的评价。"[②]艾略特以具有丰富创作经验的大诗人的经历和体验,深刻地指出了文学文本并非一种单纯的个体活动,而是要受到诸多文学传统和其他作品的影响与制约。这是一个意义深远的"发现",可以被看成结构主义甚至是后结构主义关于"互文性"的一种经验性预言。但其在当时更为直接的影响在于,它使得文学批评较诸以往更为重视诗歌文本自身。无论对于作者还是对于读者来说,追求艺术本身的内涵与价值,而不是去纠缠于探讨作者本身,才是首要的任务。艾略特在这个意义上确实将自己置身于新世纪的文学理论主流之中,并成为新批评的先驱。

一、兰色姆的"肌质论"与退特的"张力论"

兰色姆是新批评真正具有理论基础的代表性人物。兰色姆并不是简单地提出一些理论口号,而是真正去探讨理论本身的立足点。他和俄国形式主义者一样,试图给诗歌以一种清晰的定位,尤其是在将诗歌同散文进行比较的时候,他指出:"有人猜想,组织与结构、诗歌与散文的区别大概是在于内容的条理,而不在于内容的种类。不管怎么说,道德内容是一种内容,有人提出说它是诗歌所特有的东西,这说不通;它实际上并不是诗歌所特有,散文也完全可以采用。我认为,诗歌的特点是一种本体的

① 托·斯·艾略特《艾略特文学论文集》,李赋宁,译注,百花洲文艺出版社,1994年版,第11页。

② 托·斯·艾略特《艾略特文学论文集》,李赋宁,译注,百花洲文艺出版社,1994年版,第3页。

格的问题。它所处理的是存在的条理,是客观事物的层次,这些东西是无法用科学论文来处理的。"[1]在这里,兰色姆和俄国形式主义者的思路有着惊人的一致,虽然术语不同,但二者都极力地坚持,诗歌这一文体的特殊性源于诗歌语言的特殊性,而不是在于它所反映的内容的特殊性。诗歌研究,因此必然首先是一种语言意义上的研究。更重要的是,兰色姆并不仅仅停留在诗歌与散文的区分上探讨问题,而是更进一步指出,诗歌的这一特性"无法用科学论文来处理",这本质上是将诗歌所代表的文学这一领域同"科学"做了旗帜鲜明的切割,实际上对"文学"的独立性做了确认。

在《纯属思考推理的文学批评》一文中,兰色姆试图为"诗"找到与"散文"根本不同的地方。他借用建筑房子的术语来指称诗的特殊性:"一首诗有一个逻辑的构架(Structure),有它各部分的肌质(Texture)。"[2]而这个"肌质"为诗歌带来了丰富的意味。因此,他进一步指出:"诗人喜欢他用文字所表示的事物的本身,同时,他写诗,因为他喜欢玩味这些事物……对于精于饮食的人或者真正贪食的人,诗比散文会更美好,因为散文只有一种价值,它只涉及一种事物;它的枝节本身没有价值,这种枝节只有辅助主体的价值,这种价值只能认为是价值总和中的分数,以它对总价值的贡献为比例。散文只有'单一价值',诗则有'多种价值'。不错,将来一定会有某一些诗,它们的构架要含有许多宝贵的事物,这些事物的价值总结起来要比构架本身的价值还大。"[3]这些"比构架本身的价值还要大"的东西,正是诗歌"肌质"的表现,是诗歌的"本体"。我们以李白著名的《子夜吴歌》为例:

长安一片月,万户捣衣声。
秋风吹不尽,总是玉关情。
何日平胡虏,良人罢远征。

这首诗歌如果被改写成一篇"抒情散文",将会是一件非常容易的事:在长安城的夜晚,月亮高高地挂在天空上,这时候家家都发出洗衣服时捣衣服的声音。秋风在吹,让人想起遥远的边关,什么时候我的丈夫才能消灭敌人回家啊?

这样的"散文"语言尽管仍然是充满感情的,但是它无法同李白的原诗相比。虽然李白的诗歌中也包含了一种叙事,讲述了留守在家中的妇女们思念远征的亲人的故事;它也可以说充满了描述,月亮、捣衣声、秋风勾勒出了一副秋夜明亮而孤寂的画

① 兰色姆《征求本体论批评家》,张廷琛,译,引自赵毅衡《"新批评"文集》,中国社会科学出版社,1988年版,第74页。着重号为原文所加。
② 赵毅衡《"新批评"文集》,中国社会科学出版社,1988年版,第97页。着重号为原文所加。
③ 赵毅衡《"新批评"文集》,中国社会科学出版社,1988年版,第100页。

面。但是，这一切不过是一个“构架”，它们是可以清晰地被感知、被复述的，然而，其中又处处隐藏着一种“肌质”，一种诗意的忧伤与绵绵不尽的思念，这却仍然是散文式的复述所不能代替的。这就是诗歌之为诗歌的根本特征之所在，亦是其存在价值之所在。诗歌存在于其自身的语言所隐藏着的无处不在的“肌质”之中，它不能被翻译成其他的文体，也不能被翻译成其他的语言——比如不能从汉语转译为英语，同时也不能从古代汉语翻译为现代汉语。

因此，从兰色姆的观点来看，诗歌的本体来源于它自身的语言，来自美学层面上的丰富性，而不是来自社会化的内容。这正是当代文论中一直在追究的核心命题之一，兰色姆所代表的“新批评”在这一理论路线中占据了重要的一环。

兰色姆的学生退特在此基础上进一步提出了“张力论”：“我们公认的许多好诗——还有我们忽视的一些好诗——具有某种共同的特点，我们可以为这种单一性质造一个名字，以更加透彻地理解这些诗。这种性质，我称之为‘张力’。用抽象的话来说，一首诗突出的性质就是诗的整体效果，而这整体就是意义构造的产物，考察和评价这个整体构造正是批评家的任务。”[①]这种整体效果是一种“有机整体”：“我们可以从字面表述开始逐步发展比喻的复杂含意：在每一步上我们可以停下来说明已理解的意义，而每一步含意都是贯通一气的。”比如我们读到刚才李白诗中的“长安一片月，万户捣衣声”，我们一方面能够从字面上读到一种画面：月亮挂在上空，就在这寂静的皎洁之夜，家家都传来沉重的捣衣声。然而，我们不可能仅仅停留于这个层面（退特自己的话，这是“外延”，兰色姆则可能会说这是“构架”），而是会领会到一种更深层次的意蕴（退特认为这是“无限的内涵”，兰色姆则会指出这是“肌质”）：每捶一下衣服，便是一次沉重的思念。这样，安静的长安城（家），同远方的边关（那里可能发生着激烈残酷的战争），形成了一种强烈的对比，形成了一种对于战争的强烈怨恨和对于亲人无限的思念。这就是这首诗所包含的内在的“张力”。我们可以看到，退特将“肌质”论某种程度上细致化了，帮助我们有效地、层次清晰地去讨论诗歌文本本身。

这正是新批评对于文学理论卓越的贡献之所在：它们将诗歌和文学分析不但转移到了文本这一重心上，并为它提供了切实可行的术语与讨论方法。

---

① 退特《论诗的张力》，引自：赵毅衡《“新批评”文集》，中国社会科学出版社，1988年版，第109页。

《"新批评"文集》是20世纪80年代赵毅衡先生编选的一本文集，它收录了新批评主要代表人物的主要文章。其中包括了对新批评的理论与方法、诗歌语言的研究以及"细读式评论"等方面的介绍。

二、维姆萨特与比尔兹利的"意图谬见"和"感受谬见"

我们已经看到，新批评和俄国形式主义者一样，在不断地试图赋予文学文本本身以基础性的地位，这本质上是在同传统文学理论的基石——强调作者本人和社会反映论——进行宣战。因此，我们便不难理解，为什么新批评主将维姆萨特和比尔兹利提出了"意图谬见"和"感受谬见"这两个概念。

在我们传统文学的观念中——它们占据了迄今为止大多数普通读者的思想——阅读一部作品意味着去理解作者的原意。这是因为人们倾向于相信，文学作品是来源于作者主体中的情感、思想与经验，是作者个体的创造。但我们已经看到，无论是俄国形式主义还是新批评的先驱们都已经对此提出了明确的反驳。文学的意义并不仅仅是作者个体所产生的，文学，尤其是诗歌的特殊性正在于其语言自身。正是基于这样的新认知，维姆萨特和比尔兹利指出："文学批评中，凡棘手的问题，鲜有不是因批评家的研究在其中受到作者'意图'的限制而产生的。"这种斩钉截铁的语气是对于传统批评的决裂："我们认为：就衡量一部文学作品成功与否来说，作者的构思或意图既不是一个适用的标准，也不是一个理想的标准。"[①]正是在这个意义上，评价一部文学作品的成功与好坏，就应当从它的语言体系自身出发，以其美学上的高低为判断的尺度。这就是为什么前述兰色姆和退特致力于讨论"肌质"或"张力"的原因。但是，这并不能阻止人们产生这样的疑问：难道作者的生平和经历对于文学作品来说就真的不具备意义吗？这就涉及新批评对于"文学批评"这一领域本身的认识。在某种程度上，维姆萨特和比尔兹利是将"文学批评"作为一个与"文学史"不同的对象领域来看待的。"一个批评家可以写出一篇颇象样的讨论莎士比亚或高乃依的某部剧作表现出了什么意义或'精神'的分析文章。这是一个包括了严密的历史考证而不包括艺术分析在内的过程，或者他也可以同样煞有介事地来上一篇社会学方面，作者生平方面

① 维姆萨特，比尔兹利《意图谬见》，引自：赵毅衡《"新批评"文集》，中国社会科学出版社，1988年版，第209页。"象"应为"像"。

或其它非美学的史学方面的文章。”[1]可以说,维姆萨特和比尔兹利不仅要捍卫“文学”本身的“纯洁性”,而且捍卫“文学批评”的纯洁性。也许,他们仍然承认了莎士比亚或者高乃依本人确实经历了某种巨大的社会历史事件或者重大的情感经验,这种历史事件或情感经验也许确实是作者创作某一作品的背景,甚至是动力,但是,在他们看来,这种研究尽管也是可行的并且被允许的,但它们已经不再属于“文学批评”的范畴,而是“历史学”与“社会学”的范畴了。这已经显露出后来韦勒克关于文学研究可以分为“内部研究”和“外部研究”的基本思路,即,将关于文学自身的分析如语言学和美学的分析称为“内部研究”,而将作者生平和社会背景分析称为“外部研究”。

尽管我们的文学研究很难真正摆脱掉对于作者的考察,很难说在分析文本时以“作者”的身份为基础去进行分析就真的是一种“谬误”,但作为历史的一环,这一概念的出现是必然的,是新批评基本思想不可避免地推导出来的结论。尽管它仍然可以不断地进行再检讨,但它的提出仍然有助于我们在对于文本的分析中最终真正地回归到美学层面上,从而让我们能真正地排除掉过多不确定的因素,而在相对可靠的美学层面上去探讨问题。比如,以《红楼梦》研究为例,尽管从晚清时期的学者,到当代一些在大众媒体上频频发声的学者,都在不断重复和探究《红楼梦》这一文本本身所包含的美学意蕴,但是,从另一方面看,这种研究永远不得要领。《红楼梦》是不是伟大的作品,与它在多大程度上反映了那个被叫作“曹雪芹”的作家本人的思想或经历并没有什么关系,也和它在多大程度上反映了当时的宫廷政治状况没有什么关系。《红楼梦》之所以为《红楼梦》的根本价值,在于它自身的艺术成就,我们只能,也只需要从美学意义上去确认这一点就足够了。当然,这里仍然存在疑问:研究《红楼梦》与曹雪芹的关系有什么不应该的吗?或者,干脆将《红楼梦》研究转向“曹雪芹”研究又有什么错吗?答案是:曹雪芹研究并不是不可以,但是,它毕竟是曹雪芹研究,而不是《红楼梦》研究。曹雪芹研究可能会补充和拓宽《红楼梦》研究,却无法等同于,更不能取代《红楼梦》研究。作为一个真正理解和研究《红楼梦》的人,《红楼梦》这一文本便是他最终面对的对象,而包括曹雪芹生平在内的其他讨论,都不过是相关的、对理解《红楼梦》起着促进或阻碍作用的其他领域的问题。

新批评的“意图谬见”初步接触起来可能令人觉得有些困惑。事实上,它也确实在某种程度上有偏颇的一面,因为毕竟文本是由某个(或某些)具体的人所写成的,而人又是生活于具体的历史情境和生活环境中的,因此理解作者及其生活的时代仍然有助于对文本本身的理解。但是,新批评提出“意图谬见”又有其历史的必然性和合

---

① 赵毅衡《“新批评”文集》,中国社会科学出版社,1988年版,第213页。

理性,以往的“美学”总是被看成一种抽象的领域,美学的观念被用于指导具体的文本。而新批评将文学文本自身的美学价值作为文本的根本价值,就将作品分析和美学、艺术以及文学理论有机地融入文学文本的分析之中,将许多无谓的、不可能确定的社会性因素排除在文学文本的讨论之外,坚持了文学文本的纯粹性。同时,那些社会性的、经历性的因素也并没有被彻底驱逐出文学研究领域,不过那已不是“文学批评”而是“文学史”的一部分了。这种区分在某种程度上将许多纠缠不休的问题通过这种方式变得简单了。

出于同样的坚持文学文本纯粹性的立场,维姆萨特和比尔兹利还提出了“感受谬见”这一说法。如果说,所谓“意图谬见在于将诗和诗的产生过程相混淆,这是哲学家们称为‘起源谬见’(the genetic fallacy)的一种特例,其始是从写诗的心理原因中推衍批评标准,其终则是传记式批评和相对主义”,那么“感受谬见则在于将诗和诗的结果相混淆,也就是诗是什么和它所产生的效果。这是认识论上怀疑主义的一种特例,虽然在提法上仿佛比各种形式的全面怀疑论有更充分的论据。其始是从诗的心理效果推衍出批评标准,其终则是印象主义和相对主义。不论是意图谬见还是感受谬见,这种似是而非的理论,结果都会使诗本身作为批评判断的具体对象趋于消失”[①]。可见,确实同意图谬见一样,感受谬见的目标都是为了维护“具体对象”——在这里指的就是文学文本自身——存在的价值和意义。

对于中国读者,尤其是热爱中国古典诗歌的读者来说,对于熟悉“诗缘情”以及“诗可以兴、可以观、可以群、可以怨”这些话的读者来说,“感受谬见”这样的说法令人难以理解。诗歌不正是抒发作者自身的感情从而是为了感动人、打动人的吗?难道阅读诗歌之后而“动情”反而是一种错误吗?其实,新批评并不反对诗歌与情感的至深关系,问题在于,他们认为,“情感”的浓度和高度无法否认,但不能成为评价一首诗的好坏的标准,因为情感的感动总是具有不确定性,它很可能来源于读者自身独特的经验,而并非来自诗歌自身。还有一个重要的原因在于,从艾略特以来,浪漫主义的抒情就已经被质疑了,取而代之的是语言自身的重要性,是文学史传统中对于语言本身的尊重。正是基于这样的认识,“感受”必须要建立在对语言本身的分析与理解的基础上,而不是存在于读者偶然的情感的随意波动中。比如说,我们都知道林黛玉是个伤感的人,动不动就掉眼泪。但是,在小说文本中,林黛玉的眼泪是来源于在她落入人间之前曾受过贾宝玉前身的恩惠,因此有“还泪”之说,这个神话结构导向的是一种追寻心心相印的爱情与理解,表现为宝黛之间的爱情既极近又极远的悲剧。如果

---

① 维姆萨特、比尔兹利《感受谬见》,引自:赵毅衡《“新批评”文集》,中国社会科学出版社,1988年版,第228页。着重号为原文所加。

一个人读了这样的小说无动于衷，我们并不因此就否认《红楼梦》是一部糟糕的作品；同样，如果一个易于伤感的人读了《红楼梦》便自认为是林黛玉，或认为世间处处事事皆可流泪，则也不能因此认为这种感受就是《红楼梦》伟大之处的证明。《红楼梦》自身的感情蕴含与丰富性，是有其原因的，亦是有其边界之所在，那种泛滥的情感值得警惕。这一切，都必须在《红楼梦》自身的微妙的语言世界中去仔细体会与把握。

可以说，无论是意图谬见还是感受谬见，这两种提法都在更深的层次上使新批评的理论进一步在文学批评中确立了文本的中心地位。这相当于一种理论总结，宣布了以前文学批评一些常用方法的合法性岌岌可危。但是，尽管在理论上已经如此明确，这些理论中已经包含了丰富的操作方法与路径，新批评仍然要提出更为切实可行的批评策略。这就要求我们集中探讨新批评评价文本价值的几个关键术语。

三、燕卜苏的"朦胧"类型与布鲁克斯的"反讽–悖论"原则

新批评反复强调文学文本自身的重要性，导致了新批评在进行文学批评时发展出一个又一个与文学自身特质有关的术语（如前述的"肌质""张力"），同时，它还发展出一组组分析文本的术语。其中，最重要的当属燕卜苏对"朦胧"所做的分类和布鲁克斯所提出的"反讽–悖论"诗学。

燕卜苏是英国新批评的主将。在他看来，"朦胧"固然并非诗歌语言所独有，甚至本质上是所有语言都具备的特征，但燕卜苏的志向在于将这种本来难以述说的"朦胧"感进行恰当的、科学性的分析。这和新批评的基本精神是一致的，即把抽象的美学观念具体化为一种可操作的方法。按照他的说法，他一直在仲裁"科学观点与美学观点之间的冲突"[①]。对于习惯了凭借个人感受来谈论中国古典诗歌的读者来说，虽然不一定意味着完全可以照搬燕卜苏的分类，但是他的这种努力本身却是值得借鉴的。总体上看，他将朦胧分为：淡化比喻以及音律暗示的额外意义所产生的朦胧；两种或两种以上的选择意义溶为一种意义所带来的朦胧；同时出现两种表面上完全无联系的意义所形成的朦胧；各种选择意义结合在一起，表明作者的一种复杂的思想状态的朦胧；第五种则被他称为一种侥幸的混乱性质的朦胧；第六种朦胧所表述的东西是矛盾的，或互不相干的、读者必须自己去进行解释的朦胧；而第七种，则是一种完全矛盾的、表明了作者思想中的分歧的朦胧。

① 威廉·燕卜苏《朦胧的七种类型》，周邦宪，王作虹，邓鹏，译，中国美术学院出版社，1996年版，第390页。

《朦胧的七种类型》是燕卜荪的代表作。书中主要通过诗歌的语言分析，对“暗喻”“同义反复”等七种“朦胧”(又有译为“多义”“复义”者)的类型进行了仔细的区分，指出正是诗歌语言具有的多义性、含混或者说“朦胧”使得诗歌具有了巨大的内在张力。

可以看出来，这些朦胧有些纯粹是词语意义上的朦胧，有些则涉及作者和读者的感受状态。燕卜荪确实是比较系统而全面地讨论了“朦胧”的各种可能性。试以他说的第一种类型为例，在这种类型中，他讨论了陶渊明《时运》一诗中的开头两句：“迈迈时运，穆穆良朝。”白话的意思是“年月飞逝，无法忆起。而这个春天早晨，寂静庄严。”燕卜荪重点分析了“迈”和“穆”之间的对比，认为二者包含了两种不同尺度的时间：“人的头脑在计算时间时有两种主要尺度。其中大的一个以整个人生为单位，这样，生命的长短就是无法变更的，它有一种动物的尊严和简单，而我们就必须以恬淡而宿命的观点去看待它。小的一种尺度以人意识到的时刻为单位，人们正是以它为准绳来考虑周围的空间、意志的活动、世情的复杂以及自己的人格的……第一种尺度的运用所带来的宁静和自制被用来跟似水流年相对比，也因此跟死亡的恐惧形成了对比。第二种尺度的运用所造成的生活的热烈和纷繁被拿来跟身外的空间的宁静相对比；被拿来与在短暂的自我认识中获得的永恒或瞬息的价值对比，与一种安全感相对比，因为生活的热烈和纷繁将死亡拒于千里之外。”燕卜荪认为，“迈”和“穆”除了上述这种矛盾，其“朦胧”或者说多义的复杂性存在于以下这样的事实中：“人生的‘年’甚至在小尺度上也似乎是‘迈’，就象山中的雾‘忽而聚拢忽飘散’；而‘朝’甚至在大尺度上也是‘穆’，这样，这一时刻就富于启示，潜藏着天机。”[①]燕卜荪这里的意思是说，在这首诗中我们可以领悟到：一方面，人生苦短，这要求我们恬淡(迈迈时运)，每一天都转瞬即逝，这让我们欢欣(穆穆良朝)；但这同时意味着，“年”也是一种“迈”(swiftly，转瞬即逝)，而一个“早上”(朝)的短暂时间又可以被看成一种静止(“穆”，still)。

燕卜荪对词语“迈”和“穆”在很大程度上仅仅是做了一种语言对比与分析，这种对比和分析既严格遵守了语言自身的含义，同时又将二者放置在一种文化意识之中，从而发现了二者之间在深层次上的互相变动。不得不说，这非常符合陶渊明所代表的一种中国人的哲学观：万物变化，转瞬也是永恒，而永恒也不过是一种刹那。这就

① 威廉·燕卜荪《朦胧的七种类型》，周邦宪，王作虹，邓鹏，译，中国美术学院出版社，1996年版，第29–31页。

是燕卜荪所说的“朦胧”的内在含义,更是燕卜荪坚持采用的语言分析——它既是“科学的”,也是“美学的”——这一方法所带来的丰厚的报答。这是对于文本的发现,也是对它自己的肯定。

与燕卜荪的“朦胧”类型分析一样,新批评的另一重要代表人物布鲁克斯提出的“悖论语言”与“反讽”也是新批评对于文学理论与批评的重要贡献。

在布鲁克斯看来,“悖论”不仅仅是一种技巧,它甚至就是诗歌语言的本质,是它同科学语言分道扬镳之所在:“可以说,悖论正合诗歌的用途,并且是诗歌不可避免的语言。科学家的真理要求其语言清除悖论的一切痕迹;很明显,诗人要表达的真理只能用悖论语言。”①布鲁克斯也承认这样的表述有些“夸大其词”,但是这并不妨碍他的这一判断的基础。悖论语言并不是指的逻辑上的矛盾,而是词语自身的一种获得美学效果的必然选择:“科学的趋势必须是使其用语稳定,把它们冻结在严格的外延之中;诗人的趋势恰好相反,是破坏性的,他用的词不断地在互相修饰,从而互相破坏彼此的词典意义。”②对于“词典意义”的破坏,可能是许多诗歌的基本手段,为了破坏它也不是只有“悖论”一途,但无疑,“悖论语言”却是最鲜明、也最易于突出诗歌语言反常效果,从而创造出一种强有力的诗意空间的手段。并且,它不仅仅拓展了词语的“词典意义”,更重要的是建立了属于诗歌自身的意义。这类“悖论语言”在中国古典诗歌中比比皆是,如以王维的《鸟鸣涧》为例:

人闲桂花落,夜静春山空。
月出惊山鸟,时鸣春涧中。

这首诗歌的题目本身就和诗境本身构成了一种总体上的“悖论”。第一重悖论:诗歌的题目在写有鸟在鸣叫的山涧,而全诗却在写山涧之静;第二重悖论:人闲与桂花之落互为悖论,也相映成趣,增强了秋叶的安谧与悠闲;第三重悖论:月出与受惊的山鸟,形成因果式的悖论,这里既有视觉上的也有听觉上的悖论;第四重悖论:“人闲桂花落,夜静春山空”这两句与“月出惊山鸟,时鸣春涧中”这两句之间所形成的词语感受及其对比所带来的诗意空间上的悖论。但所有的这些悖论并非逻辑上的和事实上的悖论,而是合力地从不同方向(正面和反面)推动安谧的诗意和艺术空间的最终生成。

《鸟鸣涧》当然不止这种解释和读法,但是,布鲁克斯的“悖论语言”确实将我们的一些可能模糊的感受具体化和清晰化了,也更为充实了。它将普通读者心中的诗歌

① 克林思·布鲁克斯《悖论语言》,引自:赵毅衡《“新批评”文集》,中国社会科学出版社,1988年版,第314页。
② 赵毅衡《“新批评”文集》,中国社会科学出版社,1988年版,第319页。

语境(有时候不妨它就是意境)变成了一种层次分明的拼图。

在提出"悖论语言"之后,布鲁克斯进一步提出了"反讽"对于诗歌的意义。和"悖论语言"一样,"反讽"必须与语境结合起来才能够真正地被理解:"语境对于一个陈述语的明显的歪曲,我们称之为反讽。"[①]在布鲁克斯看来,可能只有科学的陈述句才力图避免"反讽",诗歌中的陈述语本质上都要"承担语境的压力",但不仅仅是承担,而且会带来创造性的诗意空间。"反讽就不仅是承认语境的压力。不怕反讽的攻击也就是语境具有稳定性:内部的压力得到平衡并且互相支持。这种稳定性就象弓形结构的稳定性:那些用来把石块拉向地面的力量,实际上却提供了支持的原则——在这种原则下,推力和反推力成为获得稳定性的手段。"[②]反讽不仅仅是一种修辞,更是一种诗意空间所赖以产生和存在的基本手段。例如唐代诗人杜牧的名作《夜泊秦淮》:"烟笼寒水月笼沙,夜泊秦淮近酒家。商女不知亡国恨,隔江犹唱后庭花。"诗歌的结尾"不知亡国恨"语气平淡,似毫无责怪之意,但"犹唱"句则改变了前一句安然无事的语境,带来了新的语境与感觉,对于全诗看似朦胧优美的诗意空间进行了彻底的改写,或者说形成了一种反讽的效果。

布鲁克斯的"反讽"和他的"悖论语言"一样,从深层次看,是对于诗歌语言、诗歌的美学根基的探讨,而从现实层面看,它们又的的确确可以直接应用于诗歌文本的具体分析之中,可以成为非常有效的分析手段,帮助我们将以往的一些模糊的感受清晰化,将我们以往只可意会不可言传的感受用行之有效的语言表现出来。

我们在此主要是结合了一些诗歌(尤其是中国诗歌)的例子来讨论新批评的基本观念。这是由新批评自身的性质决定的。新批评的代表人物也有一些试图去分析小说,但他们的成就主要是在诗歌研究上,甚至如今看来,"虽然在'新批评'之后,西方文学研究进入了理论'大爆炸'时期,各种观念和思潮纷纷涌现,令人应接不暇,但就诗歌研究领域而言,至今仍无超越'新批评'者"[③]。这一结论可能并不全面,但我们可以毫无疑问地说,新批评确实在分析诗歌的时候可以给我们带来切实有效的路径与方法,包括在分析中国古典诗歌和当代诗歌的时候。

虽然新批评作为一种运动已经被超越了,但它所留下的遗产即使在文化研究盛行的今天,也依然生机勃勃地被包含在这些新的学科领域和理论与批评的手段之中。新批评后期的代表人物、文学批评史家韦勒克就曾这样回顾道:"我无意掩饰自己的信念——新批评派已经阐述或者说重申了未来的年代将不得不回归的许多基本道理:审美过程相互作用的特殊性质,一部艺术作品形成一个结构、一个统一体、条理连

① 克林思·布鲁克斯《反讽——一种结构原则》,引自:赵毅衡《"新批评"文集》,中国社会科学出版社,1988年版,第335页。着重号为原文所加。

② 赵毅衡《"新批评"文集》,中国社会科学出版社,1988年版,第337、339页。"象"应为"像"。

③ 李梅英《"新批评"诗歌理论研究》,中国社会科学出版社,2012年版,第222页。

贯、一个整体的规范展现,它是无法简单地任人肆意攻击的,而且相对而言脱离它的渊源和效果而存在的。”[①]实际上,新批评的基本观念不仅仅仍然在诗歌研究领域中可以被广泛地拓展与运用,不仅仍然包含在整体的文学批评与观念之中,而且,新批评的视野与方法,就是在面对诸如广告这样的非文学文本的时候,它们也依然在隐蔽地发挥它们的作用。

复习思考题:

1.你认为“现代西方文论”应该从什么时候或者将什么流派作为起点较好?为什么?

2.你如何理解什克洛夫斯基的基本思想?你认为它们的有效性如何?

3.艾亨鲍姆对文学形式的关注表现在哪些方面?你如何评价他的文学批评新思想?

4.谈谈你对艾略特文学思想的看法。

5.你如何理解“肌质”?

6.你如何理解“张力”?

7.你如何理解“意图谬见”和“感受谬见”?你如何评价它们?

8.请试着使用“悖论语言”与“反讽结构”去分析一首常见的和难以理解的诗。

深入阅读书目:

1.特雷·伊格尔顿《二十世纪西方文学理论》,伍晓明,译,北京大学出版社,2007年版。

2.菲利普·赖斯,帕特里夏·沃《现代文学理论读本》,劳特利奇出版社,1992年版。

3.雷纳·韦勒克《近代文学批评史·第六卷》,杨自伍,译,上海译文出版社,2009年版。

4.雷纳·韦勒克《近代文学批评史·第七卷》,杨自伍,译,上海译文出版社,2009年版。

5.什克洛夫斯基等《俄国形式主义文论选》,方珊等,译,生活·读书·新知三联书店,1989年版。

6.张冰《陌生化诗学:俄国形式主义研究》,北京师范大学出版社,2000年版。

7.扎娜·明茨、伊·切尔诺夫《俄国形式主义文论选》,王薇生,编译,郑州大学出版社,2005年版。

8.托·斯·艾略特《艾略特文学论文集》,李赋宁,译,百花洲文艺出版社,2010年版。

9.赵毅衡《“新批评”文集》,中国社会科学出版社,1988年版。

10.威廉·燕卜荪《朦胧的七种类型》,周邦宪,王作虹,邓鹏,译,中国美术学院出版社,1996年版。

11.李梅英《“新批评”诗歌理论研究》,中国社会科学出版社,2012年版。

① 雷纳·韦勒克《近代文学批评史·第六卷》,杨自伍,译,上海译文出版社,2005年版,第264页。

第九章　现象学、存在主义与阐释学文论

概述

现象学、存在主义与阐释学这三种文论，既具有密切的关联，又存在显著的差别，其前后承传和秘响旁通的复杂关系，需要我们细致梳理与辨析。

众所周知，20世纪是一个批评的世纪，各种文论思潮风起云涌，让人目不暇接，但就其荦荦大端而言，可以区分为科学主义倾向和人文主义倾向两大类。阐释学文论具有鲜明的人文主义特征，存在主义文论甚至还有比较浓厚的人道主义色彩，现象学文论则兼具两种倾向。自从美国的M.H.艾布拉姆斯在《镜与灯——浪漫主义文论及批评传统》(1953)一书中提出文学批评四大要素(作品、宇宙、作家、读者)之后，人们又发现，20世纪的众多文学批评往往在这四大要素中各有侧重，现象学文论和阐释学文论一般被纳入读者系统中去讨论，而存在主义文论因其社会-文化属性则被放在宇宙系统里，其他如表现主义、象征主义、精神分析等则属于作者系统，而俄国形式主义、英美新批评、结构主义等由于看重文学文本而被放到了作品系统里。当然，各种文论并非判然有别，往往是彼此之间具有千丝万缕的联系。现象学、存在主义与阐释学这三种文论不仅关系密切，还都脱胎于同名哲学思潮，甚至就是该哲学思潮的重要组成部分，这在相当程度上增加了我们学习和理解的难度。

一、现象学及现象学文论

为了论述的方便，我们有必要先对现象学、存在主义和阐释学的若干代表性人物的哲学思想以及他们之间的学术关系进行简要的介绍与梳理。但即便如此简略，这个概述也会显得比较冗长。

要理解现象学文论，我们必须做出“哲学现象学”和“文学现象学”的区分。哲学

埃德蒙德·胡塞尔(Edmund Husserl,1859—1938)

胡塞尔,犹太裔德国人,先后在莱比锡大学、维也纳大学和哈雷大学等学校学习物理、天文、数学、心理学和哲学等,他追求严密、科学的思维精神;1883年他在维也纳大学获得数学博士学位,年仅24岁。为了找寻各门学科最为真实的根据,他的学术兴趣又从数学转向到逻辑学,最后确定从事哲学研究,并最终成为西方现象学的奠基者。其主要作品有《逻辑研究》《内时间意识的现象学》《纯粹现象学通论》等。

现象学或者说现象学哲学的创始人是埃德蒙德·胡塞尔。胡塞尔深受奥地利哲学家、心理学家弗兰兹·布伦塔诺(Franz Brentano,1838—1917)的影响。布伦塔诺在《经验观点心理学》(1874)中曾提出"意向性"这一概念:"每一心理现象都把某物作为对象而包容于自身之中,尽管方式有所不同。在表象中总有某物被呈现,在判断中总有某物被肯定或否定,在爱中总有某物被爱,在恨中总有某物被恨,在欲求中总有某物被欲求,诸如此类。"这对胡塞尔产生了很大影响,可以说,胡塞尔的现象学就是以"意向性"问题为开端的。

1889年胡塞尔出版第一部著作《算术哲学:心理学和逻辑学的研究》,试图探讨数学概念之合理性基础的来源,他认为数学的那些基本概念不是客观存在的,是人的意识构造而成的。胡塞尔现象学的代表作是十余年之后的伟大著作《逻辑研究》。《逻辑研究》第一卷(1900,题为"纯粹逻辑学导引")结束了心理主义的长期统治,而《逻辑研究》第二卷(1901,题为"现象学与认识论研究")对现象学本身进行了系统阐释。两部著作一破一立,影响深远。他的现象学立志要沿着康德先验逻辑的路线,寻求一个既非心理学,又非空洞形式的"中间道路",即纯粹先验逻辑的道路,但"在阐述自己的纯粹先验逻辑的观点时,胡塞尔面临着复杂的三重关系:逻辑、心理和物理三者的关系。然而,我们将会看到,这三者之间的关系,归根结蒂,就严格意义来说,恰恰就是'心理'与'物理'的关系,也就是说,仍是哲学上的老问题:'心'、'物'的关系问题"[①]。

① 叶秀山《思·史·诗——现象学和存在哲学研究》,人民出版社,1988年版,第73页。

胡塞尔解决此一问题的独特之处就是力图建立一个纯粹思想性的精神世界或者说“心理世界”，它既不同于“物理世界”，也不属于数学式的纯逻辑形式，而是有客观（对象）内容的思想性的世界，这个内容不是物质世界的刺激、反射或反映的结果，而是理性主体的一种建构（constitution）。这里我们就可以看出与布伦塔诺“意向性”之间的内在联系了。

胡塞尔的其余重要著作还包括《现象学的观念》《纯粹现象学和现象学哲学的观念》《笛卡儿的沉思》《欧洲科学的危机与先验现象学》等，探讨了“悬置法”“本质的还原”“先验的还原”“交互主体性”与“生活世界的现象学”等重要的现象学问题。

当胡塞尔1916年到弗赖堡大学任教之后，现象学运动的中心也逐渐转移到那里，有一批卓越的助手和学生追随在他的左右。其中包括马丁·海德格尔、罗曼·英伽登、埃迪特·施泰因、鲁道夫·卡尔纳普、马克斯·霍克海默等，他们在各自的领域做出了惊人的成就，但都或多或少地带有胡塞尔的影响与印迹。

现象学在文论领域最重要的代表当是胡塞尔的学生罗曼·英伽登（Roman Ingarden，1893—1970）。他是波兰人，现象学哲学家、美学家、文艺理论家，被胡塞尔称为“我最亲近和最忠实的老学生”。曾经师从胡塞尔，1918年取得博士学位后回到波兰，1949年当选为波兰科学院院士，主要著作有《文学的艺术作品：介于本体论、语言理论和文学哲学之间的研究》（1931年的德文版与1960年波兰文版改名为《论文学作品》）、《对文学的艺术作品的认识》（1937）、《艺术本体论：音乐、绘画、建筑、电影》（1962）、《经验、艺术作品与价值》（1969）等。

现象学在法国也获得了长足的发展，这主要体现在被誉为“法国最伟大的现象学家”，同时也是存在主义哲学家的梅洛·庞蒂和著名现象学美学家米盖尔·杜夫海纳（Mikel Dufrenne，1910—1995）的一系列著作中。

梅洛·庞蒂（Maurice Merleau-Ponty，1908—1961）

梅洛·庞蒂1926年进入著名的巴黎高等师范学校，1934年获得博士学位，后来又执教于里昂大学、巴黎高等师范学校、巴黎大学，1952年继柏格森之后被任命为法国最高学术机关法兰西学院的哲学教授。他的代表性著作是出版于1945年的《知觉现象学》，此外还有《人道主义与恐怖》（1947）、《辩证法的探险》（1955）、《符号》（1960）、《眼与心》（1964）等。

庞蒂试图把现象学和存在主义结合起来，在“知觉现象学”的名义下对存在主义进行新的阐释，并希望以此为基础建立一套社会政治理论，建立一种以活生生的人为对象的社会历史哲学，用以修正马克思主义。这实际上开启了存在主义的马克思主义思潮，并给萨特以巨大的影响。他还对唯物主义、唯心主义关于物质与意识、身体与心灵等的二元区分给予了否定，提出既包含物质方面又包含精神方面的人的身体，即“身体-主体”学说，认为存在只有通过人的存在才能变成可见的东西，存在“总是‘围统着我并在一种意义上贯穿于我’”[①]。由此我们可以发现他与胡塞尔及海德格尔之间的内在关联。

米盖尔·杜夫海纳也毕业于巴黎高等师范学校，曾在普瓦提埃大学、巴黎大学任教，并担任过法国美学协会主席和世界美学协会副主席。他的《审美经验现象学》(1953)是当代西方美学界公认的重要著作，此外还有《美学与哲学》(多卷本论文集，1967—1981)、《现代美学主要思潮》(1979)等。杜夫海纳的美学是在改造胡塞尔现象学方法的基础上发展起来的，他认为科学的美学和哲学应该对意识现象加以描述，从而达到对意识的本质的把握。因此，他把研究的重点放在对鉴赏主体(欣赏者)的审美经验的现象学描述上，而且认为这是整个美学的任务。在他看来，审美对象和审美知觉是相互制约、不可分割的，“审美对象只有在审美知觉中才能完成”，审美经验的本质是知觉经验的形式，这种知觉过程分为呈现、再现以及现象、反照和感觉三个阶段。他的观点与实践，反映出现代美学从寻求美的本质向分析审美经验转变的趋势。

在《审美经验现象学》一书中，杜夫海纳还对艺术作品与审美对象做出了区分，认为前者是后者的基础：“尽管创作行为赋予艺术作品的实在性是无可否认的，它的存在，却仍然可能模糊不清。因为它的使命是自我超越，走向审美对象，只有成为审美对象，它才能被观众接受，达到完全的存在。”[②]在“引言”部分，他明确概括了作品、审美对象和审美经验之间的关系：艺术作品“诱发”审美经验，而“审美对象只能——至少是暗中——参照审美经验才能界定自己”，“……简言之，审美对象是作为被知觉的艺术作品。”但是，“艺术作品并不涵盖全部审美对象，它只构成审美对象的一个得天独厚的、但却范围有限的部分。”[③]与英伽登相比，杜夫海纳更看重从欣赏者的角度探讨审美经验和审美对象之间的关系。

除此之外，以比利时批评家乔治·布莱为代表的“日内瓦学派”也在现象学批评领域做出了杰出贡献。早在1933年，马塞尔·雷蒙(1897—1984)就出版了《从波德莱尔

① 徐崇温《存在主义哲学》，中国社会科学出版社，1986年版，第360页。“统”应为“绕”。

② 米·杜夫海纳《审美经验现象学》上，韩树站，译，文化艺术出版社，1996年版，第29页。

③ 米·杜夫海纳《审美经验现象学》上，韩树站，译，文化艺术出版社，1996年版，第7-8页。

到超现实主义》,提倡主体意识批评。而乔治·布莱(1920—1991)的《批评意识》(1971)则被让-伊夫·塔迪埃誉为日内瓦学派"全景及宣言"式的杰作,是了解主体意识批评最好的一部著述,也是该学派中最具有现象学哲学意味的著作。除此之外,布莱还有"人类时间研究"四部曲、《爆炸的诗》等十多部著作。

《批评意识》是一部结构独特的著作,上编除引言之外,它用十五章评述了15位批评家的批评实践,下编两章集中阐释自己的批评观。纵观全书的主要观点,恰好可用开头和结尾的两句简短的话来概括:"阅读行为(这是一切真正的批评思维的归宿)意味着两个意识的重合,即读者的意识和作者的意识的重合。"

以此为线索,该书上编阐明"当代批评家"的各不相同的与作者意识重合的方式,提炼出了斯达尔夫人的"钦佩"、波德莱尔的"弃我"、雷蒙的"参与"、斯塔罗宾斯基的"凝视"等。下编也是全书的总结,他描述了一本书在被"我"阅读的过程中,其作为现实的纸做的物的消失,以及作为精神的物的呈现过程:"它变成了一连串的符号,这些符号开始为它们自己而存在。这种新的存在是在哪儿产生的?肯定不是在纸做的物中。肯定也不在外部空间的某个地方。只有一个地方可能做为符号的存在地点,那就是我的内心深处。"[①]与此同时,作为阅读者的"我"也发生了令人"惊讶"的变化:"我成了这样一个人,其思想的对象是另外一些思想……大部分时间里,是我在思想,我从可能来自别处的思想中认出我自己,但是我在思考这些思想的时候,正是我承担着这些思想。"[②]他甚至更形象地说:"我被借给另一个人,这另一个人在我心中思想、感觉、痛苦、骚动。"[③]但这并不意味着我(阅读者)的意识全部丧失,我和那个人开始形成一种相毗连的意识或者说感情的共同体,"由此而产生我的某种惊奇,我是对于一种存在感到惊奇的意识,这存在并不是我的,但我把它当成我的一样经历着它。这个感到惊奇的意识就是批评意识:读者意识,这样一个人的意识,即他必须把发生在另一个人的意识中的某种东西当作自己的来加以体会"[④]。就这样,布莱将"批评意识"涉及作品、作者、读者三方的情况给予了细致的分析。

在"日内瓦学派"中,让·斯塔罗宾斯基(1920—2019)是为数不多的真正的日内瓦人。其著述包括了《让-雅克·卢梭:透明与障碍》(1957)、《活的眼》(1961,又译《生动的目光》)、《批评的关系》(1970)、《镜中的忧郁》(1989)等。

让-伊夫·塔迪埃说:"从《生动的目光》的前言'波佩的面纱'起,斯塔罗宾斯基就

① 布莱《批评意识》,郭宏安,译,百花洲文艺出版社,1993年版,第255页。
② 布莱《批评意识》,郭宏安,译,百花洲文艺出版社,1993年版,第257页。
③ 布莱《批评意识》,郭宏安,译,百花洲文艺出版社,1993年版,第260页。
④ 布莱《批评意识》,郭宏安,译,百花洲文艺出版社,1993年版,第263页。

确定了自己的批评观。我们从中发现了批评家对绘画和文学的共同兴趣的根源：目光。该书实际上提出了一套关于目光的诗学及其理论：‘视觉引导精神走出视觉的王国，进入意义的王国。’”[①]

的确，斯塔罗宾斯基对目光（看、注视、凝视）进行的是远非一般主题学式的研究，他从语义学、语文学入手，倾听不同作家作品中的语词的声音，重视语言和风格的研究。这在相当程度上弥补了乔治·布莱等其他日内瓦学派成员忽视文学文本的语言媒介，甚至将形式和物质当作一种障碍的缺陷与不足。他说：“凝视是人物和世界、我和他人之间的活的联系”，而“批评家是这样一个人，他在同意接受文本强加于他的迷惑的同时，还要求保留**凝视的权利**。他希望深入得更远：在展示在他面前的明显的意义之外，他预感到一种潜在的含义。”这种“凝视，为了你被‘凝视’”的双向关系，与布莱的观点也是彼此相通的”。[②]而《批评的关系》这本书则充分展示了斯塔罗宾斯基将文学与其他学科结合起来，对传统批评既继承又革新与发展的理论与实践，被认为是以最完整的方式展示他对文学作品分析诸问题之思考的一本书。

二、存在主义与存在主义文论

存在主义文论既有自己的根源，同时也与现象学有着千丝万缕的联系。作为胡塞尔的学生，海德格尔在胡塞尔现象学的基础上发展出了他的存在主义哲学和文论，对后世影响深远。

马丁·海德格尔（Martin Heidegger，1889—1976）

海德格尔，德国哲学家，20世纪存在主义哲学的创始人，出生于德国一个犹太裔天主教家庭，其学术生涯深受胡塞尔影响。1928年胡塞尔退休，推荐了海德格尔继任自己的教席。纳粹统治时期他曾任弗赖堡大学的校长。其代表作有《存在与时间》《林中路》《走向语言之途》等。

不过，海德格尔哲学思想的基点虽然是胡塞尔的现象学，但海德格尔并未真正认可它，认为它仅仅是“回到事情本身去”，也就是说让事物自己显示自己；海德格尔虽

① 让-伊夫·塔迪埃《20世纪的文学批评》，史忠义，译，百花文艺出版社，1998年版，第107页。

② 让·斯塔罗宾斯基《波佩的面纱》，郭宏安，译，见中国社会科学院外国文学研究所《波佩的面纱——日内瓦学派文论选》，社会科学文献出版社，1995年版，第71、76、78页。加黑为原文如此。

然也坚持事物的自我显现，却以“存在”(Sein)为依归，而存在又要以“Dasein”(此在、亲在、缘在)显现出来。海德格尔对存在的追问仍然运用的是现象学本质直观的方法，他对柏拉图以来的有关存在的各种判断都予以否定，相当于“悬置”了过去对此问题的思考。存在(显现)通过存在者(显现者)实现自我显现，实际上也相当于一种意向活动或者意义投射活动，而存在者也是在这种显现存在的过程中展示自己、构建自己的。用他自己的话说就是：“凡是如存在者就其本身所显现的那样展示存在者，都可在形式上合理地称为现象学。”[①]

在海德格尔的《存在与时间》一书中，他认为要解决“存在的意义”问题，就必须经由分析人类此在(Dasein)的生存(Existenz)方式，这种分析会揭示出此在的本性是牵挂(Sorge)及这牵挂的纯方式——时间性。但即便做了这样简洁的概括，我们还是感到十分抽象，这里借用一位中国学者的东方化说法来促进我们的认识：“这是一个关于人如何出其缘发本性而沉沦于世间，经历种种浮生幻境，而最终逐渐醒觉，在死亡的悬临、良知的呼唤和先行到底的决断中得大彻悟，明了自己的真性乃是‘缘起性空’的时机化时间，并由此而得大自在的故事。”[②]

海德格尔曾与中国学者萧师毅(1911—1986)合作翻译《老子》，尽管只翻译了很少一部分，但对海德格尔的后期思想产生了巨大推动作用，他也因此成为“在有重大影响的西方哲学家中”，“几乎是唯一一位与中国的‘道’发生了真实交流的思想家”[③]。海德格尔诗学中的重要观念都与中国之“道”、自然之“道”密切相关。

海德格尔的存在主义虽然与现象学有着紧密关联，但它本身的渊源至少可以追溯到丹麦的神秘主义哲学家、被誉为“存在主义之父”的索伦·克尔凯郭尔(Soren Aabye Kierkegaard，1813—1855)，其代表作有《恐惧与颤栗》(1843)、《致死的疾病》(1849)等。海德格尔、雅斯贝尔斯、萨特等都受到他的影响。克尔凯郭尔对存在主义的巨大贡献在于把“孤独的个体”当作世界上的唯一实在，把个人内心的主观心理体验看作人的真正存在，并将其视为哲学的出发点。他还详细地研究了人的存在样态，描述并阐释了恐怖、厌烦、忧郁、绝望等一系列概念。这些内容与方式在海德格尔和萨特的著作中得到了明显的回应。除他之外，尼采也被认为是存在主义的先驱者。美国学者W.考夫曼甚至指出：“在存在主义的演进过程中，尼采占着中心的席位：没有尼采的话，雅斯培、海德格和沙特是不可思议的，并且，卡缪《薛西弗斯的神话》的结论听起来也象是尼采遥远的回音。”[④]存在主义以非理性主义对抗近代理性主义哲学，

① 马丁·海德格尔《存在与时间》，陈嘉映，王庆节，译，生活·读书·新知三联书店，1987年版，第44页。

② 张祥龙《海德格尔传》，商务印书馆，2007年版，第155页。

③ 张祥龙《海德格尔传》，商务印书馆，2007年版，第352页。

④ W.考夫曼《存在主义》，陈鼓应，孟祥森，刘崎，译，商务印书馆，1987年版，第13页。“象”应为“像”。

把人的价值意义看作哲学思考的中心，以及试图通过对人的生存与情绪状态的描述与分析去阐释存在之意义的思考问题和解决问题的方式，都与尼采一脉相承。

存在主义传到法国之后，得到让·保尔·萨特的发扬光大。他不仅从哲学层面发展了存在主义，而且还将其推进到文学创作、批评与政治活动领域，使得存在主义成为一种时代风尚。

让·保尔·萨特(Jean-Paul Sartre，1905—1980)

萨特，法国存在主义哲学家，文学家。出生于巴黎，曾就读于巴黎高等师范学校。萨特去德国柏林留学期间受教于胡塞尔。萨特曾被作为战俘关进集中营，关押期间他研读了海德格尔的著作。萨特1964年被授予诺贝尔文学奖，但他拒绝接受这一来自官方的荣誉；在1968年的“五月风暴”中，他公开支持学生运动。萨特一生坚持正义，反对冷战。主要哲学著作有《存在与虚无》(1943)、《存在主义是一种人道主义》(1946)等，文学作品有小说《恶心》(1938)，戏剧《密室》(1944)，长篇小说《自由之路》(1945)等。

萨特的存在主义哲学思想主要体现在《存在与虚无》一书中。《存在与虚无》有一个副标题：“现象学本体论”，这表明该书同《存在与时间》一样，既属于现象学也属于存在主义，或者说其方法来自现象学，但其主张又超越了胡塞尔的现象学。现象学的目的主要在于找到一种认识真理的方法，而且第一步的方法就是将各种主客观的现实与历史存在悬置起来。萨特要做的就是将括弧中的存在解救出来，以证明一种本体论的存在或者说人的实在及其存在的方式。

《存在与虚无》由六个部分组成，“导言：对存在的探索”除了对存在进行本体论的证明之外，还探讨了“自在的存在”，即“客观存在”(它没有空间关系和时间关系，它仅仅存在而已)的问题。“第一卷：虚无的起源”，讨论了“否定”的起源，以及它和“虚无”的关系，还探讨了作为对自由之体验与正视的“苦恼”和作为对自由之逃避的“自欺欺人”。“第二卷：自为的存在”，“自为的存在”的内在结构就是意识。这种存在是对“自在的存在”的内在否定。由于与“自在的存在”具有的“存在的充实”相比，“自为的存在”作为一种意识恰恰意味着“存在的缺乏”，因此它在时间化的过程中需要连续不断地自我否定和自我超越，以寻求自身的存在基础。

“第三卷:为他”,讨论他人的存在、作为自为存在的为他结构的身体,以及意识这三者之间的关系。他人的存在是问题的基础,确立他人的存在已事先设定了是我在设定他人的存在,这种“我的为他结构”是问题的核心,而这一确立过程也就是意识之间的关系;在这一部分,萨特还分析了注视、羞耻、情欲、爱憎、冲突等人与人之间最根本的存在关系。

第四卷:“拥有、作为和存在”,“拥有”即占有、化归己有,“作为”即活动、创造,“存在”是指“人的存在”即自由;萨特想通过分析这三者的关系来讨论自在与自为,即存在与虚无统一的问题:在活动和化归己有的过程中,原本是虚无的自为的存在与自在的存在得到统一而使虚无成为存在,人的实在也就出现了;但这种统一又是不可能实现的,因为这是由虚无来进行的,于是存在与虚无的统一就变成了一个永恒的过程。在这一部分,萨特还辩证地探讨了自由与责任的关系问题,他指出:“人,由于命定是自由,把整个世界的重量担在肩上:他对作为存在方式的世界和他本身是有责任的。”[①]萨特所谓的“自由”,指的是人在具体的每一个处境中,都要根据自己的判断做出这样做或那样做的选择,没有任何原则先验地规定、指导他的判断和行为。也只有在这个意义上,才可以说“人,命定是自由”。

萨特后来的著作《辩证理性批判》继续把《存在与虚无》中的范畴社会化,体现出一种存在主义的社会辩证法思想。

萨特的文艺理论思想集中体现在长篇论文《什么是文学?》之中。1945年10月萨特在自己创办的《现代》杂志发刊词中提出“介入文学”的主张,号召作家承担责任,用作品回答时代提出的重大问题。《什么是文学?》则可以看成对这一主张的解释。

在该文中,他首先从“介入”的角度探讨了“什么是写作?”他认为,因为诗歌本质上的无功利性,因此是不用介入的,但由于“散文在本质上是功利性的”,因此散文就是一种“介入”性质的文学。“散文作者是选择了某种次要行动方式的人,他的行动方式可以称之为通过揭露而行动。”写作就是揭露,就是行动,就是改变,当然也就是介入了。与“介入”问题相关的则是第二部分题为“为什么写作?”所探讨的“自由”问题。在其中,萨特将自己的存在主义哲学思想融入进来,认为“作家为诉诸读者的自由而写作,他只有得到这个自由才能使他的作品存在。但是他不能局限于此,他还要求读者们把他给予他们的信任再归还给他,要求他们承认他的创造的自由……”,“作家作为自由人诉诸另一些自由人,他只有一个题材:自由。”“写作,这是某种要求自由的方式,一旦你开始写作,不管你愿意不愿意,你已经介入了。”“介入”与“自由”可以说是

---

① 萨特《存在与虚无》,陈宣良等,译,生活·读书·新知三联书店,2007年版,第671页。

萨特文论思想的两个最为主要的关键词。

该书第三、四部分分别题为《为谁写作?》和《1947年作家的处境》。"为谁写作?"进一步探讨了作者与读者的关系:"我们既可以说作者对世界某一面貌的选择确定了他选中的读者,也可以说他在选择读者的同时决定了他的题材。所以,所有的精神产品本身都包含着它们选中的读者的形象。"

接下来,他用较大的篇幅考察了自12世纪以来作家读者群的发展历程,并获得了这样的看法:"人们不可能在没有读者和没有神话的情况下写作——不可能没有某一由历史情况造成的读者群,也不可能没有某一关于文学的神话,这一神话在很大程度上取决于这一读者群的要求。总之,作者与所有其他人一样,位于处境之中。"至此,萨特另一个重要的文学主张——处境文学——呈现了出来。

在第四部分,萨特将法国当代作家分成三代,依次对他们各自的时代处境以及他们与读者的关系进行了分析。它把自己划归为第三代即"在战败[1]以后或战争爆发前不久开始写作"的一代。接下来萨特对他们这一代的作家与文学提出了一系列的具体要求。比如,作家得"承认文学是一种自由,用赠与取代花费,放弃我们的前辈们的贵族谎言,愿意通过我们的全部作品向集体的全部成员发出民主的召唤……"再比如,"我们转向工人阶级,这个阶级今天对于作家可以如1870年的资产阶级一样形成一个革命的读者群"。等等。从大量的有关作家、文学与社会主义、工人阶级等问题的论述中,我们可以看出萨特鲜明的左倾主义立场。这种立场自然也是战后法国乃至于全世界的时代"处境"或者说"境况"在萨特思想上的反映与表现。

萨特还有不少有关文学的论述,他在批评实践中也将精神分析学与马克思主义结合起来,以检验他在哲学上提出的"前进-逆溯"方法。

存在主义文论除了海德格尔、萨特这两个代表人物之外,还有诸如卡尔·雅斯贝尔斯、阿尔贝·加缪、加布里埃尔·马塞尔、保罗·蒂里希,以及西方之外的日本学者西田几多郎等,他们在自己的哲学与文学思想中对存在主义进行了旁逸斜出的开拓性发展,使存在主义真正成为一种世界性的思潮。对于这些内容,因篇幅所限,我们无法详细介绍。

三、存在主义与阐释学文论

最后,我们来说说阐释学。阐释学的德语(Hermeneutik)词根来源于Hermes,即希腊神话中的信使赫尔墨斯,他的任务是把宙斯及诸神的指示和消息传递、翻译和解

---

① 指法国被法西斯军队所攻陷。

释给凡人。时至今日，阐释学已经发展成包括神学阐释学、哲学阐释学、文学阐释学、历史阐释学等广阔领域的、关涉各个人文学科的巨大思潮。

实际上，人们对不了解的事物、神话、传说、梦境、文字、典籍等都需要通过翻译和解释的行为与技艺来进行理解，阐释因此可以说古已有之。但将阐释行为当作一种理论或者学科加以探讨，则起源于19世纪德国的神学家、哲学家弗里德里希·施莱尔马赫(Friedrich Schleiermacher，1768—1834)。而在此之前，阐释问题主要放在逻辑学中予以讨论，例如亚里士多德《工具论》中的《解释篇》。到了16世纪，德国神学家梅兰希顿将阐释与修辞学联系起来，这对施莱尔马赫产生了较大的影响，他进而认为阐释学与修辞学相互隶属。但此种意义上的阐释学仍然属于方法论，但施莱尔马赫则试图发展出一种关于理解和解释的普遍性科学，因为在他看来，“作为理解艺术的诠释学还不是普遍地(一般地)存在的，迄今存在的其实只是许多特殊的诠释学”①。他初步完成了这一任务，建立了一种自称是普遍阐释学的学科，将阐释学从主要对《圣经》等权威神学著作的阐释扩大到对一般文本的阐释，其目的就是要避免误解文本。

随后的威廉·狄尔泰(Wilhelm Dilthey，1833—1911)为了替人文科学奠定认识论基础从而提高其地位，将人文科学与自然科学视为同样的真正的科学，其区别仅仅在于认识方法各不相同罢了。他明确指出：“我们说明自然，我们理解心灵。”②在他看来，通过个人“生活的体验”和对生命同情的“理解”就能重新(再次)体验过去的精神和生命。“体验”“再体验”也就成为认识历史关联、解释各种精神现象的可能途径。1900年之后，狄尔泰运用胡塞尔的意向性客体理论，把阐释过程视为努力排斥自己的主观因素、重复别人意向的过程。应该说，狄尔泰把作为方法论、认识论的阐释学推进到对整个历史世界的精神与生命予以阐释的境地，已经把传统阐释学的潜能发挥到了极致，后来者必须另辟蹊径才能有所突破。

这种突破随着海德格尔《存在与时间》的发表得以开启，其表征就是阐释学开始了从方法论、认识论向本体论的转向。海德格尔哲学的主要目的在于批判传统形而上学对存在本身的遗忘，期望通过追寻存在的意义、敞亮存在的真理性确立起一切存在论之依据的“基础存在论”，以扭转被传统哲学歪曲了的存在追问史，构建一种“有根的本体论”。他的作为有根的本体的“存在”只能通过“存在者”去追问，而最适合作为通达存在本身之切入点的只能是人，只有人能够反观和领会(领悟)自己的存在，借此“逼问”出存在或者说让存在得以显现。存在就是显现，是在场，是敞开与领会，也

① 弗里德里希·施莱尔马赫《诠释学讲演(1919—1832)》，洪汉鼎《理解与解释：诠释学经典文选》，东方出版社，2006年版，第47页。

② 洪汉鼎《理解与解释·编者引言》，东方出版社，2006年版，第23页。

是解释。存在的显现是一个过程,因而具有时间性,时间与存在密不可分。人这种存在者就是“此在”(亲在、缘在)。正是在对此在的生存论分析过程中,海德格尔论及了阐释学的核心概念:理解与解释。在他那里,“理解不再是对人类精神生命的理解,而是对人类个体此在生存过程的理解,这种理解反过来又表现此在的存在过程与方式,并进而凸现存在本身。由此,理解活动的性质从方法论层面转向了存在论层面,转向了使存在本身得以显现的本体论层面”[①]。

阐释学本体论转向的最终完成者是海德格尔的学生伽达默尔,他的哲学阐释学“是海德格尔构想的展开,也是对海德格尔未能解决的问题的尝试性解答”[②]。海德格尔后期哲学已经呈现出阐释学的危机,那就是阐释学要阐释的东西归根到底却是不可阐释的,而所谓存在的诗化与神化,不过是对不可阐释的阐释而已。从某种意义上讲,伽达默尔从事阐释学研究就是为了化解海德格尔的危机,他通过对理解的历史性(成见、效果历史)、理解的语言性(对话、视域融合)以及理解的实践性(参与、运用)等方面的系统论述,将哲学阐释学提升为阐释学哲学。同时,他将阐释放在与存在、语言、历史等诸种关系中加以研究的做法,也可以说是将阐释学推进到了语言学的阶段,其结果必然会创生一系列有关文学、艺术、历史的理解与阐释的新思想、新观点,衍生出蔚为大观的阐释学文论(文学阐释学)和接受美学,后文我们还将予以具体论述。

由于我们将要论及的各个文论家的观点具有内在的逻辑自洽性,加之现象学、存在主义、阐释学这几个学派的论著风格都以深刻难懂而著称,我们与其勉为其难地概括,不如适可而止地转录。迫不得已,后面几节的原文征引会稍微多一点。

第一节　英伽登[③]的现象学文论

前面我们指出,有必要区分哲学现象学和文学现象学,尽管两者之间有割舍不断的联系。哲学现象学有一系列代表人物,文学现象学也有一个文论家和批评家群体,其中最主要的代表人物是罗曼·英伽登和米盖尔·杜夫海纳,此外还有日内瓦学派,其代表人物有瑞士的马塞尔·雷蒙、让·斯塔罗宾斯基、史·斯太格、比利时的乔治·布莱、

① 田方林《狄尔泰生命解释学与西方解释学本体论转向》,西南交通大学出版社,2009年版,第207页。

② 戴文麟《现代西方本体论哲学研究》,浙江人民出版社,1993年版,第444页。

③ “英伽登”国内又译为“英加登”,本书正文采用“英伽登”的译法。

法国的阿尔贝·贝甘、让·皮埃尔·理查德等。他们几乎都将文学作品看成创作意识的表现,都关心欣赏者的审美经验、审美意识现象,既然作者与作品之关系研究早已重视有加,在坚守现象学“意向性”的前提下,他们只好转而将读者(欣赏者、批评家)与作品之关系作为考察对象,做出了各有侧重的理论阐释。

海德格尔和英伽登可以说是最早将他们的老师胡塞尔的现象学理论与方法运用到美学、诗歌和文艺研究领域的学者。海德格尔的诗学观我们放在下一节再做介绍,这里先来看看被韦勒克誉为与克罗齐、瓦莱里、卢卡奇齐名的“西方四大批评家”之一的英伽登的贡献。

论者一般将英伽登的文论思想切分为本体论、认识论、价值论三个板块予以阐释,分别对应其主要著作《论文学作品》(1931,1960)、《对文学的艺术作品的认识》(1937)和论文《艺术的和审美的价值》(1964)。我们也照此模式,依此顺序介绍英伽登的基本文论观点。

在《论文学作品》的“导言”中,英伽登开门见山地说:“我在这里宣布,我要研究的主要对象是文学作品,特别是文学的艺术作品的基本结构和存在方式。我的目的首先是要说明文学作品有什么样的独特的构建,还要理清那些被一直很强烈的心理学倾向所搅乱了的各种概念,这种混乱也是因为关于艺术和艺术作品的一般性的理论有许多缺陷而造成的。”[①]的确,这本著作主要从现象学本体论的美学观出发,对文学作品的存在方式和基本结构进行了具体研究。至于研究的缘起,除了上面所谓要澄清诸多混乱之外,还在于他要发展胡塞尔有关纯意向性的客体、纯意识等问题的研究,以便于明确实在客体的结构和存在方式同意向性客体在本质上是不一样的。他说:“为了说明这一点,我找到了一种毫无疑问是纯意向性的客体,有了它便可以不受考察实在客体后所得出的看法的影响,来对这个纯意向性的客体的本质结构和存在的方式进行深入的研究。正是在这个时候,我觉得文学作品特别适合于这种研究。当我更进一步地对它进行了解之后,便发现这里有许多有关文学理论的专门性的问题。我在思考这些问题的过程中,联系到上面提到的对意向性客体的研究,便写就了这本书。”[②]这里之所以要不厌其烦地引用这样一段话,是为了表明英伽登鲜明的现象

① 罗曼·英加登《论文学作品》,张振辉,译,河南大学出版社,2008年版,“导言”第13页。

② 罗曼·英加登《论文学作品》,张振辉,译,河南大学出版社,2008年版,第14页。

学立场及其对现象学哲学的思考与贡献，难怪胡塞尔在读到本书1931年的德语版后感到十分欣慰。

在导言中，英伽登还明确指出："我的结论是，这一类的作品既不是严格意义上的观念的客体，也不是实在的客体。"[①]因为这两种意思相反的说法都不能一劳永逸地解决问题。换句话说，在他看来，文学作品是一种意向性的客体，它的存在决定于意识行动的采取和完成，受制于意识主体，主体意识的改变也会决定作品这个意向性客体的改变，至于主体的意识的变化则又与历史、时代、社会的变化密切相关。"这种看法对于艺术哲学来说是很重要的，因为借此可以克服心理主义的主观主义，而又不致陷进另一极端，即非历史的客观主义。"[②]正是由于他辩证地看到了一部文学作品除了由文字符号构成之外，还与作者的体验与读者的阅读密切相关，所以他才把作品的存在方式描述为一种"想象客体"或"再现客体"。但这样一来，就会陷入无法保全文学作品的统一性和同一性的困境。不过，他还是指出了一条而且还是唯一的一条出路："就是承认观念意义单元的存在却不认为它们属于文学作品的构建——目的就是要避免上述那些困难的产生——而只是通过它们的帮助，以保全文学作品的同一性和独一无二。怎样实现这个想法，将反映在我以后的研究进程中。"[③]

所谓以后的研究进程，应该就是该书的第二部分"文学作品的建构"，正是在这一部分中，英伽登细致地分析了文学作品的层次结构。他认为，文学作品是四个不同质的层次构成的复合整体。这四个层次是：1.字音和建立在字音基础上的更高级的语音造体层次；2.不同等级的意义单元或整体的层次；3.不同类型的图式的观相、观相的连续或系列观相的层次；4.文学作品中再现客体和它们的命运的层次。[④]

在对第一个层次的探讨中，他在论及单个语词和它的发音、不同类型的发音（如节奏、速度、乐调等）的基础上，还揭示了它们在文学作品的建构中所发挥的重要作用。"第一，它们都是作品的一些特殊的组成部分；第二，它们在自己的扩展中，一部分在作品中的另外一些层次的构建中，都能发挥自己的功能。作为作品的组成部分，它们以一种特殊形成的材料和特殊的审美价值质丰富了作品的整体内涵。"[⑤]简单说来，它们既使其他层次显现出来，又具有独立的审美功能。

---

① 罗曼·英加登《论文学作品》，张振辉，译，河南大学出版社，2008年版，第16页。

② 赫伯特·施皮格伯格《现象学运动》，王炳文，张金言，译，商务印书馆，1995年版，第329页。

③ 罗曼·英加登《论文学作品》，张振辉，译，河南大学出版社，2008年版，第38页。

④ 参见罗曼·英加登《论文学作品》，张振辉，译，河南大学出版社，2008年版，第49页。比较有意思的是，在具体论述时，这四个层次的顺序并不与此相同，第三层和第四层的顺序发生了调换。在《对文学的艺术作品的认识》一书中仍然重复了这一矛盾。有学者通过论证指出："总之，从内在逻辑看，意义单元层之后应为图式化观相层而非再现客体层。"（参见张永清《问题与思考：英伽登文论研究三十年》，《文艺研究》，2011年第2期。）我们这里还是按照具体论述的顺序予以介绍。

⑤ 罗曼·英加登《论文学作品》，张振辉，译，河南大学出版社，2008年版，第75-76页。

英伽登花费了将近全书三分之一的篇幅探究“意义造体层次”，可见这一层次在作品构建中所具有的重要地位，毕竟它是后面两个层次的基础。所谓意义造体，也可以理解为赋予词的语音以意义，这里所谓的意义是指客观事物的意向性对应物，也就是说，它要依赖于人的意识活动或者说意向性投射活动。在实际的论述中，英伽登对语词、语句、句群所构成的意义以及各种句型的功能都给予了细致的分析。

第三层次“再现客体层次”与第二层次密切相关，但讨论的视角更多地放在读者对作品的阅读上。著作中有这样一段话可以帮助我们理解现实客体、意向性的客体以及读者的意识（意向性）等之间的关系问题：“如果在一部小说中有再现的人们、动物、国家和房屋等等，也就是说，如果说到存在的实在类型的客体，它们在文学作品中都表现出了一个实际存在的性质，虽然读者常常意识不到，但是不能将那个实体的性质和实在客体的现实存在的性质完全等同起来。我们说的文学的艺术作品中的再现客体是指实体的外部观相，它——如果可以这么说的话——并不要求认真对待，因为读者在阅读作品时，会把一个拟判断性质的语句当成真正的判断，而意向性的客体也真的假装成为实在客体了。但这种改变并不是作品本身的改变，而是一种可能出现的对作品不忠实的具体化。如果我们认识了再现客体的特殊本质——理解了它的内容——我们就会知道，它虽然是一种类型的现实客体，但它并没有‘扎根’在现实世界中，它自己也没有处在一个现实的时空中，这就是说，它完全没有脱离意识主体行动对它的引导。”①

这里还首次出现了一个重要的概念——“具体化”，指文学作品存在一些空白、未定点，需要读者在阅读中运用自己的体验与想象去填补和确定。有关这个概念的阐释对后来接受美学的文学观和文学史观都产生了实实在在的影响。但英伽登在这一部分中并没有对具体化予以展开，而是以注释的方式提醒读者将在后面第十三章予以探讨，该章的题目为“文学作品的‘生命’”，可见具体化对文学作品之构建的作用是多么的重要。英伽登对具体化的认识是深刻而辩证的，他说：“具体化不仅包含着各种各样作品中没有的因素——虽然这些因素在作品中的存在也不是不允许的——而且也经常有一些对作品来说完全陌生并且或多或少地掩盖了它的因素。”②至于具体化与作品之“生命”的关系主要体现在这样两个方面：“（1）文学作品只有出现在许多具体化中的时候，它才‘活着’；（2）文学作品由于意识主体不断构建新的具体化而发生变化的时候，它才‘活着’。”③

① 罗曼·英加登《论文学作品》，张振辉，译，河南大学出版社，2008年版，第222页。

② 罗曼·英加登《论文学作品》，张振辉，译，河南大学出版社，2008年版，第321页。

③ 罗曼·英加登《论文学作品》，张振辉，译，河南大学出版社，2008年版，第328页。

第四个层次“图式化观相的层次”与第三层确实不易分别。现实客体与文学作品中的意向性客体有区别，同样，现实中的真实客体与主体对它的观相也根本不同，前者可以独立于主体，后者则是主体对它的感性直观：“那个被感知的观相和洞见主体的关系主要表现在它在本质上依从于主体的姿态。他可以闭着眼睛，以终止观相不断的流动，干脆使它不存在。可以把视线放在‘无穷’上（或者与此相反——放在很近的地方），使观相产生很大的变化。”[①]在这种直观中或者说对外部感性的洞见中，事物以观相的方式呈现出来。但具体的观相又是变化的，而在诸多变化的观相中保持同一的、不变的东西就是图式化观相，文学作品实际上只是图式化的潜在形式，它需要通过读者的“具体化”才能变成具体的观相。也正是在对这种图式化的再现客体加以具体化的过程中，再现客体显示和指向诸如崇高、震惊、神圣、玄奥、怪诞等形而上学的特质，文学作品的思想与观念得以呈现。

总括英伽登的观点如下：文学作品不是一个自在的客体，而是被创造出来的，是纯意象的客体；它的各个层次都有自身的艺术价值和审美价值质素，但作为一个整体，它又获得一种横切整个作品的复调和声价值质，同样可以将这种价值质视为文学作品的一个独特的层次。

在《论文学作品》的结尾处，英伽登写出一段与全书抽象分析风格稍有不同的颇带感性色彩的话语，值得我们转抄于此：“文学作品是一个真正的奇迹，它存在，有它的生命，对我们产生影响，极大地丰富了我们的生活，使我们长时间地心醉神迷，让我们掉进了生存的无底的深渊。但它不过是一个不能独立存在的造体，如果说到独立存在，它几乎一无所有。如果我们要从理论上去认识它，那它就会给我们显示出几乎无法掌握的复杂性和多面性。但它在我们的审美认知中，却显示了它的统一性，这种统一性照亮了这个复杂的结构。这个结构是个不能独立的存在，它——好像是——完全处于被动的状态，毫无抵抗地任凭我们摆布。但是它的具体化却在我们的生活中引起了深刻的变化，它开阔了生活的领域，超越了日常生活的肤浅，使生活闪耀着神圣的光辉。文学作品虽然‘一无所有’，但它同时又是一个自我的真正的世界，即使它的产生和存在全靠我们的恩赐，它也是一个自我的存在。”[②]

说完英伽登的文学本体论，我们再来看他的文学认识论。这方面的论述主要体现在《对文学的艺术作品的认识》中。在该书的“导言”里，英伽登就强调了对文学的艺术作品进行认识论的研究至少可以构成美学领域的一个基础，特别是构成客观地理解文学艺术价值与审美价值的基础。在“后记”中他明确指出本书是《论文学作品》

① 罗曼·英加登《论文学作品》，张振辉，译，河南大学出版社，2008年版，第254页。

② 罗曼·英加登《论文学作品》，张振辉，译，河南大学出版社，2008年版，第350-351页。

的姊妹篇和补充，这说明了两者之间的密切关系。这一点从内容上能明显看出来，《对文学的艺术作品的认识》虽然继续探讨了构成文学作品的各层次的问题，但更主要的是从审美经验的角度对文学作品的具体化，也就是重构问题予以细致的论述。这种论述从三个方面展开，一是重构的基础，二是重构中的具体化活动，三是重构的三种态度。

重构的基础，虽然被英伽登纳入对文学的艺术作品认识的初级阶段，但它仍关涉到作品的四个层次。书面符号和语词声音层次，显然具有不易改变的客观性，而以此为基础的语词意义，仍然"是某种客观的东西，不论怎样使用，它都保持着同一核心，并从而超越了所有的心理经验"[①]。由语义层所投射的再现客体和图式化观相，作为作者和读者的意向性关联物也具有一定的客观性。正是这种客观性使得不同读者对作品的具体化能够保持同一性，有可能尽量忠实、精确地重构作品。重构中的具体化活动，是指读者运用自己的感受力、想象力、知觉习惯、兴趣偏好等在审美体验的过程中对作品中不确定的地方予以填充，这一过程当然也涉及作品的每一个层次，它在从简单的外审美（或"前审美"）的理解作品到审美理解的过渡中发挥作用。

英伽登还把对文学作品的认识态度区分为审美的态度和纯认识态度或研究态度。审美态度就是具体化过程中的态度，也就是在审美体验中获得作品的审美价值，作品借此转化成审美对象，这可以说是读者的态度。相应地，纯认识态度就是学者的态度。这种态度又分为前审美态度和后审美态度两种，两者的相同之处是，都以获得关于作品的知识为目的，不同之处则在于，前审美态度以作品本身即作品的图式化结构为对象，后审美态度以对作品本身进行具体化时所形成的审美对象进行反思，以获取某种知识。因为"审美对象一旦完全构成，就消逝了。它的构成和存在是一个独一无二的历史事实。一部文学的艺术作品的第二个审美具体化（和第一个一样）不可能在同样的现实性中'实现'"。正因为其独一无二，我们如果要向别人传达我们所构成的审美对象的内容，就必须不考虑时间性来把握它，但如果我们细心地对不同时间内构成的若干审美具体化加以比较，又会发现其中存在不变和永恒的东西。"这种比较通常要在相当大的程度上借助于记忆行为，当然又包含了各种欺骗和错误的危险。"类似于这样充满思辨色彩的论述，与接受美学中的效果史、阐释学中有关阐释的有效性问题的探讨存在诸多相通之处。

最后，我们还要看看英伽登的文学价值论。实际上价值论与本体论、认识论是有密切关联的，英伽登在讨论文学本体论和认识论的时候已经涉及价值论问题。按照

① 罗曼·英加登《对文学的艺术作品的认识》，陈燕谷，晓未，译，中国文联出版公司，1988年版，第23页。

他的理解,文学作品本身具有艺术价值,而具体化过程中完成的转瞬即逝的审美对象具有审美价值。艺术价值是作品本身的潜在质素,它存在于各个层次之中,是审美价值的基础。审美价值则是在各个层次之艺术价值基础上形成的复调和声价值。1964年7月《英国美学杂志》发表了英伽登的演讲《艺术的和审美的价值》,该文集中地探讨了这两种价值的区别与联系。

在批评了有关文学作品之艺术价值和审美价值之主观主义和相对主义的观点之后,英伽登指出:"艺术作品贯穿变动着的接触形式(这种接触未受不同观赏者多种形式欣赏影响),而仍保持为某种已完成的、完全为它自身的东西。只是在观赏者达到对作品本身的某种即使部分的、目前仍不完善的理解时,在他同作品的交流达到作品的内在特性(那种在初次接触时很少自行显出的特性)展露出来时,在对作品结构与质素的理解使他能发现其本质价值时,只是在这样的时刻,我这里所探寻的价值或价值质素才向观赏者们显现自身。"[①]这种价值质素要成为艺术价值还得具备一些否定性或肯定性的条件,比如不属于愉快或欢乐的范畴,不是引起某种情绪的工具,它把自身显现为作品本身的一种确定的特征,它造成艺术品具有完全独特的形式等。他还指出,一部作品中存在着一些中性的质素和具有个人性的质素,所有这些质素和决定文学作品类型的形式的质素一起构成作品价值论上的骨架性质素,这些在审美上有价值的质素,在那些有能力的观赏者予以重建的过程中展现自己。在此文中,英伽登再次明确地对艺术价值和审美价值做出了区别:"'艺术价值'——如果我们终究要承认它存在的话——是在艺术作品自身内呈现的、在那儿并有它存在基础的某种东西。'审美价值'是某种仅仅在审美对象内、在决定对象整体性质的特定时刻才显现自身的东西。"[②]

第二节 海德格尔的存在主义文论

存在主义文论当然是西方当代文论中的重镇,它与存在主义哲学思潮的关系可谓一体两面。在概述中我们已经简单梳理过存在主义哲学发展的脉络,这里我们就只对海德格尔的存在主义文论进行大致的介绍。

① 罗曼·英加登:《艺术的和审美的价值》,朱立元,译,《文艺理论研究》,1985年第3期,第98-105页。

② 罗曼·英加登:《艺术的和审美的价值》,朱立元,译,《文艺理论研究》,1985年第3期,第98-105页。

一、语言与存在

虽然《存在与时间》追问的是世界之本源的问题，也就是“存在”的问题，但由于只能通过对“人”这种此时此地生存着的存在者（此在）之生存状态的分析去实现这种追问，其结果必然要探讨人与天、地、（他）人、神及世界等的各种关系状态，所谓烦、畏、死、沉沦等。而文学及其他各门艺术实际上也是在描述、思考、探究人的各种生存境遇问题，这就使得《存在与时间》的影响超越了哲学而达致文学艺术领域。

在《存在与时间》中，海德格尔并未专门思考、论述艺术问题，但由于此在借以展开自身的三种基本方式是情绪、领会（领悟）与言谈（聆听和沉默），这实际上已经开启了通向解释学与诗学领域的大门。海德格尔不仅说过“领会包含有解释的可能性于自身。解释是对被领会的东西的占有”[①]，而且还反复强调“语言这一现象在此在的展开状态这一存在论状态中有其根源。**语言的生存论存在论基础是言谈**。……**言谈**同**现身、领会在存在论上是同样源始的**。……言谈已经是解释与陈述的根据”[②]。

但从20世纪30年代起，他已经开始关注艺术、诗和语言，1936年发表论文《荷尔德林与诗的本质》，1944年出版《荷尔德林诗的阐释》。战后，海德格尔更是发生了明显的思想转折，1946年发表《诗人何为》提出“语言是存在之家”的命题，并通过《关于人道主义的书信》（1946）变得尽人皆知：“存在在思想中达乎语言。语言是存在之家。人居住在语言的寓所中。思想者和作诗者乃是这个寓所的看护者。”[③]1950年的《林中路》（论文集）、1959年的《在通向语言的途中》（论文集，演讲报告）以及1967年的《路标》（论文集）等著作，则将语言、诗歌、艺术作为他思考的主要对象，形成了颇具特色的海德格尔诗学。由于在海德格尔看来“语言属于人之存在最亲密的邻居”（《语言》），而且“语言本身在根本意义上是诗”（《艺术作品的本源》），因此，他的诗学论著大都像他在《荷尔德林诗的阐释》第二版前言中所说的那样，“是一种思（Denken）与一种诗（Dichten）的对话”[④]，或者如阿尔伯特·霍夫斯达特所编辑的海德格尔诗学文集的书名那样，是关于“诗·语言·思”三者之关系的探讨。下面

---

① 海德格尔《存在与时间》，陈嘉映，王庆节，译，生活·读书·新知三联书店，1987年版，第196页。

② 海德格尔《存在与时间》，陈嘉映，王庆节，译，生活·读书·新知三联书店，1987年版，第196页。着重号为原文所加。

③ 海德格尔《关于人道主义的书信》，《路标》，孙周兴，译，商务印书馆，2009年版，第368页。

④ 海德格尔《荷尔德林诗的阐释》，孙周兴，译，商务印书馆，2000年版，第2页。

我们就围绕语言的本质、诗的本质、艺术作品的本源、诗人何为等几个方面予以简略介绍。海德格尔关于这几个方面的论述往往交织在一起，我们的介绍也不可能有明晰的区分。

海德格尔虽然在《存在与时间》中已经发表过对语言的看法，但真正成熟的思考还是体现在大约20年之后的一系列文章中。尽管他中、晚期的存在论、语言观都与早期有所不同，但《存在与时间》中有关"语言的生存论存在论基础是言谈"以及"现身在世的可理解状态道出自身为言谈"的论述所奠定的语言本体论观点仍然没有改变，改变的只是不再将语言视为此在的展开，而将其看成对存在本身的直接展示。早期所谓语言通过此在的言谈获得展示，因既存语言无法摆脱的先验结构，给存在的显现划定了一个难以突破的理解之边界，为了摆脱这一困境，他才希望通过对语言之诗化本质的思考，找寻一条通向本真存在的道路，也就是那条"通向语言之路"，即他所说的"把作为语言的语言带向语言"[①]的道路，其语言本体论特征可谓更加明显。此外，他还明确指出："语言，凭借给存在物的首次命名，第一次将存在物带入词语和显象。这一命名，才指明了存在物源于其存在并到达其存在。这种言说即澄明的投射。"[②]"语言本身在根本意义上是诗""诗的本性却是真理的建立"[③]。这样看来，语言本体论也就意味着解释本体论、存在本体论。

由于通过此在的言谈显现存在具有某种危机，海德格尔转而用语言来显现存在，这就牵涉到对语言之本质的理解，如何理解呢？他认为只得通过诗的本质去理解语言的本质，但诗的本质也必得从语言之本质那里获得理解。[④]这里似乎陷入一种循环的阐释，而海德格尔正是通过对诗与语言之交互分析走出这种循环的。"总之，早期海德格尔以此在的人来显现自身和万物的存在，中、晚期则转而用艺术、诗、语言和哲学的思来显现存在。依海德格尔，后一显现的存在更为根本，更为深刻，因为它是前一显现的根据或者最终统一体。"[⑤]

二、诗的本质

海德格尔有关诗的本质的思考最为集中地体现在1936年发表的《荷尔德林和诗的本质》一文中。该文围绕荷尔德林的"五个中心诗句"逐层展开论述，从探讨"作诗

① 海德格尔《走向语言之途》,《在通向语言的途中》(修订译本),孙周兴,译,商务印书馆,2004年版,第240页。

② 海德格尔《艺术作品的本源》,《诗·语言·思》,彭富春,译,文化艺术出版社,1991年版,第69页。

③ 海德格尔《艺术作品的本源》,《诗·语言·思》,彭富春,译,文化艺术出版社,1991年版,第69、70页。

④ 参见海德格尔《荷尔德林诗的阐释》,孙周兴,译,商务印书馆,2000年版,第47页。

⑤ 陈本益,向天渊,唐健君《西方现代文论与哲学》,重庆大学出版社,1999年版,第265页。

是最清白无邪的事业”中“获得了一个暗示,它指示我们必须到何处去求索诗的本质。诗是在语言领域中并且用语言‘材料’来创造它的作品。”进而过渡到对第二个诗句“因此人被赋予语言,/那是最危险的财富/……/人借语言见证其本质”的分析,得出“语言足以担保——也就是说,语言保证了——人作为历史性的人而存在的可能性。语言不是一个可支配的工具,而是那种拥有人之存在的最高可能性的居有事件(Ereignis)”。这实际上正是通过对诗的本质的探讨来论及语言的本质问题。通过进一步对“语言如何发生”的追问,过渡到对第三个诗句“人已体验许多。/自我们是一种对话,/而且能彼此倾听/众多天神得以命名”进行分析,得出“人之存在建基于语言;而语言根本上惟发生于对话中”,“自从语言真正作为对话发生,诸神便达乎词语,一个世界便显现出来……诸神的出现和世界的显现并不单单是语言之发生的一个结果,它们与语言之发生是同时的。”

但在海德格尔看来,至此又有新的疑问出现,那就是:对话如何开始?谁对诸神命名?谁把捉到一个持存者并使之在词语中达乎呈现?这些疑问不约而同地指向“诗人”,因此归结到荷尔德林的第四句诗“但诗人,创建那持存的东西”。在这部分,海德格尔说:“凭借这个诗句,就有一道光线进入我们关于诗之本质的问题中了。”因为,“诗是一种创建,这种创建通过词语并在词语中实现。”“而使一切天神持存,‘乃是诗人的忧心和天职’。”就这样,海德格尔将诗、诗人、词语、创建等联系起来,并在此获得有关诗之本质的观点:“诗人的道说不仅是在自由捐赠意义上的创建,而且同时也是建基意义上的创建,即把人类此在牢固地建立在其基础上。如果我们理解了这一诗句的本质,理解了诗乃是存在的语词性创建,那么,我们就多少能够猜度到荷尔德林那个诗句的真理了……”

在揭示了“诗之本质”之后,海德格尔展开了对荷尔德林第五句诗的分析,正是经由这种分析,该诗句广为流传,那就是“充满劳绩,然而人诗意地/栖居在这片大地上”。[①]海德格尔解释说:“‘诗意地栖居’意思是说:置身于诸神的当前之中,并且受到物之本质切近的震颤。此在在其根基上‘诗意地’存在——这同时也表示:此在作为被创建(被建基)的此在,绝不是劳绩,而是一种捐赠。”“人类此在的根基是作为语言之本真发生的对话。而原语言就是作为存在之创建的诗。可是,语言却是‘最危险的财富’。所以诗是最危险的活动——同时又是‘最清白无邪的事业’。”

就这样,海德格尔的论说又回归到了起点,但显然,这不是一次简单的循环,而

① 当然,除了这里的分析之外,海德格尔还于1951年发表有专文《……人诗意地栖居……》。

是一种通过诗与语言之关系的反复论证实现的螺旋式上升的回归，因为在他看来，只有将“诗是最危险的活动”和“诗是最清白无邪的事业”这两个规定合为一体来思考之际，“我们才理解了诗的全部本质”[①]。而对诗的本质的理解也就是对语言之本质的理解。

三、艺术作品的本源

海德格尔早在1935年就曾发表长文探讨艺术作品的本源问题，这篇文章就叫《艺术作品的本源》，它的论述十分繁复，内容也比较晦涩。海德格尔一开篇就对关键词之一“本源”及本文的主旨进行了明确的界定：“本源这里意味着：从何和由何，某物是其所是和为其所是。某物是其所是和为其所是，我们称其为本质或本性。某物的来源即其本性的来源。对艺术作品来源的追问，即追问艺术作品本性的来源。”接着他又一贯性地步入以艺术家和艺术品互为本源的循环阐释的轨道。但这一次，他很快跳脱出来，认识到：“不论是就它们自身，还是就它们两者的关系而言，艺术家和艺术品依赖于一个限于它们的第三者的存在。这第三者给予艺术家和艺术命名。此即艺术。”

这个第三者的加入，显然使事情变得更加复杂，因为这还得去追问“艺术”的本性，或者说艺术所是的问题。海德格尔的办法是“艺术所是，能从现实的艺术品的比较考察中获取”。于是，他首先将艺术品与物（器物）进行了比较，得出一切艺术品都有物性但又超于和高于物性的特征，正是后者构成了艺术品的本性：“艺术品中的物的因素仿佛是一层基石，其它的什么和本真的东西依此建立。”为了将艺术的本性揭示出来，海德格尔进一步辨析了器物与艺术品（作品）的区别，器物一旦形成，其材料特性就被有用性所掩盖，“器具的器具性存在于其有用性之中。”比如有一双鞋，“田地里的农妇穿着这双鞋。唯有如此，它们才是其所是。……我们正是在器具的使用过程中，实际地遇到了器具的器具因素。”但一件艺术品，比如梵高的画作《农妇的鞋》却与此不同：“从梵高的画中，我们真的无法说清那双鞋置于何处。这双农鞋的四周和它的所属只是一个无，除了一个没有确定的空间外。……唯有一双农鞋，此外无它。”但实际上，这里并非只有“无”，这里的“无”是指有用性的“无”。

---

① 此处讨论“诗的本质”的各条引文，均出自海德格尔《荷尔德林和诗的本质》，载《荷尔德林诗的阐释》，孙周兴，译，商务印书馆，2000年版，第35–54页。

接下来，海德格尔用"但是——"一转，告诉我们，这幅画作绽开了一个真实的农妇所生存的世界："在这农鞋里，回响着大地无声的召唤，成熟谷物的宁静馈赠及其在冬野的休闲荒漠中的无法阐释的冬冥。这器具聚集着对面包稳固性无怨艾的焦虑，以及那次战胜了贫困的无言的喜悦，隐含着分娩时阵痛的哆嗦和死亡逼近的战栗。这器具归属大地，并在农妇的世界得到保存。"假如海德格尔的阐释到处为止，他的看法也就类似于康德无功利性、"无目的的合目的性"的观点。为了揭示艺术的本源，他将存在者的真理带入进来，当然就他看来，在艺术品中，真理不是被带入，真理也无需被带入："在艺术品中，存在者的真理将自身设入作品。'设入'此处意味着，置放在显要位置上，一个存在者，一双农鞋，进入作品，处于其存在的光亮之中，存在者的存在的显现恒定下来。"说得更明确些，"艺术的本性将是：存在者的真理将自身设入作品"。

梵高《农妇的鞋》

直到这里，海德格尔所进行的考察尚属于哲性之思，为了更接近艺术的分析与阐释，他还举出C.F.迈耶尔的诗作《罗马喷泉》和古希腊的建筑帕特农神殿进一步说明作品是如何建立了世界、敞开了世界的敞开。但他又指出，世界的建立只是属于作品的第一基本特性，其第二特性则是其质料性的显现："那神殿作品，通过建立一个世界，并不导致质料的消亡，不如说，它首次让质料显现并且进入到作品世界的敞开中去。岩石能够承载和屹立，于是它第一次成为岩石；金属去闪烁，色彩去发光，声音去吟唱，语词去说话，所有这些得以显现，金属的坚固和光泽，色彩的明暗，音调的鸣响和语词的命名力量。"这样的观点，让我们看到海德格尔艺术观的形式主义倾向。

不过，海德格尔的迷人与深刻之处并不止于此，他还有进一步的分析。首先，他将这种作品质料性的显现视为作品的回归或自我送回，并进一步指出："在这种自我送回中所显露的，我们称之为大地。"于是，"通过建立世界，作品显现了大地"，而"大地的本质是自我归闭"，这种"归闭"和世界的"敞开"必然发生对立与冲突，经过细致的分析，海德格尔得到一个颇具神秘色彩的看法："真理将自身设入作品，真理只是在世界和大地的对立中照亮和遮蔽的冲突中现身。真理作为这种世界和大地的冲突将建立于作品之中。"如果我们稍微理性地看待这种表述，我们就会发现海德格尔在这里仍然采用了所谓"四者的纯然一元"的阐释模式："天空、大地、神圣者、短暂者"（天、地、神、人）的彼此冲突与融合、归闭与敞开。《存在与时间》对此在之存在状态的分析，就是如此。这种阐释，的确能够最大程度地展示出艺术作品——尤其是西方艺术作品——复杂的精神内涵。

“艺术”毕竟是一个包含诸种样式的集合概念，在海德格尔眼中，只有“诗”才是所有艺术中最为本质、最与真理相接近的类别，于是他说：“如果全部艺术在本质上是诗意的，那么，建筑、绘画、雕刻和音乐艺术，必须回归于这种诗意。”“艺术的本性是诗。诗的本性却是真理的建立。”我们应该还记得，海德格尔引入“艺术”这个第三者的目的，是为了通过对其本性的分析获得有关艺术家与作品的本源，既然艺术的本性已经明了，文章也到了给出结论的时候：“艺术作品的本源——这包括了创造者和守护者两者的起源，此即说，民众历史性的此在的本源是艺术。如此这般在于艺术的天性是一起源：它是真理进入存在的独特方式，此即成为历史性。”透过这个结论中此在、存在、真理性、民众历史性、历史性等等范畴的彼此交织，联系到他对具体艺术作品尤其是《农妇的鞋》的分析，我们可以明显感受到存在主义、人道主义（并非海德格尔本人所谓的人道主义）在海德格尔诗学中时而二水分流、时而两江交汇，时而形式主义倾向、时而历史主义趋势的矛盾与和谐、对立与统一。

四、诗人何为

“诗人何为?”也是海德格尔诗学思想的重要组成部分。他撰有长文《诗人何为?》（1946），在《荷尔德林和诗的本质》（1936）一文的结尾处就曾探讨过这一问题。此外，在论及语言、诗与诗人的时候，也往往会点出诗人的职责。

海德格尔追问“诗人何为?”是有一前提的，那就是“在贫困时代里”（又译作“在这贫瘠的时代”“在一贫乏的时代里”）。和其他诸多问题一样，这也取自荷尔德林的哀歌《面包与美酒》中的一行：“我全然不知，在贫困时代里诗人何为?”实际上，海德格尔讨论“诗人何为?”所引证的诗人主要有两个，一个是荷尔德林（1770—1843），另一个是里尔克（1875—1926）。他们都是让海德格尔着迷的诗人，他们都漂泊、孤独甚至忧郁，而且更重要的是，在海德格尔看来，他们俩都处于“贫困时代”：“这是逃遁了的诸神和正在到来的神的时代。这是一个贫困的时代，因为它处于一个双重的匮乏和双重的不之中：在已逃遁的诸神之不再和正在到来的神之尚未中。”[①]不仅如此，“时代的贫乏在于痛苦、死亡和爱情的本性没有显现。贫乏是自身贫乏，这是因为痛苦、死亡和爱情同属一起的存在领域隐蔽着。”[②]

不过，在海德格尔看来，时代虽然贫困，但“诗人是如此富有，以至于他往往倦于对曾在者之思想和对到来者之期候，只是想沉睡于这种表面的空虚中。然而诗人坚

① 海德格尔《荷尔德林和诗的本质》，《荷尔德林诗的阐释》，孙周兴，译，商务印书馆，2000年版，第52页。

② 海德格尔《诗人何为》，《诗·语言·思》，彭富春，译，文化艺术出版社，1991年版，第88页。

持在这黑夜的虚无之中。由于诗人如此这般独自保持在对他的使命的极度孤立中，他就代表性地因而真正地为他的民族谋求真理。”[1]在《诗人何为？》中，海德格尔不仅明确指出：“在一贫乏的时代里作一诗人意味着，去注视、去吟唱远逝诸神的踪迹。”[2]还从里尔克的即兴诗行中引申出对冒险、冒险者、更冒险者、更大胆者与存在、存在者、人、敞开、牵引、分离之关系的分析，并最终告诉我们：“更冒险者是诗人，是这种诗人，他的歌声使我们没受保护的存在转向敞开。”“更冒险者在非神圣中体验着无保护性。他们给短暂者带来了消失诸神的踪迹，即隐入世界之夜黑暗中的踪迹。作为神性的歌唱者，更大胆者是‘在一贫乏时代的诗人’。”[3]撇开海德格尔那套哲学术语，我们可以这样理解，在一个黑暗的、精神沉沦的时代，诗人不能人云亦云、随波逐流，应该勇于体验黑暗、深渊与虚无，伴随着语言去冒险、去追问、去守护、去抚慰，通过沉入世界之夜去唤醒白昼之光，通过截获神圣者的道说去预示诸神到来的消息。

海德格尔在《荷尔德林诗的阐释》“增订第四版前言”中明确地说：“本书的一系列阐释无意于成为文学史研究论文和美学论文。这些阐释乃出自一种思的必然性。”换句话说就是，他以“六经注我”的方式将荷尔德林的诗当作阐发自己思想的素材，这种做法虽然扩大了荷尔德林的影响，但也遭到一些学者的批评。他对里尔克诗作的征引也是如此。荷尔德林、里尔克尽管都被视为贫困时代的诗人，但仍然有所不同：“荷尔德林乃是诗人的诗人”，他“重新创建了诗之本质，他因此才规定了一个新时代”[4]。他“是在一个贫乏时代的诗人的先驱者。此正为何这一世界之时的诗人不能超过他”。而对里尔克来说，“走向诗歌的漫长道路是诗意地探问的诗歌自身。伴随这条道路，里尔克更清楚地认识了时代的贫乏”[5]。

第三节　阐释学文论

阐释学文论是哲学阐释学的衍生品，但这种衍生不是父子式的，而是兄弟式的，或者更恰当地说，两者具有同体共生的关系，这从阐释学文论的代表人物与其哲学的

① 海德格尔《荷尔德林诗的阐释》，孙周兴，译，商务印书馆，2000年版，第53页。
② 海德格尔《诗·语言·思》，彭富春，译，文化艺术出版社，1991年版，第85页。
③ 海德格尔《诗·语言·思》，彭富春，译，文化艺术出版社，1991年版，第128、129页。
④ 海德格尔《荷尔德林诗的阐释》，孙周兴，译，商务印书馆，2000年版，第52页。
⑤ 海德格尔《诗·语言·思》，彭富春，译，文化艺术出版社，1991年版，第129、87页。

代表人物几乎重叠就可以看出。尽管威廉·狄尔泰对阐释学的发展做出了自己的贡献，但由于他对生命体验的论述、生活哲学的建构，使得他的文论思想更具有生命论、表现论或者说心理诗学的特征；海德格尔由于主要关注对“存在”的阐释问题，他的诗学更适合纳入存在主义文论中去认识；伽达默尔可以说是阐释学文论的主要代表人物；此外，还有保罗·利科、昂贝多·艾柯、汉斯·罗伯特·姚斯等，但他们虽然都从阐释学出发，结果却纷纷将阐释学进行了不同向度的引申，或者与结构主义、符号学相结合，或者向读者审美经验领域推进，开创出反思解释学、符号学阐释学、接受美学等新的学术领域。鉴于符号学、接受美学已经蔚为大观，必须专门阐释，本节我们主要对伽达默尔的文论思想进行介绍，以此展示阐释学文论的大体面貌。

一、“阐释学循环”

汉斯·伽达默尔（1900—2002）出生于德国马堡，1922年获博士学位；1923年师从海德格尔。他先后在马堡大学、莱比锡大学、法兰克福大学以及海德堡大学等地任教。伽达默尔著述丰富，主要有《柏拉图与诗人》（1934）、《真理与方法》（1960）、《美的现实性》（1977）等。

沃尔夫冈·伊瑟尔在《怎样做理论》一书的第三章有关阐释学及伽达默尔的论述中说：“作为一个理解的普通理论，阐释学并不仅仅局限于理解艺术作品。但是后者被视为阐明理解发生过程的范式，因此，不论是对海德格尔还是对伽达默尔来说，艺术作品都具有至关重要的意义。”[①]这是十分准确的见解。就伽达默尔来说，他始终把审美经验和艺术作品当作自己阐释学哲学研究的突破口。他在其代表作《真理与方法》的导言中就曾明确地指出：“通过一部艺术作品所经验到的真理是用其他方式不能达到的，这一点构成了艺术维护自身而反对任何推理的哲学意义。”

对于《真理与方法》这部著作的研究思路，伽达默尔做了这样的概括：“本书的探究是从对审美意识的批判开始的，以便捍卫那种我们通过艺术作品而获得的真理的经验，以反对那种被科学的真理概念弄得很狭窄的美学理论。但是我们的探究并不一直停留在对艺术真理的辩护上，而是试图从这个出发点开始去发展一种与我们整个诠释学经验相适应的认识和真理概念……”与此思路向吻合，全书划分为三个部分：艺术经验里真理问题的展现、真理问题扩大到精神科学里的理解问题、以语言为主线的诠释学本体论转向。不难看出，这部哲学经典著作与审美、历史、语言之间的密切关联。

① 沃尔夫冈·伊瑟尔《怎样做理论》，朱刚，谷婷婷，潘玉莎，译，南京大学出版社，2008年版，第34页。

伽达默尔还有一部直接命名为《美的现实性》的著作，该著缘于他1974年在萨尔茨堡大学以"作为游戏、象征、节日的艺术"为题所作的讲演，从中我们可以发现伽达默尔有关艺术问题直接而集中的阐释。下面，我们就结合这两部著作，从阐释学循环（阐释循环、解释学循环）、前见（偏见、成见）、效果历史意识、视域融合（视界融合）、语言、游戏—象征—节日等几个方面对伽达默尔的文论思想做一简略介绍。

"阐释学循环"与"前见""效果历史""视域融合"是彼此关联的几个命题。按照M. H.艾布拉姆斯的观点，施莱尔马赫率先提出了局部与整体彼此互动的认知模式，经狄尔泰命名并进一步予以阐发之后，阐释学循环就成了阐释学的核心范畴。狄尔泰曾明确说过，"一切解释艺术的核心困难"就是"解释学循环"，即"我们只能根据整体的各部分理解整体，也只能根据整体理解各部分"[①]。并且，这种循环也体现在阐释活动中理解与经验之间的关系上，阐释总是与阐释者的经验相联系的："生活与生活经验是对社会-历史世界的理解不断更新变动的根源。从生活出发，理解进入更新的深度。"[②]这种生活哲学视野中的"理解"观已经开启了海德格尔的"前理解"与伽达默尔的"前见"思想。虽然狄尔泰认为这个阐释学循环的困境在理论上无法解决，所谓"在这里我们达到了一切理解的极限"，但是，理解行为并未因此而停止。狄尔泰还针对艺术作品的理解提出过建议：先粗读、通读作品，抓住作品大意和结构，以此为引导，重新精读、细读，以把握作品的细节，并校正对作品大意和结构的理解，力求让理解前后一致并和我们已知的历史环境相吻合。[③]这种阐释学循环的理论不仅意味着理解的历时性，还意味着理解没有绝对的起点与终点。这当然给海德格尔和伽达默尔以巨大的影响。

前面我们已经说过，阐释学的本体论转向始于海德格尔，也正是他首次在本体论意义上探讨了阐释学循环的问题。在《存在与时间》中，海德格尔以专节论述过"领会与解释"的问题。在他看来，"解释从来不是对先行给定的东西所作的无前提的把握。……任何解释工作之初都必然有这种先入之见，它作为随着解释就已经'设定了的'东西是先行给定了的，这就是说，是在先行具有、先行见到和先行掌握中先行给定了的。"[④]这里的先行具有、先行见到和先行掌握，构成了海德格尔的理解前结构，但这里的见解与狄尔泰的看法仍没有本质的区别。接下来，海德格尔批评了那些从阐释循环中看到恶性循环，以至于将历史解释这项事业逐出严格的认识范围之外的观点。

---

① 李超杰《理解生命：狄尔泰哲学引论》，中央编译出版社，1994年版，第104页。

② 张汝伦《意义的探究——当代西方释义学》，辽宁人民出版社，1986年版，第55页。

③ 李超杰《理解生命：狄尔泰哲学引论》，中央编译出版社，1994年版，第104-105页。

④ 海德格尔《存在与时间》，陈嘉映，王庆节译，生活·读书·新知三联书店，1987年版，第184页。

他指出:“决定性的事情不是从循环中脱身,而是依照正确的方式进入这个循环。”他所谓的正确的方式就是“领会的循环”。“领会的循环不是一个由任意的认识方式活动于其间的圆圈,这个词表达的乃是此在的生存论上的‘先’结构。……在这一循环中包藏着最源始的认识的一种积极的可能性。”当然,这种可能性不是在偶发奇想或流俗之见基础上产生的,领会的任务“始终是从事情本身出发来清理先有、先见与先行把握,从而保障论题的科学性。因为就领会的生存论意义说,领会就是此在本身的能在……”就这样,海德格尔从存在的意义显现以及这种显现的途径,即此在的领会(领悟、解释)中去看待阐释的循环以及理解的前结构,阐释学循环也经由“领会的循环”而转变为海德格尔“基础存在论”或者说“有根的本体论”的重要内容。

二、“前见”“效果史”与“视域融合”

海德格尔在《存在与时间》中对“领会与解释”问题的论述虽然意义重大,但显得比较薄弱,他恰当地评价说:“海德格尔的诠释学反思的最终目的与其说是证明这里存在循环,毋宁说指明这种循环具有一种本体论的积极意义。”[①]伽达默尔对此问题进行了充实与发挥,对阐释(理解)与他人及本文之间的关系进行了更进一步的论说,强调阐释者需要保持开放的态度,敏锐地倾听来自他人及文本的声音与见解,以促成一种类似良性的阐释循环的发生:“谁想理解一个本文,谁就准备让本文告诉他什么。因此,一个受过诠释学训练的意识从一开始就必须对本文的另一种存在有敏感。但是,这样一种敏感既不假定事物的‘中立性’,又不假定自我的消解,而是包含对我们自己的前见解的有意识同化。我们必须认识我们自己的先入之见(Voreingenom menheit),使得本文可以表现自身在其另一种存在中,并因而有可能去肯定它实际的真理以反对我们自己的前见解。”这样的认识,显然指示出带有先入之见的阐释者必须学会与其试图理解的他人、文本(各种艺术作品)乃至于传统进行积极的交流,在这种对话中使文本的真理获得显现,同时修正我们的前见解。正是在这个意义上,伽达默尔才宣称:“一切理解都必然包含某种前见,这样一种承认给予诠释学问题尖锐的一击。”

这里,伽达默尔将海德格尔的“前理解”转换成了“前见”(Vourteil),并给予了进一步的论析。首先他描述了在绝对理性信仰的前提下,启蒙运动把传统视为教条予以拒绝,想从人类自身的理性中发现真理,他认为这是一种虚假观念;继而他再次肯定

① 汉斯-格奥尔格·伽达默尔《真理与方法:哲学诠释学的基本特征(上卷)》,洪汉鼎,译,上海译文出版社,2004年版,第344页。以下对该书内容的引用不再一一注出。

“海德格尔对诠释学循环的描述和生存论上的论证,表现了一种决定性的转折”,这种转折性的内在含义就是:“一切诠释学条件中最首要的条件总是前理解,这种前理解来自与同一事情相关联的存在。”于是,伽达默尔将“前见”推演成了一切阐释的前提条件。即使某个“前见”有问题,它依然是必要的,因为:“事实上,我们自己的前见正是通过它冒险行事才经验他人对真理的主张,并使他人有可能也充分发挥作用。”这里的前见,不仅是阐释者的、被阐释的本文的,也是历史的、传统的,前见是阐释的首要条件,就意味着历史、传统会随着时间、时代的改变继续发挥其作用或效用。

于是,在这种对前见、历史与传统之时间距离的思考或者说历史意识中,伽达默尔顺理成章地提出了他的阐释学的另一个重要概念“效果历史”。他说:“真正的历史对象根本就不是对象,而是自己和他者的统一体,或一种关系,在这种关系中同时存在着历史的实在以及历史理解的实在。一种名副其实的诠释学必须在理解本身中显示历史的实在性。因此我就把所需要的这样一种东西称之为‘效果历史’(Wirkungsgeschichte)。理解按其本性乃是一种效果历史事件。”这等于说,阐释是一种类似于“我”与“你”的对话关系,作为阐释者的“我”与作为阐释对象的“你”都在对话中产生效果、发挥作用。在《真理与方法》中,伽达默尔更多的时候使用的是“效果历史意识”,正如美国著名阐释学专家R.E.帕尔默在中国的一次讲演中指出的那样,“效果历史意识”这一译法意义并不丰富,因而将之译为“一种历史总是在发挥作用的意识”会更清楚地传达伽达默尔的意思。[①]具有这种意识,也就意味着历史、传统或者说一切流传物拥有强大的再生能力,它不是被客观认识与研究的对象,它与阐释主体相遇于不断变化的“现在”,通过对话与交谈不断地改变与丰富自己,两者共同构成伽达默尔所谓的“诠释学处境”。他甚至指出:“效果历史意识首先是对诠释学处境的意识。……我们发现我们自己总是与我们所要理解的流传物处于相关联的这样一种处境。”

当伽达默尔的论述发展到这里的时候,他的另一个广为人知的观点也就呼之欲出了,那就是“视域融合”。既然,阐释者与阐释对象都是一种具有“前见”的“有限的现在”,而“一切有限的现在都有它的局限。我们可以这样来规定处境的概念,即它表现了一种限制视觉可能性的立足点,因此视域(Horizont)概念本质上就属于处境概念”。这个视域是不断发展运动着的,“我们的历史意识所指向的我们自己的和异己的过去一切构成了这个运动着的视域,并且这个运动着的视域把人类生命规定为渊源和传统。”伽达默尔精辟地分析道:“只要我们不断地检验我们的所有前见,那么,现

① 参见R.E.帕尔默《伽达默尔哲学的七个关键术语》,《安徽师范大学学报》(人文社会科学版),2002年第5期,第502-508页。

在视域就是在不断形成的过程中被把握的。而检验的一个重要部分就是与过去的接触(Begegnung),以及对我们由之而来的那种传统的理解。所以,如果没有过去,现在视域就根本不能形成。正如没有一个我们误认为有的历史视域一样,也根本没有一种自为的现在视域。理解其实总是这样一些被误认为是独自存在的视域的融合过程。”说得直白一点,阐释者的现在视域本身就是在与过去或者说传统(往往体现在阐释对象身上)视域不断相遇和融合的过程中形成的。“在传统的支配下,这样一种融合过程是经常出现的,因为旧的东西和新的东西在这里总是不断地结合成某种更富有生气的有效的东西……”这种效果史、视域融合的观点,对接受美学、读者反应理论具有重要的影响。

三、语言、“游戏”与“节日”

在概述中我们曾指出,伽达默尔阐释学涉及的历史性、语言性、实践性这几个方面是密切相关的。在以上的分析中,我们已经通过他对前见、时间距离、效果历史意识等的强调见证了其历史性和实践性维度,简单地说,就是任何阐释都具有参与、应用、创造等实践性特征。至于语言性问题,在伽达默尔的阐释学中也可以说是具有存在论、本体论上的意义,《真理与方法》一书的第三部分就题为“以语言为主线的诠释学本体论转向”,主要探讨语言与世界的关系问题,一般称之为语言存在论或语言本体论。正是在这一部分中,他提出了“能被理解的存在就是语言”的观点。在写于1983年的《文本和解释》一文中,伽达默尔对此有更具体的阐述,他说:“当我写下‘能被理解的存在就是语言’这句话的时候,里面就蕴含着以下意思:凡存在的,绝不可能被完全理解。……凡能被理解的,总要进入语言——当然它总要作为某种东西而被觉察。”[①]显然,这不仅与海德格尔“语言是存在的家园”“惟有语言处,才有世界”等说法一脉相承,也受到德国语言学家洪堡特的影响。洪堡特曾提出一个著名的观点,即每一种语言都应该被看成一种特殊的世界观。对此,伽达默尔也有评述与发挥,他说:“这种论断不仅改变了语言起源这个问题的意义——它还是一种影响深远的人类学观点的基础。语言并非只是一种生活在世界上的人类所适于使用的装备,相反,以语言作为基础,并在语言中得以表现的是,人拥有世界。世界就是对于人而存在的世界,而不是对于其他生物而存在的世界,尽管它们也存在于世界之中。但世界对于人的这种存在却是通过语言而表述的。”不仅如此,伽达默尔还在《人和语言》(1966)一文中充满思辨色彩地指出:“一切关于语言的思维早已再次落进语言的窠臼。我们只

① 汉斯-格奥尔格·伽达默尔《诠释学I、II:真理与方法》,洪汉鼎,译,商务印书馆,2010年版,第420页。

能在语言中进行思维,我们的思维只能寓于语言之中,这正是语言给思想提出的深奥的谜。”[①]这里,显然与中国道家、禅宗对语言的思考与言说具有某种异曲同工的奥妙之处。尽管伽达默尔不像海德格尔直接通过对一系列诗人及艺术家作品的解读去探讨语言与人、语言与存在、语言与世界之关系问题,但他的语言观,以及他以翻译问题去阐释语言与世界之关系的论述,对于我们正确认识语言的本质、理解文学语言的价值与意义都具有重要的启示。

下面,我们来梳理一下伽达默尔有关游戏、象征、节日等三个既相区别又有关联的重要范畴的看法。

游戏与节日的问题,在《真理与方法》中有所讨论。就游戏而言,伽达默尔强调它就是艺术作品本身的存在方式。然后,他考察了游戏者、游戏和观赏者三者的关系并认为,只有当游戏者全神贯注于游戏时,游戏活动才会实现它所具有的目的,但尽管如此,游戏者却不是游戏的主体,只是游戏表现自身的方式,游戏超越游戏者成为游戏的主宰,这正是游戏的魅力所在;游戏没有外在的目的,它最突出的意义就是自我表现。“一般来说,游戏并不为某人而表现,也就是说,它并不指向观众……”这种自我表现性质,正是游戏与艺术最大的相似之处,所以他说:“我们的出发点是:艺术作品就是游戏……艺术作品的本质就包含对自我表现的依赖性。”

游戏可以自我封闭,宗教仪式甚至古代戏剧也如此。但现代艺术的存在方式却不是封闭的,相反还必须是敞开的,它必须有观众和读者,“在观赏者那里它们才能赢得它们的完全意义。”对此,伽达默尔做了这样的解释:“在这整个戏剧中,应出现的不是游戏者,而是观赏者。这就是在游戏成为戏剧时游戏之作为游戏而发生的一种彻底的转变。这种转变使观赏者处于游戏者的位置。只是为观赏者——而不是为游戏者,只是在观赏者中——而不是在游戏者中,游戏才起到游戏作用。”但他又说,观赏者只具有一种方法论上的优先性。其实,这里的游戏已经成为艺术的代名词,在这些颇为晦涩甚至矛盾的论述中,伽达默尔突出了观赏者或者说阐释者与作品一道实现作品的意义,这实际上还是对阐释行为所进行的哲学性阐释,游戏、艺术只不过为其所用罢了。

在《美的现实性》一书中,伽达默尔梳理了“艺术”概念的发展历程,之后他进一步依次探讨了这三个概念。其中,有关游戏的认识与《真理与方法》中的观点出入不大,仍然强调“游戏最终只是游戏运动的自我表现而已”,只是与人的经验、艺术经验结合得更密切一些。而“象征”,他认为这是艺术作品的一种内在属性。伽达默尔通过对

① 加达默尔《哲学解释学》,夏镇平,宋建平,译,上海译文出版社,1994年版,第63页。

象征的源始意义(即那种人们由此重新认出某个人、某件事的东西)以及其他学者如席勒、康德等人有关象征之论述的考察,得出一个与游戏、艺术具有高度类同性的看法:"象征并不单纯是指示出一种意义,而是使意义出现,它本身就体现着意义。"正是由于这一点,"关于艺术的象征特性的说明同我们关于游戏的最初考察便联系起来了"。

在对"节日"的论述中,伽达默尔坚持节日拒绝人与人之间的隔绝状态,但他认为应该把节日的这种参与性与时间经验的结构联系起来。接下来,他先赞同人们的说法:"节日是被庆祝的;节日就是庆祝的日子。"因此节日就将人们聚拢在一起,而且是一种自行聚拢的活动,而这一点与艺术经验相关。"我们在某种事情上聚拢来庆祝,这一点特别明显地关涉到艺术经验。这不单纯是为了集会而集会,它是一种意向,要把一切统一起来,打破阻碍着聚合的个别的言谈,驱散个别的经验。"这些表示的背后,隐藏着伽达默尔始终关注的意义之共同性和统一性的问题。节日与艺术经验具有相通性的表现之一,就是"节日就是共同性,并且是共同性本身在它的充满形式中的表现。节日始终是对所有人而言的"。这一点与巴赫金对"狂欢"本质的认识也颇为相似。

接下来,伽达默尔探究了节日的时间结构,他希望从此出发"去摸清艺术的节日性和艺术作品的时间结构"的问题。他区分出时间的两种基本经验,一种是"为了某物的时间",这是实用的时间经验,是空无的时间结构,"时间在这里是作为必须'被排遣的'或是已排遣的东西体验到的,而不是作为时间来经历的"。另一种被他称作实现了的时间或属己的时间,"这对节日也是具有典型意义的,即通过它自己的庆典而放弃时间。使时间停住和延搁,就是庆祝"。在这种属己的时间中,人们无功利性地敞开自己的生命,沉浸并享受此刻的时间。在揭示出节日的时间结构之后,伽达默尔指出:"从这种被激活的生命的时间经验向艺术品过渡是简单的。在我们看来,艺术表现总是极大地接近于具有'有机'存在的结构的生命的基本规定。""在这个意义上一件艺术品事实上是类似于一个生动的有机体的:一个在自身中被结构起来的统一体。但这就是说:艺术品也有它的属己的时间。"

伽达默尔知识丰富、视野开阔,他的文章与讲演往往都是旁征博引、纵横捭阖,阅读和理解都不是一件轻松的事情,他有关阐释行为、艺术作品的种种见解自然属于西方知识与思想谱系中的一个环节,但无疑对我们也会有诸多启示,即便其中的一些启示是经由这样那样的误读而发生的,也不会贬损它们的价值,这或许就是伟大的学者与思想家之所以伟大的重要原因。

复习思考题：

1. 现象学文论有哪些代表性作家？其主要文论观点有哪些？

2. 萨特哲学中存在与自由的关系是怎样的？

3. 你怎样评价萨特的“介入文学”主张？

4. 阐释学的发展历程是怎样的？你对建立“中国阐释学”有什么看法？

5. 英伽登文学作品层次结构理论中各层次的关系是怎样的？

6. 海德格尔的语言之本质与诗歌之本质的关系是怎样的？

7. 海德格尔是怎样讨论艺术作品的起源的？

8. 海德格尔的“天地人神”四重结构与中国古代三才“天地人”的三重结构有可比性么？

9. 我们现在是一个贫乏的时代吗？如果说是，诗人应该做些什么？

10.“阐释学循环”这一范畴的发展历程是怎样的？

11. 请谈谈海德格尔的“前理解”与伽达默尔的“前见”及“效果历史意识”的关系。

12. 伽达默尔是在怎样阐释游戏、象征、节日与艺术之关系的？

深入阅读书目：

1. 赫伯特·施皮格伯格《现象学运动》，王炳文，张金言，译，商务印书馆，1995年版。

2. 海德格尔《诗·语言·思》，彭富春，译，文化艺术出版社，1991年版。

3. 海德格尔《荷尔德林诗的阐释》，孙周兴，译，商务印书馆，2000年版，

4. 安东尼娅·格鲁嫩贝格《阿伦特与海德格尔——爱和思的故事》，陈春文，译，商务印书馆，2010年版。

5. 萨特《词语》，潘培庆，译，生活·读书·新知三联书店，1989年版。

6. 罗曼·英加登《论文学作品》，张振辉，译，河南大学出版社，2008年版。

7. 加达默尔《哲学解释学》，夏镇平，宋建平，译，上海译文出版社，1994年版。

8. 洪汉鼎《理解与解释——诠释学经典文选》，东方出版社，2006年版。

9. 赵一凡《从胡塞尔到德里达：西方文论讲稿》，生活·读书·新知三联书店，2007年版。

10. 陈本益，向天渊，唐健君《西方现代文论与哲学》，重庆大学出版社，1999年版。

第十章　从结构主义到解构主义文论

概述

一、结构主义、语言与叙事

结构主义是西方20世纪60年代以来的一个影响十分广泛且深刻的文化思潮，这一思潮的起点虽然与瑞士语言学家索绪尔的语言学、法国人类学家斯特劳斯的神话学和人类学以及俄国普罗普的民间文学研究等相关，但最终却是在法国达到鼎盛，出现了阿尔都塞、罗兰·巴特、拉康、福柯等著名思想家和文论大家。

结构主义也脱胎于现代西方社会环境，是对西方文化传统的一种反叛，它力图寻找到理解和阐释世界的新方式。例如，研究结构主义的著名学者弗朗索瓦·多斯指出："结构主义充满争议，并与一个特定的西方历史时刻相关。它在一定程度上表达了一种自责、一种对西方传统文化的拒绝和一种力图寻找新模式的现代主义的焦渴。"[①]但是与现代西方的非理性主义大潮不同的是，结构主义又有着科学主义的精神，它不太满足于对世界的神秘主义解释，认为通过某种努力，我们可以在纷繁复杂甚至零碎的表层现象下面找出某种"客观"的系统规则和结构，并通过这一结构反过来完成对表层系统的理解。约翰·斯特罗克就曾经指出："列维-斯特劳斯主张在各种纷繁复杂的经验事实背后，确立一种普遍的思维结构。拉康作为一位精神分析学家……主张对人类心理的一般机制加以规定。"[②]所谓结构主义文论，也就是从某种潜在结构来总结文学规律和阐释文学诸现象的一种努力。

结构主义的这种深度思维，恰恰是典型的西方传统形而上学思维，也是解构主义对结构主义的最大不满之处。但是，结构主义从一种更加灵活和更加复杂的

---

① Francois Dosse, *History of Structuralism*, VolumeI, The Rising Sign, 1945-1966, University of Minnesota Press, 1997, Pxx.

② 约翰·斯特罗克《结构主义以来：从列维-斯特劳斯到德里达》，渠东等，译，辽宁教育出版社，1998年版，第5-6页。

关系结构，尤其是从深层心理结构来理解文化现象，把文化现象的结构与人的无意识结构相联系，尤其是与语言学中的语法规则相联系，这些方面却是它超越于传统的地方。这种超越性创见，我们首先要追溯到瑞士语言学家索绪尔的《普通语言学教程》。

费尔迪南·德·索绪尔（Ferdinand de Saussure 1857—1913）

索绪尔，瑞士语言学家，祖籍法国，现代语言学理论的奠基者。其代表作为他从1907年始讲授的《“普通语言学”教程》，讲过三次，但没有讲稿，后来由学生将听课笔记整理成书。其思想开创了现代语言学，并对欧洲语言学和哲学，尤其是结构主义和后结构主义产生了巨大影响。

索绪尔提出了一系列的表层现象和深层结构的二元模式。我们一般认为，语言中的字词，作为一种符号都有一个对应的意义，这个意义是相对固定的。符号有声音的，也有视觉的（索绪尔主要讨论声音），它们都叫作“能指”，能指意味着的东西即概念，叫作“所指”。很明显，能指是表层的，诉诸感官的，所指的概念是深层的，是需要领会的。[1]能指符号按照一定方式组合在一起也就成了语言的“符号整体”，就是我们在交流中说的和写的那些，这些东西是千变万化的，索绪尔也称之为“言语”。言语变化万端，但又遵循一定的规则和语法系统，不同民族的语言在这个系统方面还具有相似性。这个规则性的系统索绪尔称之为“语言”，它与人类的某种先天要素相关。一个文盲无需学习语法也可以能说会道，说明他也能够以某种规则说话。人类的各种语种大体上可以翻译和交流，也说明这种先天的共同性是客观存在的。[2]索绪尔用下棋来做比喻，棋子在棋盘上不断变化位置和意义，但是又遵循某种下棋规则。很明显，不断变换位置和意义的棋子状态是表层的，下棋规则是深层的。“言语”就是随着环境而不断变化的，是表面的，而“语言”则是相对稳定的规则，因此是深层的。索绪尔还有一个对结构主义来说十分重要的观点，就是他认为语言是一个独立系统。所谓独立系统，就是说语言之所以能表达意义，并不是因为它与语言之外的东西相关，或者说并不因为有一个与语言符号相对应的现实支撑着它，例如，我们完全可以用语

① 费尔迪南·德·索绪尔《普通语言学教程：1901-1911索绪尔第三度讲授》，张绍杰，译，湖南教育出版社，2001年版，第101-102页。
② 费尔迪南·德·索绪尔《普通语言学教程：1901-1911索绪尔第三度讲授》，张绍杰，译，湖南教育出版社，2001年版，第110-111页。

言来指称一些现实中根本不存在的东西。语言起作用正是因为它本身的这个规则和结构。与语言符号的意义相对应的仅是概念而非外在现实。比如,下中国象棋时并不需要什么真的马或炮,需要的只是抽象的马或炮的概念,有规则约定意义就行,无须与外界关联。因此结构主义基本都是研究某个系统的内部规则。[1]

棋子的状态就像“言语”,其意义在不断变化,有时候可有可无,有时候重要无比,甚至足以让对方毙命。但是下棋的规则始终是稳定不变的,就像“语言”。

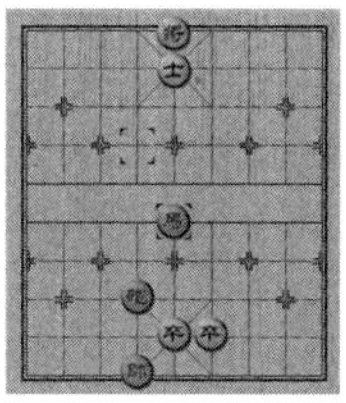

除以上重要观点外,索绪尔还把语言研究分为历时研究和共时研究两种方式。所谓历时研究就是指研究对象在一定时段内所经历的发展变化,类似于发展史研究。而共时研究则是研究同一时间点上各个系统要素之间的关系。从这种关系中就可以发现系统要素之间的某种较为稳定的结构性关系。索绪尔认为,语言学研究首先应该研究共时性的“语言”而不是“言语”。因为同一时间横断面上系统各要素的关系与这一时间点上的集体意识相关。而历时研究的对象是系统要素本身的演化,它不是对系统整体(结构)的研究,也不涉及同一集体意识。[2]

索绪尔还有一些十分具有冲击力的观点,例如,他认为符号的能指与所指之间的关系是任意的和人为约定的:“在语言中,能指和所指成分的联系是绝对任意的联系。”[3]这是语言符号系统的一个重要规则,另一个规则就是差异规则,即语言符号系统中的每一要素都是通过与其他要素之间的差异来得到识别的。更重要的是,符号是通过差异获得意义的。例如,中国象棋棋盘中一个“卒”,它有时不值一提,有时又决定一切,这都必须由它与其他棋子的差异性关系来决定,而不是由“卒”这个符号本身决定。

索绪尔的语言学在研究方法上对后来的哲学和文论都产生了巨大影响。语言是独立系统的观点是文本中心理论的一个重要支撑,即意义被认为来自文本本身,与外界无关。言语和语言的划分建立起表层/深层的模式,这类似于传统思维中的现象/本质模式。把语言看成一个潜在结构,与先天意识结构相关的看法,为各种文化现象

① 费尔迪南·德·索绪尔《普通语言学教程:1901-1911索绪尔第三度讲授》,张绍杰,译,湖南教育出版社,2001年版,第125-140页。

② 费尔迪南·德·索绪尔《普通语言学教程:1901-1911索绪尔第三度讲授》,张绍杰,译,湖南教育出版社,2001年版,第112-140页。

③ 索绪尔《普通语言学教程:1901-1911索绪尔第三度讲授》,张绍杰,译,湖南教育出版社,2001年版,第102页。

的深层分析尤其是心理分析树立了模型,在文学领域中的直接影响就是叙事学和符号学文论。能指与所指的划分及其差异原则为后现代主义尤其是解构主义哲学提供了重要灵感,进而影响到文论。

结构主义的模式是科学的,共时系统这个研究对象有稳定性、普遍性和一定程度的客观性,但这个系统又是在人的意识之中的,因此又具有主观性和非科学的性质。前者使得各类结构主义流派显现出科学分析的面目,如符号学、人类学、叙事学、语言学等;后者又使得各种稳定的东西解体。

索绪尔让我们用一种与过去完全不同的眼光看待世界,即:任意性是客观的(绝对的),稳定性是主观的(相对的)。如果稳定性真是客观的,那也只能是因为"集体意识拥有一定程度的客观性"。索绪尔的思想对语言学领域有着直接的影响,对文学语言的研究同样如此,例如"布拉格学派"的研究。"布拉格学派"是直接受到索绪尔影响的语言学派,其前身是"俄国形式主义"。但是他们调整了自己在形式主义时期关注"文学性"和"文学形式"的做法,转而集中在语言研究上,因此"布拉格学派"是语言学派。其中,语言学家雅各布森、穆卡罗夫斯基以及什克罗夫斯基等人的语言研究具有重要的过渡意义,这就是把索绪尔语言学的一些方法与文学研究结合起来,并且提出了明确的"结构"概念。其中最重要的是雅各布森对语言"诗性功能"的研究。

受索绪尔关于语言的"横组合"与"纵聚合"的启发,雅各布森指出,语言现象与人的两种语言能力相关,一种能力是把例如主、谓、宾这样的语言成分横向连接起来,组成符合语法规范的句子,这些字词必须按照一定的先后顺序扣连在一起,因此它们之间的关系是一种横向的相关关系,也称为组合关系,或者转喻关系;另一种能力就是选择能力,也就是说,一句得体的、合适的句子,其主、谓、宾都是经过了选择的,我们使用的每一个字词实际上都是从一大堆功能相似的字词中选择出来的,选得不好的话,就会造成用词不当,表达不得体、颠倒错乱等后果,会直接影响表情达意。但选择是在意识中潜在地进行的,我们看到和听到的已经是选择出来并组合好了的结果。选择是在功能相似的、对等的字词中进行的,因此这一堆字词的关系是相似关系,也称为隐喻关系或选择关系。所以我们看到,语言的出现是由纵横两个序列来形成的,就像数学坐标的纵横轴,纵向的就称为"选择轴",横向的就叫"组合轴"。[①]这就是语言行为的两个最基本的结构模式。

与此相应,雅各布森认为,我们的日常语言就采用了这种主、谓、宾的组合方式,选择是潜在进行的。"选择的标准是名词间的相当、相似与不同、同义和反义;组合(即

---

① 赵毅衡《符号学文学论文集》,百花文艺出版社,2004年版,第18-20页。

次序的构造)则是根据‘邻近性’原则进行的。”但是诗歌语言的组合方式与日常语言行为不同:“诗的功能则进一步把‘相当’性选择从那种以选择为轴心的构造活动,投射(或扩大)到以组合为轴心的构造活动中。这就是说,相当原则又进一步在这儿被用来指导诗的组合技巧。”[①]也就是说,诗歌的语言就是运用相当的或者说相似的关系来达到某种组合。其效果就是,在诗歌语言中,不仅音节,包括词语和句式,都出现了相似说法的不断重复。例如“枯藤、老树、昏鸦,小桥、流水、人家……夕阳,断肠人”,这些词全是相似的词的组合,语言不往前走。例如律诗、绝句,那些排比,对偶,则是相似的句式的组合。换句话说,那些本来是该潜在地进行选择的音节、字词甚至句式,结果却以组合的方式呈现出来。这种“原地打转”的语言方式,逐渐丧失了它指向现实世界的指意功能,把我们的注意力引向了语言自身。

雅各布森的“诗性功能”说指出了两种语言表达模式,尤其是从结构模式的角度阐明了诗歌语言的特点,这既是一种语言研究,同时也是文学形式研究。不仅如此,雅各布森还认为,世界上各种各样的语言可以通过千变万化的声音表达,但是这些声音,也就是语音却同样可以分析出一些基本的二元对立的“音位”,因为其结构是语言在声音方面的深层结构。

与雅各布森一样,布拉格学派的穆卡罗夫斯基则从符号学的角度来研究语言表现功能,同时在《美学和文学研究中的结构主义》一文中,明确地提出了“结构”和“结构主义”概念。像索绪尔“棋盘”这个比喻所表明的那样,穆卡罗夫斯基把“结构”理解为一个动态的、由各种要素相互连接、相互组合和相互影响的整体。这种关于结构的看法,既受到了索绪尔的影响,也是对布拉格学派结构研究的一种总结,同时也对后来的斯特劳斯人类学研究产生了很大影响,促进了结构主义的哲学化。

法国人类学家列维-斯特劳斯(1908—2009)对于结构主义大潮的形成来说具有重要的里程碑式的意义。“结构主义作为一种哲学思想,是由法国人类学家克洛德·莱维-斯特劳斯(1908—)确立的。”[②]一方面,斯特劳斯在《结构人类学》中明确肯定了布拉格学派尤其是雅各布森等人的语言研究的重大意义,并且用了他们的语言学研究方法来研究人类学中人类亲属关系和神话等问题,并进而把“结构”研究上升到更具普遍性的哲学高度,使“结构”成为一种“主义”;另一方面,他在1962年出版的《野性的思维》一书中,对当时法国占主导地位的萨特存在主义提出了批评,并由此引发了存在主义思潮向结构主义思潮的转移,出现了福柯、拉康、巴特和阿尔都塞等对当今社会科学有着重大影响的人物。

① 雅各布森《语言学与诗学》,见赵毅衡《符号学文学论文集》,百花文艺出版社,2004年版,第182页。

② 陈本益,向天渊,唐健君《西方现代文论与哲学》,重庆大学出版社,1999年版,第127页。

列维·斯特劳斯(Claude Lévi-Strauss,1908—2009)

列维·斯特劳斯,法国著名的社会人类学家、哲学家,法兰西科学院院士,结构主义人类学创始人,法国结构主义人文学术思潮的主要创始人。他所建构的结构主义与神话学不但深深影响了人类学,对社会学、哲学、语言学等学科也产生了深远的影响。

首先,斯特劳斯在亲属制度的研究中认为,人类"'亲属关系的系统'跟'音位系统'一样,都是头脑在无意识思维的阶段建立起来的。"它们都涉及同样的"普遍的隐性法则的作用",因此"亲属关系诸现象是**在另一范畴内的现实当中**跟语言现象**同类**的现象"[①]。简单来说,斯特劳斯认为,由父、母、兄、弟、姐、妹、祖父、祖母、孙子、孙女等基本元素组合转换而形成的各种亲属制度,作为一种表面现象,经过细致分析就会发现一个重要的基本结构,那就是"舅甥关系"结构,它是亲属关系的基本原子,所有亲属制度都是在这一基本结构的基础上,通过吸收新元素而扩大和发展起来的。"舅甥关系"是"女人交换"和"乱伦禁忌"的结果,因此"舅甥关系"结构实际上是一种"乱伦禁忌"的无意识结构,这是所有血缘关系、世系关系、家庭关系中最深层和最原始的东西,从某种意义上说,没有这个结构,就没有今天意义上的社会。[②]因此,我们可以见到,不同民族的各种不同的亲属制度,作为一种表层现象,类似于索绪尔说的"言语",而它们拥有的深层结构则是某种具有普遍性的"语言"。

用同样的方法,斯特劳斯认为,世界上存在各种各样的神话故事,可以被看成神话的表层"言语"。它们千变万化,有时候表现出较强的体系性,像希腊神话;而更多时候则显得零散,像中国神话。斯特劳斯在其《神话学》中曾考察了八百多种美洲印第安人的神话,并认为"所有神话都有内在的关联"。[③]这种关联性可以用索绪尔的"语言"概念来进行类比思考。斯特劳斯把具体的神话故事中最基本的故事单位抽取出来,这些基本单位就像语言的词汇这样的"构成单位",但是又比语言的基本单位更复杂一些,斯特劳斯称之为"大构成单位"或"神话素"。[④]例如,在俄狄浦斯王的神话故事中,"卡德摩斯寻找被宙斯劫走的妹妹欧罗巴"与"俄狄浦斯娶母"等故事单位相

① 克劳德·列维-斯特劳斯《结构人类学Ⅰ》,张祖建,译,中国人民大学出版社,2006年版,第37页。着重号为原文所加。
② 克劳德·列维-斯特劳斯《结构人类学Ⅰ》,《列维-斯特劳斯文集》(第一卷),张祖建,译,中国人民大学出版社,2006年版,第42-55页。
③ 约翰·斯特罗克《结构主义以来:从列维-斯特劳斯到德里达》,渠东等,译,辽宁教育出版社,1998年版,第21页。
④ 克劳德·列维-斯特劳斯《结构人类学——巫术·宗教·艺术·神话》,陆晓禾,黄锡光,等,译,文化艺术出版社,1989年版,第46-47页。

似,表达的是“对血缘关系估计过高”,而“俄狄浦斯杀父”与“埃忒奥克勒斯杀弟”相似,表达的是“对血缘关系估计过低”,“卡德摩斯杀死毒龙”与“俄狄浦斯杀死斯芬克斯”相似,关系到“杀死怪物”等等。[①]相似的故事可以看成一个“神话素”,它们就像语言的词语单位,具有某种深层含义,例如“亲属关系的亲疏”反映出的是先民对自己的出生问题的隐喻:究竟是出生于土地,还是出生于人;是出生于一个人还是两个人;是出生于有血缘关系的两个人还是无血缘关系的两个人,等等。[②]

我们看到,出生问题实际上已经涉及先民的深层集体无意识。同样,斯特劳斯认为,亲属制度作为表层人类文化,反映的则是像“乱伦禁忌”这样的无意识结构。更进一步说,各种制度和习俗(文化现象)作为表层,其实都具有深层的无意识结构根源,因此“为了获得同样适用于其他制度和习俗的诠释原则,就必须把握隐含在每一种制度与习俗后面的无意识结构”[③]。换句话说,无意识结构是一切文化现象的本体,这就把自索绪尔以来的结构研究方法上升到了普遍性的哲学高度。这意味着,文学作品、文化现象、意识形态,乃至主体性等问题,都可以像语言学的结构研究一样,去寻找某种深层的无意识结构的秘密,受斯特劳斯直接影响的法国结构主义文论就是如此。

实际上,无论是雅各布森的诗性功能的研究还是斯特劳斯的神话研究,都是文学结构研究的早期范例。我们也可称之为早期结构主义文论。鼎盛时期的结构主义文学研究,是在斯特劳斯之后出现的、以罗兰·巴特为代表的法国结构主义叙事学。

结构主义叙事学除了斯特劳斯的直接影响外,还受到20世纪20年代俄国的弗拉基米尔·普罗普的民间故事结构研究的影响,后者作为文学叙事结构研究的先驱,为叙事学提供了直接的范例。普罗普在其代表作《民间故事形态学》(1928,中译《故事形态学》)中,通过对一百个俄国民间故事的研究提炼出一系列的基本故事模式,这与斯特劳斯的神话故事结构的研究很大程度上是异曲同工的。与“神话素”这个概念类似,普罗普提出了角色的“功能”概念:“角色的功能充当了故事的稳定不变因素,它们不依赖于由谁来完成以及怎样完成。它们构成了故事的基本组成部分。”并且“神奇故事已知的功能项是有限的”。普罗普总结出了31种功能,并认为所有民间故事都包含其中的某一些功能,而且在排列的顺序上完全一致。所以他指出,“所有神奇故事按其构成都是同一类型”[④]。

在结构主义方法论得到斯特劳斯的补充完善之后,普罗普的研究方式也为法国

① 克劳德·列维-斯特劳斯《结构人类学——巫术·宗教·艺术·神话》,陆晓禾,黄锡光,等,译,文化艺术出版社,1989年版,第50-51页。

② 克劳德·列维-斯特劳斯《结构人类学——巫术·宗教·艺术·神话》,陆晓禾,黄锡光,等,译,文化艺术出版社,1989年版,第52-53页。

③ 克劳德·列维-斯特劳斯《结构人类学 I》,张祖建,译,中国人民大学出版社,2006年版,第25页。

④ 弗拉基米尔·雅可夫列维奇·普罗普《故事形态学》,贾放,译,中华书局,2006年版,第20页。

的后来者继承和发展。法国文论家格雷马斯(1917—1992)在《结构语义学》中就在语义研究的基础上,把普罗普的民间故事分析扩大到所有叙事文本的分析,把叙事的语言讲述看成一个整体的意义建构行为,就像一个句子利用词汇进行的意义建构一样。"句子其实只是说话人(homo loquens)自己演给自己看的一出戏。但这出戏有个特别之处,即它的不变性:情节内容随时在变,演员在变,但演出之言语行为始终不变……"[①]例如,句子的主语作为"施动者"在故事中可以看成做出各种行动的角色。这样来看,普罗普就"从施动者角度把俄罗斯民间故事定义为含有7个人物的叙事"[②]。进一步,格雷马斯在一般故事中总结出了三组二元对立的"施动者":"主体"和"客体";"发出者"和"接收者";"辅助者和反对者"。"主体"类似于普罗普说的"主人公",是主动者或者故事的主宰、动力、原因;"客体"则是主人公行动的目的、任务、对象、被动者等。而另外两组也分别表明了它们在叙事中的不同功能,它们对故事的主干行动产生各种影响,它们可以看成句子主干的修饰成分。[③]

与此类似,法国批评家茨维坦·托多洛夫的"叙事语法"研究则更加明确地把叙事文学作为一种语言学上的陈述句的扩大版。通过对《十日谈》中的故事的分析,托多洛夫指出:"情节的最简略的图示可以很自然地用一个语句表示。在语言的分类与叙述的分类之间,有一种深刻的类比,值得探索。"例如把人物作为"主语",人物的行动作为"谓语",而行动的对象和结果则看成"宾语"。其中,最重要的是作为行动的"谓语","谓语"虽然也千变万化,但有一定的类型,这些类型通过连接和转化就形成完整的叙事。叙事文学存在一些基本的情节单位,这就像"词语"一样,这些基本单位按照一定的"序列"组合起来,就形成了完整故事这个"大句子"。[④]

托多洛夫是叙事学的集大成者,他对"叙事时间","叙事体态"即作品中人物和故事讲述者之间的关系,"叙事语式"即故事讲述、展开的方式等方面也有较为深入的研究,而且是"叙事学"的命名者(1969年),为叙事学做出了重要贡献。

二、后结构主义与解构主义

1966年,罗兰·巴特(1915—1980)发表了叙事学的经典作品《叙事作品结构分析导论》,把叙事学研究推向了高潮。(详见第一节)但是巴特的研究逐渐否定了作者的权威性,也否定文学文本存在某种中心意义的看法,这却与结构主义力图寻找出某种

① A.J.格雷马斯《结构语义学》,蒋梓骅,译,百花文艺出版社,2001年版,第253页。
② A.J.格雷马斯《结构语义学》,蒋梓骅,译,百花文艺出版社,2001年版,第256页。
③ A.J.格雷马斯《结构语义学》,蒋梓骅,译,百花文艺出版社,2001年版,第257-264页。
④ 茨维坦·托多洛夫《叙述的结构分析》,见王逢振、盛宁、李自修《最新西方文论选》,漓江出版社,1991年版,第126-130页。

中心结构的做法已经有了较大区别,也使得他的文论具有了十分重要的解构倾向,我们也经常称之为"后结构主义"。

后结构主义是一种介于结构主义和解构主义之间的思想形态,代表人物除了巴特以外,还有福柯、拉康等重要代表。一方面,后结构主义也十分重视结构分析,其研究受到索绪尔语言学、布拉格学派和斯特劳斯的影响,也是从结构主义开始的;另一方面,他们又否定主体的同一性,否定作者权威,不承认作品具有中心意义,这又在很大程度上具有了后现代的特征,与德里达的解构主义思想相吻合。

雅克·拉康(Jacaueo Lacan,1901—1981)

雅克·拉康,法国心理学家、精神分析学家、哲学家。受黑格尔、弗洛伊德等人的影响,他从语言学的角度重新阐释了弗洛伊德的潜意识理论,并在儿童心理学的基础上提出了关于主体问题的著名的"镜像阶段"理论,晚期关于"欲望结构"的理论也对人文学科产生了巨大影响。拉康是法国当代思想家阵营中的主要人物之一,也是欧洲战后最具独立见解和争议性的哲学家。

拉康是结构主义精神分析学的代表,他把结构分析方法运用于精神分析,把无意识同语言、结构联系起来考察,改变了人们对于主体的看法。传统的"主体"概念一般是以理性为中心的,即认为人是由一个能理性思考的自我来支配的,弗洛伊德认为人的主体是一种无意识主体,即无意识本能是支配自我的中心力量。拉康基本同意主体的无意识性质,但是又增加了一些其他特性。

首先,拉康认为主体是以欲望为支配中心的,人是一个欲望着的主体:"如果说有一个概念堪称是拉康思想的核心,那就是欲望概念。……欲望既是人类存在的中心,也是精神分析学的核心。"[①]这里的"欲望"不只是弗洛伊德说的那种本能欲望,而是跟"缺失"相关的所有欲望。因为"欲望"总是意味着某种"欠缺",或者说,正因为感到"不满足",感到某种对象的"缺失",我们才会产生去弥补这种缺失的力量,这就是欲望驱力。人之所以是欲望主体,就是因为人的几乎所有行为和现象都跟这种"缺失"相关,并且,"缺失"总是某种东西的缺失,因此总是同自身之外的某种东西即"他者"

① Dylan Evans, AnIntroductory of Lacanian Psychoanalysis, P36,转引自:吴琼《雅克·拉康——阅读你的症状》,中国人民大学出版社,2011年版,第376页。

相关。“主体的欲望总是朝向其欲望对象。”[①]其次，拉康的主体是分裂的主体。所谓分裂的主体，主要是指人的主体观念的形成不是独立的，也就是说，从人自身我们还不能产生出“自我”这样的概念，我们要意识到一个“自我”，必须要依赖自我之外的东西，也就是必须依赖“他者”。这个“他者”就像一面镜子，通过它，我们才能想象一个“自己”。在拉康著名的“镜像理论”中，这个“他者”，首先是镜子中的“影像”，借助这个影像，儿童发现了它与自己有关。然后，通过他人照镜子，儿童逐渐明白了自己的镜中影像与自己的关系。在人投身社会之后，这个“他者”就是他身处的社会关系结构中的一切“他人”或者“他物”，我们通过他们为自己定位，并不断认识自己。简单地说，“自我”概念只有在像“你、我、他/她/它”这样的关系中才能想象，没有“你”或者“他”，也就不存在“我”。从这个意义上说，“自我”总是由他者建构的。[②]最后，由于一个人所面对的“缺失”是变动的，也因为一个人所处的关系结构即“他者”环境是不断变动的，因此主体是变动不居的。

如果我们也要从表层和深层的角度来理解拉康的(后)结构主义，那么，人类所创造出的文化产品：科学、艺术、宗教等等，就可以说是一个可以看见的表层世界，它是千姿百态的，而在这种创造背后的深层结构则是人那个欲望着的和变动不居的主体，文化产品是欲望主体追逐欲望的结果。也就是说，主体的“无意识”欲望构成了一切文化创造的原动力，其中当然包含了文学创造活动。

拉康如何看待文学文本？显然，文学文本是作为一种表层的语言符号体系存在的。而符号的本质就是用能指来指代所指(意义)。通俗地说，符号就是用“一个”代替“另一个”。为什么要“代替”？因为这“另一个”常常“不在场”，它需要某个东西来代替自己，这个东西就是“能指”。因此，“能指”或者语言符号(听觉的或者视觉的)的本质就是代表某个“缺失”的东西，它指向缺失：“如果说语言学将能指提高为所指的决定者，那么精神分析就是揭示了这样一个关系的真相：意义的缺失是它的话语的决定者。”[③]正是因为“不在场”或“缺失”，我们才用符号来替代，所以才形成了语言。但我们知道，这种代替不可能是真正的，它只能是象征性的，只能是用异化和扭曲的方式来代替，并且代替总是不充分和留有空隙的。那“空隙”也就是无法说出的部分，它只能依旧保留“缺失”状态，成为拉康意义上的无意识。反过来说，无意识就是符号指代失败的产物。也就是拉康说的，无意识就是被语言切割后剩下的残

① 黄作《不思之说——拉康主体理论研究》，人民出版社，2005年版，第218页。
② 黄作《不思之说——拉康主体理论研究》，人民出版社，2005年版，第227-228页。
③ 拉康《拉康选集》，褚孝泉，译，上海三联书店，2001年版，第610页。

余。[①]从欲望(缺失)寻找语言代替的角度来说,写作是作者欲望的暴露,因为欲望(缺失)构建了主体,因此,写作也可以说是主体的一种建构方式。而从语言总是被扭曲和异化这个角度看,写作又是作者欲望的一种遮蔽,它使得欲望始终保持为一种不可能状态。

无意识与语言指代中存在的缺失或指代失败相关,正是如此,"无意识不仅仅是一种与语言有关的东西,如我们可以通过分析语言现象尤其是语言障碍现象来分析它,而是一种根本上与语言同质的东西,即它们都是能指的产物"[②]。可以说,无意识的结构就是语言的结构。语言是社会化的,在语言结构中形成的无意识也是社会化的,而不是先天的。这是因为拉康认为,人之为人,一生下来就已先行落入符号世界之中,并且他的主体和欲望也被这个世界所塑造。换句话说,无意识一开始就与语言符号深深关联着,这与弗洛伊德的由生物本能决定的无意识有很大不同。[③]

由于作品是欲望和无意识的扭曲的表现,我们是不可能直接从文本中得到作者的欲望和无意识的,事实上作者对它也没有意识,他并不清楚自己写下的东西究竟指向哪里,因此文本中的能指符号是空洞的,其所指是缺场的。读者在阅读时,自身也作为一个欲望的主体而给这些空洞的能指注入意义,因此,读者的阅读所读到的与其说是作者的意图,不如说是自己的欲望症候,但读者同样对此是毫无所知的。从这个意义上说,作品中的符号能指是一种"纯粹能指",它是不及物的。这就像《失窃的信》中的那封"信"一样,没有人真正知道它的内容,但每个人都自以为对其有所理解,为其注入自己所理解的"意义",但这种"理解"不是信件内容本身,而是理解者自身的主体位置的一种投射。

在结构主义的表层—深层模式中,拉康从表层的语言系统中看到了一种深层无意识结构或者欲望结构,但是这种欲望由于是以"缺失"为特征的,因此是不可能真正接近欲望或者无意识的具体内容的,我们知道这一深层结构的存在及作用,但我们却无法知道这一深层结构的具体面目。由此可以推断,对作品来说,作者的存在或者作者的意图可以说已经变得毫不重要,并且也是不可能真正找到的。作品一经诞生,就已经决定了它不断被读者填充,符号不断滑动、不断被替换的命运。要不是因为对深层无意识结构的坚持,以及所谓的"菲勒斯中心主义"的倾向,拉康的这些看法可以说与德里达的解构主义已相去不远了。

① 黄作《不思之说——拉康主体理论研究》,人民出版社,2005年版,第266-268页。
② 黄作《不思之说——拉康主体理论研究》,人民出版社,2005年版,第264页。
③ 吴琼《雅克·拉康》,中国人民大学出版社,2011年版,第315-320页。

米歇尔·福柯(Michel Foucault,1926—1984)

福柯,法国哲学家、社会思想家。他在“疯癫史”,“规训与惩罚”的历史,“性史”和“知识史”等领域的研究包含了他对人的主体性的怀疑和对话语权力的深刻批判。这些思想对人文社会科学尤其是哲学、批评理论、历史学、科学史和知识社会学等都产生了持续而重大的影响。

米歇尔·福柯也被看成后结构主义的一位大家,他对理性主体的批判和对话语权力的研究对整个世界的思想和学术产生了十分广泛的影响。在《疯癫与文明》一书中,福柯追溯了“疯癫”如何被理性排斥,并且逐渐被看成一种疾病,以至于最终遭遇监视和管束的历史,告诉我们所谓的以理性结构为中心的文明,其实是建立在对疯癫的压制和排斥基础上的。福柯在《疯癫与文明》一书的前言中指出,该书的目的,就是要找出“那种将疯癫区分出来的行动”,也就是“造成理性与非理性相互疏离的断裂,由此导致理性对非理性的征服,即理性强行使非理性成为疯癫、犯罪或疾病的真理”[①]。他认为,疯癫与理性分野,而事实上,在理性还不够发达和自觉的时代里,在宗教氛围浓厚的时代里,疯癫不仅仅是一种人们习以为常的正常情况,而且常常因为其超出常人的思维被认为具有神圣性。福柯认为,疯癫是人性的一个重要构成部分,并不存在抽象的疯癫,“只有存在于每个人身上的疯态”。[②]它跟人的自恋和对自身的幻觉相关。就像弗洛伊德那遭受压抑的潜意识一样,疯癫也会通过某些特殊的文化方式表现其自身的力量,而艺术就是其中最为重要的一种。福柯认为,像荷尔德林这样的诗人、梵高这样的画家一样,现代艺术充斥着非理性的狂潮,其实是遭受压抑的疯癫对理性世界的一种强烈反叛。“它造成了一个不可弥合的缺口,迫使世界对自己提出质疑。”“艺术作品与疯癫共同诞生和变成现实的时刻,也就是世界开始发现自己受到那个艺术作品的指责,并对那个作品的状况负有责任的时候。”[③]

① 福柯《疯癫与文明(修订译本)》,刘北成,杨远婴,译,生活·读书·新知三联书店,2012年版,第2页。
② 福柯《疯癫与文明(修订译本)》,刘北成,杨远婴,译,生活·读书·新知三联书店,2012年版,第27页。
③ 福柯《疯癫与文明(修订译本)》,刘北成,杨远婴,译,生活·读书·新知三联书店,2012年版,第272页。

福柯的结构主义或后结构主义特点更体现在他关于“知识型”的概念上。所谓“知识型”，主要指一种处于社会深层的基础文化代码，它决定了一个时代的语言、观念和交换模式，决定着整个社会的思维方式和观念表述方式。“学科、理论、知识对于知识型而言，就如句子对于语法，言语对于语言，神话素对于神话，文学作品对于文学科学一样，后者是前者的生成性条件。”①即一种表层和深层的关系。不同阶段的“知识型”既然决定着不同历史阶段的话语方式，当然说话者就不可能是自由的。这跟拉康的某些观点类似，即人一生下来就落在了某个既定的符号环境中，并接受其中的规则训导，“知识型”就是一种类似于规则的东西。对于福柯来说，不是人说语言，而是语言说人，某种意义上说，作者已经死去。

福柯的“话语（知识、真理）/权力”理论也具有十分广泛的影响，它打破了人们关于知识尤其是科学知识具有真理性和纯洁的客观性的看法。他认为权力和知识是共生的，即权力生产了知识，而知识也生产权力，没有相应的知识生产和知识支撑，权力关系就无法建立起来，相反，没有权力关系的建构和参与，也就不会有任何知识。显然，这里的权力概念的意义已经超出我们通常理解的宏观意义上的政治权力。受尼采“权力意志”概念的影响，他的权力概念也具有某种意义上的本体论色彩，可以说它是人作为社会生物而必然出现的、对于其身处其中的关系结构的一种控制欲望，而话语或者知识作为对这种关系结构的阐释，尤其是一种有利于自身的阐释，因此是实现这种控制的一种方式。“在每一个社会中，话语的生产是根据一定数量的程序而被控制、选择、组织和再分配的。”②

我们可以看到，福柯把语言存在的领域，即各种制度、阐释、艺术、知识等人类话语行为作为表层现象，而居于深层的是“非理性”（疯癫）、“知识型”“权力欲望”等。但是，福柯更加注重从历史的、变化的角度来看待深层结构，强调其变换的和断裂的特征，这与结构主义注重共时形态的结构和具有普遍永恒性的结构是完全不一样的。福柯对人的理性主体的批判和否定，对传统的中心主义观念的批判，对权力、规训、压制和排斥等问题的研究，也都预示着他的思想具有更加浓厚的后现代和“解结构”的特征，因此我们一般也把福柯理解为一种后结构主义的类型。

某种意义上说，德里达的解构主义理论是针对结构主义而提出的一种理论，它的直接基础和目标就是对结构主义的反叛（见本章第二节）。德里达从反对中心主义出发，否定了那种存在某种决定性的结构的看法，认为所有语言形式，要垄断某种意义是不可能的，因为那种对符号起决定作用的所谓“起源”，实际上总是处于“缺场”的状

① 汪民安《福柯的界线》，中国社会科学出版社，2002年版，第74页。

② 汪民安《福柯的界线》，中国社会科学出版社，2002年版，第149页。

态，符号只能处于一种能指间相互替换的“滑动”状态，这样来看文学文本，其结果就只能是一种“不及物”的能指游戏。文学文本的所谓“意义”“结构”，作者的“意图”，因此也就不存在了。

德里达的解构主义思想对人们的文学观念和文学批评产生了很大影响，催生了所谓“耶鲁学派”这样的致力于解构主义文学批评的学术派别。

保罗·德曼（1919—1983）是耶鲁学派的重要代表，他的核心观念是强调语言符号的修辞特性。语言的特点就是用一种符号体系代替另一个符号体系，而这也是修辞的特性。正如我们前面提到的，“代替”本身是一种不可能百分之百充分的行为，因此必然出现偏差，这种偏差就是对“代替”行为的一种否定。这样来看，语言本身就带有了自我解构的倾向。修辞更是十分明确地在用语言进行表意的同时又否定这种表意，它是对语言的语法和逻辑关系的直接破坏，表现出明显的自我解构特征。所有语言都具有这种修辞特性和自我解构特征，而文学语言尤其突出。他甚至在《对理论的抵制》一文中，直接把文学性定义为“那种把修辞功能突出于语法和逻辑功能之上的语言运用”[①]。由于文学语言常常具有言外之意和表意的模糊性，因此很容易证明语言的自我否定的特征。

J.希利斯·米勒（1928—2021）赞同语言的修辞特性和自我解构功能的看法，认为语言在根本上是由修辞性的比喻而产生的一种幻象。但是米勒十分强调解构的同时也应该有所建构，因为语言虽然有着自我解构的功能，但是它并不会分崩离析，而是会不断再生，以各种不同的方式重新建构自身，换句话说，语言虽然是不稳定的，但它绝不会就此死去，而是会不断重生。不仅如此，在《作为寄主的批评家》一文中，米勒还提出了著名的以“寄生”现象为基础的“异质共生”的概念。他认为一个文本所表达的东西绝不是仅仅依靠文本本身来完成的，而是依靠它和其他文本之间的寄生关系。而寄生文本既是对它所继承和受其影响的寄主文本的一种解构和破坏，同时又把寄主融入自身以建构出新的意义，同样，它自身的意义又会被后来的寄生文本所解构。这显然十分类似于“互文性”概念所表达的东西。米勒不仅从语言上看文本具有异质共生的特点，还独辟蹊径地认为文本在观念上也是如此。他认为，西方文学的所有文本都同时存在着逻各斯中心主义的形而上学和颠覆这种中心主义的虚无主义或怀疑论。虚无主义总是寄生在形而上学体内，如影随形，通过语言的修辞特性取消形而上学观念的有效性，这两者也是一种相互解构和建构的异质共生关系。[②]由于异质共生关系是一种从解构到建构，又到新的解构和建构的循环，它揭示了语言指意的无穷可

① 保罗·德曼《对理论的抵制》，见王逢振，盛宁，李自修《最新西方文论选》，漓江出版社，1991年版，第221页。

② 希利斯·米勒《作为寄主的批评家》，见王逢振，盛宁，李自修《最新西方文论选》，漓江出版社，1991年版，第156页。

能性，从这个意义上说，解构批评又是一种解构既有可能，不断发现新可能的没有终点的过程。

“耶鲁学派”除上述两位外，还有杰弗里·哈特曼（1929—　）和哈罗德·布鲁姆（1930—2019）。哈特曼看到了解构批评具有的那种建构性质，在《阅读的命运》等作品中提出了批评文本和原创文本的区分，指出批评文本也是一种类似于文学写作的创造性工作。而布鲁姆则在其著名作品《影响的焦虑》中提出了诗人如何超越其前辈诗人的影响等问题，认为“误解”和“误读”是解构前辈诗人的影响，建构出自己的独创性的一种有效方式。他据此区分出了诗人和批评家的“强”和“弱”，指出“强诗人”和“强批评家”正是那些能够通过“误读”来进行创造的人。

解构主义批评否定了稳定的深层结构存在的可能性，让我们看到表层语言系统下更加复杂和多样的可能性，否定了中心意义的存在，使文本处于开放状态，批评家和读者自身对作品的理解获得了前所未有的独立性与合法性。

综上所述，结构主义和解构主义文论都从语言符号的研究出发，围绕语言的特性对文学文本进行了深入研究，发现了诗歌语言和小说叙事的一些特有规律，深化了我们对于文学写作和文学批评的认识，但是结构主义和解构主义文论也因此具有较为明确的语言中心的倾向，在很大程度上忽视了文学与外部世界的联系，甚至忽视了与读者和作者的联系，较为片面地局限在语言自身的功能和特点上，从而使得文学研究的空间受到一定限制。

第一节　罗兰·巴特的结构主义叙事学

罗兰·巴特（1915—1980）是法国结构主义符号学最著名的代表人物，一生著述丰富。整体上他的著述可以分为前后两个时期。他的前期研究主要集中在结构主义符号学尤其是文学叙事学方面，后期研究则逐渐向后结构主义和解构主义过渡。其主要著作有《写作的零度》（1953）、《神话学》（1957）、《符号学原理》（1964）、《S/Z》（1970）、《文本的快乐》（1973）等。他的结构主义叙事学思想集中体现在《叙事文学结构分析导论》（1966）等经典著作中，并且十分典型地体现了结构主义的思维方法的特点。

下面我们根据《叙事文学结构分析导论》这一经典文本，看看他关于作品结构的思想。

罗兰·巴特(Roland Barthes,1915—1980)

罗兰·巴特,法国文学批评家、叙事学的集大成者,在社会学家、哲学和符号学方面也成就卓著。主要作品有《神话学》《写作的零度》《S/Z》等。罗兰·巴特不仅对结构主义运动,而且对后结构主义和后现代主义思想有很大影响。

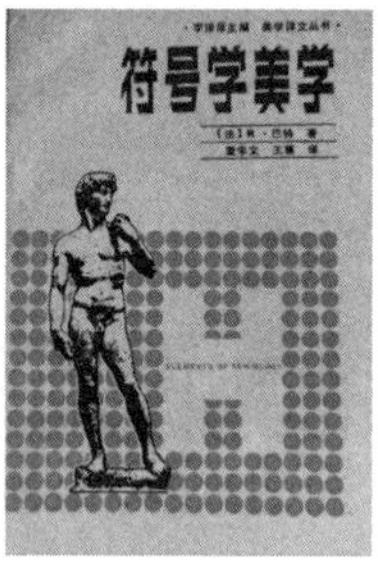

巴特在《叙事文学结构分析导论》中一开始就把叙事作品系统类比为语言系统。索绪尔认为语言系统可以分为表层的“言语”(即我们说的话)和深层的“语言”(即我们说的话背后的语法、惯例等规则),而潜在的“语言”也是各种言语共同遵守的东西。巴特指出,叙事作品表面上各有不同,就像“言语”,但也同样都有一个“共同模式”,这种模式“存在于一切语言的最具体、最历史的叙述形式里”,就像索绪尔说的“语言”。叙事作品表面上就是作家说的话,背后藏着叙事规则。“共同模式”全面贯穿于作家的言语表达之中,却不露声色。基于这样的相似性,巴特把叙事看成句子的扩大版:“从结构的角度来看,叙事作品具有句子的性质,但决不可能只是句子的总和。叙事作品是一个大句子,如同凡是陈述句在某种程度上都是小叙事作品的开始一样。”①

句子的陈述遵循的是一种共同的语法规则,那么叙事作品作为“大句子”遵循的共同结构或者规则是什么呢?巴特反对通过归纳的方法去找出这个结构,因为天下叙事作品多如牛毛,因此他认为叙事作品的共同模式应该像语言学一样从理论建构和演绎着手,是在假设的基础上逐渐进行研究的。②

巴特还运用语言学对句子的多层次描述方法,对叙事作品的结构进行分层描述,并以此阐释叙事作品的意义生成。语言表达可以分为不同的层次:音素、词、句、段、叙事环境……一般会认为,音素组成了词,词语组成了句子,以此类推,因此词语是什

① 罗兰·巴特《符号学美学》,董学文,王葵,译,辽宁人民出版社,1987年版,第112页。

② 罗兰·巴特《符号学美学》,董学文,王葵,译,辽宁人民出版社,1987年版,第110页。

么意思要看怎样读，而句子是什么意思要看那些词语是如何组合的。但巴特认为，这种看法只适合叙事作品表层系统那种“说什么就是什么”的情况，不适合文学表达。文学表达的意义系统虽然也具有语言表达的那种层次性，但是其意义的确定却是完全相反的方向，即：要确定词的意义，我们不是看它怎么读，而是必须看它存在的句子整体，要确定句子的意思，同样需要根据更高一级的段落而不能根据组成这个句子的词语，以此类推。换句话说，叙事作品的意义首先是根据其上一个层次来确定的。但不管怎样，意义的产生必须是从纵向的层次之间的关系来考察。巴特指出，“层次的理论提供了两种类型的关系”，一个是“分布关系”，一个是“结合关系”。所谓“分布关系”是指同一个层次之间的不同单位和元素之间的关系，但是同一层次之间的“分布关系不足以说明意义”。也就是说，只有从纵向的层次之间的关系结构中，只有结合到具有背景性的另一层次结构中，意义才能显现出来。“要进行结构分析，就必须首先区别多种描述层次并从等级的（结合的）观点去观察这些层次。”①

如果说语言结构是由音素、词、句、段等层次形成的，那么叙事作品的结构是由什么层次形成的呢？根据以上的层次结构理论，巴特把叙事作品分成了三个层次，即：“功能层”“行动层”和“叙述层”。

大体上讲，这三个层次也有一个递进的关系，即“功能层”要显示出自己的意义，则需要与“行动层”相结合才行，而“行动层”的意义又要依赖于“叙述层”。因为“功能层”的结构分析关注的是故事单位，而“行动层”关注的是人物的“大行动”单元，只有把故事基本单位放到人物的整体行动环境之中，这些故事单位才显示出较为具体的意义。同样，人物及其行动的意义最后又必须联系到叙述代码问题，即“叙述层”才能最终获得。

巴特认为，从横向的角度一句句读下去，我们只能弄清楚故事本身的状况，但是要对故事进行理解，就必须纵向地从一个层次过渡到另一个层次。故事本身是横向的，明摆着的，只要读下去就能清楚，但对故事的理解则是抽象的，需要读者从纵向进行联系方能明白。例如，我们可能在小说中读到一系列以“杀人”为中心的故事单元，但是“杀人”的意义并不确定，我们必须通过纵向理解，搞清楚人物关系，也就是行动关系之后，才能明白是谁在“杀人”，“杀人”行为的动机、目的、前因后果等问题。同样，我们要对如此人物关系中的行为进行评估和判断，又受到叙述问题，也就是“谁在讲述”“如何讲述”“在何种情况下讲述”，是“客观讲述”还是“主观讲述”等问题的影响。下面，我们具体看看这三个层次。

---

① 罗兰·巴特《符号学美学》，董学文，王葵，译，辽宁人民出版社，1987年版，第113页。

一、功能层:“功能”“标志”与“序列”

“功能层”主要关注叙事单元,包含了“功能”“标志”“序列”等基本概念。“功能”是那种在叙事中具有意义的基本切分单位。它构成了故事本身的细节,或者是我们理解故事的细节。“一部叙事作品总是由种种功能构成的,其中的一切都具有程度不等的意义。”[①]巴特把这些意义单位首先分为“分布关系的”和“结合关系的”两类。“分布关系的”功能,就是构成故事本身的那些前后相继的意义单位,其作用就是完成故事。而“结合关系的”功能,则主要指那些暗示性的、象征性的意义单位,例如暗示身份、地位、性格、气氛等等的意义细节,其作用在于理解故事,需要结合到更高的人物层(行动层)或者叙述层才能豁然开朗。“要懂得记下的标志‘有什么用’,必须跨到高一级的层次上去(人物的行动或叙述),因为在那里标志的含义才会释然。”[②]这种“结合关系的”、暗示性的功能,巴特又称之为“标志”(或“痕迹”),“标志”越多,故事就越复杂难懂。在分布类功能单位中,主要的功能被称为“核心”,不重要的,起补充和连贯性作用的叫作“催化”等。

作为意义单位的“功能”是如何被组织起来形成作品整体的呢?一个作品作为一个“大故事”,是由许多“小故事”组成的,“小故事”里面还包括更小的故事,一直到最微型的行为。大小不等的“小故事”被巴特称为“序列”。“序列由核心功能组成,有始有终,归在一个名称下面。”序列具有自身的完整性,因此本身又可以构成一个新的完整的功能单位,“随时可以作为另一个较大的序列的简单的项而发挥作用”。“序列”的概念在巴特这里是串起各种大小不一的功能的重要经线,最终结果是一整套功能的网络形成叙事作品的结构。但所有这些,都属于功能层内部的平行的或者等级的关系。[③]整体性强的故事,等级层次的序列较多,大序列套小序列。整体性不强的故事之间,序列的平行关系就较突出。

让我们杜撰一个关于农民工“张三”在改革开放初期南下打工的故事。它包括了由“打工——恋爱结婚——离婚——回家创业——复婚(结局)”五个功能组成的“序列”。而每一个“功能”,又可以各自展开为一个次级的功能序列。例如,“离婚”就可以展开为这样一个次级“序列”:“家庭生活——为老婆找工作——周老板的插足——三人冲突——离婚”。同样,“周老板的介入”又可以展开为更次一级的功能“序列”。加上那些“催化”“标志”等辅助性的功能,一个作品就这样被组织起来了。

① 罗兰·巴特《符号学美学》,董学文,王葵,译,辽宁人民出版社,1987年版,第118页。
② 罗兰·巴特《符号学美学》,董学文,王葵,译,辽宁人民出版社,1987年版,第118页。
③ 罗兰·巴特《符号学美学》,董学文,王葵,译,辽宁人民出版社,1987年版,第126-127页。

二、行动层与人物类别

“行动层”稍微有些抽象，它比“意义结构”更高一个层次。如果说“功能”“序列”关注的主要是故事本身的意义网络的话，那么，“行动层”关注的则是“行为类别”，不同人物分属于不同的行动类别，因此这也是一个作品中人物的分类问题。巴特指出，叙事作品人物纷繁复杂，数量众多，但是他基本上认同托多洛夫和格雷马斯等人的方式，即按照“行动范围”来进行人物类别的划分。“用人物参加一个行动范围来说明人物的特征。这些行动范围为数不多，有代表性，可加以分类。所以尽管第二描述层是人物层，我们在这里还是称为行动层。”[①]

虽然巴特认为人物分类问题还未能得到很好解决，但他较为赞同格雷马斯的方式，认为“格雷马斯建议的行动者模式（托多罗夫也使用这一说法，但角度不同）看来颇经得起大量叙事作品的检验。”[②]格雷马斯用语言学的方式为叙事作品分出了六种人物和行动类型，其根据是叙事作品中人物的行动可以分为三大范围：交际、欲望（或追求）和考验。三个行动领域分别涉及主体/客体；施惠者（发出者）/受惠者（接受者）；辅助者/反对者等三组行动者。

主体和客体是从“交际”关系的角度进行的分类，故事中存在行动者，也存在行动的目标和对象，是成对出现的。如果我们把故事看成对某个对象的追求和实现过程，那么，主体就是这个对象的追求者和完成者，客体就是这个对象。除此之外，还有一个让主体去做这件事情的力量，可能是主体本人，也可能不是；可能是人，也可能是社会环境等人之外的力量。总之，这个驱动力量就是“施惠者（发出者）”，相应地也有一个谁来接受这个对象的问题，最后得到这个对象的人或物就是“受惠者（接受者）”。例如，在一个“国王让英雄找回公主丢失的爱情信物”这个故事中，英雄就是“主体”，“爱情信物”就是“客体”，国王发出命令和要求，因此是“施惠者（发出者）”，公主于是就是“受惠者（接受者）”。“主体/客体”和“发出者/接受者”可能是重合的，也可能是分离的。[③]例如，假设命令和要求是公主发出的，那么公主就既是“施惠者（发出者）”，也是“受惠者（接受者）”。如果英雄就是公主的恋人，那他就可能集“施惠者”“受惠者”和“主体”于一身。一个故事通常总有一个或者一群主体在追求某些客体对象。主体一般是人，但客体可能是人或物，甚至是抽象的东西，如“幸福”“爱情”等。“受惠者（接受者）”一般也是人，但“施惠者（发出者）”不一定是，作为驱动力量，“施惠者（发出者）”可能是人，也可能是环境或者人的欲望，等等。

---

① 罗兰·巴特《符号学美学》，董学文，王葵，译，辽宁人民出版社，1987年版，第128-130页。着重号为原文所加。

② 罗兰·巴特《符号学美学》，董学文，王葵，译，辽宁人民出版社，1987年版，第130-131页。

③ A.J.格雷马斯《结构语义学》，蒋梓骅，译，百花文艺出版社，2001年版，第257-259页。

“辅助者/反对者”容易理解，它是主体在追求过程中所遇到的帮助或者阻碍，通常，故事一波三折就是由于这一对力量的相互作用，它使故事具有了戏剧性。

如果我们从语法的角度来看，主客体类似于主语和宾语，行动是谓语，“施惠者（发出者）”和“受惠者（接受者）”类似于对谓语起直接限定作用的状语，而“辅助者”和“反对者”同样类似于状语，但是对谓语的作用是条件性的和补充性的。

巴特认为，以上力量在故事中通常是成对出现的，这使得“主客体谁更重要”或“发出者和接受者谁更不可缺少”这样的问题就难以回答。就像警匪剧中的“警察/罪犯”这一主客体一样，单纯从行动范围的角度看，它们是同一个行动的双方，是正角/反角，都十分重要。就像一场比赛，双方经历的是同一个行动。如果这场比赛像足球那样主客体是复数，那就更加复杂了。有鉴于此，巴特也并不认为格雷马斯的办法是完美的。也就说，格雷马斯的“行动范围”模式，不能解决人物的意义问题，尤其是确定叙事作品的主角或主体的地位：“人物分类的真正困难在于主体在行动者母式中的地位（也即是存在），不论母式的样子如何。”[①]

巴特指出，如果我们要对人物及其行动进行意义上的探讨，确定其情感和价值立场，确定“优惠者（此处指处于优越地位的角色，例如所谓的主人公——编者注）的角色类别”，那就必须“再次接近语言学”。即采用语法范畴中的人称：“解决行动层的关键（也许）将是人称的语法范畴。”[②]巴特认为，“叙述层”就是“关于人称的语法范畴”，我们只有进入叙述层，对人物及其行动的理解才会有可靠的基础。简单地说，同样的人物和行动，如果叙述的角度不同，则对他们的意义的理解，对其情感和价值的判定就肯定是不一样的。

三、叙述层：“人称”与“非人称”

巴特认为，作品作为一种信息“交际”，涉及作品的“授予者”和“接受者”。叙述层研究的就是它们在作品语言中的代码。巴特首先厘清了一些常见的误解，即我们总是会不自觉地把作者当成叙述者。巴特明确指出：“（在叙事作品中）说话的人不是（在生活中）写作的人，写作的人也不是存在的人。”也就是说，叙述者，即那个讲述故事的人，并非作者，一个人的写作状态与日常存在状态也完全不同，因此也不是“同一个人”。小说故事的讲述者通常是一个较为抽象的存在，而不是具体的存在，因此故事叙述者和故事中的人物本身都是纸上的生命，是存在于作品内部的符号。作品的

① 罗兰·巴特《符号学美学》，董学文，王葵，译，辽宁人民出版社，1987年版，第131页。
② 罗兰·巴特《符号学美学》，董学文，王葵，译，辽宁人民出版社，1987年版，第132页。

“接受者”同样也不能等同于具体读者，而是作品中以语言代码形式出现的潜在听众，也叫“读者代码”。不过，巴特认为读者代码很难分析，因此主要探讨的是叙述者的叙述代码。根据叙述者参与作品的状况的不同，巴特把叙述代码分为两类，即：“人称叙述”和“非人称叙述”。[①]

所谓“人称叙述”，其特点是可以在作品中找到叙述者信息或代码，这些信息或隐或显。因此“人称叙述”也可以说是有叙述者的叙述，“人称”也就是指语言形式上的人称，而不是心理学意义上的人称。“人称叙述”最直接的判断就是叙述者在作品中留下了痕迹，形成了对故事讲述的干预。这种干预可能是直接的，例如叙述者是故事中的人物，它形成了对故事讲述的角度、立场、态度等方面的干预；也可能是间接的干预，例如第二人称或某些第三人称的讲述，叙述者好像站在故事之外，但与故事中出现的“你”或者“他”有形式上的关联性。隐藏最深的是巴尔扎克所写的那类作品，其中的某些对人物的评判暴露出讲述者的身影。总体上讲，“人称叙述”中的讲述者都是从语言中体现出来的“纸上生命”，它们参与了作品，使故事的讲述出现了某种“主观性”，或者“聚焦”、镜头的放大、视角的“局限性”等等。但我们知道，传统叙述很多“客观性讲述”，是所谓“全知全能”的、“上帝视角”的叙述，在作品的语言形式中找不到叙述者信息，似乎是故事自己在向读者涌现，是语言“自己在讲述”，这就是“非人称叙述”，巴特认为这是传统叙事作品用得最多的模式。

不管是哪种叙述方式，叙述本身都可以看成某种控制全局的力量，叙述者本身的立场态度、视角的局限性等显然会影响读者对故事行为意义的理解。除此之外，如“插话”等话语形式，直接陈述、间接陈述，开头与结尾的规定和“叙述角度”等等也同样会影响读者对故事行为意义的理解，这些都是叙述层问题。[②]但巴特未对此展开论述。

巴特认为，叙述层已经涉及读者以及作品语境等外围因素，它处于作品内外的临界点上。“叙事代码使我们的分析所能达到的最后层次，除非离了客体——叙事作品，也就是说，除非违背作为分析依据的内在规律。”“叙述层”的分析因此是对整个作品叙事分析的一种“封顶”，它把功能层和行动层聚集起来，同时以此为界限关闭了分析的大门，所有的意义分析就限制在这个范围内。但是，叙述层又同时指向叙述层之外，即叙事背景，类似于语言学的“语境”：“凡叙事作品都依附于一种‘叙事作品的语境’——即叙事作品赖以完成的全部规定。”[③]因此，这又打开了叙事作品通向外界的

① 罗兰·巴特《符号学美学》，董学文，王葵，译，辽宁人民出版社，1987年版，第133–134页。
② 罗兰·巴特《符号学美学》，董学文，王葵，译，辽宁人民出版社，1987年版，第134–137页。
③ 罗兰·巴特《符号学美学》，董学文，王葵，译，辽宁人民出版社，1987年版，第137–138页。

大门。由此，巴特认为“叙述层”具有一种双重性质。“叙述”问题影响着内部要素的意义，同时自身又被外部因素所牵制。也就是说，如果要对“叙述者为什么要如此叙述”的问题进行追踪，那么就必须进入作品的生产语境，也就是从作品的外部进行研究，这就超出了结构主义立足于文本本身的意义的研究范围了。

巴特所建立的叙事作品的结构模式以及相应的结构分析方法，在当时产生了很大的影响，例如茨维坦·托多洛夫和热拉尔·热奈特的叙事学，都直接承袭了巴特的结构分析方式。

第二节　德里达与解构主义文论

在20世纪60年代的法国，与结构主义同样有着世界性影响的还有德里达的解构主义理论。某种意义上说，后者对人文学科的冲击力要更大一些，这大概是因为它更加顺应充满激进和反叛的西方文化潮流。同时，德里达的解构主义也是在批判结构主义的基础上诞生的。

雅克·德里达(Derrida，1930—2004)

德里达，法国当代哲学家、符号学家，解构主义思潮的创始人。其主要著作有：《人文科学话语中的结构、符号和游戏》《论文字学》《声音与现象》《书写与差异》《马克思的幽灵》《友谊的政治》等。德里达从批判结构主义语言学理论开始，从书写与符号的非稳定性着手，以“延异”“书写”“增补”等基本概念为基础，反对西方哲学史自柏拉图以来的“逻各斯中心主义”传统以及西方文化史中的各类本质主义和中心主义观念，为文化领域中的反权威和反传统思潮提供了强有力的理论基础。

德里达的早期文章《人文科学话语中的结构、符号与游戏》(1966)直接剑指当时流行的结构主义大潮。他认为，结构主义的“结构”概念是一种人为设想出来的东西。正如巴特说叙事文本的结构那样，是一种假设和演绎的结果，并不能经过普遍的经验证实，这种所谓的“结构”实际上是不存在的。德里达指出，“结构”的思维中总是存在一个“中心”，这个“中心”的功能就是“引导、平衡和组织结构”，“引导和组织系统之内在连贯性”。[①]

德里达指出，从千变万化的表面经验现象深入下去，并且在其背后去找一种所谓的“结构”和“中心”这样的想法，存在于整个西方理性形而上学的历史中，其目标就是为变动不居的世界寻找到一个稳定的起源和根基，为现象寻找一个本质，为结果寻找一个原因，否则，人们就无法对这个世界产生安全感。这种思维最终形成了一系列的二元对立结构，在其中，一方被看成另一方的本质、原因和根据，即“中心”，并以此取得对另一方的权威性。德里达认为，这种思维就是“中心主义”，这些结构或者中心有着各种名称，如“本质”“实体”“主体”“上帝”等等。[②]

这种关于“中心”的思维，德里达也称之为“逻各斯中心主义”或“语音中心主义”。在《论文字学》中，德里达对以索绪尔为代表的结构主义语言学排斥文字、讨论符号的时候只关注声音的做法进行了批判，不仅如此，德里达还把这种现象提升到哲学的高度，认为这同样是一种西方形而上学的古老传统，即认为声音是与思想直接同一、与真理同时存在的东西；相反，文字则只是一种对声音的记录，并且是一种权且为之、充满缺陷的声音替代品。[③]

不管是“语音中心主义”还是“逻各斯中心主义”，抑或结构主义，都体现了人类追求一个稳定可靠的“起源”的观念，认为任何东西都有一个“起源”，它产生、拥有、统治它所产生的东西，因此它成为一切现象和结果应该去追溯的本质和真理。由于这种“中心”和“真理”思维的存在，在知识和意识形态领域所塑造起来的那些二元对立概念组中就出现了一项对另一项的压制和排斥，出现了中心和边缘的对立，出现了等级分化。

结构主义人为地去建立“深层结构”这样的中心，并力图给予这个中心以客观性的地位，人为地塑造等级的做法，这引起了德里达的强烈不满。他把这种做法与整个西方哲学形而上学传统联系起来，并力图打破这种流传千年的中心主义和等级思维，这使得他的解构主义理论具有了向整个西方文化根基宣战的气势，并且为那些反抗一切权威的行为提供了理论支撑。

一、“书写”“延异”“踪迹”

德里达反对“中心主义”的根本方式是什么呢？他是如何颠倒等级的？德里达的“原初书写”“延异”“踪迹”“替补”等等概念，是如何发挥其颠覆性力量的？我们认为，

① 雅克·德里达《书写与差异》，张宁，译，生活·读书·新知三联书店，2001年版，第502–503页。

② 雅克·德里达《书写与差异》，张宁，译，生活·读书·新知三联书店，2001年版，第504页。

③ 雅克·德里达《论文字学》，汪堂家，译，上海译文出版社，1999年版，第13–17页、第59页。

这些概念及其解构的思想蕴含都是围绕着“起源缺场”这个中心观念建立起来的，而这一观念在西方自康德以来的许多哲学家那里都可以见到踪影，尤其是尼采、海德格尔和弗洛伊德等人的思想。

对于德里达的解构策略的建立来说，弗洛伊德的潜意识观念可以说提供了基础的心理学图示。当然，他同结构主义对潜意识理论的运用在方向上可以说完全相反。一些人努力想找出潜意识或者潜意识的象征物，包括弗洛伊德本人，想为不稳定的潜意识找到一个稳定的符号化的结果，但是德里达却相反，力图说明稳定的意识和符号正因为潜意识本身所具有的“书写”特性，因此不可能有可靠的起源和根基。中心主义者强调“稳定性”并逐渐树立起“稳定性”的权威，但德里达揭示了“稳定性”的虚假。由于德里达的理论在语言上玄妙晦涩，我们从心理学的角度切入，也许更容易说清楚一些。

实际上，弗洛伊德对心理的解释已经用到“书写板”这个比喻，例如在《关于神秘的“书写板”的笔记》一文中；他也在很多地方把潜意识和心理事实描述为“书写文本”，例如他对梦的解释，以及对作家创作的解释等。德里达在《弗洛伊德与书写舞台》中较为清楚地指出了这一点。[①]

为什么心灵的工作机制是一种“书写”？弗洛伊德认为，人的“知觉-意识系统”就像一个书写装置（或他称的“书写板”装置），外界信息就像一支刻字笔，系统的底层是一块蜡板，“上面一层是一张透明的赛璐珞片；下面一层是一张精致透明的蜡纸。不用它的时候，蜡纸背面轻轻附着在蜡板的正面。使用神奇打印装置就意味着在铺呈于蜡板上的赛璐珞片上书写。……正是在那里有一种向古人在小粘土板或蜡板上书写之方式的回归”[②]。外界信息在赛璐珞片上“书写”，蜡纸接收了这些信息，抽掉蜡纸，又可以再写。这个过程就相当于外界信息通过刺激人的感官系统，然后通过神经传递和处理，最后形成意识。赛璐珞片的保护作用在于它保证了这个系统可以反复书写，意识也就连续不断。不过，虽然抽掉蜡纸可以再写，但是每次书写都会在蜡板上留下痕迹，这就是重重叠叠的潜意识。[③]这是人的所有意识的起点。不仅如此，这个装置更重要的是存在一个书写的时间性，即这种书写是一种周期性的和延迟性的。“蜡纸”上的书写是“书写——抽出蜡纸——再书写”的周期性中断和重复，时间性就这样产生了，“时间乃是某种书写的经济论”。正是这种周期性，因为蜡纸的抽离，心灵的“印迹”才有了铭写的空间，“当下”也才能通过对“过去”的记忆得到建构。德里

① 雅克·德里达《书写与差异》，张宁，译，生活·读书·新知三联书店，2001年版，第357页。
② 雅克·德里达《书写与差异》，张宁，译，生活·读书·新知三联书店，2001年版，第402页。
③ 雅克·德里达《书写与差异》，张宁，译，生活·读书·新知三联书店，2001年版，第404页。

达通过对书写装置的分析得出结论:印迹就是“借助重复与抹去,可辨认与不可辨认这个双重力量被建构起来”。如果我们把外界信息在这个装置上的刺激看成“书写”,把人的知觉意识看成“痕迹”,那么,这个“痕迹”很显然具有的基本特征就是它是在时间性和差异性中得到建构的。换句话说,痕迹本身是在堆满其他痕迹的意识源头处、在充满时间延迟和与其他痕迹的差异的情景中建构起来的。可以说,德里达的“原初踪迹”“原初书写”等一系列概念都与对这个“书写板”的理解紧密相关:“一种双手操作的机器、即一种时刻的繁多性或源头的繁多性,这不就是书写与原初他者及原初时间性的那种关系?不就是那种‘初级’复杂化过程,即那个单一源头的原初性间隔、原初性延异与原初性抹去,不就是那从人们坚称为知觉的门槛开始就有的纠纷?”①

根据人的意识在源头处的这种状况,德里达顺便解构了人的主体概念。即意识并不是某个自身同一的“主体”生产出来的。“意识”并不是来自某个单纯的“起源”,作为这书写装置的结果,它是在与其他痕迹(他者)的差异和在时间延迟基础上建构出来的。德里达的这种看法,与索绪尔的符号差异观念是一致的。例如交通信号灯,“红灯代表停,绿灯代表行”,那都是建构的产物,而不是说“红灯”的意义天然就是“停”。同时,“红灯”能代表“停车”,还建立在它与绿灯和黄灯之间的不同基础上。也就是说,它们的意义是与他者差异化的结果。

在解构主义观念中,不是信号本身决定了意义,而恰恰是这些外在的他者因素决定了信号的意义。如果把信号换成文字,把文字换成符号,把符号换成意识,我们同样会看到,文字、符号和意识,它们的意义,同样地主要与各种差异环境和差异作用相关,它是生产和“处理”的结果,也就是已经被各种复杂的他者因素延迟和变异的结果,德里达用的一个生造的词来说明这个过程,那就是“延异”。

德里达认为,“痕迹”这个观念“对解构逻各斯中心主义将会是富有成效的”②。原因就在于它的形成是时间延迟和差异,即延异的结果。延异的思想否定了那种关于起源的神话。在德里达的解构思想中,“起源”是一个永远不可能找到,或者说永远不可能在场的形而上学的概念。“对痕迹的思考无疑向我们表明不存在起源,即不存在单纯的起源;起源问题本身就包含在场形而上学。”③

从刺激信号到意识现象这个终端,因为时间极其短暂,所以我们感觉到的,似乎是信息直接到了眼前,或者眼前的就是发出信号的事物,即“起源”本身。但解构主义认为,意识与原初刺激相关但不能等同。这就像月饼与面粉和造出面粉的小麦相关,

① 雅克·德里达《书写与差异》,张宁,译,生活·读书·新知三联书店,2001年版,第407页。
② 雅克·德里达《书写与差异》,张宁,译,生活·读书·新知三联书店,2001年版,第414页。
③ 雅克·德里达《论文字学》,汪堂家,译,生活·读书·新知三联书店,1999年版,第106页。

但月饼不是面粉，更不是小麦。我们知道月饼的来源是存在的，但是不能根据月饼还原当初的面粉和小麦。理解这一点是很重要的，在德里达看来，面粉和小麦都在月饼中留下了“踪迹”，“踪迹”就像一个死者留下的遗物。人已经走了，但与之相关的“痕迹”留下来了。这个已经走掉的东西，叫作“起源”，“起源”只是留下“踪迹”而自己却不存在的这种情况，叫作起源的“缺场”。而形而上学从来就认为，这个起源不仅是存在的，而且是可以找到它本身的，也就是认为起源是在场的，这就是德里达批判的“在场形而上学”。西方漫长的形而上学历史就是要从面包找到小麦，找到人之初和宇宙之初，找到所有现象之初，力图找到万事万物的最终根据，找出真相，找到真理。德里达认为，这是不可能的。这种不可能，康德看到了，尼采看到了，海德格尔也看到了，但德里达认为，他们都不死心，不甘心。康德力图用人的实践理性能力去替代，尼采其实也充满疑虑和感伤，海德格尔也不灰心，认为存在的真相虽然永远不会到来，但是它在“到来的途中”，甚至，就在诗歌语言中。德里达认为，即使在诗歌语言中也没有。我们要通过一个符号能指，去追溯它的所指“意义”，还要通过意义去找到它的外界对应物，根本就不可能。“潜意识文本已经是纯印迹与差异的编织物，其间意义和力量已经融为一个整体，是由总是已经变成了转译了的档案所构成的文本，它在任何地方都不在场，是些原初性的盖印。”[①]

索绪尔已经指出，我们通常说符号的“意义”即“所指”只涉及概念，不涉及外界，符号是封闭的。“语言符号连接的不是事物和名称，而是概念和音响形象。后者不是物质的声音，纯粹物理的东西，而是这声音的心理印迹，我们的感觉给我们证明的声音表象。”[②]巴特的叙事学就把文本符号之外的作家、背景等排斥出去了。德里达不仅认为符号是封闭的，而且符号的“所指”作为能指符号的“起源”本来就是“缺场”的，存在的只是它的“踪迹”。在符号文本中，能指符号下面的、作为其根据的所指早就不在了。剩下的只能是对所指的“指代”，即“隐喻”，而“指代”也就是一种“替补”的过程，事情一开始就是如此，并不存在什么“起源”：“在经验中或语言中不存在先于隐喻的东西。”“言语不能不指向对象。”[③]如前所述，因为对象一开始在人的意识-感知系统中留下的就只能是一些“痕迹”，它也就是对象的踪迹。

不过，作为能指之起源的所指虽然缺场，但是留下了“踪迹”，这踪迹是一个“空”的东西，既然是空的，某些东西就可能冒充起源并把这假冒的东西填补进这个空位。当然，这冒充的东西不可能是真正的起源本身，它自身也只能是一个能指。在符号的

① 雅克·德里达《书写与差异》，张宁，译，生活·读书·新知三联书店，2001年版，第382页。

② 费尔迪南·德·索绪尔《普通语言学教程》，高名凯，译，商务印书馆，1980年版，第101页。

③ 雅克·德里达《论文字学》，汪堂家，译，上海译文出版社，1999年版，第401页。

传递过程中，在符号的翻译、阅读和理解的过程中，德里达认为，这个“空位”不断被新的、各种不同的能指，也就是那“假冒的所指”所填充，这是一个不断被替换和补充的过程，即“替补”过程，因此德里达说：“‘替补’这个词是对书写活动的确切定义。”“文字尤其属于替补，因为它标志着这样一种境地，在那里替补成了替补的替补，成了符号的符号……”[①]也就是一种“能指的游戏”。

总的说来，符号的出现本身就是一种人类意识的替代物。即通过符号，记录下自己的意识。如前所述，从意识到感知再到事物本身，这个过程是不能还原的。

有了以上基础，德里达如何解构“语音中心主义”和“逻各斯中心主义”就容易理解了。

二、解构“语音中心主义”和“逻各斯中心主义”

轻文字重声音是一种自古就有的现象，例如苏格拉底的“述而不作”，柏拉图在《斐德若篇》中认为文字只是小孩子的发明，是一种帮助记忆的手段。[②]从历史的角度看，在未有文字之前，通过声音符号传达思想早已存在，声音也常常被看成人的思维的直接表达，文字符号不过是一种对声音符号的视觉记录，一种附加和补充。这种看法一直延伸到结构主义对语音、音位的关注和对文字的批判，例如索绪尔认为由于文字的视觉效果的明晰性和持久性，结果使文字越来越专横，越来越具有欺骗性，越来越有了不该有的重要性。因此，索绪尔在语言学中直接排除了文字，只研究声音符号和概念之间的关系。雅各布森、斯特劳斯都持这种看法，拉康也把能指符号看成“音位对立”中的一半。[③]

在德里达看来，“语音中心主义”也就是“逻各斯中心主义”。赫拉克利特所说的“真理”即“逻各斯”，就同时具有“道说”“言说”的意思。德里达认为，希腊的这种传统内含了一个十分重要的设定，即言说的声音，包括沉默的内心的声音，是与思想直接同一的。例如，胡塞尔为了得到科学的理想对象，排除外界对这种纯粹对象的干扰，他求助于把自我还原到一种先验状态，力图得到人的先验意识，即意识的在场。但是，这种先验意识如何体现出来并被人所把握呢？那就是“内心的沉默的声音”。胡塞尔把这种声音看成与“客体”直接联系的“纯粹的”言语，它自身透明、直接、不受干扰、纯粹。这种声音的自明性的获得在《逻辑研究》第一卷的开始就已经显露出来。[④]

---

① 雅克·德里达《论文字学》，汪堂家，译，上海译文出版社，1999年版，第408-409页。

② 雅克·德里达《论文字学》，汪堂家，译，上海译文出版社，1999年版，第50页。

③ 雅克·德里达《论文字学》，汪堂家，译，上海译文出版社，1999年版，第46-47页。

④ 雅克·德里达《声音与现象》，杜小真，译，商务印书馆，2017年版，第7-19页。

“语音中心主义”和“逻各斯中心主义”都有一个重要的设定，那就是把声音（包括沉默的内在声音）符号看成与思想直接同一的，而声音符号和思想又是可以直接与客观真理（事物、真相）同一的。在声音、思想和真理的三位一体中，没有文字的地位，文字只是一种对声音符号的勉强的、充满缺陷的记录。

针对上述中心主义，德里达认为，书写文字并不是一种依赖声音的符号记录。“我们必须意识到，由于文字并非言语的‘图画’或‘记号’，它既外在于言语又内在于言语，而这种言语本质上已经成了文字。”[①]这里的“言语”（speech）也就是指声音形态的语言。德里达还认为，从某种意义上说，外界事物、认识的对象对于人而言，一开始就是符号性质的，因为，不是事物本身，而是事物发出的信号刺激，才是人的意识的起点。换句话说，在人的意识中，并不存在事物本身，而只存在对事物的“代表”“再现”“意义”，也就是只存在“符号”。所以德里达说：“自从有了意义也就有了符号。我们只用符号思维。”[②]

在这里我们看到，德里达这里说的“符号”概念是广义的。“书写”概念同样也不是通常意义上的书写，而是上文我们说到的意识之初的那种信号（符号）之间相互差异、延迟，然后变形、传递的状况，即一种它所说的“原初书写”，一种心灵“书写板”上的“涂抹”。这种“书写”显然是广义的和隐喻性质的。既然不是真正的文字书写符号，那它何以达到解构语音中心主义的目的？实际上，我们看到，“语音中心主义”中的“语音”很多时候也包括了内心的意识活动，即一种“沉默的声音”。德里达的“书写”概念所具有的主要性质，如前所述，是以差异、延迟、起源的缺场为根本特征的。“原初书写”强调了意义或者符号形成的过程本身，尤其是这个过程充满的激烈的变化性和非稳定因素，而不是强调这个过程的外在“来源”。毋宁说，“书写”概念本身就意味着符号来源的不可追溯性。相反，语音中心主义则排除了所有外界干扰和变异性，强调了它与思想和“真理”（意义、起源）之间的天衣无缝的契合。

因此，正如我们在弗洛伊德的“知觉-意识”系统的“书写板”中看到的那样，“原初书写”是一种先于声音意识，甚至是先于所有意识的东西，这样一来，我们所有的声音意识、语音符号、文字符号，也都当然属于德里达所说的“书写”的范畴。一方面，通常意义上的文字书写与德里达说的文字书写在原理上是相通的：“我们之所以继续称之为文字，仅仅是因为它本质上与通俗的文字概念相通。……如果我们坚持将这种差别称为文字，那是因为，在历史压抑活动中，文字凭其地位注定要代表最难以消除的

① 雅克·德里达《论文字学》，汪堂家，译，上海译文出版社，1999年版，第63页。

② 雅克·德里达《论文字学》，汪堂家，译，上海译文出版社，1999年版，第69页。着重号为原文所加。

差别。……我们会逐步发现,没有痕迹就不能设想差别”[①](书写)是差异本身无法命名的运动。

由于广义的“书写”具有的原初性,由于它是以激烈的差异和变化性为特征的,因此声音和真理的直接统一性就是不可能的,首先“先验的我在任何东西中——即任何能够在区别的自然意义上规定的东西中——都不能与自然的和人类的我相区别,我(先验的)不是另一个。它尤其不是经验的我的形而上学的、形式的幽灵”,“先验的意识除了是心理的意识外,不是任何其他的东西”,[②]这意味着,人的意识是不可能达到不受外界影响的先验状态的。“活生生的自我在场从一开始就是一种印迹。”[③]人的言语(声音)同样不可能是自身不变的,因为如果言语可以达到一种自身同一的理想化表达的话,那就意味着“理想对象无限地被重复而始终还是同一个对象。”但实际上,任何表达都是作为主体的人在某种经验的具体性中,即具体的时空中进行的表达,这种具体性背景决定了任何表达都不可能被理想化地重复。“在理想化和声音之间,始终消除不了复杂性。”[④]我们经常感受到的,恰恰是言不由衷和完美表达的不可能性。

“书写”概念是德里达解构语音中心主义的直接武器,他不仅颠倒了声音和书写的等级,同时也否定了声音和意识的直接等同。这种否定,除了指出声音本身的不稳定性之外,同时更重要的还在于也指出了起源的缺场。如前所述,这意味着“真理”“逻各斯”“意义”等等是缺场的,它们的存在只是“踪迹”意义上的存在,就像我们看到一串空空的脚印,虽然这是某个人留下来的,但是脚印并不等同于这个已经离去的人,它只是一个“空”的形式。在德里达看来,正是因为起源的缺场和这个踪迹的“空”,才会出现各种对这个踪迹的填充和替换,形而上学的历史不过就是一种“逻各斯”不断改变面目的替换的历史,事实上也就是一种符号游戏的历史。然而在形而上学的历史中,二元对立成为一种基本的思维方式,例如“声音/书写”“灵魂/躯体”“上帝/人”“本质/现象”等等。在这些二元对立结构中的两项从来就是不平等的,一方总是被看成另一方的起源和中心,从而拥有对另一方的权威,这种根深蒂固的结构就是逻各斯中心主义的结构。德里达通过对“差异”和“延迟”的揭示,用“书写”“踪迹”“替补”等概念,指出这种结构中的“中心”不过是人为填补的结果,是人为塑造起来的,其中心和权威并不具有天然的合法性。

解构主义的这种思维,对所有以“真理”“真相”为根据进行的写作进行了质疑,例

---

① 雅克·德里达《论文字学》,汪堂家,译,上海译文出版社,1999年版,第80页。着重号为原文所加。

② 雅克·德里达《声音与现象》,杜小真,译,商务印书馆,2002年版,第13-15页。着重号为原文所加。

③ 雅克·德里达《声音与现象》,杜小真,译,商务印书馆,2002年版,第108页。

④ 雅克·德里达《声音与现象》,杜小真,译,商务印书馆,2002年版,第95页。

如哲学、历史。在《白色神话》中，德里达指出了哲学写作所具有的隐喻性质，即它同文学一样，都是通过修辞性语言来进行表达的，其最终表达的不过是写作者自己的欲望、思想或者情感，只是假借了“真理”或者“真相”的名义。

不过，值得指出的是，解构主义虽然对传统形而上学及其思维方式进行了解构，但并不意味着它本身可以推翻或者超越形而上学。从这个角度看，“解构”能做到的，仅仅是质疑各种形式的权威和压制，揭示各种权威、各种中心的虚假，对各种权威性的说辞保持警觉。“解构不是说没有主体，没有真理、没有历史。它只是对别人以为拥有了真理的那种身份特权表示怀疑。解构不是暴露谬误，而是坚持不懈地深入探寻真理是如何产生的。……解构就是对我们不得不寓居其中的东西进行持续不断的批评。”[①]

复习思考题：

1. 你是如何理解索绪尔的“言语/语言”“能指/所指”的概念的？

2. 如何理解“能指和所指之间的关系是任意的”这一说法？

3. 如何理解“诗性功能”说中的诗歌语言模式？为什么诗歌语言要经常采用“从选择轴倒向组合轴”的方式？请举例并说明。

4. 列维-斯特劳斯对结构主义的重要贡献有哪些方面？

5. 拉康的“主体”概念有着怎样的内涵？在拉康看来，无意识的欲望结构与语言有着怎样的关系？

6. 如何理解福柯的“权力”概念？“权力”与知识之间是一种怎样的相互关系？

7. “耶鲁学派”的鲍曼和米勒关于文学语言的看法有何异同？如何理解文本的“异质共生”现象？

8. 巴特把叙事作品的结构划分为哪三种层次？这三个层次之间的关系是怎样的？

9. 什么是逻各斯中心主义？语音中心主义与其的关系是怎样的？

10. 如何理解“起源的缺场”？它与“书写”“延异”“踪迹”“替补”等概念是怎样的关系？

11. 如何理解德里达的“书写”概念？为何它可以颠倒“语音／书写”这个二元对立的等级？

深入阅读书目：

1. 费尔迪南·德·索绪尔《普通语言学教程》，高名凯，译，商务印书馆，1982年版。

2. 克洛德·莱维-斯特劳斯《结构人类学》，谢维扬，俞宣孟，译，上海译文出版社，1995年版。

3. 吴琼《雅克·拉康——阅读你的症状》（上、下），中国人民大学出版社，2011年版。

---

① Donna Landry and Gerald Maclean, eds. The *Spivak Reader Selected Works of Gayatri Chakravorty Spivak*, Routledge, 1996, pp.27-28.

4. 拉康《拉康选集》，褚孝泉，译，上海三联书店，2001年版。
5. 汪民安《福柯的界线》，中国社会科学出版社，2002年版。
6. 米歇尔·福柯《疯癫与文明》，刘北成，杨远婴，译，生活·读书·新知三联书店，2007年版。
7. 米歇尔·福柯《规训与惩罚》，刘北成，杨远婴，译，生活·读书·新知三联书店，2007年版。
8. 华莱士·马丁《当代叙事学》，伍晓明，译，北京大学出版社，1990年版。
9. 特伦斯·霍克斯《结构主义和符号学》，瞿铁鹏，译，上海译文出版社，1987年版。
10. R. 巴特《符号学美学》，董学文，王葵，译，辽宁人民出版社，1987年版。
11. 克里斯蒂娜·豪威尔斯《德里达》，张颖，王天成，译，黑龙江人民出版社，2002年版。
12. 雅克·德里达《论文字学》，汪堂家，译，上海译文出版社，1999年版。
13. 雅克·德里达《声音与现象》，杜小真，译，商务印书馆，2010年版。

第十一章　西方马克思主义文论

概述

"西方马克思主义"(Western Marxism)作为一个学科流派而存在是最近几十年的事情,但是作为一股思想潮流却已经持续了近一个世纪。"西方马克思主义"这一说法最早见于法国哲学家梅洛－庞蒂的(Maurice Merleau-Ponty)《辩证法的历险》(1955)一书。一般认为,所谓"西方马克思主义"指的是自格奥尔格·卢卡奇的《历史与阶级意识》(1923)出版以来在西方世界逐渐形成的关于马克思主义研究的思想潮流。西方马克思主义者们通常对社会现实持否定态度,以社会批判理论为旗帜,以重新发现和创造马克思主义为己任。然而,西方马克思主义理论家的学术研究最初并不为共产国际所承认,其马克思主义之名号实际来自资产阶级对它的观感。

法国"五月风暴"爆发后,人们开始意识到马克思主义在社会、政治和文化领域内的实际功用,他们以马克思主义为思想武器来揭露并批判发达资本主义社会的异化现状,以寻求人和社会的解放,这股思想潮流在当时的法国被称作"新左派"(the New-Left)。虽然抗议戴高乐政权的"五月风暴"获得了西方马克思主义思想家的广泛支持,但是西方马克思主义潮流中最具影响力的流派却并未出现在法国,而是兴起于德国,后因"二战"转移到美国的法兰克福学派。法兰克福学派对20世纪的哲学、社会学、政治学等整个人文科学领域产生了不可估量的影响,该学派的代表人物瓦尔特·本雅明、西奥多·阿多诺、赫伯特·马尔库塞和于尔根·哈贝马斯等人纷纷提出了独树一帜的思想观点,他们都以马克思主义广阔的唯物史观探讨文艺的本质与社会功用,关注先锋艺术,敏锐地批判晚期资本主义社会的文化现状。作为抗衡资本主义意识形态的理论手段,西方马克思主义具有强烈的批判性和斗争性,对社会历史进程有着不容忽视的重要作用的文学艺术作为意识形态的一种延伸或者说是具体文化形态的总体历史意识的象征,自然而然地成为西方马克思主义关注的核心层面。

在这里,我们主要介绍在文艺理论方面卓有建树且影响较大的几位西方马克思主义者的理论观点。法兰克福学派的文艺理论形态多样,本章重点讨论本雅明的艺术生产理论,阿多诺以“否定”为内核的艺术观,马尔库塞在现象学的马克思主义规约下对艺术的“审美解放”的探讨,法兰克福学派第二代代表人物哈贝马斯以社会公共交往理性为基础对文学艺术的功用的论述。此外,法国结构主义马克思主义的代表人物路易·阿尔都塞提出了著名的意识形态生产理论以及“症候阅读法”,皮埃尔·马舍雷继承和发展阿尔都塞的理论精髓后形成了文学沉默观,吕西安·戈德曼结合让·皮亚杰的发生学尝试构建“发生学结构主义”学说,重新审视了文学与特定历史阶段意识整体的关联,展现出西方马克思主义向结构主义拓展的理论图景。在后期西方马克思主义的发展中,英美新马克思主义呈现出较为明显的后现代特征。该流派致力于对晚期资本主义进行文化批判,试图以马克思主义为理论武器,揭露资本主义文化腐朽的现状并进行拯救。英美新马克思主义的代表人物特里·伊格尔顿发展出不同于传统马克思主义的意识形态反映论的文学意识形态生产论。弗雷德里希·詹姆逊是美国马克思主义文学批评的一位重要人物,他的“空间化”理论指向晚期资本主义社会压抑下的文化现状。尽管西方马克思主义文艺理论家的观点千差万别、各具特色,但他们都主张在重新解释马克思主义的基础上来研究文学理论问题,他们都强调文学作品与社会和历史的紧密关系,关注文艺的意识形态性质,高扬文艺的社会批判和解放功能,他们都力图维护艺术的自律性,反对机械反映论的文艺观。总之,西方马克思主义文艺理论是西方文论发展历史当中不可或缺的重要环节,值得我们重视。

第一节　德国法兰克福学派

“法兰克福学派”(Frankfort School)是当代西方马克思主义中历时最长、人数最多、影响最大且最为重要的一个派别。法兰克福学派之名来源于1923年在德国莱茵河畔法兰克福城成立的形式上隶属于法兰克福大学的“社会研究所”。历史学家卡尔·格林贝格(Carl Grunberg)是首任所长,该所的研究重心是西欧工人运动史和马克思主义学说。1930年,马克斯·霍克海默(M. Max Horkheimer)接任研究所所长一职,他带领研究所将重心从史学转向社会哲学，并提出“社会批判理论”用以分析评论当时的社会现象、哲学思潮、思想流派及其代表人物。社会批判理论实际上是一种意识形态批判理论，它以揭露资本主义知识状况和社会现实的双重不合理性为己任，批判工具理性和文化工业对大众的异化和蒙蔽，力图使人们摆脱各种意识形态的暴力操纵，以期获得人的解放和幸福。在霍克海默的主持下，法兰克福社会研究所的代表成员瓦尔特·本雅明、埃里希·弗洛姆(Erich Fromm)、马尔库塞、阿多诺等初步发展起来，逐渐形成了以“社会批判理论”为理论核心的“法兰克福学派”，并培养出第二代、第三代理论家。该学派形成和发展于20世纪30至50年代，并在20世纪60年代达到鼎盛，20世纪70年代后逐渐衰退。本节主要介绍法兰克福学派的四位代表成员关于文艺理论问题的独特见解。

一、瓦尔特·本雅明

瓦尔特·本雅明(Walter Benjamin，1892—1940)

本雅明，德国现代著名的文艺理论家，法兰克福学派的代表成员之一。本雅明在文艺理论方面的著述颇丰，主要代表作包括《德国浪漫主义的艺术批评观》(1920)、《歌德的〈亲和力〉》(1924)、《德国悲剧的起源》(1928)、《普鲁斯特的意象》(1929)、《作为生产者的作家》(1934)、《讲故事的人》(1936)、《机械复制时代的艺术作品》(1936)、《发达资本主义时代的抒情诗人》(1973)、《理解布莱希特》(1973)等。

艺术生产理论是本雅明美学思想的核心。马克思主义唯物史观认为，生产力决定生产关系，生产关系反作用于生产力，生产力和生产关系的相互作用构成了两者的矛盾运动，当生产关系适应生产力时会促进生产力的发展；反之，则阻碍生产力的发展。本雅明依据马克思主义关于生产力与生产关系的原理创造性地建构了自己的艺术生产理论。首先，本雅明指出，与物质生产一样，艺术创作也是由生产与消费、生产者、产品和消费者等要素构成，且受到生产力与生产关系的矛盾运动制约的一项具有规律性的生产活动。艺术创作是生产，艺术欣赏是消费，在艺术生产过程中艺术家是生产者，艺术作品是产品，读者或观众是消费者，艺术创作技术是生产力的主要组成部分，而艺术生产者与消费者之间的关系则构成了艺术生产关系。艺术生产力——技术决定着艺术生产关系，当生产关系与艺术生产力发生矛盾，阻碍了艺术生产力的发展时，艺术上的革命便出现了，在这种情况下，新的艺术技术就会随之出现，打破旧的艺术生产关系，推动艺术向前发展。因此，艺术活动的特点、性质以及发展阶段都是艺术生产力与生产关系矛盾运动的结果。本雅明之所以推崇技术在艺术生产活动中的决定性作用，那是因为艺术技术不仅与评析艺术作品的唯物主义原则有直接关联，而且它还能消解传统的文艺理论中艺术形式与内容之间的僵化对立。本雅明提出，艺术作品的政治倾向即内容，并不是孤立于艺术技巧即形式而存在的，相反，作品的政治倾向包含着代表着生产力发展水平的技术。简言之，一个作家采用的文学技术直接反映了作品的思想性和倾向性要求。基于对艺术技术的推崇，本雅明要求艺术家不断地革新艺术生产技巧，创造新的艺术生产工具，建构全新的艺术形式，利用摄影、电影、无线电等新兴艺术技术，从而推动艺术生产力的发展，使其成为改造社会的重要力量。此外，考察艺术消费问题也是本雅明艺术生产理论的重要维度。他高度评价了贝尔托·布莱希特（Bertolt Brecht）的叙事剧，认为它们打破了传统的舞台结构，使观众冲破"第四堵墙"参与到演出中去，成为戏剧的创作者之一。本雅明的将消费者转化为生产者，将读者或观众转化为艺术生产的合作者的思想开启了接受美学的先声。

根据本雅明的技术决定论可知，在现代资本主义社会，机械复制技术的出现必然会给艺术带来一系列的变革，赋予现代的机械复制艺术不同于传统艺术的特点、价值和接受方式。机械复制导致艺术作品的"光晕"衰竭。光晕是传统艺术的特点，具有独一无二性、自律性与距离感。在机械复制的过程中，复制技术制造了许许多多的复制品，艺术品的独一无二性最终被这些复制的摹本所消解，依附于独一无二性的艺术作品与大众之间的距离感也会随之消失，如此一来，古典时代艺术的膜拜价值为机械复制时代艺术的展示价值所取代，原来萦绕着艺术品的那种神圣的光环消散无余，光晕也就消失了，艺术成为面向大众的产品，这预示着一个大众艺术时代的到来。本雅明坚持艺术大众化与启示世俗化，从这个层面上讲，本雅明倾向于肯定光晕的消失。正是由于这个缘故，他对布莱希特的史诗剧，卡夫卡的小说，以及达达主义、未来主义和超现实主义等先锋派艺术给予高度评价，现代主义艺术所体现出来的焦灼感、荒诞感、反讽等内涵正映衬光晕的消失和走向震惊的过程。

毋庸置疑的是，本雅明的艺术生产理论创造性地将生产力决定生产关系的马克思主义唯物主义原理运用到艺术创作领域，消解了以往文学理论中形式与内容的对立，把艺术生产与消费视作一种积极的辩证关系，确立了艺术技巧作为艺术生产的决定性地位。但是，他的技巧决定论也导致他对文艺作品的内容、思想、意义对于评判文艺作品的重要性的忽视。需要注意的是，本雅明的艺术生产理论充满着内在的矛盾性和复杂性，这表现在本雅明既对以技术为基础的现代艺术持欢迎态度，又对传统艺术充满深情的留恋。

在《讲故事的人》一文中，本雅明区分了两种社会存在方式——“经验”和“体验”。本雅明认为，经验是记忆中潜意识材料的汇聚，它对过去和现在采取整合的观点，通过不断打开人的记忆闸门，赋予了人回头看的能力。经验是前工业社会的特征，与之相应的文学样式是传统故事。而体验意味着经验的丧失，经验的丧失会导致现代人意识中传统的断裂，个人与社会的分裂，以及社会结构的支离破碎。体验是现代工业社会的特征，与之相应的文学样式便是现代小说。与“经验”相对应的是“非意愿记忆”，“非意愿记忆”是一种自由联想的能力，它非明确地受制于对当前实际利益的反应，它是无意识的，不受人的理智的支配。与“体验”相对应的则是“意愿记忆”，“意愿记忆”涉及一种对过去的回忆，但是“它所提供的过去的信息里不包含一点过去的痕迹”，[①]它受制于对当前实际利益的反应，它为理智服务，并受到注意力的支配。“意愿记忆”不具有把现代社会的个体与他的经验世界联系起来的能力，这也是现代资本主义社会中的个体在可感经验方面的异化的表现。光晕就是“非意愿回忆之中自然地围绕起感知对象的联想”[②]，在这里，主体和客体、历史与当下融为一体，而与光晕相对的震惊则排斥了光晕对感知对象所做的自由联想和经验回忆，加强了因外部刺激唤起的对事件的瞬间关注，它是破碎、零散的体验。与“震惊”相对，本雅明认为艺术作品中的“光晕”显示了人和客体之间自然的、非异化的关系，它不应当被摧毁，而应当被保留。正因为如此，本雅明对传统艺术的“光晕”的消失不再持积极的赞赏的态度。总而言之，本雅明对光晕的态度是复杂的，一方面对于现代技术社会的深刻认知让他不得不顺应历史的发展而选择了复制艺术品带给人的震惊效果，另一方面，他又试图通过保留光晕从而重建一个完整的经验世界，赋予人们回头看的能力。

应该承认，本雅明对现代工业社会与现代艺术之关系做出的充满洞见的论述给法兰克福学派的其他文论家带来了深刻的启发。但是，由于他的文艺理论脱离了政治和社会实践，他为文学艺术勾画的未来之路不可避免地具有主观主义的浪漫倾向和浓厚的乌托邦色彩。

① 瓦尔特·本雅明《发达资本主义时代的抒情诗人》，张旭东，魏文生，译，生活·读书·新知三联书店，2012年版，第142页。

② 瓦尔特·本雅明《发达资本主义时代的抒情诗人》，张旭东，魏文生，译，生活·读书·新知三联书店，2012年版，第178页。

二、阿多诺

西奥多·威逊格朗得·阿多诺(Theodor Wiesengrund Adorno,1903—1969)

阿多诺,德国著名美学家、艺术理论家。阿多诺著述甚丰,这些作品集中于哲学、美学和文论方面,主要有《启蒙辩证法》(1947)、《新音乐哲学》(1949)、《多棱镜:文化批判与社会》(1955)、《介入:新批判模型》(1963)、《否定的辩证法》(1966)、《社会批判论集》(1967)、《音乐社会学导论》(1968)、《文学笔记》(共3卷,1966—1969)、《美学理论》(1970)等。在这里,我们主要介绍阿多诺的最为著名的两个艺术观——对“文化工业”的批判和为现代主义艺术辩护。

阿多诺哲学理论的核心——“文化工业”这个概念首次出现于他与霍克海默合著的《启蒙辩证法》一书中。在此书中,阿多诺对文化工业的内涵、本质特征与社会功能进行了较为系统的阐述。阿多诺认为,大众文化是一种标准化、商业化的文化制作,它区别于具有自律性的艺术和具有自发性的通俗文化。文化工业则是大众文化的现代形态,它是盛行于发达工业社会,依靠现代科学技术大规模地复制、传播流行音乐、通俗小说、广告宣传片、影片和电视剧等文化产品的娱乐工业体系,是资本主义商品生产的重要组成部分。大众文化生产与现代工业标准化生产密切相关,它借助现代科技,按照一定的标准,程序化地大批量制作大众文化的传播手段和载体,从而生产出具有标准化、重复性、齐一性和产业化的文化产品。在市场经济条件下,文化工业以社会大众为消费对象,它生产出的文化复制品受到交换价值与利润动机的支配,文化艺术与商业融为一体了,上述包括艺术、政治、宗教、哲学等文化领域就这样被赋予了一个共同的商品化、物化特征。在文化工业的操纵之下产生出来的大众艺术已经失去了艺术的批判功能和本真性,“艺术的商品化”导致了艺术的危机和个性的终结。阿多诺揭露并批判了文化工业的社会功能,他指出在现代资本主义社会中,包括文化艺术在内的所有社会领域都遭到工具理性的支配和同一性的压抑,文化产品的生产者、传播者和消费者都沦为批判意识和能动性思维缺失,想象力萎缩,欣赏力退化以及人格异化的人。文化工业的欺骗性在于:“它从外部祛除了真理,同时又在内部用谎言把真理重建起来。”[1]通过审美的伪升华和欲望满足的实现,它压抑了人们对差异

① 马克斯·霍克海默、西奥多·阿道尔诺《启蒙辩证法:哲学断片》,渠敬东,曹卫东,译,上海人民出版社,2003年版,第151页。

性和非同一性的认识，推动人们对"普遍性和特殊性的虚假统一"产生认同，通过快乐的表象代替真正的幸福，给人一种虚假的满足感，遮蔽了生活的苦难与不幸，从而有效地整合了社会。因此，作为意识操纵系统，文化工业操控着市民大众的情感和意识，以娱乐的方式向人们灌输资本主义意识形态，从而阻止人们对任何可能替代当前社会现状的方案的思考，它是维护资本主义现行秩序的"社会水泥"。

阿多诺认为，在现代资本主义社会中，艺术可以独立于社会现实而存在的自律性逐渐被以商品交换关系和技术工具理性为主导的资本主义制度侵蚀、操纵和收编，最终丧失了作为自律存在的生存权利而沦落为理性的工具。在这种时代背景之下，阿多诺提倡一种在自律性和社会性之间保持着审美张力的"反艺术"以抗议异化的社会。"反艺术"这个概念是阿多诺艺术哲学的核心部分，反艺术是一种对抗性和批判性的现代主义艺术，从内容上来讲，它否决了艺术作品中的意义范畴(肯定意义)，取而代之的是"无意义"；从形式上来讲，它否定了传统艺术的和谐的、美的艺术形式，推崇碎片化的、丑的、滑稽的、荒诞的和变形的作品外观，它放弃了那些陈腐的、标准化的艺术语言，反之用一种晦涩艰深、难以理解的新的语言形式来表述难以言说的痛苦与焦虑。阿多诺认为，现代主义艺术通过否定美的外观，否决艺术之为艺术的东西而成为反抗主流艺术或大众文化的"反艺术"标志着艺术走向没落。但是需要强调的是，"反艺术"并非旨在消灭艺术，而是试图通过消解自身的外观美使艺术解体，从而在对异化的现实社会的否定之中获得新生。

阿多诺以"否定"为内核的美学、文艺思想是以他的"否定的辩证法"为哲学基础的。阿多诺在对黑格尔强调"总体性"和"同一性"的辩证法和马克思的辩证法的不彻底性予以批判后指出，真正的唯物主义辩证法即"否定的辩证法"，应当指向的是差异性、个体性和非同一性，而不是虚假的总体性、整体性和同一性。这种否定的辩证法直接参与社会现实的批判，它通过引导一种能动的批判性思维，揭露现实社会中人的异化，调动多样化的差异性个体以反抗现实社会结构(资本主义制度)对个体性与差异性的强制性消除，最终否定资本主义社会的总体性。据此，他提出了同样具有强烈的社会批判色彩的"否定的艺术观"，即借助文艺达到彻底否定和对抗资本主义所建构的异化世界的目的，否定性成为现代艺术的本质。

阿多诺的"反艺术"概念比较准确地表现出现代艺术不同于古典艺术的美学特征，这是他对现代艺术本质的清晰认识。但是，阿多诺把反艺术视为唯一可以存在于现代社会的艺术形态，这又显示了其思想的片面性和局限性。阿多诺的艺术理论把艺术作为破坏资本主义意识形态的手段无疑是正确的，不过遗憾的是，他所阐述的艺术批判与拯救功能只局限于意识和精神领域，因而不具备实践性。

三、马尔库塞

赫伯特 马尔库塞(Herbert Marcuse，1898—1979)

马尔库塞，美籍德裔哲学家、美学家和社会学家，法兰克福学派的重要代表人物之一。主要作品有《历史唯物主义现象学概要》(1928)、《辩证法的课题》(1930)、《历史唯物论基础的新教材》(1932)、《文化的肯定性质》(1937)、《理性与革命：黑格尔和社会理论的兴起》(1940)、《爱欲与文明》(1955)、《单面人——发达工业社会意识形态研究》(1964)、《论解放》(1968)、《反革命与造反》(1971)、《作为现实形式的艺术》(1972)、《审美之维度》(1977)等作品。

马尔库塞师从海德格尔，1928年7月在《哲学》杂志上他发表了处女作《对历史唯物主义现象学的贡献》，试图将现象学、马克思主义和存在主义结合起来，尝试建立一门现象学的马克思主义，旨在挽救马克思主义的认识论危机。马尔库塞认为，马克思主义忽略了个人的问题，但事实上马克思本人却不仅仅关注社会变革，而且也关注个人的解放和幸福。马尔库塞以坚定的人本主义精神与现象学哲学观念相结合，来对抗当时马克思主义盛行的科学性理论，实际是为了巩固和加强马克思主义社会理论的批判作用。"单向度的人"是马尔库塞最为著名的理论观点，他认为批判意识已经不见于资本主义社会，资本主义霸权垄断了生产、分配，控制着人们的消费欲望，社会构成呈现"集权化"的状态，个人看似有着很大的选择空间，主体意识却是被操控着的，因而个体成为丧失批判能力的畸形的"单向度的人"。1964年，马尔库塞发表了《单向度的人》一书，广泛地批判了发达资本主义社会和共产主义社会，分析了发达资本主义社会中革命潜力的衰退，以及新型社会控制形式增强的现象。他认为，"发达工业社会"制造了虚假的需求，在这样一种社会里，大众传媒、广告、工业管理和当代思维模式将个人融合进了现存的生产和消费系统之中，结果是人们思想和行为的"单向度"，人的批判思维和对抗行为的倾向和能力因此消失了。马尔库塞在《单向度的人》第一章开篇说道："一种舒适的、常规的、合理的、戏剧性的'无自由'主导了发达的工业社会，它是技术进步的标志。”[①]为了从这种“无自由”中解放出来，解除技术极权对人们的压抑，马尔库塞强调了艺术的功用，说明艺术能够刺激人的本能意识，令意识实现审美上的净化和再生，回归“多向度的人”。在这方面，马尔库塞晚年的作品《审美之维》对艺术的作用以及审美上的解放做了进一步论述。

马尔库塞的许多著作中都涉及了美学问题，最具代表性的是他的封笔之作《审美之维》，该书表达了他对美学形式的解放潜力的辩护。马尔库塞认为，资产阶级艺术传统中最优秀的部分包含了对资产阶级社会最有力的控诉，展示了一个更加美好的社会的解放前景，他试图维护伟大艺术对解放的重要性，并认为文化革命是革命政治学的一个不可分离的部分。与学院派自成体系的美学专著不同，马尔库塞的美学思想完全融合在他对资本主义及当代发达工业社会的批判理论中。正因为如此，马尔库塞的美学在他的整个思想中占有重要的地位。马尔库塞是一位精于辩证思考的思想家，在《审美之维》中他看到了艺术这枚硬币的两面。艺术一方面有着解放当下人们被束缚的自我意识的潜力，能够成就“新感性”，另一方面也在这样一个压迫的社会中生产、转化和传播着。因此，认识艺术审美解放潜力的同时，人们必须正视与各艺术门类相系的意识形态。马尔库塞在《审美之维》中努力重新发现艺术革命性的本质，坚决对抗马克思主义教条者对艺术的理解，试图建立纯粹艺术的自觉理论以放大诸艺术表达的审美解放。马尔库塞声称，“看起来艺术作为艺术表明了一个真理，一种经验，一种必然，它即便不在重大实践的中心，也无论如何都是审美解放的必要元素”[②]。在宣扬艺术的审美解放功用的同时，马尔库塞的文化批判十分关注艺术想象及其创造的艺术世界，他认为艺术的想象特征能够重现人的本能满足。因此，艺术在某种程度上是当下的人的另一面，另一种生活和现实，是富有否定当下、超越当下特质的一个“新感性”的维度，瓦解发达资本主义社会压制下的人的感知结构，使人们逐渐摆脱“单维社会”的牢笼并以艺术为武器与之对抗。

马尔库塞坚持以马克思主义理论为思想武器对抗资本主义社会异化的人性，矫正“单向度的人”，他的文艺观正是带有这样救赎式的希望和要求。但是，马尔库塞过度强化的人性观使他的文艺观念显得颇为感性化，有着较为明显的唯美主义倾向，这在某种程度上背离了马克思主义唯物主义原则。

---

① Herbert Marcuse, *One-Dimensional Man: Studies in the Ideology of Advanced Industrial Society*, Boston: Beacon Press.1964, p.1.

② Herbert Marcuse, *The Aesthetic Dimension: Toward a Critique of Marxist Aesthetics*, Boston: Beacon Press.1978, p.1.

四、哈贝马斯

尤尔根·哈贝马斯(Jürgen Habermas,1929—)

哈贝马斯,法兰克福学派的第二代代表人物,当代最有影响的马克思主义思想家之一。哈贝马斯的著作论域宽广,涉及政治合法化问题、社会政治学、美学理论、认识论原理、语言学以及宗教哲学,他的观点深刻地影响了哲学、社会学、论辩原理以及修辞学、发生心理学和神学等诸多学科。其主要著作有《理论和实践》(1963)、《朝向理性的设计》(1967)、《交流与社会演变》(1976)、《交往行为理论》(1981)等。

如果我们整体观照哈贝马斯的作品将不难发现,哈贝马斯的思想包含着两条内在的主线,一是涉及政治话题,一是涉及理性、交往行为及知识论。因此,要想了解哈贝马斯的文艺观点,我们就必须先审视他的交往行为理论。

马克思历史唯物主义建立伊始,广义的宏观社会学和历史论一直被视为批判社会学最得宜的阐释基础,然而,这种理论因过度强调经济中心而存在着一定的缺憾。为弥补上述理论的不足,哈贝马斯建构了一种区别于传统马克思社会学理论的新理论。这种新理论包含两个维度:一是有关社会交往理性的微观看法,包括对交往理性的分析和对人们日常交流的理性潜能的探讨,一是依据社会的一些机械性特征建立起系统宏观的社会学理论以及现代化理论。哈贝马斯以此种理论为基础意在把握现代化的得与失,以祛除当代社会片面化的社会理性。在这里,我们可从以下两个层面来理解哈贝马斯的交往行为理论。

第一个层面,为达成理论上和方法论上的目的,哈贝马斯分析了有关理性的不同观点,并发表了自己对于理性的独特见解。他的见解是认识上的、实践的,涉及主体之间的关系。对哈贝马斯来说,理性并不完全在特定的知识中显现,而是于"正在讲话和作为的主体怎样获取和利用知识"中表现出来。[①]任何一种类似的考量都是"实用的",因为这种看法与其他的观念同时共享着诸多特征,它视交流者为"能为的"、博学的中间人。更加重要的是,哈贝马斯眼中的实用方法可以发展出一套借助"操作姿态"对实践知识进行考察的方法,这种方法由有能力的交流者参与。交流者是"有能力的",他们以适当的"操作姿态"来完成交往行为,哈贝马斯在这里试图建

① Jürgen Habermas, *The Theory of Communicative Action*. Vol. II: *Lifeworld and System*, trans. T. McCarthy. Boston: Beacon Press.1987.p.11.

立起一种新型的社会关系，具体的语言交流则为该种社会关系提供理性基础。从这个意义上讲，哈贝马斯的理性理论以重建社会实践知识为目的，他梳理的具有多样的社会交往结构的交往理性理论呈现为一种“规范语用学”。

第二个层面，哈贝马斯交往理性中的“操作姿态”意在强调语言是合作行为的媒介。通过语言操作达成的合作行为的基本形式要求交流者采取一种“朝向理解”的实践看法，这是一次对话本身的最终目的。当参与交往行为的“演员”以此为目的展开互动，他们就处于哈贝马斯的“交往行为”之中，这种交往理论是与策略性的一般社会行为相区别的。在交往行为中，说话者本着一个共识来协调他们的行为以及追求个体的目标，这一共识对目标的要求就是该目标本身是合理的。相比之下，策略性的行为的目的在于能够成功地达成某个确定的目标，哈贝马斯强调的交往行为则以合作为优，参与其中的人们能够主动认可其他参与者目的的合理性。

于是，交往行为成为一种事关社会合作的内在的交感形式，它借助日常语言与合理性推动达成理解共识的最终目的，社会演员们的“理性的潜能”在交往行为中得以调动。

哈贝马斯的交往行为理论强调，传统的马克思主义阶级理论和意识形态理论已经逐渐丧失了生命力和实用价值，它声称资本主义社会中人的异化源于交往的异化，要想祛除交往的异化就必须要依靠合理的舆论和理想的社会理性，也就是所谓的“社会交往理性”。依据这种对语言和理性的阐释，哈贝马斯对本雅明关于独立艺术幻象破灭的看法表示认同，他在称赞本雅明对艺术“光晕”消逝的论述的同时，又批判了本雅明的神秘主义倾向，他认为对当代艺术的理解应该基于唯物主义的语言交往理论。此外，哈贝马斯重视法兰克福学派老一代理论家对大众文化和艺术的探讨，他辩证地看到了大众传媒的积极因素与消极因素并存的两面性，他指出大众文化的价值判断应该依据一个“实用”的事实，即大众传媒为语言交往的中间人，而不应该笼统地把当代大众文化的发展和普及归结为市场规律的作用。通过以上对哈贝马斯交往行为理论的整体考察，我们可以发现，哈贝马斯建立起了一门批判的解释学，他的交往理性实际上标示了法兰克福学派的语言学转向。

哈贝马斯将他的交往行为理论运用到文学艺术领域后对当代大众的艺术欣赏发表了一些独到的见解。哈贝马斯认为，17世纪以来，艺术实际的意蕴在于“趣味”，任何一位社会成员都享有欣赏艺术、评价艺术的自主权，文学领域之内也存在着一个自由的、大众的关于文学阐释的公共领域。19世纪以降，伴随着科技的发展、印刷术的发展，最初欣赏艺术的大众逐渐转变为消费艺术的大众，基于大众“趣味”欣赏文学的文学阐释领域已经被文化消费的伪公共领域所取代。哈贝马斯指出，大众文化的消费主义就是一种异化的社会交往，人们在现实中逐渐丧失了合理的交往方式，因此他呼唤艺术发展中交往理性的回归，并指出文学艺术自身独特的话语组合能够成为社会的发展和演变的重要的风向标。

哈贝马斯的现代性观点在众多西方马克思主义理论家转向后现代主义的时刻显得独树一帜且富有深度。哈贝马斯认为，现代性并没有终结，它是“一项未完成的工程”，虽然美学的现代性已经消耗殆尽，但是现代性的事业在总体上并没有完全失败。“什么是美”是个由来已久且充满魅力的话题，真正的美学研究则开始于18世纪，“为艺术而艺术”的美学观也是在这一时期出现的。此后，从波德莱尔到超现实主义的艺术家们向这种由来已久的艺术自律性发起了挑战，他们“审丑”“反现实”，作品充满想象力又往往表达激进。对于此，哈贝马斯的态度是含混不清的，但总的来说，他并不认同当代艺术的激进做法。哈贝马斯认为，后现代艺术取消内容又破除形式的做法实际上导致艺术得以存在的事实基础濒临灭亡，其做法和结论都显得曲高和寡，艺术一旦失去了大众审美及其价值判断的依托，只会沦为更加虚幻的抽象表达。在理性的当代欣赏者看来，后现代艺术虽然表面上冲击着文化整体，但是它忽略理性功用而一味否定的做法其实已经将自身彻底地否定了。

本着交往理性的观念，哈贝马斯的文艺观点一直尝试谋求人与人之间互动的共识，这对我们讨论和研究文学艺术是很有启示的。哈贝马斯试图达成主体间性的合理实现，使他的艺术观点为我们呈现出独特的理论图示，也令西方马克思主义研究者重新发现了人际与理性交缠的力量。

第二节　法国结构主义马克思主义

20世纪60年代中期，西方马克思主义流派之一——结构主义马克思主义在法国兴起，该流派最具代表性的人物阿尔都塞反对“人道主义马克思主义”思潮，以及斯大林主义对马克思主义的传统表述，他力图用结构主义的方法阐释马克思主义，用科学来反对意识形态，以凸显马克思主义的科学性与客观性。阿尔都塞的哲学思想对当代西方马克思主义文论家马舍雷、戈德曼等人产生了深远影响，形成了“阿尔都塞学派”的文艺理论。与法兰克福学派强调文艺对人道主义的积极作用不同，阿尔都塞学派所凸显的是文艺与社会集团的意识形态的紧密联系。在这里,我们主要介绍阿尔都塞学派的三位重要成员针对文艺问题而提出的学术见解。

一、阿尔都塞

路易·阿尔都塞(Louis Althusser,1918—1990)

阿尔都塞,法国著名哲学家,结构主义马克思主义的奠基人和主要代表人物。他的主要著作有《阅读〈资本论〉》(1965)、《保卫马克思》(1965)、《列宁和哲学》(1969)、《孟德斯鸠:政治和历史》(1959)等。

作为一名政治哲学家,阿尔都塞很少着墨探讨文艺问题,但是他的意识形态理论却对西方马克思主义文学理论和文化研究产生了深远影响。阿尔都塞所阐发的意识形态理论包括“意识形态国家机器”和意识形态表象体系两个维度。阿尔都塞认为,国家权力的实施除了借助强制性和镇压性的国家机器以外,还要依靠诸如教会、学校、家庭、政治组织、通讯交往和文化设施等以意识形态方式发挥着社会功能的物质载体——意识形态国家机器;意识形态表象体系指涉人们体验自己与自己的生存条件的关系。阿尔都塞指出,意识形态不能直接地反映现实关系,而只是通过一种混杂的意识形态表象再现它对现存复杂的社会关系的想象和体验,简言之,意识形态是对个体与现实存在条件的想象性关系的再现。

据此,阿尔都塞把意识形态和科学区别开来,他认为意识形态是一套掩盖真实现实的虚假观念,在意识形态的笼罩之下,人们接触到的根本不是真实的现实,而是一种受到阶级利益支配的虚构的现实性。然而,科学却是对现实的真实的感知和理解,它能够为人们提供关于现实世界的正确认识或知识。根据“意识形态”和“科学”的关系,阿尔都塞对艺术与意识形态、艺术与科学的联系和差别进行了比较性分析,集中阐述了他的艺术观。在《一封论艺术的信》一文中,阿尔都塞提出了关于意识形态、科学和艺术之关系的基本说明:

“艺术使我们看到的,因此也就是以‘看到’、‘觉察到’和‘感受到’的形式(不是以认识的形式)所给予我们的,乃是它从中诞生出来、沉浸在其中、作为艺术与之分离开来并且暗指着的那种意识形态。……他们在某种意义上是从内部，通过内部的距离，使我们'觉察到'（但不是认识）他们所保持的那种意识形态。"①

上述观点包含两层意思：首先，艺术不同于意识形态。文学艺术生产，或者说文学艺术实践是文学家或曰艺术家运用渗透着意识形态的原材料，借助一定的劳动工具和艺术技巧，将现存的意识形态原料加工成文艺作品的生产过程。然而，文艺离不开意识形态却又不等同于意识形态，那是因为文艺的特殊职能是通过意识形态生产促使人类主体同现存意识形态的实在保持距离，最终看破这种实在。其次，艺术又不同于科学。虽然艺术和科学都可以起到揭示意识形态虚幻性的作用，但是两者所使用的方式不尽相同。与以认识的方式让人凭借所获取的"知识"去揭露意识形态的科学相比，艺术则以再现的方式让人"感觉到""觉察到"意识形态的欺骗性和虚妄性。综上所述，艺术既不是能够提供知识的科学，也不能被简单地定义为意识形态，它被阿尔都塞置于意识形态与科学之间的位置。

阿尔都塞不仅对艺术、意识形态与科学做了区分，他还在读解马克思的《资本论》的过程中创造性地提出了著名的"症候阅读"的阅读理论。阿尔都塞指出，读者在阅读《资本论》等马克思的理论著作时一定要从结构主义的方法论出发，不仅要看到文本通过白纸黑字明确说出来的部分，还要注意发现马克思没有明确说出的，但隐藏在原文中的各种"症候"（空白和沉默），并依据"症候"掌握马克思理论的问题式，从而把握问题的本质。阿尔都塞要求我们必须依据"症候阅读法"进行"真正的批判性阅读"，读出在马克思的著作中读不出来的东西，从而形成一套关于马克思主义的新理解，这是阿尔都塞阅读理论的意图所在。"症候阅读法"是阿尔都塞对西格蒙德·弗洛伊德（Sigmund Freud）和雅克·拉康（Jacques Lacan）的"精神分析"理论的借用。弗洛伊德在解析梦的象征和日常生活中各种无意识的失言、沉默、玩笑和疏漏之时，提出要依据各种表层的症候使隐匿在深层心理中的无意识内容暴露出来。拉康继承弗洛伊德的观点后提出，"没有直接显现出来的东西"和看得见的东西一样重要，甚至比表层现象更加重要的观点。阿尔都塞在拉康的影响下，将症候分析引入文学阅读实践，形成了具有强烈的文化批判品性的"症候阅读法"。症候阅读法的对象是文本，按照结构主义的观点，"文本"是一个由表层结构和深层结构组成的双重结构体。文字语言结构、语言间的逻辑联系等形诸文字的东西构成了文本的表层结构，文本的空白、间断、沉默以及某些明确形诸文字的部分构成了潜藏于表层结构

① 陆梅林《西方马克思主义美学文选》，漓江出版社，1988年版，第520-521页。着重号为原文所加。

背后的深层结构。而症候阅读法正是要依据文本深层结构所表现出来的诸如空白、沉默、疏漏、错误等没有形诸文字的各种“症候”，揭示深藏在文本之中的一种无意识结构（即“问题式”）的方法。所谓“问题式”指的是引导一种理论通过某种特定的方式提出一些问题，同时排斥其他问题被提出的那个潜藏着的无意识的理论结构或框架。一种理论的问题式对这种理论提出的问题的性质范畴、提出的方式以及解决的方法起着决定性的支配作用。但是，如果读者仅仅局限于对文本进行字面理解或直觉阅读就很难把握它，因此，阿尔都塞认为，在阅读理论著作时，读者不仅要理解形诸文字的明确的论述，更为重要的是要深刻掌握理论的“问题式”，只有将两者结合起来阅读，才能做到真正地把握一种理论和理解一位理论家的全部思想。

阿尔都塞的文艺本质观和症候阅读法为马舍雷、伊格尔顿等西方马克思主义者带来了极为深远的影响。这些理论家在吸收阿尔都塞意识形态理论的精华和反省其局限性的基础上建构了各自的文艺理论。阿尔都塞强调文艺对意识形态的内在批判，实际上也就是强调了文艺的政治实践性，这正是他对马克思主义文艺理论的杰出贡献之一。但是，他关于意识形态是文学生产的原料的文艺观与“社会生活是文艺唯一的源泉”的马克思主义文艺观有着较为明显的差距。

二、马舍雷

皮埃尔·马舍雷（Pierre Macherey）师承阿尔都塞，他是法国著名的马克思主义文艺理论家，是“阿尔都塞学派”首位重要的批评家，巴黎大学哲学系教授。《文学生产理论》（1966）一书是他“在哲学领域之外发挥其思想，并带有其个人权威印记的唯一作品”[①]。可以说，马舍雷的文学生产理论是阿尔都塞的哲学思想在文学批评中的实践和运用。

在马舍雷看来，作家或艺术家是创造者的观念源于人文主义意识形态。人文主义思想的内核是“人创造了人”，创造活动成为一种同义反复的自我增殖过程，从而抹擦掉了人类活动本身的客观疆界。既然创造论的本质是“人创造了人”，那么作为创造者“人”的对立面就是被创造的异化的他者。因此，人在成为自己的同时又成为他者，人本主义的“人”的问题包含了无法解决的矛盾。人如何能在改变自己的同时避免成为他者？“那么他必须被保护，并允许他保持自己的特性，即禁止改变他既有的条件。”[②]因此，人本主义意识形态无论在理论上还是实践上都是反动的。建立在人本主

① 转引自陈定家《对“创造论”的历史性清算——评马谢雷的〈文学生产理论〉》，《广西大学学报》（哲学社会科学版），1999年第4期，第14-19页。

② Pierre Macherey, *A Theory of Literary Production*, Geoffrey Wall, trans. London Henley and Bostox: Routledge and Kegan Paul.1978.p.67.

义意识形态基础上的“文学创造观”亦是如此。马舍雷提出“文学生产”观点抵抗“文学创造观”的人本主义内核。文学创作是一种生产性劳动，而非创造行为。作家作为生产者而不是创造当中的主体只是生产情景或生产系统中的一个因素，他借助一定的技术手段把客观存在的生产原料加工成为相异的作为生产物或产品而不是创造物的文学作品。因此，文学创作是一个生产劳动过程，而不是“创造过程”。在整个文学生产过程中，马舍雷关注的不是生产者的主体。相反，他注重的是文学作品与其生产原料特别是意识形态之间的相互关系。因此，从历史唯物主义视角考察文学与意识形态之间的相互关系是马舍雷文学生产理论的核心议题。

马舍雷断言，意识形态具有虚假的同一性，作为对现实的统一阐释体系，意识形态必然会强制性地掩盖和遮蔽社会生活中复杂的矛盾状况，以实现对现实的秩序化需要。“意识形态的存在就是为了抹去所有矛盾的踪迹”，这种对现实矛盾强制性的解决方式其实是对现实矛盾的虚假的解决。马舍雷认为，意识形态最本质的弱点在于它拒绝承认自身的缺陷。“它是封闭的、有限的，但它总是错误地宣称在自己的范围之内是无限的(能回答一切问题)。正因为如此，意识形态不能创造一个体系，这为矛盾的生长提供了条件。”[①]因此，日常意识形态以幻想的形式和自在的状态维持表面上的一种虚假的同一性和总体性，它只有在面对真正的现实的复杂状况之前或另一意识形态的挑战之时才会暴露出自身的裂隙、矛盾、纷争、阻滞等封闭性、有限性特征。文学文本以其特殊性为集中所有冲突提供了场所。

日常意识形态被幻象语言和虚构方式赋形之后被分割为两个领域：说出的和没说出的。由于文学语言的明确性、封闭性等特点，读者从文本表层可以看出的内容思想就是说出的部分，另一部分则被逐进了沉默的深渊里。然而，文本言说的东西最终什么也没告诉我们，作品中最重要的是“言语之外”的部分。“我们应该进一步探寻作品在那些沉默之中(实际上，作品就是为这些沉默而生的)所没有或所不能表达出的东西是什么。”[②]说出的部分是明确的、单一的、自治的，体现了意识形态的开放性、无限性以及表面的同一性特点。而文本中缺席的、不在场的沉默的意象是被隐藏的、含蓄的、杂多的、非自治的，揭露意识形态的封闭性与有限性的内在本质。“沉默”是马舍雷文学生产理论的核心概念之一，也是马舍雷阐述文学本质观的基点：

“作品中没有说出的东西很重要。这与那种粗心大意的注释‘它拒绝表达的东西’不相同，即使那本身也是很有趣的：一种承担着衡量沉默任务的方法建构于此，无

---

① Pierre Macherey, *A Theory of Literary Production*, Geoffrey Wall, trans. London Henley and Bostox: Routledge and Kegan Paul.1978.p.131.

② 马舍雷《文学分析：结构的坟墓》，见董学文，荣伟《现代美学新维度——“西方马克思主义”美学论文精选》，北京大学出版社，1990年版，第363页。

论承认与否。但是,作品中不能说出的东西是最重要的,因为正是在沉默的旅行之内进行着详尽的表达。”①

说出的与没说出的之间产生了巨大的裂隙和矛盾,因此马舍雷说道:“文学生产以日常意识形态为原料通过加工变形之后打破意识形态的虚假同一性,以接近真实的历史。”所以,文学批评家的真正任务是发掘文本中的缺席、不在场、界沟、抵制和延宕,通过文学分析的方式释读被驱逐进沉默的黑暗深渊的话语,打破沉默以暴露意识形态的矛盾、裂隙和缺陷,颠覆日常意识形态所强制建构的同一的假象,引导读者从文本的裂缝之中看到现实的真实状况。简言之,是作品的沉默之处发出声音便是文学批评的真正职能。但批评家的任务不是去填补文本中的空白,消除其中的矛盾,而是要把上述“症候”联结起来,按照“症候阅读法”,把文本的无意识的离心结构从文本深处“拖出来”,显示给读者看。

“离心结构”是马舍雷关于文学作品的结构观。马舍雷断然否定了结构主义批评所提出的文学作品具有一种中心结构的观点,以及古典文学批评的有机整体的形式观,并评价这两种结构观实质上是一种逻辑错误的“审美物理学”。马舍雷在他的文学本质观的基础之上建构了他关于文学作品的结构观。他说道:“结构就是这么一种东西,它从外部将作品的虚假内部特征以及秘密的原因从作品之中驱逐了出来,而且揭示了那种基本的缺无(没有这种缺无,作品便不能存在)。”②在马舍雷看来,既然文学作品必然存在于一种对话框架中使意识形态与其他力量保持着冲突,那么这就决定了文本不可能是一个前后连贯的、统一的整体。由于艺术形式与意识形态的不断冲突致使文学作品始终包含着“沉默”“空隙”和“缺无”,这就表明文学作品无法构成一个完满的、稳定的、一致的意义整体,囿于中心要素的缺席,文本的意义永远是多样的、不完全的和开放的。马舍雷强调文学作品的结构(形式)与内容相依相存、密不可分,因此,文本的多义性就决定了与之相适应的结构也会随之成为矛盾的、不完整的、不规则的“离心”的形式。作品的离心结构从意识形态中孕育出来,最终却反叛了意识形态,这体现了一种批判的反思性。

马舍雷为关于文学与意识形态关系问题的探讨做出了自己独特的贡献,但是,他的文学生产理论也存在着一些不足之处。马舍雷把作者看作文学作品的生产者,轻

① Pierre Macherey, *A Theory of Literary Production*, Geoffrey Wall, trans. London Henley and Bostox: Routledge and Kegan Paul.1978.p.87.

② 马舍雷《文学分析:结构的坟墓》,见董学文,荣伟《现代美学新维度——“西方马克思主义”美学论文精选》,北京大学出版社,1990年版,第363页。

视了作者的创造性。他过于关注文本的“沉默”和“缺无”，从而忽视了有些文学作品的意识形态性并不是通过“沉默”“缺无”才得到昭示的客观事实。此外，他片面强调了读者的科学认识能力，对阅读活动的审美娱乐功能有所忽视。

三、戈德曼

吕西安·戈德曼（Lucien Goldmann，1913—1970），法国哲学家、社会学家、批评家。戈德曼是20世纪中叶法国左翼思想运动的重要人物，他的思想与众不同，极有深度，他以皮亚杰的发生学认识论结合马克思主义及卢卡奇的思想建立起所谓的“发生学结构主义”。戈德曼一生著述颇丰，其中主要有《隐蔽的上帝》（1956）、《人文科学与哲学》（1952）、《小说社会学》（1964）、《发生结构主义》（1967）、《文学社会学方法论》（1981）等。

20世纪五六十年代的法国马克思主义者执着于对“科学性”的追求，戈德曼则坚持认为，为永葆马克思主义理论的生命力就必须重新审视和发现马克思主义。戈德曼拒绝马克思主义传统的无产阶级观点，他还挑战了当时法国流行的结构主义观点。戈德曼的非主流话语导致他的思想在当时并没有得到足够的重视，尽管如此，与他同时期的思想家让·皮亚杰（Jean Piaget）和阿拉斯代尔·麦金泰尔（Alasdair Maclntyre）却发现了戈德曼思想的价值，称赞他是法国当时“最优秀和睿智的马克思主义者”。

戈德曼所谓的“发生学结构主义”在较大程度上借鉴了皮亚杰的发生认识论的观点。瑞士学者皮亚杰相信，可以通过儿童的语言和动作等具体表现来窥测其意识的演变过程，从而帮助科学家探索人的知识结构的构成和发展。在这种尝试之中，皮亚杰深入阐释了人类的意识结构的形成过程并建立起一门发生学认识论。该理论指出，发生学能够把握人类知识尤其是科学知识的结构，能够说明知识的历史基点、社会渊源，更为重要的是，它能够帮助我们察觉控制着知识表象及其运作的精神本体。受皮亚杰发生认识论的启示，戈德曼将之融汇于马克思主义思想以及卢卡奇的理论，并尝试应用于文学阐释领域。戈德曼把皮亚杰的“精神本体”转换为社会集体或社会阶级的意识总体，即其总体的意识共相所行使的文化特权，文学就是在这样的集体意识结构中生发的，因而文学与特定的社会结构、集体意识有着不可分割的关系，文学往往表现着其时其地整体的世界观，因此作品的作者并不是某个个体，而是孕育于更为深广的社会结构当中。

但是，戈德曼的发生学结构主义关注的并不是某个社会集团整体意识的具体内容，而是聚焦到这一结构的整体与历史承续的关系上，换言之，这一结构如何与相应的历史状况必然地相连。因此，戈德曼的理论不满于当时结构主义文学批评将作品视为封闭客体的内在批评，转而强调作品在某社会团体（阶级）统辖之下的“意义结构”。在文学作品中，这一与社会精神结构息息相关的“意义结构”并不完全等同于社会意识，社会意识仅为作品深层意义所隐含的内在结构。这种强调特定时期的文学样态自身包含固定的意义结构的观点逐渐摆脱了马克思主义者普遍的经济决定论和意识形态理论，重新发现和审视了文学发展与社会形态的互动关系。

在这种社会-历史式的文学观的把控下，戈德曼的文学批评分为“理解”和“阐释”两个阶段。“理解”指的是揭示文学作品自身的内在统一性，即发现某种有意义的结构；“阐释”则意味着在某一特定的社会意识结构背景下研究这种有意义的结构，考察作品所构建的艺术世界的结构与作家生存的社会阶级或社会集团的整体意识结构能否相互作用，即两者在多大程度上具备一致性。戈德曼在《隐蔽的上帝》一书中对这一批评方法进行了较为充分的应用。戈德曼发现，在让·拉辛（Jean Racine）的悲剧中上帝是一种时常复现的意象，上帝、世界和人构成一个固定的范畴结构并在戏剧中以不同的组合方式表现着统一的世界观。戈德曼认为这种世界观受到“约翰逊主义”的法国宗教运动影响，约翰逊主义是在拉辛时代业已没落的“长袍贵族”的集体意识，他们既要依赖君主政体的支持又要反对君主专制来维护自身利益，既依靠“隐藏的上帝”的权威又受群体阶级利益的驱使，这种矛盾的态度使得约翰逊主义成为拉辛悲剧深层结构发生的基础。在这里，戈德曼的“阐释”和“理解”形成一个相互作用的动态过程，即由拉辛悲剧的一般结构纳入当时具体的历史语境，再由这一历史语境中典型的意识结构反过来解释戏剧本身。戈德曼的发生学结构主义就是以这样一种一环扣一环的方式尝试确立社会意识总体对文学作品的影响，在历史的发展中看到文学深层结构与社会集体意识的互动关系。不同于马克思主义文论当中盛行的意识形态决定论，戈德曼的发生学结构主义一直强调“意义结构”的功用，该“意义结构”可以内蕴于一个很小的社会团体，文艺创作就是在这样微妙的结构演化中发生的，而传统的意识形态理论则试图囊括社会整体的阶级意识及政治作为，文学是在意识形态统治下受意识形态决定的，同时文学本身又作为一种文化意识形态出现。

戈德曼是一位颇有远见、卓尔不群的思想家，他对人文科学抱有始终如一的热情。他声称自己的努力并不是要使历史法则的必然性得以彰显，如他在对帕斯卡尔和拉辛作品的研究中所表明的，他的思想历程是一种冒险，冒险既有失败的可能也有成功的希望。冒险、失败与成功三者综合于一个信念，戈德曼强调，这一信念需要以人类基本状况的关键元素为赌注。在不断的思想“冒险”当中，戈德曼坚持自己的作品是辩证的、人文主义的，他的文艺观点表面上是一种社会-历史式的结构主义观点，实际上体现了他对欧洲传统人文主义精神的坚持。

第三节 英美新马克思主义

西方马克思主义批评可分为欧陆传统和英美传统，除了德国法兰克福学派和法国结构主义马克思主义以外，英美两国的马克思主义也是力图借助当代理论改造马克思主义，以马克思主义驾驭当代理论的重要流派。英美新马克思主义不仅对整个当代西方文论界影响深远，同时也推动了当代文化研究的兴起。本节将重点介绍英美新马克思主义的两位主要代表人物——伊格尔顿和詹姆逊的文艺理论。

一、伊格尔顿

特里·伊格尔顿(Terry Eagleton，1943—)

伊格尔顿，英国著名的文学理论家、批评家和文化学者，西方新马克思主义的代表人物。伊格尔顿的理论涉及文化、艺术等多个层面，主要作品有《批评与意识形态——马克思主义文艺理论研究》(1976)、《马克思主义与文学批判》(1976)、《瓦尔特·本雅明或革命批评》(1981)、《文学原理引论》(1983)、《美学意识形态》(1990)和《理论之后》(2003)等作品。

作为活跃至今的西方马克思主义理论家,伊格尔顿的思想触角触及社会与文化的各个方面,在文学批评方面,伊格尔顿一直坚持文学艺术的意识形态理论,他认为文学本身可以称作一种审美的意识形态,文学的内容与特定的社会意识形态和历史进程密切相关,而文学的形式也随着历史的发展和意识形态的转变而发生着相应的变化,就此,他提出了著名的意识形态文学生产论。

伊格尔顿受雷蒙·威廉斯(Raymond Williams)的文化理论影响,关注文学艺术与社会、文化实践的关系,他把文学价值论综合于意识形态理论之中,形成了独具特色的文学生产理论。伊格尔顿的文学意识形态理论在他的名作《文学理论导论》一书中有着较为明显的指向和表现,该书首先追溯了西方世界从19世纪浪漫主义到20世纪后期的文学研究史,以时序上延续、理念上递进的方式最终把文学生产归结于他的文学意识形态生产理论。伊格尔顿对新批评、精神分析批评、结构主义批评和后结构主义批评的论述往往切中肯綮,融合了他敏锐的思维和睿智的文风,在西方马克思主义式微的年代为马克思主义文论重新注入了活力。伊格尔顿在《马克思主义与文学批评》中对意识形态和文学艺术的关系进行了更加深入的探讨。他认为思想,即意识形态,才是文学文本的真正对象,具体的历史情境只是次要的推动因素,因为历史不能直接作用于文学文本,历史本身就是意识形态的创造物。在这里,伊格尔顿虽然把传统的马克思主义文学反映论中的“现实”替换为具体的意识形态,但是意识形态因其复杂的所指涉及社会和现实的诸多层面,因此伊格尔顿的意识形态生产论并不把文学简单地对等于意识形态的产物,即不能简单地视文学作品为意识形态的反映。从这一层面出发,伊格尔顿试图跳出意识形态的具体内容而将文学形式也纳入意识形态生产论当中,这一点他明显受到阿尔都塞和本雅明的艺术审美理论的影响。伊格尔顿坚称,艺术的审美形式虽然以内容为基础,但是它同时又独立于内容且具有能动作用,换句话说,如果我们审视某种艺术形式的表征往往可以读取一个时代的意识形态特征。因此,艺术审美的形式实际上表现着特定的意识形态,又不完全局限于该意识形态,审美形式时刻有可能超越和改造意识形态。以当下我们熟知的电影艺术为例,电影的艺术形式无疑非常重要,而电影的生产方式、技术要求甚至观赏模式都成为关键的艺术构成要素,这些要素无疑与时代特定的意识形态诉求相连,关系到社会、政治、经济和文化的诸多层面,因而不论内容抑或形式,艺术作品实际上一直在与意识形态的互动中完成自身的生产。基于这一理解,伊格尔顿把他的意识形态文学生产论归纳为六个层次,即一般生产方式、文学生产方式、一般意识形态、作者意识形态、美学意识形态以及文本，这六个层次表面是逐步具象化的，是一个由抽象到具体的过程，而伊格尔顿认为这些要素也可以是平级的关系，它们相互作用，创造出文学文本，实现审美的意识形态生产。

关于伊格尔顿的意识形态理论，另外一点需要说明的是，伊格尔顿之所以坚持以意识形态生产理论解释文艺作品，是因为他同大多数马克思主义理论家的看法一致，认为资本主义社会意识形态实际上一直灌输的是统治阶级的意识，却令人误以为是自我觉醒的意识，这无疑是对人自身的异化、对自我意识的曲解，因而我们要讨论文艺作品首先必须进行意识形态的批判。

作为一名思想活跃、思维敏锐的新马克思主义理论家，伊格尔顿曾一度为后现代理论的视野和活力所吸引，他认为后现代主义产生于晚期资本主义表现了某种新的意识形态变化下的文化思潮，不能简单地把后现代主义理解为现代主义的变式。在肯定后现代主义思想的优势的同时，伊格尔顿却并不认同后现代主义"作者死亡"、消解文本意义的做法，他认为后现代主义取消文本意义的同时走入了另一个极端，视语言为游戏注定要进入一个消极的理论困局，因此伊格尔顿对后现代艺术"反美学""反文化"的表现手段感到无法接受，基于此，他建立起了自己的价值评价系统。伊格尔顿强调，后现代艺术仍然无法摆脱意识形态的影响，艺术创作必须根植于更为深广的社会文化和精神信仰，艺术欣赏者主观上的差异形成欣赏过程中的无意识判断，这实际上是意识形态与艺术形态的更迭、互动的结果。

进入21世纪，伊格尔顿展现出对学界新兴的文化研究的浓厚兴趣。伊格尔顿在《理论之后》一书中指出，在当下的文化和文学持续不断地交叉兼容之下产生的一些理论，不过是文化和文学两者拙劣地相互模仿的结果，然而，伊格尔顿对此的态度并不坚决，他又认为文学研究与文化理论的结合是一种行之有效的方式，它能够开启更多的重要话题。

伊格尔顿的意识形态生产理论试图在文学自律性之外赋予文学本身作为社会意识一环的生产性特征，它在一定程度上强调了文艺的社会功用，但如此一来伊格尔顿的文艺观又不可避免地存在着过于关注艺术的政治作用，忽略其自律性的缺憾。虽然伊格尔顿的思想一直处于变化之中，但他一直是一位坚定的马克思主义理论家，他的理论核心始终围绕着意识形态，但又不拘囿于意识形态，他积极的态度、明辨的思路不断为西方马克思主义文艺理论注入新的生命力。

二、詹姆逊

弗雷德里克·詹姆逊(Fredric Jameson,1934—)

詹姆逊,美国著名的马克思主义文艺批评家,主要致力于后现代理论和文化解释学方面的研究,主要著作有《萨特:一种风格的起源》(1961)、《马克思主义与形式》(1971)、《语言的牢笼》(1972)、《政治无意识》(1981)等作品。

20世纪60年代,随着新左派运动的兴起,这位精通德、法文字的年轻批评家詹姆逊开始转向对“西方马克思主义”的研究与介绍。从20世纪60年代至今的理论活动来看,可以将他的理论兴趣划分成三个有机的组成部分:第一,马克思主义文艺理论研究。作为美国理论家和批评家,詹姆逊一方面用英语向英语理论界介绍德、法的马克思主义文学理论最新发展,另一方面,用总体化的理论思维丰富和改造马克思主义,在这方面,他多方吸取语言学、结构主义和后结构主义理论,提高马克思主义文艺理论的理论性和“认识范式”;第二,在马克思主义文艺阐释学框架下融合精神分析理论,形成新的理论视角来考察西方后现代主义的文化逻辑以及第三世界文学的“政治无意识”;第三,综合的批评实践,通过对后现代或者说晚期资本主义中文学、绘画、建筑等各种艺术形式的批评,实践其关于晚期资本主义文化逻辑的理论,并进行深度扩展。

詹姆逊的研究领域广泛,从对巴尔扎克作品的细致解读,到对电影的多角度思考,再到与阿多诺艰深的理论辩论,使得人们无法用某一特定的领域来界定他的研究工作,即使是像后现代主义这样一个宽泛的主题。不过,我们又必须依赖于其批评的职业,而且可能会方便却又是过于简单地贴上“马克思主义”的标签。原因在于,正如詹姆逊自身所表明的,马克思主义与同质性本身格格不入,再者马克思主义太容易被人们概括为像“错误的意识”这样空洞的口号而被丢弃。所以,通过詹姆逊所提出的批评分析方法来认识他会有益得多,詹姆逊将这种批评方法称为“辩证批评”“元评论”和“转码”。

对这种方法的内在机制最清晰、详尽的阐述见于《马克思主义与形式》的最后一章——“走向辩证批判”，以及《政治无意识》的第一章——“论诠释”。支撑这两篇文章以及詹姆逊文化和文学批评整个工作的理论基础，可以在标题尖锐的《元评论》这篇文章中发现。《元评论》最先于1971年发表在美国《现代语言学会会刊》上，从某种意义上讲，它后来成了詹姆逊两卷本文集《理论意识形态》的序言。詹姆逊在此文中提出，文化和文学批评研究的出发点，即诠释的实践，不可能成为诠释自身的特性，否则就会陷入关于这种或那种程序模式正、反两个方面封闭的，没有结果的循环争论。相反，这样的研究必须以一个重要得多的问题，即我们对于解释的需要自身为开端。按照詹姆逊的观点，我们今天之所以需要解释，是为了认真地研究晚近资本主义的影响（积极和消极两个方面）。这些影响表现在我们对以电影、电视、小说、诗歌和建筑为主要形式的文化文本的体验中。

詹姆逊的诠释方法（即辩证批评），包含了两个截然不同却又无法分割的步骤。首先，它消极地或完全“机械”地揭露了错误意识和根深蒂固的力比多投入，即揭示出文本操纵着我们对商业化目的进行回应的方式。但是如果仅限于此的话，那么正如詹姆逊在《大众文化的具体化与乌托邦》（1979）一文中所论述的那样，批评并不能说明为什么文本首先应当吸引意识形态和力比多的投入，除非得出如下的结论：除了最精明的读者，其他所有读者都完全没有头脑，很容易上当受骗。由此，我们需要完成第二个步骤，以揭示出所有文化的文本形式所隐含的乌托邦冲动。詹姆逊从这一双重的视角出发提出，后现代主义文本首先是时代的产物，是晚近资本主义的产物，因而不可避免地受到商业规则的侵蚀，与此同时，相对于时代而言，后现代主义文本又具有复杂的对抗性，因此它又充满了蓬勃的希望。

以“五月风暴”为转折点，西方马克思主义至今已经在学术舞台活跃了近一个世纪，其思想波及社会学、政治学、哲学、经济学等诸多领域，涉及历史、文化、心理等人类精神的各个层面。这一思潮与社会政治学说、意识形态理论、历史和阶级意识相结合的文艺观影响深远，具有强烈的批判性和斗争性。它积极地研究资本主义的社会现实与西方现代艺术的关系，推演文学艺术的历史线条，总结其必然在政治意识、历史意识规约下的发展规律，这正是西方马克思主义文艺理论最主要的特征，也使它区别于其他的理论派别，呈现出独到的、颇具活力和发展潜力的理论情状。总之，西方马克思主义文论在世界范围内的文艺理论研究中占据着不可撼动的地位。

复习思考题：

1. 如何理解本雅明的“光晕”的概念？试评析阿多诺对待机械复制技术的矛盾态度。

2. 如何理解“文化工业”的概念？试分析阿多诺关于“文化工业”及现代主义艺术的反思。

3. 马尔库塞受到了现象学哲学的哪些影响？他是如何将之应用于文艺理论批评的？

4. 请简要说明哈贝马斯“交往理性”思想的主要特点；谈一谈你如何看待哈贝马斯所谓的“交往理性”与文学艺术的关系。

5. 如何理解阿尔都塞的“症候阅读”的概念？他的意识形态理论对文艺研究有哪些重要影响？

6. 在马舍雷看来，文学批评的对象是什么？试分析马舍雷的文学生产理论对阿尔都塞的继承与发展。

7. 何谓文学的意识形态生产论？意识形态生产对文学艺术的影响具体有些什么？

深入阅读书目：

1. 本雅明《发达资本主义时代的抒情诗人：修订译本》，张旭东，魏文生，译，生活·读书·新知三联书店，2012年版。

2. 瓦尔特·本雅明《单行道》，王涌，译，译林出版社，2012年版。

3. 马克斯·霍克海默，特奥多·阿多尔诺《启蒙辩证法（哲学片断）》，洪佩郁，蔺月峰，译，重庆出版社，1990年版。

4. 马尔库塞《单向度的人——发达工业社会意识形态研究》，刘继，译，上海译文出版社，2008年版。

5. 于尔根·哈贝马斯《现代性的哲学话语》，曹卫东，译，译林出版社，2011年版。

6. 路易·阿尔都塞《保卫马克思》，顾良，译，商务印书馆，2010年版。

7. 吕西安·戈德曼《隐蔽的上帝》，蔡鸿滨，译，百花文艺出版社，1998年版。

8. 皮埃尔·马舍雷《文学在思考什么？》，张璐，张新木，译，译林出版社，2011年版。

9. 特里·伊格尔顿《理论之后》，商正，译，商务印书馆，2009年版。

10. 弗雷德里克·詹姆逊《政治无意识》，王逢振，陈永国，译，中国社会科学出版社，1999年版。

第十二章　女权主义文论

概述

女权主义文学批评[1]的早期萌芽多散见于19世纪的一些作家及社会批评家的文章中。女权主义文学批评真正的诞生则是20世纪60年代中晚期的事情，它历经几十年的发展，门派众多，建立了以“性别”为中心的批评，带有很强的政治倾向，并由文学文本批评深入到文化研究领域，而且至今仍在发展中。它强调要以一种女性的视角对文学作品进行研究，主要包括对女性创作的挖掘与重述、批判男性作家作品中被歪曲的女性形象以及探索女性特有的写作方式等。女权主义文学批评是随着当代女权运动的深入而不断深化的，同时广泛吸收了当代诸多有广泛影响的理论方法，诸如西方马克思主义、解构主义、后殖民主义及新历史主义等，体现了它博采众长、不拘一格的理论风格。

女权主义批评的兴起与西方妇女解放运动的发展是分不开的，它是政治运动深入到文化领域的结果。18世纪的法国资产阶级大革命提出了“自由、平等、博爱”的口号，资产阶级妇女积极参加了这场革命，并将此作为契机，争取男女平等。但她们很快发现这一口号是排除妇女在外的，于是当时的妇女领袖奥伦比·德·古日（Olynpe de Gouges）发表了著名的《女权宣言》，主张“妇女生来就是自由人，和男人有平等的权利”，这种天赋权利包括“自由、产业、安全，尤其是反抗压迫”。当然，她对平等自由的追求还主要体现在婚姻、家庭和生育等妇女私人生活方面，但她的影响则是深远的。而同时代在英国也出现了女性运动的一位伟大先驱，那就是玛丽·

① 关于女权主义和女性主义名称的简要说明：学术界曾对到底该把feminism译成“女权主义”还是“女性主义”展开过讨论，基本认定“女权主义”是早期发展阶段，有更明确的政治诉求；“女性主义”更侧重在话语层面。事实上并没有本质区别，二者基本通用。因此在本章中，对两个术语不做进一步辨析，在具体语境中沿用习惯用法。

沃尔斯通克拉夫特(Mary Wollstonecraft),她在1791年发表了著名的《女权辩护》,她认为女性和男性在德行、知识的性质以及理性方面都是一样的,妇女应当受到和男性一样的教育。而在19世纪30年代的美国,在轰轰烈烈的废奴运动中,女性积极参与各项活动,但是她们的努力却得不到男性同胞的重视和承认,她们在看到黑人奴隶苦难地位的同时也看到了同样处于无名地位的女性,她们需要积极为自己的权利而斗争。伊丽莎白·斯坦顿依据美国的《独立宣言》起草了著名的《权利和意见宣言》,指出了美国社会中存在的大量两性不平等的事实,因此要求在工作、财产、教育等各个方面的平等权利,这是美国女权运动的开始。这场妇女运动在20世纪初期形成高潮,这就是女权运动的第一波,以1920—1928年英美妇女获得完全的选举权作为胜利的标志。这一时期的女权知识分子尚未能对父权文化进行批判,对更高意义的性别平等涉及不多。

20世纪60年代后出现了第二波妇女运动,这次女权运动的大背景是法国和西欧的学生造反运动,以及美国的抗议越战的和平运动、黑人的反种族歧视运动和公民权运动。这次女权运动更为深入和广泛,超越了第一次女权运动争取财产权和选举权的范围和目标,逐步深入诸多政治、文化领域,并积极探讨和界定妇女的本质以及文化构成。贝蒂·弗里丹在1963年出版了《女性的奥秘》,引起了巨大反响,在此书中作者猛烈抨击了那些将妇女界定成为贤妻良母的虚假论证,新一轮的女权运动就此轰轰烈烈地开展开来。随后女权主义的著作和研究论文、刊物,还有妇女出版社,也不断涌现,为妇女的言论提供了阵地,甚至出现了以妇女为研究对象的女性学科,在大学里开设了许多与女性研究有关的课程,开始用女性的视角重新阅读文学及审视文学史。1970年凯特·米利特的博士论文《性政治》出版,成为这一时期女权主义文论形成的标志。当时的文学研究存在一种严重的性别倾向,充满了单一的父权文化对女性意识的排斥。米利特就此提出如果要恰如其分地理解文学,一定要深入研究社会文化背景,而文学产生的社会文化背景中充满了男权主义的谎言与压制。在女权运动的第二个阶段,她们更强调女性与男性的差异性,女性拥有与男性不一样的心理体验、表征体系,她们认为只有重视女性的独特性,才能对过去的历史文化具有创见。很多学者对这一阶段极端化的论述表示担忧,认为过分强调差异会使女性运动难以取得实质性成果。

女权主义大体上经历了如上两个阶段之后,迎来了20世纪90年代至今的新发展,可以称之为“后女权主义”。此时的女权主义学者不再强调男女对立,更加注重多元,强调男女的互补,消弭两性之间的对抗,求同存异,这一理论走向标志着一个具有新生意义的世界的到来。

总之,女权主义理论是以女权运动为基础的,但是它的形成不仅有当时现实的社会和政治背景,也有文学理论自身发展的原因。正如肖瓦尔特说的:“如果说女权主义文学批评是妇女运动的一个女儿,那么它的另一个父母则是古老的父权制文学批评和理论成果。”[①]这种思想来源大致有两个方面:20世纪20年代起英、美等国一直以新批评等其他形式主义批评为主,20世纪五六十年代则结构主义大行其道,但20世纪60年代后期所有的形式主义文论捉襟见肘,结构主义转变成为解构主义,随后的接受美学及新马克思主义在欧美影响日增,新马克思主义的社会批判理论给予了女性主义者思想武器,批判社会及文学中存在的性别压迫问题。而解构主义则为消解男女二元对立提供了方法论基础。可以说,女权主义文论就是顺应了西方理论界的这一变化,并吸收了各派的理论成果,迅速成长起来的。

女权主义批评的另一个理论来源则是继承先驱者的重要创见,这其中比较重要的则是弗吉尼亚·沃尔夫和西蒙·德·波伏娃。沃尔夫是一位著名的意识流小说家,同时她在女权主义批评方面也具有重要的地位。发表于1929年的《一间自己的屋子》则集中体现着她的思想,她有如下四个方面的贡献:首先,她肯定了妇女基于与男性不同的生活和情感经验而创作的不同于男性作家的题材、语言、文体风格存在的合理性,并力图寻找女性自己的创作传统。其次,她提出了双性同体的思想,是对历史上以男性价值为单一标准的反叛。再次,她在考虑妇女的创作时会考量妇女在社会中的政治、经济、文化地位,这是一种文学社会学批评方法。最后,她清楚地看到了现实生活中的女性形象和男性诗篇中作为审美的女性形象不一致。沃尔夫这些富有创见的思想对当代女权主义理论产生了重大的影响。波伏娃,作为重要的存在主义哲学家,1949年发表了《第二性》,这是一部影响深远的著作。她在书中大量运用妇女传记、社会和历史资料等,体现了一种女性唯物主义的观点,认为妇女第二性的地位主要是由于她们所处的生存状况决定的,尤其是她们的经济地位。妇女能否解放自身,也主要取决于她们在经济上能否摆脱自己的依附地位。由此,波伏娃提出了著名的论断:“一个女人之所以成为女人,与其说是天生的,不如说是后天养成的。”而且,她还在书中以五位男性作家为分析对象,清算了男性作家在文学再现领域对女性形象的歪曲。这些思想也成为当代女权运动的重要思想来源。

女权主义批评流派很多,有许多分支,诸如激进女性主义、生态女性主义、马克思主义女权主义、社会主义女权主义等,但大体上分为英国派、美国派和法国派,此外黑人女性主义和女同性恋女性主义的独特视角也丰富了女性主义批评。

---

① Showalter, *The New Feminist Criticism: Essays on Women, Literature, and Theory*, New York: Pantheon Books, 1985, p.7-8.

一、女同性恋女性主义

女同性恋女性主义遭受到了来自诸多方面的误解和指责，一般认为这些批评家本身就是女同性恋者，当然也有人认为她们只是表明了女性之间的一种特殊的新型的关系，“一个贯穿每个妇女的生活，贯穿整个历史的女性生活范畴……包括更多形式的妇女之间和妇女内部的原有的强烈感情，如分享丰富的内心生活，结合起来反抗男性暴君”[①]。因此，女同性恋主义的立场首先是一种反抗父权制的女权主义立场，这些女性之间可能保持一种与性有关的关系，也可能根本没有性的关系，但是她们保持一种强烈的感情和爱恋。女同性恋主义文学批评的主要内容首先是对异性恋主义观念的批判，并将异性恋同父权制结合在一起进行批判。“异性恋是一套完整的价值和结构观念系统，它认为异性恋是唯一自然的性行为和情感表达方式。”父权制只给女性以异性恋的可能性，不存在另外的生活方式。而且，这种异性恋的观念充斥着各种文本，甚至在女权主义的著作中也不少见。女同性恋女性主义批评是一种非常激进的女权主义观念，它认为解决男女不平等问题的方法就是必须依靠妇女自身的自立自强。在完成了对异性恋观念的批判后，她们就力图建立一个新的女同性恋女性主义的文学传统。如爱丽·布尔金的《女同性恋小说》，简·鲁尔的《女同性恋者形象》等都是代表性成果。此后，她们试图寻找有关女同性恋者的形象、典型、主题、写作方式等，以此建立一种女同性恋女性主义的批评原则，在这一方面也取得了一定的成就。虽然女同性恋女性主义批评的部分观点稍显极端，但在女性主义阵营中也独树一帜，具有自己的视角和影响力。

二、黑人女性主义

黑人女性主义则是结合非洲文化、黑人民权运动的得失以及女权运动的成与败，在自身经验的基础上开展运动的。这与她们受到种族和性别的双重压迫密切相关，她们认识到在文学再现这个层面始终听不到黑人女性的声音，她们不仅被整个的主流文学所拒绝，即使是号称要颠覆权威、重写历史的白人女性在编写女性文学史时也一样忽略了有色人种女性的存在，而且还被她们的同族的男性同胞拒之门外，于是在运动初期，取得的最显著的成果就是对被湮没的黑人女性创作成果的挖掘，如托尼·凯德的《黑人女性》，是对黑人女性创作进行的第一次比较完整的整理。收集、整理、出版被埋没的黑人女性的创作进一步提高了黑人女性的自信心，是黑人女性主义批评兴起的第一步。1977年的“卡巴西河团体宣言”表明，黑人女性主义已经以成熟稳

---

① 玛丽·伊格尔顿《女权主义文学理论》，胡敏，陈彩霞，林树明，译，湖南文艺出版社，1989年版，第39页。

健的姿态登上了舞台。在宣言中她们提出了黑人女性的生活结构是多层次的，受到的压迫则是连锁式的，不仅建立在种族与性别基础上，还建立在阶级、年龄、性倾向等基础上。1977年芭芭拉·史密斯的《迈向黑人女性主义批评》在重申黑人女性所受到的连锁式的多重压迫的同时，突出强调黑人女性的经验，及其语言经验的独特性。这表明黑人女性主义文学批评进入了更成熟的发展阶段，在这个阶段出现了一系列非常有影响力的理论家，其中芭芭拉·史密斯、艾丽斯·沃克、胡克斯等格外卓越。芭芭拉·史密斯的基本观点就是必须承认黑人妇女创作中性政治与种族政治的不可分离，因此评论者应该时刻清醒地认识到自己作品的政治含义，而且要与黑人妇女的政治状况联系起来，这就自觉地将文学批评同社会政治斗争结合起来了。史密斯还强调建立黑人女性创作传统的重要性，她通过对大量的黑人女性作品的分析，指出她们在文体、主题、意象等方面具有和白人、男性作家迥异的特点。所以，黑人女性主义者必须充分重视来自黑人女性的这份独特传统与经验。

艾丽斯·沃克既是一位出色的小说家，同时也进行了卓越的文学批评，她的批评文集《寻找母亲的花园》成为黑人女性主义理论的重要作品。她在作品中提出“妇女主义”，这一概念的提出开启了美国黑人女性的主体意识，也可以说，这是黑人女性主义区别于传统黑人文学和白人女性主义的分水岭。沃克认为“妇女主义”一词的含义是：一是妇女主义来自“女人性”（womanish）一词，与“女孩子气”（girlish）相反，女孩子气有轻浮的、不负责任的、不认真的、不庄重之意，而妇女主义指黑人妇女或有色妇女，通常也指义愤的、大胆的、勇敢的或任性的行为，对成人的事情感兴趣，行为成熟，它还可以指成熟、有责任心、认真。二是她们热爱其他女人，欣赏并热爱女性文化、女性情感、女性力量，有时也爱单个男人，献身于整个人类的生存与完整，她不是分离主义者，是传统上的普遍主义者。其三，爱音乐、爱舞蹈、爱月亮、爱精灵、爱爱心、食物以及圆满，爱斗争、爱相亲、爱自己，不顾一切。其四，妇女主义相对于女性主义就是紫色相对于淡紫色的关系。[①]白人女性主义者认为父权制是女性受压迫的最大根源，所以全世界的女性应该联合起来向男性中心主义宣战，但这样的做法容易造成男性与女性之间的对立和冲突，也削弱了女性本身的力量。沃克的观点代表黑人女性主义的一个认识就是她们和黑人男性之间有着许多共同点，在承认性别压迫的同时主张和男性结盟，实现真正的解放。

胡克斯是一位极具活力的黑人女性主义的代表，她著述颇丰，涉猎范围很广。她的女性主义思想立足于将种族、性别、阶级结合在一起考虑性别问题，并在妇女的联合、男性的同志关系、工作本质的思考以及哺育孩子等方面提出了自己的见解。在

---

① Alice Walker, *In Search of Our Mother's Gardens*, Harcourt Brace Jovanovich, 1983, p.33.

《黑人外表:种族与表征》《违反文化:抵抗表征》《从边缘到中心》中,她呼吁黑人与白人必须对大众传媒,尤其对影视作品中的黑人性与黑人形象进行批判性思考。呼吁黑人"集体改变我们看待自己的方式",以及改变当代大众传媒客体化黑人女性的现状。难能可贵的是,她还提出了黑人女性主义理论写作需要不同于传统的写作方式,如采用自传性对话体,用浅显而富有感情色彩的语言,并带着研究者自己的经历与感受参与理论创作,从而达到一个目标,那就是创造出人人都懂的女性主义。

三、第三世界女性主义

第三世界女性主义也称后殖民女性主义,是女性主义发展过程中比较重要的另一个分支,一般认为黑人女性主义也是其中的一部分。"后殖民女性作家和文学批评家已经在她们的领域取得了突出的成就,但后殖民女性主义作为一个术语,却很难给出一个具有广泛认同的和相对稳定性的界定"[①],主要原因是该流派本身包含了众多的声音,很难进行总结和精简,尤其是它本身还在丰富和发展中,随着带有后殖民背景的文化事业的发展,该理论在不断调整自己的体系。需要说明的是,这里的"第三世界"或者"后殖民"不仅仅是曾受欧洲殖民过的地缘政治的含义,已引申为"包括在发达国家中受压迫、受剥削的各种人群"的政治图像中的权力关系。她们的学术重点在于质疑西方主流女性主义,否认父权制是压迫妇女的唯一因素,即将性别问题放在国家、种族、地理界域、帝国主义、资本主义跨国公司、殖民与被殖民的各种因素中去探讨,反对性别问题上的同一性和均质化,认为主流女性主义是欧洲中心主义或帝国主义的产物。"种族、性别和阶级并不是相互分离的领域,并不是彼此隔离的,它们的存在是以相互间的关系为前提的,即便它们之间的关系是相互抵抗或冲突的。"[②]性别与种族、阶级相互关联,这是后殖民女性批评区别于欧美主流女性主义的独特视角。

第三世界女性主义的兴起与发展始终伴随着民权运动尤其是女权运动,真正作为一个批评派别的上升是随着20世纪70年代女权运动的发展和民权运动的深化而发生的。从话语再现这个层面看,在很长时间里,第三世界及其他少数妇女是理论话语中的一个盲区和误区,西方女性主义者关注的主要是白人女性,而后殖民主义理论家和民族主义者关注的主要是第三世界男性,第三世界妇女的独特身份和特征则无例外地被忽略了,她们即使在话语中得到呈现,也是一种遭到歪曲的呈现。所以她们所要做的第一项工作如同黑人女性主义者一样,就是梳理与重建女性创作的历史,让第三世界女性创作浮出历史地表。在此基础上进行了积极的理论建设。主要的代表

① 任一鸣《后殖民:批评理论与文学.序言》,外语教育与研究出版社,2008年版,第1页。

② Anne Mc Clintlock, *Imperial Leather:Race, Gender, and Sexuality in the Colonial Context*, New York: Routledge 1995, p.4-5.

人物有斯皮瓦克、莫汉蒂、郑明河。

斯皮瓦克在理论归属上较为复杂，在她的著述中常常可以看到多种理论和方法被“嫁接”、整合的痕迹。在批评实践中，斯皮瓦克不断变换自己的批评方法和批评策略，理论方法灵活多变，她总是“拒绝在排斥其他学派的前提下信奉任何一种批评学派或文化/政治的主导叙述方法”。批评家必须在“没有一个总体的分析立场”的情况下从事批评。有批评者指出斯皮瓦克觉察到了自己先天身份上所具有的矛盾：一个生存在西方的东方人，生存在男性世界中的女性。这些让她关注到话语权力问题，她以自身所感受到的压力为起点，重新思考自己的历史记忆与文化身份，并将之形成一套研究途径去重新看待第三世界妇女的发声问题，重新审视自己民族的历史记忆，重构自己民族的历史。她不满许多后殖民主义者脱离性别意识，单纯且不自觉地认为后殖民主义是男性中心的论述，而不敢触及性别压迫、宰制、不平等的事实。这种父权中心的论述使第三世界的女性处于双重压迫之中，她们认为后殖民主义如果要真正体现人道主义或人本精神，那就要正视性别殖民，真正体认到父权制对妇女的宰制和压迫，而不只是踌躇满志于剥掉外层压迫，却忽视殖民本身的真正意涵。[①]

这种复杂的处境使她在后殖民批评中引进了性别视角，为后殖民女性主义做出了重要贡献。集中阐发其后殖民女性主义批评观，对西方女权解构的成果包括：《国际框架中的法国女权主义》《三个女性文本与帝国主义批判》《女权与批评理论》《帝国主义与性别差异》《批评、女权与体制》。而最有影响的后殖民女性主义的代表作则是两篇长论文《属下能说话吗?》和《三个女性文本和一种帝国主义批评》。她的讨论主要集中在对第三世界妇女因受双重权力话语的压制而成为沉默的群体以及西方白人女性主义对第三世界妇女的妖魔化塑造和殖民主义叙事等进行揭示。在《属下能说话吗?》一文中，斯皮瓦克对印度本土“寡妇殉葬”这一习俗所表现出的宗教桎梏和男权中心主义做了批判。英国将印度占为殖民地后从法律上废除了这个习俗，这种行为被斯皮瓦克用话语表达为“白人正从褐色男人那里救出褐色女人”。而一种传统的带有宗教色彩的印度本土话语认为，女人如果在丈夫逝世时不进行火中自焚，她的肉身就将在生死轮回中永远不得解脱，只有能到丈夫的火葬堆自焚女性才能在轮回中杀死自己的肉身。印度本土精英的男性中心主义立场在对“寡妇殉身”所表现出的“自我牺牲的妇女的纯洁、力量和爱的民族主义浪漫”描写中暴露出来，这包括了印度大诗人泰戈尔所写的古诗对“自我献身的孟加拉祖母”的歌颂，还有作家库马拉斯瓦米也把“suttee”誉为“身体与灵魂的完美统一”的最后象征。在对殖民话语和本土传统做分析后，斯皮瓦克认为，在双重的权力话语的压制和形塑下，第三世界的妇女，只

① 李英明《全球化下的后殖民省思》，台北生智文化事业有限公司，2003年版，第87-89页。

被自我牺牲的意识形态所迷惑和占有，从而发生了严重的自我错置和误认，“在父权制与帝国主义之间、主体构成与客体形成之间，妇女的形象消失了，不是消失在原始的虚无之中，而是消失在一种疯狂的往返穿梭之中，这就是限于传统与现代化之间的‘第三世界妇女’错置的形象。”

整体而言，斯皮瓦克的后殖民女性主义的思考分为两个阶段：第一阶段主要是批判白人女权主义中欧洲中心主义的帝国主义情结，揭露其将第三世界妇女当作异己和非我，因而与“白人种族主义”之间所形成的共谋关系；第二阶段是她时隔十年后在《重温法国女权主义》中对她的上述立场做了部分调整，她声称，随着全球后殖民时期的到来，摆脱了殖民统治的地区的父权文化将卷土重来，世界各地的极端的民族孤立主义势力将重新抬头，性别问题会因此呈现出越来越内在化的趋势，因此她主张主流文化与第三世界文化的女权主义、世界中心和边缘的女权主义、欧美与第三世界地区的女权主义有必要也有可能进行协商对话，而不必总是处于互相对立状态。

另一个重要的代表人物是莫汉蒂。她的第三世界女性主义批评经典《在西方的注视下：女性主义学识与殖民话语》（1984）可以说是后殖民女性主义的圣经，她对第一世界白人女性主义批评在评述第三世界女性形象，以及处理第三世界妇女问题时流露出的东方主义进行了激烈的批判，并提出了著名论断：在“姐妹情谊”外还有殖民主义、帝国主义及种族歧视！因此，女性问题应放在政治、民族、殖民、经济利益及性别中来探讨。[①]1991年，莫汉蒂等人编辑出版了名为《第三世界妇女和女性主义政治》的论文集，文集由分成4章的10多篇论文组成，并附有莫汉蒂长达50页的总论。该文集最应注意的是强调了妇女解放与国家或民族解放的密切关系，指出了第三世界国家在保护妇女利益，使其免遭第一世界跨国公司剥削方面所发挥的积极作用。该文集突出了20世纪90年代以前后殖民女性主义批评的主要观点，呈示了女性主义批评策略与奋斗目标重要而微妙的变化。莫汉蒂的思想不仅促进了第一世界的女权主义运动，而且也推动了第三世界女权主义的觉醒。莫汉蒂2001年出版的《女性主义界限之外》则继续探讨关于女性主义与其他社会问题的联合，进一步寻求动态关系之中的女性解放之路。莫汉蒂最新的理论发展动向则体现在2002年的论文《再论〈在西方的目光下〉》，通过反资本主义的斗争赢得女性主义的团结一致，“我早先关注的焦点是‘西方’和‘第三世界’女性主义实践之间的差异，同时低估了两者之间的共性……我现在关注的则是我所说的反资本主义的（anti-capitalist）跨国女性主义实践，以及针对资本主义的跨国女性主义团结及组织的可能性和真正的

① Chandra Talpade Mohanty, *Under Western Eyes: Feminist Scholarship And Colonial Discourses*, in *Colonial Discourse And Post-colonial Theory: A Reader*, ed. Patrick Williams and Laura Chrisman, London and New York: Routledge, 2013, p.211.

必要性。”[①]在尊重差异的情况下，我们有更多的相似让我们团结在一起，为彻底的真正的解放服务。这也代表了第三世界女性主义的最新探索。

越裔美国作家、作曲家、电影工作者郑明河则是近些年在后殖民女性主义理论界的领军人物之一。郑明河在名作《女性、本土、他者》中开篇就描述了一位有色人种妇女面临的问题：“无论她决定采取什么样的立场，她迟早会发现自己陷入某些情景中，即她会感到必须从三种相互冲突的认同中做出选择，有色人种的作家？女性作家？还是有色人种妇女……作为文化意识和社会变化的焦点，写作是用语言来编织一个主体的复杂关系，这个主体被种族、性别和文学实践的问题所缠绕，在此，社会异化各种特殊的情景以不同方式表现出来。”[②]郑明河提出必须开启一个论述空间而非仅仅就西方提出的观点进行反击，为了改变这种理论建构中的被动局面，需要探索新的论述形式。郑明河本人的论述方式比较另类，她特别看重后殖民女性独特的经历以及独特的叙述，例如对民间讲故事的叙述方式的重新启用，但是这种独特的叙述方式会受到传统理论模式的排斥，因此郑明河要努力打破主导叙述对固有范畴的自信，例如对论述/非论述语言的界限等问题提出疑问，主张混合不同写作模式，我们应允许一种异质的形式出现在理论著作中，理论并非只有一副面孔，她强烈感受到很多作品非常容易被人以“好作品”“理论”“学术著作”等美名所误读、排除和隐藏。突破各种叙述方式是郑明河的策略性挑战；同时，她的论述保持了一种跨学科制特征，因为学科制也是男性中心的一种机制，实际上是一种权力压迫，她本人的实践就表明了一种打破学科局限的方向，能够将文学理论与其他学科的知识讨论结合在一起，将多个领域贯穿在一起进行理解。这种越界的实践并非只是求得形式上的创新，最终都是为了加强政治责任，这正是后殖民女性主义写作的目的。

第一节　美国女性主义文论

一般认为美国的女性主义大致经历了三个发展阶段：第一阶段是20世纪60年代末到70年代初，批评的重点是在解构男性作家文本中的性别歧视，代表人物是凯特·米利特；第二个阶段是20世纪70年代中后期至80年代中期，致力于挖掘和重新评价女作家的作品，试图重建女性文学传统，代表人物有卡普兰、吉尔伯特、格巴和肖瓦尔

① C.T. Mohanty, *Feminism Without Borders*, Duke University Press, 2003, p.230.

② Trinh T.munh-ha, *Woman*, *Native*, *Other: Writing Postcoloniality and Feminism*, Bloomington: Indiana University Press, 1989, p.6.

特等;第三阶段是20世纪80年代中期以后,主要表现在少数族裔女性主义的蓬勃发展和女权主义进入理论建构阶段。

美国的女权主义批评家大致有种反理论的倾向,认为理论是男权的合谋,所以女性主义从一开始就应该防止自己陷入父权制的思维方式中。她们最初的努力是将矛头对准男性作家的文本世界,通过那些被歪曲的女性形象,分析其中的性别歧视、性别权力,这种批评被称为是"妇女形象批评"。它实际上是一种阐释模式,提醒女性读者在阅读男性作家作品时应保持一种抗拒的态度,阅读要成为一种建立在女性经验之上的颠覆行动。代表作就是凯特·米利特的《性政治》。该书从男女的生理差异出发,重点揭露男性中心主义观念对女性形象的歪曲,抨击传统的"阳物批评",进而批判男性的父权制社会。她说"性的政治"就是指两性之间的权力关系,传统的男权社会以生理差异作为依据,对两性的角色、气质、地位等进行了人为的等级划分,并借助教育、宗教、舆论等使其合法化,实现了对女性的奴役。该书第二部分考察了性别斗争的历史发展,概述了19至20世纪女权斗争及其对手的命运。第三部分则是本书的重点,是分析性政治在文学上的表现。这部分集中剖析了劳伦斯、亨利·米勒、诺曼·梅勒、让·热奈特四位作家的作品中表现出来的性别关系,前三位男性作家毫无例外对两性关系的描写集中表现了女性被征服、被鄙视的观念,这就是一种"阳物崇拜"的态度,通过文本将男性的优势转化为一种充满神秘气氛的宗教,表面上对女性进行了讴歌,实际上充满了男性对女性的亵渎或男性拯救世界的自我膨胀。而热奈特的创作形成了不一样的旨趣,他的主人公具有明显的女性属性,这与作者早年的不幸性经历有关系,所以他的作品不知不觉中写出了女性由放弃的、妥协的态度转变为反抗的全新的态度,米利特认为热奈特的作品正表明了男女二元对立的价值观正是性政治乃至一切政治的统治手段。米利特引导了一种女性阅读的视角,将社会、文化、政治和作者等各种外在因素作为文学研究的重点,具有重要的指导意义,但是她忽略了作品的文学性,然而其开创性的地位仍不容忽视。

1979年桑德拉·吉尔伯特和苏珊·格巴出版了她们的代表作《阁楼上的疯女人——女作家与19世纪的文学想象》,此书开篇一语惊人:"钢笔是阴茎的隐喻吗?"在父权制文化中作者成了他的文本的父亲,创造力被定义成男性的专利,从而让有创造力的女性在创作时产生了巨大的焦虑。接下来该书研究了19世纪之前的男性文学中的两种不真实的女性形象:天使与妖妇。那些纯洁的、理想的女性都是向男性奉献和牺牲,这是真正的死亡的生活,却得到了男性作家的反复讴歌。这种把女性神圣化为天使的做法,实际上一边将男性审美理想寄托在女性形象身上,一边却剥夺了女性形象的生命,将之降低为男性的附属物和牺牲品。而另一类则是所谓妖妇,体现了男性作家对于不肯顺从男性、不愿为了男性牺牲自我的女性的厌恶与恐惧。同时，在本书中她们还分析了诸多19世纪女作家的作品，认为女作家的身份焦虑都印刻在了她们的作品中，重点在于探讨她们在遵守父权制文学标准的同时向父权制发起挑战的复杂而微妙的写作策略。吉尔伯特和格巴立足于为被父权压抑的女性代言的基础上，以崭新的姿态重新审视过去的文学创作，"它不仅为我们看清19世纪女权主义传统的性质提供了新的理论，还在另一方面激发了我们的灵感，鼓舞我们更大胆地建立并完善一种女权主义创作的新理论"。这些探讨对女性主义理论的完善和发展具有非常重要的作用。

伊莱恩·肖瓦尔特则是美国杰出的女性主义批评家、理论家和文学史家。她对女权主义的贡献很大，主要表现在：一、对女性文学史的研究。主要表现在《她们自己的文学：从勃朗特到莱辛的英国妇女小说家》和《姐妹们的选择：美国妇女写作中的传统和变化》。随着女性主义的发展，挖掘女性作家的创作，重写女性文学史成了历史的必然需求，可以说肖瓦尔特顺应了这个需求。在《她们自己的文学：从勃朗特到莱辛的英国妇女小说家》中，她不认为女性文学传统仅仅是几个伟大的作家及其作品的突现，女性文学传统是持续性的，文学史上总是有一些被湮没的一般作家，我们应该多多留意历史上那些"女作者的声誉稍纵即逝的现象"，还有一些女作家在世时非常时髦畅销，但随后却从文学史上销声匿迹。由于这样的历史问题一再重演，从而让每个时期的女性作家都觉得自己是没有历史的，也无法很好地吸收前辈女性作家的经验，这导致人们无法清晰地了解妇女创作的持续性特点，也无法看出这些作家的生活与她们在法律、经济和社会地位上的形象改变。而这正是菲勒斯批评压抑和贬损妇女创作的伎俩。肖瓦尔特写此书的目的就是要"描述从勃朗特时代起到当今的英国小说中的女性传统，同时指出这一传统的发展如何相似于任何文学亚文化群的"[①]，以填平奥斯汀、勃朗特、乔治·艾略特、沃尔夫等大作家之间的断裂与鸿沟。由于该书挖掘了大量被湮没的英国女作家的创作资料，展示了女性文学传统的持续性，被认为是一部划时代的作品。她在论述中提出的女性亚文化的观点，也是肖瓦尔特的重要贡献之一。女性写作是基于一种共同的心理和生理经验的，如青春期、行经、性心理萌动、怀孕、分娩、更年期等，以及为人妻子、女儿、母亲的经验，让女性紧紧地结合在一起，形成一种非自觉的文化上的联系。根据文学亚文化的特点她将妇女创作分成了三个阶段：第一个阶段是女人气阶段（feminine），这是一个较长时期的对主流文学的模仿阶段，将主流文学的标准内在化。女人气阶段大概从1840年开始到1880年为止。这一阶段英国女作家的写作力图达到男性文学的成就，这一阶段最大的特点是女作家

① Elaine Showalter, *A Literature of Their Own: British Women Novelists from Brontë to Lessing*, Princeton University Press, p.11.

普遍采用男性笔名，在这种伪装下对叙述的声调、措辞、结构都造成了一种模棱两可的风格，造成了女性文本的反讽和不断自我颠覆，读者必须不断地在字里行间寻找掩饰和丢失的意义。第二个阶段则是女权主义阶段(feminist)。这是一个反抗主流传统的价值、标准，争取少数派的权利、价值和自主权的时期。女权主义阶段大概从1880年到1920年或直到女性获得选举权。妇女在这一阶段企图改变先前被同化为男性的地位，开始在文学中表现女性被扭曲的地位和个人形象，文学作品中出现了为了反抗男性权威而形成的女性乌托邦。第三个阶段则是女性阶段(female)。这是一个自我发现的阶段，开始放弃模仿与反抗这两种同是依赖性的模式，开始转向自我的内心，依据女性经验作为创作源泉，完成自我确立。肖瓦尔特赞扬这一阶段的女性小说家兼具前两个阶段的特点。肖瓦尔特的这本书阐述了女性在文学领域从依附到觉醒的历史过程，关注到了一些名不见经传的作家和作品，对妇女文学史的探索做出了重大贡献，此书"是一座名副其实的信息金矿，贮藏了这一时期大量的女作家的信息，这部划时代的著作展示了对这一主题的渊博学识、令人佩服的热情和尊敬"[①]。但是，由于忽视了阶级和种族的因素，该书不自觉地流露出了一种学院派的、异性恋的、精英知识分子的视角局限，因此受到了来自黑人和女同性恋女性主义者的指责。而1991年出版的《姐妹们的选择：美国妇女写作的传统和变化》则摆脱了在《她们自己的文学：从勃朗特到莱辛的英国妇女小说家》中对种族因素的忽视，这本书对于妇女文学史的研究也非常重要。"姐妹们的选择"就是美国黑人妇女缝被子时的一种图案，隐喻了妇女文学史的连绵不绝及整体性就该像黑人妇女缝制被子一样，把零散的布料连缀在一起就形成了美丽的图案。在这本书中作者仍然坚持了女性亚文化的观点，"确实存在不同的妇女文化，妇女在生育、养育子女中的相互扶助，使她们分享情感，甚至使她们之间产生比同她们的丈夫在一起时更强烈的情欲"。[②]她研究了美国女性创作中的各种主题、形象、文体、文化实践和历史选择，内容涉及女性哥特小说、斯托夫人的《汤姆叔叔的小屋》、凯特·肖班的《觉醒》、艾丽斯·沃克的《紫色》等美国女性文学与文化的方方面面。该书在美国妇女文学史研究方面影响深远，她的研究表明了美国妇女创作的重大贡献，"我们的新文学史开始了"，使女性文学史研究的领域扩大了。1985年肖瓦尔特发表了《女性之病：妇女、疯狂与英国文化　1830—1980》，虽不是文学批评专著，但对英国文学的研究仍有深化，借用精神病学和文化理论讨论了英国文学、文化传统中女性心理、生理上的内在连续性，这是一部女性主义在文化领域延伸的著作。

---

① Toril Moi, *Sexual/Textual Politics*, Routledge, 2002, p.55.

② Elaine Showalter, *Sister's Choice: Tradition and Change in American Women's Writing*, The Clarendon Lectures 1989. Oxford University Press. New York, 1991.1.p.23.

肖瓦尔特的贡献除了对妇女文学史的研究，还表现在第二点，即对女性主义批评理论的构建。1978年她发表了《迈向女权主义诗学》一文，首次提出了“妇女批评”的概念，还把女性主义文学研究分为两种模式：一种是把妇女作为男性的消费者，研究男性文本中的妇女形象，研究文学史及批评中对女性作家的忽略、贬低，以及女性读者的被动接受，认为文学是具有意识形态性的。这样的批评本身也是一种政治性的阐述模式。这也是早期女性主义文学批评的主要特点。第二种是把女性作为文本意义的生产者，研究女性写作的动力、语言的独特性、妇女文学史等，这是一种建立在女性经验基础上把女性作为独立的主体来进行的文学研究，具有更强的自我探索精神。而且女性主义文学批评绝不能一味依赖男性理论家的成果，因为这些理论本身也是有局限性的，带有男权偏见的，所以要学会对这些理论成果进行修正和反抗。当然，只是改写男性理论家的模式和理论是不够的，妇女批评的宗旨一定是为女性文学建构一个女性的框架，发展出基于女性体验的新模式。之后她发表的《荒原中的女权主义批评》，总结了欧美各国女权批评的特点，将女性文学研究分为四种视角：生理的、语言的、精神分析的、文化的。文化的视角吸收了前三者的长处，又把它们放在社会环境的关系中进行阐释，所以文化的视角是更为全面的，是通过跨学科、多学科的研究来发展女性亚文化的研究，把女性主义批评上升到文化研究的新高度。肖瓦尔特认为女性写作既不是完全在男性传统之中，也不是超越于男性传统之外，而是同时在两种传统中，拥有相对的自由又受到主宰文化传统的约束，所以解读女性文学一定要通过文化视角进入复杂的文化关系中去阐释。而且女性之间也是存在重大差异的，“作为作家的女人之间有着重要的差别，和性别一样，阶级、种族、国家、历史都是文学的重大决定因素”[①]。这样的见解是很了不起的，对于当时美国主流女性主义的理论局限有很大的补充。

整体而言，美国的女权主义批评取得了重大成就，在挖掘女性文学传统，给予女性创作以重新评价，重写女性文学史等方面有突出贡献。虽然不同的理论家侧重点不同，她们对文学传统的认识并不一样，有的只是致力于白人女性作家，也有的能够涉及名不见经传的小作家和有色人种女性文学，但是她们都指出了女性作家之间存在的共同性，认为建立女性文学传统非常重要，而且她们的这番努力具有更为深远的意义。那就是让妇女通过阅读前辈和彼此的作品，建立联系，增强信心，通过建立女性作家的团结，书写女性的独特生命诉求，以挣脱男权中心的文化宰制。

---

① 王逢振，盛宁，李自修《最新西方文论选》，漓江出版社，1991年版，第274页。

第二节　法国女性主义文论

与美国女性主义文学批评不同，法国的女性主义更侧重理论思辨，更多地关注女性写作的语言和文本，具有解构主义的特色。这与法国理论界特有的对语言学、心理学和哲学的热情有关，弗洛伊德、拉康、德里达等大家的理论成了法国女性主义的重要思想来源。她们在这些男性理论家的思想基础上，不像美国的女性主义一样执着于要建立女性独特的文学传统，而是对所谓的“女性本质”及“女性文学传统”是否存在都是质疑的，认为对女性文学传统的建立有可能是落入了男权思维的窠臼。妇女一直处于被压制与贬低的地位，我们无法知道什么是真正的女性，也不存在所谓的女性文学史，存在的只是文本。因此，法国女性主义借助于这些男性理论大师的观点，又加以自己的挪移和改建，希望建立一种基于差异论基础上的女性符号学。最重要的代表人物有克里斯蒂娃、西苏、伊瑞格瑞等。她们大致都认为语言不仅是命名、标志和交流的系统，而且是所有意义和价值得以产生的场所，是权力的场所，她们更关注说话的主体，因为语言是建构主体的情境。她们深受拉康的影响，从生理和欲望的角度探讨女性语言模式。她们要解构语言的意指系统，把语言研究中对文本结构和内容的分析转向对意指过程的分析，借用男性话语，通过偷换概念和制造歧义等策略赋予语言以新的意义。

朱莉亚·克里丝蒂娃是一位兴趣广泛、批评理论复杂多变的理论家，她博采众长，对精神分析、马克思主义、解构主义、结构主义、符号学等都有研究，并在此基础上形成了她独特的“符号学”理论。她著述很多，主要的代表作是：《符号学》《诗的语言革命》《未知的语言：语言学入门》《语言中的欲望：文学和艺术的符号学方法》《中国妇女》。其中，《中国妇女》一书是她于1974年访问中国后根据对中国妇女问题的观察和理解写成的，提出要历史地、文化地看待中国妇女，阐明了“中国共产主义的历史同妇女解放的历史是一致的”。当然，也有许多理论家，如斯皮瓦克对其著作中的“白人中心主义”的观点表示了批判，认为她在论述中国妇女问题时无意识地使用了凝视的权力，使第三世界女性成为无言的客体，她们的历史只能由克里丝蒂娃这样的白人女性精英知识分子言说，她们只是在默默地等待解救。但是这本书仍然表达了女性主义的许多重要观点，如离开了对女性的解放，男性的自由也是不能完全获得的。

作为女权主义理论家，克里丝蒂娃的研究重点主要在于语言问题，其语言学的研究宗旨是要摆脱索绪尔以来的将语言视作研究对象的独裁的哲学基础，重新将注意的重心转移到说话的主体，以此来思考文化上妇女被排斥、被压抑的地位。她说：“我知道‘女人’不能代表什么，不能说什么话，她被排斥在术语和思想之外。”而且，甚至认为不能也不应界定何为女人，认为“一个人是女人”和“一个人是男人”一样荒谬，甚至具有蒙昧主义色彩。她对女人的理解是“女人无法理解，无法言传，存在于命名与意识形态之外”，“在更深的层次上，女人甚至不是一个人能成为的某种东西。”克里丝蒂娃非常重视母性，但不代表要建立所谓的母性本质。女性生育子女并不意味着她不能从事专业工作，恰恰相反，生育活动始终与文化活动一致，在孕育生命的过程中女人能够更深刻地理解生命的内涵，她认为母性是对菲勒斯中心主义的一种挑战，可见克里丝蒂娃的思想具有很明显的解构主义的特质，这种不对女性本质进行界定的做法恰恰模糊了男女的界限，不至于落入男权的陷阱，具有了消解父权制男女二元对立的意义。

克里丝蒂娃非常重要的学术贡献首先是关于符号学的概念。她在《诗的语言革命》中，以“符号”和“象征”的概念改造了拉康“想象”和“象征”的区别。她的符号学与前俄狄浦斯的人类生活的最初过程有关。在前俄狄浦斯阶段，孩子不会说话，却有一种由肛门和口唇引起的基本冲动，这一冲动的本质是流动的、没有模式的、不定型的，与声音和节奏相似的，这就是符号学。符号进入象征秩序时多多少少会受到压抑。符号学“和孩子与母亲身体的接触有着密切的关系，而象征则象我们已经看到的那样，与父亲的法律联系起来”。符号学虽然与“女性密切相关，但决不是纯属女人的一种语言，因为它产生于俄狄浦斯情结之前的一个时期”，“不承认有任何性的区分”。[①]符号学不是象征秩序的代替，而是潜藏在象征语言的内部，构成了其矛盾、开裂的层面。而她认为女性就像这样的符号，既是象征秩序的构成，又被驱逐压抑到边缘，但是她是其中矛盾、开裂、沉默和颠覆的部分，是男性象征秩序中被理想化的部分，却又被排斥成为混乱本身。因此女性很难被定义，正如进入象征秩序之前的符号没有明确的性别含义，是一种消弭了性别二元对立的存在，这一点在本质上和克里丝蒂娃对女性的认识是一致的，从而使她的符号学具有了很明显的解构父权二元对立的女性主义的意义。

克里丝蒂娃的另一个重要的学术术语则是“互文性”。所谓互文性，也有人译作“文本间性”，许多理论家，尤其是法国的理论家，诸如罗兰·巴特、克里丝蒂娃、德里达、热奈特等大都讨论过互文性的问题，使之成为当代西方文论的一个重要关键词。克里丝蒂娃认为互文性基本上最早可由俄国的巴赫金的理论著作中推导出来。互文性就是指每个文本的意义的确定，都要以其他未出现的潜在的文本作为理解意义的参照系，它强调多学科话语分析，偏重以符号系统的共时结构去理解文本，从而将文

① 特里·伊格尔顿《当代西方文学理论》，王逢振，译，中国社会科学出版社，1988年版，第271页。引文中“象我们”的“象”应为“像”。

本投入到与各类文本的自由对话之中。这个术语的内涵和德里达提出的“延异”有相似性。每个文本都是由之前的文本的记忆形成的,每个文本都是对其他文本的吸收、转化,所以它的意义总是在于超越自身而指向其他文本,形成了意义的交叉,然后这些文本形成的语义网络又置身于更大的社会历史文本之中。而读者在阅读某个文本的时候也是将自己置身于意指过程之中,他不仅要与特定文本的互文系统相互认同,还进入自由联想、重构意义的过程,体会自身的分裂、压抑或矛盾,甚至是激发反抗之情,这就是读者的再创造过程,使文本产生出新的意义。而主体也就在这样的不断延宕、压抑和反抗中被建构,这正是一个创造性的主体,一个新的多元性主体的建立。所以文本是一种行为,在这个过程中,主体肯定或否定一些文本,从而形成了对话语的解构,互文性就呈现了一种开放式的意义。根据克里丝蒂娃的描述,由于文本的互文性特征,文本的意义的确立过程就是一个不断延展的、流动的过程,而非僵化的、固定的,主体从而也处于流动中,而非拥有一成不变的本质,它需要不断地被定义,这就对父权制的象征秩序形成了一种冲击。

克里丝蒂娃的理论对女性主义具有革命性意义,但是她也有矛盾性,因为符号学是一种语言学要素,缺少足够的历史意义;而互文性基本上是强调文本或主体建构时与社会历史的复杂关系。这种矛盾性也可以看作克里丝蒂娃的理论不拘一格与自我超越的努力。

露丝·伊瑞格瑞是法国女权主义的另一位重要的代表人物,也是知名的精神分析学家及语言学家。她曾经是拉康主持的弗洛伊德学派的一员,由于她的博士论文《他者女人的反射镜》(1974年)遭到了其他精神分析学家的反对从而被逐出该派,却令她在女权主义阵营名声大震。1977年伊瑞格瑞又出版了论文集《非一之性别》,这两部作品成为她女权主义理论的两部代表作。

她的理论首先表现在对精神分析学的批评和改造上。1974年她的博士论文《他者女人的反射镜》中对弗洛伊德的精神分析学进行了批判。她认为弗洛伊德的学说非常有见地,但是有局限性,如没有充分考虑话语中的历史和哲学的因素,以及被不能分析的无意识所控制,尤其是它具有明显的父权制的偏见。但是作为父权制产物的弗洛伊德学说却一直被奉为真理,甚至拉康的学说中最著名的“镜像论”中都仍然充满了菲勒斯至上的父权制观念。拉康的镜子中看到的女性只是反映男性欲望的客体和他者,这种思想是西方一贯的传统。于是,伊瑞格瑞分析了从柏拉图的唯心主义经由黑格尔到弗洛伊德、列维·斯特劳斯的西方学术史中对女性气质的压抑:女性是非理性的,是不完整的,是需要被超越的,是一个没有阴茎的不完整的男人,因此是男人可以随意变更和交换的客体。这个社会实际上只有一种性别,女性是男性的一种变体，或者是不完善的男性。因此，伊瑞格瑞的学说从批评精神分析学的不足入手，致力于解构男女的二元对立，她认为解构这组二元对立对女权主义而言尤为重要。随着女权运动的进展，表面上看女性的确已经取得了一系列的成功，比如拥有了一些政治权利等，但伊瑞格瑞认为如果观念不改变，这并不是女性真正的成功，不过是部分男性做出的适当的让步。如果观念不改变，不从思维方式上、从话语上改变女性的客体地位，不触动父权制的二元对立，女权主义就不会取得实质性的成果。可以说，伊瑞格瑞的这些见解是深刻的，有时候男性力图做出客观、公正的、允许妇女发声的姿态，但是真正的表达主体毕竟是男性，女性只有保持自己被想象的客体地位，她才会有所谓的“主体性”。但是女性本身是有颠覆性的，正如西方从古希腊以来的传统都是将女性界定为非理性，如果女性真的躲进了非理性的神秘状态中，游离于菲勒斯文化的二元对立之外，就可以扰乱、破坏和颠覆象征秩序。所以，必须提升女性的主体地位，打破精神分析学派的父子模式，建立起不一样的女性认同关系。于是，伊瑞格瑞提出了她最重要的主张之一——建立“女性谱系”。

女性谱系是伊瑞格瑞吸收精神分析学的某些思想，建立一种新型的母女关系，以取代俄狄浦斯三角关系中的男性中心。精神分析学通过古希腊神话俄狄浦斯杀父娶母的故事，提出了著名的男孩恋母和女孩恋父的情结，但核心仍然是父权与男权。伊瑞格瑞认为前俄狄浦斯阶段的母亲是没有性别之分的，她是具有菲勒斯和母性的双性同体。女孩由前俄狄浦斯对母亲的认同走到俄狄浦斯阶段的以父亲为爱恋对象，这既是对母亲的放弃，也是对母亲的认同——她放弃的是双性同体的母亲，而认同了被阉割的、被动的、无权的母亲，实际上是对父权制的认同，这样的一种过渡是父权制对女性谱系的压制与剥夺。女性之所以被剥夺了创造权力，是因为父权制文化使男性极力要抹杀自己的身体诞生于母亲的身体这一令人气馁的事实，为此男性还创造了一个男性的上帝形象来充当母亲的母亲。从而使母亲被排除在社会价值之外，她所能做的仅仅是生养孩子，为他们提供食物，而不能给孩子以语言、法律等属于男性的文化。父权中心的文化对母亲无价值的界定也是对女儿的放逐，因为她通向母亲的道路被切断了，她没有一个可以作为精神和肉体家园的妇女可以认同，因此她的潜在力量也被切断了。伊瑞格瑞就是主张要建立一种至今还不存在的，但十分必要的女性谱系，取消俄狄浦斯阶段的以男权为中心的女性关系，从而恢复母女之间的认同，而不再是女儿恋父的关系。在这种新型的女性谱系中，女性之间的关系上升为主体与主体的关系，而不再沦为男权的客体与想象对象。她的这种新型的谱系，要求女性必须对主体与世界、主体与宇宙等各种关系都重新加以考虑。这是女性摆脱男权中心的文化的必经之路。

与女性谱系的理论相关，伊瑞格瑞做出的另一个重大贡献就是要设计一种反抗父权制的策略，这种策略就是要以一种非理性的方式对男性话语进行戏拟，伊瑞格瑞称之为“女人腔”。“女人腔”是指与男性理性化语言相对立的一种非理性的女性话语方式。伊瑞格瑞在《非一之性别》中提出，社会决定语言实践，在父权制社会中，人的肉体也被符号化了，所以也成了一种话语，无论男性、女性，他们的身体意义都被置身于社会网络之中，并且被文化赋予意义，男性就是有阳具的、阳刚的、理性的、有创造力的，女性则是被动的和被阉割的，这不是身体的生物意义，是身体的社会和文化意义。正因如此，男人在语言中占据着主体位置，把自己设计成为话语或行动的主体，女人在语言中的自我表现就是缺乏的，消隐了自己。而在男权社会中，女性语言也被看作非理性的，伊瑞格瑞不认为这是一种贬斥，而是认为它恰恰是颠覆男性话语的方式，是女性独特的语言表现。这与女性的生理特征也是紧密相连的。女性拥有多个性器官(阴户、子宫、乳房)，其性欲特征是多元的，所以其心理特征也是多元的、包容性的，这决定了女性独特的语言表达方式。“人们说她是神经质的，不可理解的，惶惑不安的和满脑子奇思怪想的，更不用提她的语言，‘她’说起话来是没有中心，‘他’也难以从中分辨出任何连贯的意义。用理性的逻辑来衡量，她那些矛盾的话显得是胡言乱语，由于他按先入为主的框框和规则听她讲话，所以什么也听不出来。”“在她的陈述中，女人不断修正自己的话，她说的话是喋喋不休的感叹、半句话和隐秘。一个人必须以不同的方式倾听她的话，以便听出另一种意义，这种意义通常在过程中不断地枝蔓、编织自己，以免变得固定化。她的言论永远不能定义为任何东西，它们的最大特征是在是与不是之间。”[①]也就是说，女人在说话时是在掩饰她们的主观情感，必须换个方式才能听懂她的意义。她的言说方式就是永远在变动、跳跃、隐秘和模糊之中，这就是女人腔的特点，是女性回到前俄狄浦斯的与母亲合二为一状态下的一种语言形态，它是包容的，而非如男权话语一样强调二元对立和分离。女性话语正如包容双性的母亲一样，“在我们的唇间，你的和我的，许多种声音，无数种制造不尽的回声的方法在前后摇荡。一个人永远不能从另一个人中分开来。我/你：我们总是复合在一起。这怎么会出现一个统治另一个、压迫另一个的声音、语调和意义的情况呢？一个人不能从另一个人中分开，但这并不意味着它们没有区别。”伊瑞格瑞倡导的“女人腔”，是一种背离和干扰以清晰、单一、压制、排斥为主要特征的父权制象征秩序的力量。

“女人腔”不仅是伊瑞格瑞的一种理论设想，她自己也不断实践着自己的主张，否定了女性必须不断模仿男权的理性语言风格。因此，她的文章常常是一些破碎的片

① 康正果《女权主义与文学》，中国社会科学出版社，1994年版，第148页。

断，充满似是而非的语句，大量地运用隐喻，理论文章却极富诗意。阅读她的文章就出现了多重含义，“即使是同一个读者，也不会出现两次相同的阅读”。对于伊瑞格瑞而言，女性要对抗父权社会，只能钻进父权制话语的内部，戏拟它从而颠覆它，唯一可以依靠的力量正是自己的身体，向自己的身体回归，向母亲回归，向前俄狄浦斯回归，回到没有被符号化的身体，就能找到女性的话语方式。虽然也有学者批评伊瑞格瑞从反对弗洛伊德学派开始自己的理论探讨，但最后对“女人腔”的追求其实又陷入了从身体差异寻求出路的窠臼，然而她的探讨仍然是深刻而影响深远的，也体现了典型的法国学派的特点。

埃莱娜·西苏，是法国另一位重要的女权主义理论家，她以先锋的姿态活跃在文坛和理论界，而且因为她的努力，女性写作成为20世纪70年代法国理论界最重要的话语之一。其代表作主要有《新生儿》《美杜莎的微笑》《阉割还是斩首》《谈谈写作》，在这些著作中提出了著名的双性同体的“女性写作”论。她认为在男权中心的社会中，存在着一系列的二元对立，她曾在《新生儿》中列举了一组二元对立：主动性/被动性、太阳/月亮、文化/自然、父亲/母亲、概念的/感觉的、逻各斯/情感因素等等，所有这些二元对立都与另一组二元对立——男/女是相通的、一致的。在男权社会中，男女的二元对立意味着男性代表着正面价值，代表男性价值的菲勒斯则是一个超验的能指，女性则是被排除在中心之外的他者，只能充当证明男性存在及其价值的工具、符号，“也许她是代表着男人身上某种东西的一个符号，而男人需要压制这种东西，将它逐出到他自身的存在之外，驱逐到他自己明确的范围之外的一个安全的陌生区域。也许外部存在的东西同时也以某种方式存在于内部，陌生的东西同时也非常熟悉——结果男人必须尽可能警惕地巡视这两个领域之间的绝对界线”。[①]男人为了维护这种二元对立来获得自己的权力从而不断地压制排斥女性，对女性主义而言就是要破解这种二元对立，西苏的策略就是要建立新的双性同体，女性写作是双性同体的一种实现。

西苏认为，写作是一种根本性的改变主体的颠覆性力量，由于在父权制社会中女性处在二元对立的被压抑的地位，她的一切正常的生理、心理权利都被放逐了，她只能保持沉默，写作却是可以改变这一奴役关系的重要工具。因为社会变革必然是主体的变革，而语言则控制着文化和主体思维方式，要推翻父权制控制，一定得从语言批判开始，“每一件事都决定于语词：每一件事都是语词，并且只能是语词……我们应该把文化置于它的语词中，正如文化把我们纳入它的语词和语音中一样……任何政治思想都必须用语言来表现，都要凭借语言发挥作用，因为我们自降生人世便进入语

① 特里·伊格尔顿《当代西方文学理论》，王逢振，译，中国社会科学出版社，1988年版，第193页。

言，语言对我们说话，施展它的规则(law)……甚至说出一句话的瞬间，我们都逃不脱某种男性欲望的控制”[①]。可见语言的重要性，而写作就是一种语言实践活动。“写作，这一行为将不但‘实现’妇女解除对其性特征和女性存在的抑制关系，从而使她得以接近其原本力量；这行为还将归还她的能力与资格、她的欢乐、她的喉舌，以及她那一直被封锁着的巨大的身体领域；写作将使她挣脱超自我的结构，在其中她一直占据一席罪人的位置。”写作使妇女被压制的创造力爆发了，是汹涌的瀑布，是奔涌的岩浆，是女性的呐喊和创造力的张扬，她可以依照自己的意志来塑造自己、开创未来，西苏赋予女性写作以女性解放的功能，女性可以通过写作确立自己的主体地位。但什么是女性写作，深受解构主义影响的西苏拒绝下定义，“要给女性的写作实践下定义是不可能的，而且永远也不可能。因为这种实践永远不可能被理论化、被封闭起来、被规范化——而这并不意味着它不存在。然而它将总会胜过那种菲勒斯中心体系的话语”。

所以，这种女性写作绝对不是模仿男性写作的重蹈覆辙之作，它不可能运用现成的属于父权制文化的象征语言，可是妇女除此之外目前没有其他语言可以使用，那么妇女写作可依赖的资源是什么？她只有她自己的身体可以依赖，即“描写躯体”才是女性写作的方向。女性“通过身体将自己的想法物质化了，她用自己的肉体表达自己的思想”，“女性用身体，这点甚于男人。男人受引诱去追求世俗功名，妇女则只有身体”。在这里，男性追求世俗功名，代表着象征秩序对人的要求，女性在文化中处于边缘位置，她的身体本身摆脱了象征秩序，更多地投入写作，写作就有了女性的隐喻，写作在文本与肉体的生理愉悦之间建立起了紧密的联系。而描写身体，用肉体表达自己，正是女性写作的特点，女性“描写的全是渴求和她自己的亲身体验，以及对她自己的色情质(erotogeneity)激昂而贴切的提问。这一丰富而具有创造力的实践……发展了或伴随着一系列的创作方法和真正的美学活动，每个迷人的阶段都塑造出一些令人回味的幻境和形象、一种美的东西。美得不再遭禁锢。”[②]所以女性写作必须描写自己的身体，“写你自己，必须让人们听到你的身体”，这是有重要意义的革命行动，并具有独特的美学价值。

而这种描写女性身体、表现女性欲望的女性写作，在语言方面也得有自己的鲜明特色，以区别于男权文化的语言，这是以后总“无法攻破的语言，这语言将摧毁隔阂、等级、花言巧语和清规戒律”。它是反理性的、无规范的、具有破坏性和颠覆性的语言。然而，它并不完全排斥男性话语，相反它一直在男性话语内部活动，它只是打乱

① 张岩冰《女权主义文论》，山东教育出版社，1998年版，第117页。

② 玛丽·伊格尔顿《女权主义文学理论》，胡敏，陈彩霞，林树明，译，湖南文艺出版社，1989年版，第397页。

了男性话语内的秩序,“炸毁它、扭转它、抓住它,变它为己有,包容它、吃掉它,用她自己的牙齿去咬那条舌头,从而为她自己创出一种嵌进去的语言”。而女性之所以能够使用这样的语言,则是因为女性是具有无尽包容性又不排斥差异性的双性同体。这一双性不同于传统上的双性,传统的双性是中性的,企图消除性别差异,西苏的观点有所不同,“我提出的是另一种双性,在这种双性同体上,一切未被禁锢在菲勒斯中心主义表现论的虚假戏剧中的主体都建立了他和她的性爱世界。双性即:每个人在自身中找到两性的存在,这种存在依据男女个人,其明显与坚决的程度是多种多样的,既不排除差别也不排除其一致性”。在西苏看来,“母亲”的意象体现了妇女写作的这种特点,“妇女却从未真正脱离‘母亲’的身份(我指的是在她的角色作用之外:不是作为称呼而是作为品格和才能之源的‘母亲’)。在她的内心至少总有一点那善良的母亲的乳汁。她是用白色的墨汁写作的”①。母亲不是作为父亲的对立面,正如双性同体的意义,不是用一个中心取代了另一个中心,而是包容的,包容一切、创造一切的母性完成了对父亲的超越。西苏号召妇女拿起笔来进行写作,“写吧!写作属于你,你至少也是你的,你的躯体是你的”,“写吧,让任何人都无法阻止你……不要让男人拖垮你,不要让蠢笨的资本主义机器拖垮你……也不要让你自己摧垮你”。写作活动是妇女觉醒之路,能够引导妇女的真正解放。

西苏也通过自己的创作践行着她的基于双性同体基础上的女性写作主张,其文风富有诗意,反理性,在她的作品中思想和意象不断重复,并布满了隐喻。这种歧义丛生、意义无限延异的文本就是要呈现出动态、开放的本质,来解构二元对立的男权思想。可以说,西苏的探索是具有革命性的,弘扬了女性潜意识的革命力量,发展建立出女性自己的文化,但是仅仅局限在语言范围内,在本质上是试图建立一种女性写作的乌托邦,即使是她的双性同体的设想,也被批评为一种软弱无力的妥协思想。

整体而言,法国的女权主义文论相较于英美的女权主义,对父权制文化的批判和颠覆采取了更加激进的态度,即使对女权主义文论本身,也采取一种解构的态度,甚至对西蒙·波伏娃的《第二性》等出现在法国本土并被奉为女权主义宝典的著作她们也是表现出疏离的态度,甚至不愿承认自己是女权主义者,因为她们反对固定化的女性本质。这种彻底的解构的态度,开拓了女性主义文论的思路,她们主要把精力投放到语言的批判上,但是在政治上却不及英美女权主义那样具有实践精神。

① 西苏《美杜莎的微笑》,见张京媛《当代女性主义文学批评》,北京大学出版社,1992年版,第195-196页。

复习思考题：

1. 女权主义产生的现实背景和理论背景是什么？

2. 文学史基本上是一部男性作家的历史。男性作家对女性形象的歪曲都体现在哪些方面？

3. 谈谈英美派女权主义文学批评的主要代表人物及观点。

4. 法国女权主义文学批评的贡献是什么？

5. 请结合黑人女性主义的成就谈谈欧美主流女性主义的理论得失。

深入阅读书目：

1. 贝尔·胡克斯《女权主义理论——从边缘到中心》，晓征，平林，译，江苏人民出版社，2001年版。

2. 张京媛《当代女性主义文学批评》，北京大学出版社，1992年版。

3. 西蒙·波伏娃《第二性：女人》，桑竹影，南珊，译，湖南文艺出版社，1986年版。

4. 玛丽·伊格尔顿《女权主义文学理论》，胡敏，陈彩霞，林树明，译，湖南文艺出版社，1989年版。

5. 陶丽·莫依《性与文本的政治——女权主义文学理论》，林建法，赵拓，李黎，译，时代文艺出版社，1992年版。

6. 张岩冰《女权主义文论》，山东教育出版社，1998年版。

7. K. K. Ruthven, *Feminist Literary Studies: an Introduction*, Cambridge: Cambridge University Press, 1984.

8. Maggie Humm, *Feminist Criticism: Women as Contemporary Crtitics*, NewYork: St. Matin's Press, 1986.

9. *The New Feminist Crticism*, ed. by Elaine Showalter, NewYork: Pantheon Book, 1985.

10. *Third World Women and the Politics of Feminism*, ed. byC. Mohanty, A. Russo, and I. Rorres, Bloomington: Indiana University Press, 1991.

第十三章　新历史主义与后殖民主义文论

新历史主义和后殖民主义都是从历史角度展开、近似于文化批评的文学理论流派，它们突破了“新批评”和俄国形式主义以文本为中心的研究模式，把文学看成一种话语实践，探究文学在具体语境中与其他社会实践的复杂关系，以及这种相互作用如何形成人的主体。许多新历史主义和后殖民主义批评家受到福柯、拉康、德里达等法国后结构主义思想家的影响，在各种思想交织的20世纪六七十年代结束之后，这两种理论模式和性别理论一起成了英美文论界最有影响的理论流派。

概述

一、新历史主义

新历史主义的领军人物是美国加州大学伯克利分校教授斯蒂芬·格林布拉特，他在1982年的《英国文艺复兴中形式的权力·导论》一文中用“新历史主义”来总结新涌现的一组批评实践，意在区别于传统的历史主义研究和“二战”后成为美国主流文论的形式主义。新历史主义的代表人物还包括美国的路易斯·蒙特罗斯、柯兰·莱恩，英国的乔纳森·多利莫尔、阿兰·辛菲尔德等人。1980年代以来，《表征》《英国文艺复兴》《文学教学政治杂志》等学术刊物刊登了大量新历史主义的文学批评，研究范围超出纯文学范畴，涉及16世纪至19世纪的各种文化现象和社会变迁。此外，从事历史哲学和思想史研究的美国学者海登·怀特，其理论主张与研究文艺复兴的新历史主义批评家有许多相通之处，在史学界和文学研究界均产生了广泛影响，也被视为新历史主义的重要人物。

新历史主义之“新”在于它突破了传统历史主义研究的一些基本原则。“历史主义”是人文科学的一种基本思维模式,认为特定语境,包括历史时期、地理环境、地方文化,对于人类知识有着基础性作用或核心意义,它与经验主义、理性主义等从个体出发的理论模式有较大区别,不重视个体在历史进程中的作用。16世纪的法国思想家蒙田、18世纪的意大利哲学家维柯以及德国思想家黑格尔等人都是历史主义的代表人物,马克思的理论也包含了历史主义思想。20世纪的学者从多个角度反思和更新了历史主义,如卡尔·波普尔、列奥·施特劳斯的政治哲学批判等,新历史主义则主要是在文学研究领域借助西方马克思主义和福柯等人的理论对传统历史主义方法进行改造,以突破“新批评”和形式主义文论的研究局限。

文学研究中的历史主义常常表现为重点研究作者所处时代的政治经济、宗教信仰、民族状况等因素,考察作家继承了何种文化传统,作品反映了怎样的“时代风貌”等;而新批评和俄国形式主义在“文学四要素”(作家、作品、读者、世界)中看重的是作品本身,建立了一整套细读文字间相互关系、从文本中辨析各种语言技巧的研究模式。于是有人把前者划入“外部研究”,把后者划入“内部研究”。格林布拉特等新历史主义批评家意识到,“新批评”和形式主义文论虽然在阐释作品的文学特性方面取得了很大成效,却普遍存在历史维度、道德维度的缺失;20世纪80年代的文学研究应当积极回应诸如越南战争、全球化这样的现实问题,但又不能重蹈传统研究中历史/文本二元对立的覆辙。

新历史主义批评家首先要颠覆传统历史主义对“历史”的界定,他们找到的是法国后结构主义者的理论。福柯在他的“知识考古三部曲”(《古典时代疯狂史》《词与物》和《知识考古学》)里使用了貌似历史考证却另辟蹊径的研究方法,他认为传统历史研究甚至整个人文科学都有一种从研究者、参与者的内在视角出发,将世界总体化的思维倾向,他们企图建立人类社会在某个时期的物质、精神原则,用以解释这一时期全部社会现象的意义。这种普遍有效性其实是特定话语造成的,从话语内部来看十分合理,从外部看则只是历史多样性的一种,异质因素在历史学或其他人文科学的话语建构中被排斥了。福柯的《古典时代疯狂史》使用大量罕见的文献资料研究了在西方临床医学建立之前,人们是如何隔离麻风病人、流浪汉、犯人、精神病患者和其他“怪人”,如何把异质因素从普遍理性中驱逐出去的。福柯的历史研究充满了不规则的、断续的多元话语,意在打破历史学家对总体性、同一性、连续性的想象。新历史主义者在福柯理论的影响下,否定了早期历史主义单一政治视角的独白式研究,转而认为“历史”是永远被叙述、被建构的,存在着由各种主体造就的、多样性的历史。循着这一思路,既然历史本身已经是话语建构,文学就不再是被决定、必然反映“时代风貌”的第二层级的东西。格林布拉特在《英国文艺复兴中形式的权力·导论》里总结说,新历史主义批评挑战了传统研究方法中假设的前提,比如文学/历史背景的区分,这一类区分是人为的而非文本固有的,文学实践和其他社会实践并不存在本质差别。①

路易斯·蒙特罗斯(Louis Adrian Montrose,1946—):美国文学批评家、摄影家,加州大学圣地亚哥分校教授,主要研究英国文艺复兴时期文学。代表作有《戏剧的目的:莎士比亚与伊丽莎白剧院的文化诗学》(1980)、《塑形幻想:伊丽莎白文化中的性别和权力的形态》(论文,1986)、《文艺复兴时期文学的研究与历史主题》(论文,1986)、《伊丽莎白的主题:权力、性别和表征》(2006)等。

新历史主义在文学与历史关系问题上的基本立场,被蒙特罗斯概括为“文本的历史性和历史的文本性”。“历史的文本性”是指我们只能借助保存的文献资料来了解过去,同时为了重现、重塑一个历史世界,我们又依据这些文献资料创作出新的文本,所以很难获得某种超越话语的“客观”知识。②(历史研究也不可能成为不含价值判断、绝对中立的科学,海登·怀特在他的《元历史》中列举了各式各样潜藏在历史文本背后的解释策略)“文本的历史性”是指特定时期的社会结构为文学实践划定了基本范围,所有作品都有其历史语境,而我们进行文本阐释也必须借助在历史进程中形成的视角和理论工具。但新历史主义者并不认为特定时期的主流意识形态能从根本上决定从事文学活动或其他话语实践的主体,与此相反,他们更感兴趣的是,实践主体是如何在与政治权力、主流话语的博弈中进行自我塑造的,这一点把他们与忽视个体的传统历史主义者区分开来。

新历史主义批评家借用“流通”“交换”“协商”“通货”等一组经济学术语来描述文学实践及实践主体建构的过程,他们假设包括文学活动在内的不同社会实践(话语的和非话语的)之间可以进行类似于商品交换的流通活动,实现“社会能量的循环”。不同领域的实践主体既要遵循本领域的基本法则,又要考虑在何种程度上认可其他社会意识形态,生产出满足其他领域实践主体需要的“通货”,这种协商和交换正是“流通”的前后过程,艺术家们需要把创作活动与政治、经济、宗教等社会因素相协调。新历史主义的社会能量说实际上是从社会大生产视角来看待文学活动,资本主义既要在社会分工基础上建立不同功能的话语领域,又要充当兼容一切的独白性话语,它总

① Stephen Greenblatt, Michael Payne. *The Creenblatt Reader*. Blackwell Pub. 2005.p.2.

② 蒙特罗斯《阐释文艺复兴:文化的诗学与政治学》,见维瑟尔《新历史主义》,劳特里奇出版社,1989年版,第20页。

是在两者之间摇摆。换言之，文学活动既不能被简化成资本主义经济，也不能被简化成纯符号意义上的交流活动(正如早期结构主义者喜欢做的)，它也在两者之间摇摆。

格林布拉特对“流通”术语的使用直接源于他对美国政治的感受——总统里根这一具备诸多才能、显示出自身魅力的个体背后是庞大的美国社会结构，既包括权力、意识形态、军事主义，也包括影视、娱乐和传媒等；作为一位从好莱坞演员转型为总统的政治人，里根在许多重要场合发言时暗暗使用了他主演的电影和其他电影的台词，这是一个耐人寻味的从审美话语到政治话语流通的实例。[①]文学创作主体同样是在整个社会结构中形成的，既受政治经济秩序的影响，又建立在文化传统和日常生活基础上，各种社会话语都有可能“流通”进入文学实践领域。因此，新历史主义批评家在考察被传统历史主义视为“时代背景”的社会文化之时，把研究范围扩大到了包括各种宣传手册、法律文件、日记账单、私人信札、奇闻逸事在内的文本资料上，并不倚重主流历史文献。他们对社会结构关注的重点是一个“共时性”系统里的差异因素。在写作风格上，新历史主义批评家往往从这些冷门材料和奇闻逸事写起，既能引起读者兴趣又能导引出对研究对象的多重考证。

格林布拉特认为杰姆逊、利奥塔等人的历史观带有西方马克思主义总体化的倾向，即资本主义建立了压倒性的单一话语体系，应当予以纠正。从术语使用和核心思想看，新历史主义的观点与布尔迪厄的社会学理论很相似。布尔迪厄用“资本”来表示以各种方式积累的人类劳动，人们拥有在一定条件下可转化为经济资本、社会资本的“文化资本”，文化资本与经济资本、社会资本之间又存在对抗关系。文化生产的场域被置于权力场之中，在权力场之外则是更大的社会空间和社会阶级场域，文学活动既受到政治经济秩序的影响，又要捍卫其场域的自主性，有时甚至是在执行一种颠倒的经济规则，越是为小众创作、难以取得多少经济回报的艺术家越是能在本领域取得专业地位和认可，积累起越多的文化资本。和布尔迪厄一样，新历史主义批评家同样重点研究了文学实践主体如何与现实的政治经济秩序互动，不过他们不像布尔迪厄那样直接研究社会关系，而是从文学话语来解释历史，他们使用的另一组关键术语是“固化”“颠覆”和“容纳”，多利莫尔、蒙特罗斯、格林布拉特等人的文艺复兴时期文学研究都体现了这一思想。

乔纳森·多利莫尔(Jonathan Dollimore，1948—　)**：英国文学理论家、社会学家，“文化唯物主义”代表人物，在文艺复兴时期文学、思想史、性别研究、酷儿理论等方面有建树。代表**

---

① 格林布拉特《通向一种文化诗学》，载张京媛《新历史主义与文学批评》，北京大学出版社，1993年版，第10页。

作有《激进的悲剧:莎士比亚及其同辈人戏剧中的宗教、意识形态与权力》(1984)、**《政治的莎士比亚:文化唯物主义文集》**(1985)、**《性别歧见:从奥古斯丁到王尔德,从弗洛伊德到福柯》**(1991)等。

多利莫尔既是新历史主义的代表人物,又是英国文化唯物主义和新左派的成员,比美国新历史主义学者更关注现实政治和阶级矛盾。多利莫尔在《莎士比亚、文化唯物主义与新历史主义》一文中用"固化""颠覆""容纳"来表达统治秩序与文化活动的三种关系:"固化"是指统治阶级通过各种意识形态手段来稳定其统治,"颠覆"是反对这些意识形态,"容纳"则是指统治阶级没有完全压制颠覆性力量,而是在一定程度上对其包容和吸纳,保持在可控制、有弹性的范围内,这样反而从总体上延续了主流意识形态的统治。莎士比亚时常挑战伊丽莎白一世神经的戏剧活动正是这三重关系的结果,这些可以同时在贵族和市民文化生活中出现的戏剧绝非普通的文学作品。相比格林布拉特所认为的戏剧颠覆力量只是统治阶级许可下的一种文学想象,多利莫尔显得更加积极,认为这至少是一种潜在威胁。蒙特罗斯在研究《仲夏夜之梦》之时同样注意分析莎士比亚如何以戏剧方式介入伊丽莎白时期的政治:《仲夏夜之梦》的主人公雅典国王忒休斯脱胎于希腊神话,他征服了亚马孙河畔一个强大的女人国,迫使亚马孙女王成为他的新一任未婚妻,在这部作品中还以父权制的方式激烈干涉女儿的婚姻。代表英国传统家庭伦理的忒休斯形象显然对伊丽莎白一世的统治有某种颠覆性力量,然而蒙特罗斯使用当时的文献表明,终身未嫁的伊丽莎白一世对自身公众形象的塑造并未倒向亚马孙女王,而是既有普通英国家庭伦理中女人的德行,又有类似男性统治者强悍的一面,这种多重角色混合的女王形象更有利于她的统治。伊丽莎白政府采取一系列措施对包括莎士比亚作品在内的英国戏剧进行控制利用,使得文化异质因素反而成为缓解社会矛盾的渠道,莎士比亚和他的剧团也因此获得了很高的地位。

二、后殖民主义

新历史主义揭示了文学实践与历史语境的复杂关系,一方面在主流意识形态的控制之下存在异质话语的生存空间,而另一方面无论何种批判性文学话语都有可能悖论性地变成主流意识形态计划的一部分。后殖民主义理论作为世界殖民体系瓦解后形成的批评话语,带来了更大范围的关于这种对立和互动的思考,有更强烈的消解中心的后现代主义色彩。后殖民主义理论主要研究西方帝国主义在第三世界的文化霸权以及在冲突融合之中形成的话语实践主体,探讨东西方重新对话的可能途径。它与新历史主义文论在批评实践上有交叉之处,新历史主义批评家研究过殖民地时期的欧美文学,“协商”“颠覆”“容纳”等概念对后殖民主义批判家有一定影响,而杰姆逊这样的西方马克思主义理论家既有对新历史主义的理论贡献,也从后殖民主义视角来看待第三世界国家的文化。

杰姆逊在他的著名论文《处于跨国资本主义时代的第三世界文学》中以鲁迅、卡多斯、塞姆班等人的作品为研究对象提出一种理论假设:无论第三世界文学如何体现作者的生命冲动、表达个人对社会的抗争,究其根本都可以看成第三世界民族寓言或悖论性讽喻故事,例如鲁迅笔下的阿Q是中国式态度和行为的寓言,代表着受外国列强欺辱的中国,习惯用精神胜利法来自我开解。这一理论假设的前提是第一世界和第三世界国家之间存在文化上的对抗关系,但杰姆逊称两者有重要区别,即“所有第三世界的文化都不能被看作是人类学所称的独立或自主的文化。相反,这些文化在许多显著的地方处于同第一世界文化帝国主义进行生死搏斗之中——这种文化搏斗的本身反映了这些地区的经济受到资本的不同阶段或有时被委婉地称为现代化的渗透”①。和杰姆逊这个理论前提相似,后殖民主义批评家最基本的视角是文化冲突,阿希克洛夫特、格瑞斯·格里菲斯、海伦·蒂芬三人合著的《逆写帝国:后殖民文学的理论与实践》(第二版)把后殖民主义描述为“一种以本土,特别是本土文化谈论全球冲突的方式”②,这有别于亨廷顿包含西方中心主义思想的“文明冲突论”。后殖民主义理论已经包含了丰富的内容,并不像“后殖民”一词的字面含义那样限定了时间范围,并非表达“后独立”(世界殖民体系在第二次世界大战以后逐渐瓦解,一批新的民族国家独立了),而是要涉及所有受殖民主义影响建立的文化,既包括殖民国家也包括殖民地国家,从独立之前延续到独立之后,在殖民者的政治经济统治地位丧失之后继续产生影响。但这一概念通常没有把古代帝国的殖民行为包含进去,而是指示与资本主义并行的殖民时代。后殖民主义理论还被用来研究发达资本主义国家的少数族裔文化问题。

由于吸纳了各种当代学术资源,后殖民主义这一理论流派显得较为混杂,充满了内部论争,与文学研究相关的理论家大致可以分为四类:第一类是以法农、艾默·塞萨尔、乔治·兰明等为代表的在殖民体系瓦解前后一段时间出现的理论先驱;第二类是20世纪70年代末以来,以赛义德、斯皮瓦克、霍米·巴巴、查克拉巴蒂等人为代表,吸收西方马克思主义、后结构主义思想而成长起来并产生了广泛影响的一批理论家;第

① 杰姆逊《处于跨国资本主义时代的第三世界文学》,《晚期资本主义的文化逻辑:詹明信批评理论文选》,张旭东编,陈清侨等,译,生活·读书·新知三联书店,1997年版,第521页。

② 比尔·阿希克洛夫特,格瑞斯·格《逆写帝国:后殖民文学的理论与实践》(中本版前言),任一鸣,译,北京大学出版社,2014年版,第1页。

三类是以马克思理论为基础，又有别于杰姆逊西方马克思主义立场的后殖民主义学者，如阿吉兹·阿赫默德、阿里夫·德里克等；第四类是后殖民主义理论与女性主义等思想融汇之后产生的一些理论分支。后殖民主义理论家大多是移民欧美国家的少数族裔知识分子。除此四类以外，阿希克洛夫特、罗伯特·扬等学者在后殖民主义文论的理论梳理、学科发展等方面做出了重要贡献。

对殖民主义的批判由来已久，马克思正是反对世界殖民体系的思想先驱。马克思从生产方式变革的角度出发，将人类社会划分为原始社会、奴隶社会、封建社会、资本主义社会、共产主义社会等不同结构模式，他认为资本主义是亚洲国家不能绕过的阶段，由于资本主义发展的不均衡性，殖民问题在一定历史阶段是难以避免的。同时，马克思在《德意志意识形态》中指出，如果没有全世界各民族的普遍觉醒，共产主义社会也不可能真正实现。“只有随着生产力的这种普遍发展，人们的**普遍**交往才能建立起来；普遍交往，一方面，可以产生一切民族中同时都存在着‘没有财产的’群众这一现象（普遍竞争），使每一民族都依赖于其他民族的变革；最后，地域性的个人为**世界历史性的**、经验上普遍的个人所代替”，“交往的任何扩大都会消灭地域性的共产主义。共产主义只有作为占统治地位的各民族‘一下子’同时发生的行动，在经验上才是可能的，而这是以生产力的普遍发展和与此相联系的世界交往为前提的。”[①]马克思这种带有总体化色彩、常常被视为社会“进化论”的思想虽然指引过法农这样的后殖民理论先驱，却未使后来研究此问题的理论家满意，在20世纪的后30年开始了系统的理论建构。

早在20世纪五六十年代，法农、塞萨尔、兰明等理论先驱就贡献过第一批有影响力的后殖民批判文本，这些理论家都有在殖民时代生活的经验或直接参加过民族解放运动，大多从事小说、诗歌、散文创作和政治评论，活跃时间要早于后结构主义、后现代主义思潮，其理论资源有别于赛义德、斯皮瓦克、霍米·巴巴等人。

弗朗茨·法农（Frantz Fanon，1925—1961），**法国精神病学家、社会学家、文学家和革命者，出生在中北美地区的法属马提尼克岛，有非洲、印度和欧洲血统。第二次世界大战期间法农在法国陆军中服役，后担任阿尔及利亚共和国临时政府驻加纳大使。其代表作包括《黑皮肤，白面具》**（1952）、**《全世界受苦的人》**（1961）、**《垂死的殖民主义》**（1961）、**《走向非洲革命》**（1964）。

① 马克思《德意志意识形态》，《马克思恩格斯选集》第一卷，人民出版社，1995年版，第86页。加黑为原文所加。

法农由于为阿尔及利亚争取民族独立的武装斗争进行辩护，以及为殖民地人民描绘出世界性的新蓝图，在这批早期理论家中成为影响最大的一位。法农的思想来源主要是弗洛伊德学说和马克思主义，又有现象学和存在主义的影子，他的《黑皮肤，白面具》从精神分析角度探讨了殖民地国家尤其是中上阶层知识分子所普遍存在的文化自卑和矛盾心态，底层农民由于对土地的需要以及乡土习俗被破坏，反而更具备斗争性。他对殖民地人民文化认同、身份认同以及主体同一性的思考，与后来拉康等进行精神分析研究的后结构主义思想家有相通之处。法农《全世界受苦的人》的题目取自《国际歌》的歌词，同样围绕文化认同和国家认同展开，认为武装革命争取民族解放不可避免，在结论部分预言幅员辽阔的第三世界应努力造就一种新的人类，去解决欧洲悬而未决的问题。另外，两位来自中北美洲加勒比地区的文学家在20世纪50年代也推出了后殖民文学和批评文本。超现实主义诗人塞萨尔1950年出版的《殖民主义话语》讨论了黑人文化认同并提出“黑人性”问题，主张不能脱离种族问题去谈论阶级斗争，奠定了黑人文学的基础。小说家乔治·兰明1953年出版的《在我皮肤的城堡里》围绕西印度群岛里某小村庄的生活，以自传体小说的方式描述了殖民者的语言文化如何将巴巴多斯人变成驯顺的他者。他还有很多文章直接探讨了后殖民问题。法农、塞萨尔、兰明等人的著作在20世纪五六十年代有很大的影响，20世纪80年代后期后殖民主义思潮兴起之时又被理论界重新探讨，不过他们最重要的思想贡献是否如霍米·巴巴等人阐释的那样还存在争议。

后殖民主义思潮来临的标志性事件是1978年赛义德的《东方学》的出版。赛义德在书中借助福柯的话语理论和意大利思想家葛兰西的“文化霸权”理论对西方话语如何建构东方这一“他者”进行了详细考察。20世纪80年代初，受德里达思想影响的斯皮瓦克把后结构主义运用到对殖民地档案的研究之中，她和古哈、查特吉、潘迪、哈迪曼、阿明等印度知识分子开始了长达二十年的“庶民研究”。这个研究小组先后出版多种学术刊物和文集，为后殖民主义理论的发展做出了很大贡献，其中最著名的论文当属斯皮瓦克1983年在“马克思主义文化阐释”研讨会上宣读的《底层能说话吗?》。“底层”（或“属下”“庶民”）这一术语同样借自葛兰西，原本是指资本主义社会中受剥削压迫却又缺乏阶级意识的人。霍米·巴巴在20世纪80年代中前期也发表了他的系列论文。

赛义德、斯皮瓦克、霍米·巴巴等人的批评实践在20世纪80年代引起广泛关注，理论界出现了许多后续的研讨和论著，但赛义德等人还没有明确使用“后殖民主义”这一术语，“后殖民”这时主要在政治领域用来描述新独立民族国家的社会状况。1989年，阿希克洛夫特、格瑞斯·格里菲斯、海伦·蒂芬三位澳大利亚学者合著了《逆写帝国:后殖民文学的理论与实践》,首次用“后殖民”来总结新近的理论思潮,系统地梳理包括法农等早期思想家在内的丰富的后殖民文学理论与实践,初步讨论了它与各种当代理论思潮的关系,赛义德等人的理论只占很小篇幅。“逆写帝国”这一题目来自印度裔英国文学家拉什迪的文章《复仇的帝国逆写》,拉什迪本人写作时则是戏仿了“星球大战”系列电影中的《帝国反击战》。“后殖民主义”取代“东方主义”等术语有其必然性,《逆写帝国》大大地突破了赛义德主要以阿拉伯、伊斯兰文化为背景的研究视野,把关注重点从殖民国家内部的话语建构转向殖民地国家的文学实践。在这部具有理论系统建构意义的著作末尾,作者最后做出了“去中心化”的结论:从单一的“大写的英语”走向众多的“小写的英语”,欧洲文学的经典序列将因为丰富的后殖民文学创作而被改写。

在“后殖民主义”概念推出后的20年,这一门理论得到很大发展,成为欧美文学理论和文化研究界的显学并将影响扩展至世界范围,争论和争议层出不穷。赛义德、斯皮瓦克、霍米·巴巴这一路后结构主义的后殖民理论家也受到阿赫默德、德里克等马克思主义理论家的挑战。后殖民主义理论在世界范围的影响远大于新历史主义,由于东西方的文明冲突在全球化时代没有减少并在“9·11”事件之后引起普遍关注,后殖民主义理论的热度还会保持很长一段时间。

第一节　新历史主义文论

新历史主义兴起于20世纪80年代的英美文论界,很快就吸引了史学发达、重视意识形态问题的中国理论界,对中国现当代文学研究、文学评论和文学史写作产生了较大影响,“新历史主义”“文化诗学”等术语因国内外使用语境不同,在具体含义上有所差异。

一、格林布拉特的“文化诗学”

新历史主义批评家大多以文艺复兴时期的文学,特别是莎士比亚的戏剧作为研究对象,这本是无数人涉足的英美文学传统研究领域,对他们来说却有特殊意义:文艺复兴时期是现代人自我形成的一个微妙的初始时期,16世纪后期到17世纪初的英国由封建社会向资本主义社会过渡,人们逐渐从宗教世界观里摆脱出来,政治、经济、宗教、种族各领域新旧势力的博弈在他们身上打上了烙印，充满了焦虑和矛盾，正是新历史主义理论施展的理想场所。新历史主义批评家把自我的历史构成看作一个内外结合的互动过程，不存在"决定"与"被决定"的等级关系，格林布拉特称之为"自我塑形"。

斯蒂芬·格林布拉特(Stephen Jay Greenblatt，1943—)，美国文学理论家、批评家，新历史主义的代表人物之一。他先后任教于加州大学伯克利分校和哈佛大学，著有《文艺复兴时期的自我塑形：从莫尔到莎士比亚》(1980)、《莎士比亚的协商：社会能量在文艺复兴时期英国的流通》(1989)、《学会咒骂：早期现代文化论集》(1999)、《世界意志：莎士比亚如何成为莎士比亚》(2005)等作品。他的《大转向：世界如何迈入现代》获2011年美国国家图书奖和2012年普利策文学奖。

"自我"通常是指意识、信念、经验、情绪、思维、感觉等各种心性力量的所有者，而格林布拉特的"自我塑形"重点在于揭示心性力量受外力约束的情况下，其所有者如何完成身份确认和公众形象的建构，这一主题与福柯、罗兰·巴特等人后期的主体思想较为接近。格林布拉特只处理了自我塑形的文学部分，他认为这一过程并不都是以话语形式出现的，但话语形式的确是一个主流渠道。在《文艺复兴时期的自我塑形：从莫尔到莎士比亚》一书中，格林布拉特把16世纪作家莫尔、廷德尔、魏阿特，和斯宾塞、马洛、莎士比亚分成两组进行对比，"对文学文本世界中的社会存在和社会存在之于文学的影响实行双向调查"[①]，他发现莎士比亚等后一组作家经历了一个与主流意识形态发生冲突、进行协商的过程，从积极反抗转向有保留地批判，至少表面上对教会、法庭、家族、殖民当局等权威表示了恭顺。如果从传统的"文学四要素"(作家、作品、读者、世界)来看，格林布拉特的文学理论批判了三种既有研究模式：单纯从作家行为出发(传记式研究)；单纯把作品看成对外部世界规则的镜式反映(部分西方马克思主义文论家和文学社会学)；单纯把作品看成对这种外部世界规则的反省或疏远(前者认为文学表达永恒不变的人性，后者认为文学是一个自给自足、封闭的系统)。格林布拉特的目的是平衡这三种研究模式，恢复作家、作品、世界、读者之间的联系。

格林布拉特在他的理论著作和文学评传中都呈现了"社会能量的循环"，研究作家作品与政治权力、伦理道德、经济生活、宗教生活、民族问题之间的复杂联系。在1981年发表的早期论文《隐形子弹》中，格林布拉特用"颠覆""容纳"这组关键术语分析了16世纪殖民文化的一个重要文本，即第一个前往北美新大陆的欧洲科学家哈利奥特所撰写的《关于弗吉尼亚新大陆的简短实录》。这本书描述了英国殖民者在与印

① 格林布莱特《文艺复兴自我造型》(导论)，赵一凡，译，《文艺学和新历史主义》，社会科学文献出版社，1993年版，第80页。

第安人打交道的过程中，发现他们一方面崇拜自己的神，另一方面看到殖民者携带的指南针、打火机、望远镜、火枪、闹钟等他们所不能理解的器物时又容易将其神化，特别是殖民者能免于天花、麻疹等疫病使印第安人感到格外惊奇。英国殖民者的策略是先尊重印第安人的信仰，记录其言行，然后慢慢将这些本土话语纳入包括基督教在内的欧洲话语体系之中，最终在政治上使其归化。格林布拉特认为莎士比亚《亨利四世》中的核心人物哈尔王子采用了类似的文化/政治策略，先放下自己的贵族身份，与以福斯塔夫为代表的浪人阶层打成一片，在登基之后又将这些颠覆性力量关押起来。哈尔王子的形象是整个伊丽莎白时代政治的缩影。

另一篇具有格林布拉特典型文风的《焦虑培养：李尔王及其继承人》探讨了莎士比亚作品中比现实政治更为本源的社会伦理方面的紧张关系。格林布拉特使用的材料是1831年美国教会刊物登载的一篇叙事散文，作者韦兰牧师在文中介绍了他的教子之道：为驯服其幼子的坏脾气，韦兰把这个一岁半的孩子关进房间，只能从父亲手中拿到面包和牛奶，在几十个小时的对抗之后，他终于变得温和顺从，主动亲吻自己的父亲。耐人寻味的是，这位牧师韦兰和他的儿子后来都成为美国的大学校长。格林布拉特从这一社会文本过渡到对莎士比亚名作《李尔王》的讨论，年迈的李尔王同样测试了女儿们对自己是否恭顺，小女儿考狄利娅因此被驱逐。这个把焦虑感转移给下一代的测试不仅关系到政权交接问题，也涉及伊丽莎白时期的家庭伦理，触及了人们对传统习俗的普遍担忧。然而，莎士比亚并没有赋予这个故事以韦兰牧师那样的效果，《李尔王》最终以大悲剧收场。莎士比亚的作品既尊重了长者权威和社会道德秩序，又宣布了这种秩序的不稳定性，“莎士比亚终其一生都对这种适度焦虑的制造表示了极大关注，他既质疑这种制造又将其纳入作家的权力范围”[①]。

格林布拉特的近著《俗世威尔：莎士比亚如何成为莎士比亚》呼应了“自我塑形”这个早期主题，直接以评传和文学想象的方式展现了文艺复兴时期文学与社会的各种联系，尤其是以经济视角来梳理莎士比亚的戏剧活动。正如“俗世威尔”这个称呼所提示的，格林布拉特除了描绘出莎士比亚戏剧与社会政治的紧密联系，还强调了他的创作要适应残酷的商业竞争而非创作出来供人研读，详细描绘了莎士比亚这样一位草根作者如何抓住伦敦进入大众剧场时代的机遇，带领剧团在商业上大获成功。

格林布拉特20世纪70年代在加州大学伯克利分校讲授“马克思主义美学”课程，此后他把自己更新了的文学理论课程命名为“文化诗学”。“诗学”一词源自古希腊哲学，泛指文艺理论、文学理论，而“文化诗学”这一创新术语的关键之处在于以诗学眼光看待社会文化。新批评和形式主义文论经常谈到如下观点：诗学语言是在日常语

① 格林布拉特《学会咒骂：早期现代文化论集》，劳特里奇出版社，2007年版，第122-123页。

言之外通过各种修辞手段变形、重组、挪用之后产生的陌生化语言,它是对日常语言的颠覆和破坏;离开了日常语言,诗学语言也无从谈起。诗学总是要考察一部作品不同于其他文本的特殊之处。新历史主义批评家所重写的由莎士比亚等人组成的文学史,正是这样一种“诗化”的非主流历史,是所处时代的政治经济秩序及主流意识形态之外的异质因素。文化诗学总是要跨过历史学家认为可靠的史料,去发掘形形色色的文献资料和奇闻逸事,这样做的目的并不是刻意寻找一个与历史定论相反的结论,也不是宣布历史没有规律可循,而是试图恢复历史生机勃勃的面貌,恢复文学话语与其他话语之间的往来。文化诗学中“诗学”的第二个含义在于,用话语分析代替一般文化研究的意识形态分析,不去做社会学家的工作,即认为文本只是传达某种思想的工具,与文化社会学、文化经济学这样的交叉学科是有所区别的。但是这种文化诗学也不再是传统意义上的文学理论,而是杂糅了各式各样文化研究的方式,包括西方马克思主义、后结构主义、后殖民主义、性别理论等等。

第二节　海登·怀特的“元史学”

海登·怀特虽然主要从事欧洲思想史研究,也没有自认属于新历史主义,却对新历史主义批评产生了重要影响,他在《评新历史主义》等文章中也表示了对格林布拉特、蒙特罗斯等研究文学复兴时期文学的批评家的支持,认为他们同时“冒犯”传统的历史学家和文学理论家乃是拓宽了理论研究视野,为文学经典研究增加了活力。

海登·怀特(Hayden White,1928—　)

海登·怀特,美国思想史学者、文学理论家,先后任教于斯坦福大学和加州大学圣克鲁斯分校,著有《元史学:十九世纪欧洲的历史想象》(1973)、《话语转义:文化批评论文集》(1978)、《形式的内容:叙述话语与历史再现》(1987)、《比喻的现实主义:模仿说的研究》(1999)、《实用的过去》(2014)等作品,其中《元史学:十九世纪欧洲的历史想象》标志了当代西方历史哲学研究的语言学转向,是20世纪最重要的历史哲学著作之一。

和主要从事文学批评的新历史主义学者相比,海登·怀特的《元历史:19世纪欧洲的历史想象》是更具有结构-后结构主义风格的研究,打上了20世纪六七十年代欧洲理论思潮的烙印。怀特在《元史学:十九世纪欧洲的历史想象》中把历史著述视为一种叙述性散文话语,既有认识的、审美的、道德的维度,也包含了某种隐性的、深层次的结构,即所谓“元历史”。在盘点分析19世纪欧洲历史研究的经典作者之前,他对历史想象的深层结构进行了方法论性质的分析。怀特把历史学家进行叙述的基础素材(编年史、故事)和他们使用的解释策略区分开,编年史素材和有着开端、发展、结局的故事组成了一组有意义的叙事序列,这种编排需要总体把握、相互关联,体现出类似于文学叙述的解释策略。怀特把历史学家的解释策略分为三个基本层面,即情节化解释、论证式解释、意识形态蕴含式解释,每种解释策略又各有若干表现方式:

情节化解释分为喜剧的、浪漫的、悲剧的和反讽的四种类型,这一划分借鉴了加拿大文学人类学家弗莱在《批评的剖析》(1957)中提出的文学原型的四种叙述结构(弗莱区分的四种叙述结构在文学史上是循环发展的,对应了春、夏、秋、冬四季的循环往复)。怀特认为,弗莱的文学理论在解释一些结构复杂、层次丰富的伟大作品如《李尔王》《失乐园》《追忆似水年华》之时力有不逮,而用来分析二流文学作品却十分有效,历史作品的叙述结构与后者类似,相对简单朴素,适合用弗莱的理论进行分析。

论证式解释是指历史著述在情节化处理之外还试图说明某种主旨、中心思想,例如马克思强调的生产力决定生产关系、经济基础决定上层建筑的推理论证。论证式解释可分为形式论、有机论、机械论和情境论四种类型,怀特这一分类借鉴了美国哲学家斯蒂芬·佩珀在《世界的构想:证据中的分析》(1942)一书中提出的四种核心世界观。怀特认为,历史著述中的形式论旨在识别本领域诸客体的特性,由于客体本身复杂多样,这种分析就具有分散性倾向。有机论和机械论则具有一种整合的倾向,前者把从历史领域辨别出的细节描述为某整体过程的组成部分;后者则用还原代替综合,把历史领域里客体的运动看成某种假定的规律决定的。情境论者介乎于“分散”与“整合”两种倾向之间,喜欢截取特定历史片段,对其进行共时性表现,既认为历史领域诸客体之间存在实际关联,又不愿意因此总结、推衍出某种历史规律。学院派、职业化的西方史学家一般都接受形式论和情境论立场,把尼采和马克思的“历史哲学”式的解读视为谬误。

意识形态蕴含式解释是指历史研究者往往为了理解当下而研究过去,带有特定的政治观念、立场。怀特运用德国社会学家卡尔·曼海姆在《意识形态与乌托邦》(1929)中提出的意识形态理论,辨别了历史研究者的四种意识形态蕴含策略:无政府主义、激进主义、保守主义和自由主义,在作品中蕴含这些意识形态的研究者并不一定属于某政治派别,只是有此类倾向而已。怀特认为情节化解释、论证式解释、意识形态蕴含式解释是历史著述的三个层面,历史研究者可以在三个层面的不同解释方式之间进行交叉组合,有时候还会交替运用同一层面的不同方式。有的交叉组合很难发生,如喜剧型的情节化模式和机械论的论证模式就不宜组合,而具有亲和性的搭配如下表所示:

历史著述的三种解释模式

情节化模式		论证模式		意识形态蕴含模式	
类型	代表史家	类型	代表史家	类型	代表史家
浪漫	米什莱	形式论	赫尔德、卡莱尔、米什莱	无政府主义	尼采
悲剧	托克维尔	机械论	托克维尔、泰纳	激进主义	黑格尔、马克思
喜剧	兰克	有机论	兰克、蒙森、梅特兰、特赖奇克	保守主义	布克哈特、兰克
反讽	克罗齐、布克哈特	情境论	布克哈特	自由主义	米什莱

在怀特看来,历史研究者之所以会选取、组合不同的解释方式,是某种内在的历史意识在起作用,这使他们的解释行为带有类似于文学话语的诗性特征。怀特再次进行了结构主义式分类,用四种文学修辞类型即隐喻、转喻、提喻和反讽来形容这种历史意识的表现方式,一部历史著作中占主导地位的修辞及相关的语言规则构成了它的"元历史"基础,暗中支撑起整部作品。四种修辞格的具体含义存在争议,但一般说来,隐喻利用的是事物之间的相似性,转喻则是相邻性、相关性(例如漫画人物"山姆大叔"常表示美国人或美国政府,Uncle Sam被缩写为U.S);提喻是指局部和整体之间、种类和属之间、具体和抽象之间的相互指代(例如"海湾战争"是用"海湾"来表示波斯湾周边的伊拉克、科威特、沙特阿拉伯等国家);反讽则有字面含义与真实含义的反差。如果按照语言学家雅各布森的分类,"隐喻/转喻"可以描述人类语言的一般过程,历史著述将对应现实主义、散文式、转喻的传统,文学作品对应浪漫主义、诗化、隐喻的传统。怀特在《元史学:十九世纪欧洲的历史想象》中并未沿袭二分法,而是把转喻、提喻和反讽看成隐喻的不同类型,《元史学:十九世纪欧洲的历史想象》后半部分用比喻理论分析了19世纪重要史学家的思想模式:转喻的代表人物是马克思,隐喻的代表人物为尼采,反讽的代表人物则是克罗齐。怀特重点分析的黑格尔、尼采、马克思、克罗齐等人都不是传统史学家,而是"历史哲学"研究者。如

同弗莱对四种叙述结构的人类学式分类一样，怀特也把“隐喻—转喻—提喻—反讽”看成闭合循环的历史过程，他本人在《元史学：十九世纪欧洲的历史想象》中同样采用了“反讽”模式。

第三节 后殖民主义文论

后殖民主义是比新历史主义更重视政治维度的理论，其适用的文本范围显得比一般的文学理论狭窄，而从民族解放和启蒙意义上看又比传统文学理论的视野宽广，许多不以此为专业的理论家也参与到相关问题的讨论中。后殖民主义理论的批评者也不乏其人，耶鲁大学的哈罗德·布鲁姆教授把后殖民主义、新历史主义、性别理论、拉康派、西方马克思主义等较少研究文学文本特性、重视意识形态问题的流派合称为伤害西方经典的“憎恨学派”。中国属于曾经被半殖民的第三世界国家行列，现代化进程中的东西方文化冲突也十分明显，后殖民主义理论对于中国的文学批评界仍有很强的借鉴意义。

一、赛义德的东方学

赛义德是后殖民主义理论的标志性人物，他的名字几乎等同于“东方学”或“东方主义”研究。根据赛义德的梳理，“东方主义”一词表示了三个相互交叉的领域：一是欧洲和亚洲之间在四千多年时间里不断发展的历史文化联系；其二是发源于19世纪欧洲、专门研究东方世界的各类学问；其三是西方世界意识形态上对东方世界的想象。[①]到了20世纪，这种文化产品从《伊斯兰百科全书》《剑桥伊斯兰史》一类专业论著向新闻媒体、教育培训等大众文化领域转移。赛义德通过分析1970年版《剑桥伊斯兰史》等东方主义文本指出，即使是这样由众多知名学者合作的学术著作也充满了对伊斯兰世界的错误想象与表述。他把欧洲传统的东方主义偏识概括为四点：“其一是理性、发达、人道、高级的西方，与离经叛道、不发达、低级的东方之间绝对的、系统的差异。另一信条是，对东方的抽象概括，特别是那些以代表着‘古典’东方文明的文本为基础的概括，总是比来自现代东方社会的直接经验更有效。第三个信条是，东方永恒如一，始终不变，没有能力界定自己；因此人们假定，一套从西方的角度描述东方

① 赛义德《东方主义再思考》，载罗钢，刘象愚《后殖民主义文化理论》，中国社会科学出版社，1999年版，第4页。

的高度概括和系统的词汇必不可少甚至有着科学的'客观性'。第四个信条是,归根到底,东方要么是给西方带来威胁(黄祸,蒙古游民,棕色危险),要么是为西方所控制(绥靖,研究和开发,可能时直接占领)。”①

爱德华·赛义德(Edward Said,1935—2003)

赛义德,巴勒斯坦裔的美国文学理论家、文化批评家,后殖民主义理论的代表人物之一。他出生在耶路撒冷,执教于哥伦比亚大学英文系和比较文学系。其代表作有《康拉德与自传小说》(1966)、《东方学:西方对于东方的观念》(1978)、《世界、文本、批评家》(1983)、《文化与帝国主义》(1993)、《知识分子论》(1994)、《和平及其不满:中东和平进程中的巴勒斯坦》(1995)等。

赛义德的《东方学》较之以往的后殖民主义批评最大的创新之处在于,用话语理论来分析被西方意识形态建构的东方。赛义德在《东方学》的第一章表示自己受到了福柯的《知识考古学》和《规训与惩罚》的启发。福柯以及赛义德所使用的话语理论认为,人类知识或真理只是特定话语体系的产物,其背后是支配性的权力关系。把东方民族描述为绝对差异者,其实是西方世界建立自身文化认同和文化自信的需要,赛义德不无偏激地认为:“每一个欧洲人,不管他会对东方发表什么看法,最终都几乎是一个种族主义者,一个帝国主义者,一个彻头彻尾的民族中心主义者。”②赛义德的东方学研究还把葛兰西在20世纪30年代提出的文化霸权(文化领导权)理论移植到东西方问题上来,后者认为资本主义文化霸权不像政治规则那样具有强制性,而是以非暴力的潜移默化的方式发生作用,包括生活方式、思维方式、语言习惯、文化心理等以及这些东西假定的前提。赛义德20世纪90年代的代表作《文化与帝国主义》是《东方学》的延伸,通过对康拉德、福斯特、威尔第、福楼拜、巴尔扎克、吉卜林、加缪、纪德、叶芝等现代作家的文本细读,分析帝国主义如何在武力征服、领土扩张之外采用各种文化方式渗透和控制殖民地人民。这部著作开创了后殖民主义批评的经典范例,赛义德在其中使用了比较文学式的“对位阅读”:首先把作品当作具有创造性的文学想象,然后解释这些文化和审美形式产生于帝国主义的历史经验,

① 爱德华·W.赛义德《东方学》,王宇根,译,生活·读书·新知三联书店,1999年版,第385-386页。
② 爱德华·W.赛义德《东方学》,王宇根,译,生活·读书·新知三联书店,1999年版,第260页。

在进行梳理的同时对位考察被排斥在外的受支配者的经历、与支配者盘根错节的相互重叠的历史。

赛义德的东方学研究也存在一些明显的缺陷，他不但较少研究殖民地的反东方主义文本，也没有考虑欧洲内部关于东方世界的不同声音，认为从歌德、马克思、恩格斯到福柯的众多西方思想家都有西方中心主义的问题，这在一定程度上重蹈了总体化的覆辙。为了否定东方主义的宏大叙述，赛义德把马克思树为标靶，基本上是以断章取义的方式使用了马克思关于亚洲的论述，对后者明显的反殖民主义思想视而不见，其结论有偏颇之处。他把东方主义描述成几千年不变、铁板一块的西方话语，这与福柯探究的非连续性、变化的话语史是相悖的。这些问题在赛义德的后期著作里有所纠正。

二、斯皮瓦克和霍米·巴巴

赛义德在《东方学》的开篇引用了马克思在《路易·波拿巴的雾月十八日》里描述法国农民的名言“他们无法表现自己；他们必须被别人表现”，斯皮瓦克同样在论文《底层能说话吗？》里分析了这句话，她认为马克思使用的“表现”一词包含“再现”和“代表”两层含义，两层含义存在张力关系，这从古希腊文化传统中对演讲家、智术师、诗人、演员等社会角色的批判就可以看出端倪。对底层的重新描绘常常从属于政治代理人本身的利益，为底层代言就面临着用处于统治地位的（话语的）政治再现体系压抑底层的危险。斯皮瓦克认为她参与的印度庶民研究小组虽然是在抗衡殖民主义话语体系，但想要通过研究找到并再现一种纯粹的殖民地底层人民的主体意识是不现实的。斯皮瓦克在另一篇文章《底层研究：解构历史编纂学》中指出，起主体作用的因素可以描述为巨大的断裂网络之组成部分，包括政治、经济、意识形态、历史、性、语言等，根据无数具体情况产生主体的效果，与其说殖民地人民的抗争意志造就了反抗的文本，不如说这是其主体的效果之一。[①]因此，只能根据现实斗争的需要不断更新话语建构，寻找临时的稳定性，从多个不同角度接近这种主体意识。所谓“底层人不能说话”是一种普遍困境，既不能同化和占有他者，又要让他者出场。斯皮瓦克对后殖民主义研究的反思可以看到德里达“延异”等解构主义思想的影响。

---

① 佳亚特里·斯皮瓦克《从解构到全球化批判：斯皮瓦克读本》，陈永国，赖立里，郭英剑，主编，北京大学出版社，2007年版，第143页。

佳亚特丽·斯皮瓦克(Gayatri C. Spivak,1942—)

斯皮瓦克,印度裔的美国文学理论家和文化批评家,后殖民主义理论的代表人物之一。斯皮瓦克青少年时代生活在印度,现为哥伦比亚大学比较文学与社会研究中心教授。其代表作有《庶民研究选集》(1983)、《在他者的世界:文化政治学文集》(1987)、《教育机器内外》(1993)、《后殖民理性批判》(1999)、《学科之死》(2003)、《别样亚洲》(2005)等。

女性在男权社会的地位处境与殖民体系内部的等级关系十分相似,也面临建构自己语言的问题,于是女性主义、后殖民主义和阶级问题在斯皮瓦克的研究中被结合了起来,这是她对后殖民理论的一大贡献。斯皮瓦克在《三个女性文本和一种帝国主义批评》中对小说《简·爱》《藻海无边》和《弗兰肯斯坦》进行对比分析,也成为女性主义后殖民批评的经典论文。夏洛蒂·勃朗特的《简·爱》讲述了出身底层的家庭教师简·爱与庄园主罗切斯特的爱情故事,小说曾在维多利亚女王时代引起轩然大波,被认为是女性主义文学的代表。然而,斯皮瓦克注意到小说的关键人物"阁楼上的疯女人"伯莎是来自殖民地牙买加地区的商人之女,她的精神问题源于家族病史。故事的结尾是作为妻子的伯莎点燃房子,烧死了自己,罗切斯特为救她而眼睛受伤,但赢得了新的姻缘。斯皮瓦克认为这是帝国主义知识暴力的寓言,被假想出来的疯狂他者不但"不能说话",也只有自我毁灭才能成就英国的女性主义英雄,通过这一毁灭,原本处于"反家庭"位置的孤女简·爱与罗切斯特及其孩子组成了新家庭。斯皮瓦克随后对重写这个故事的《藻海无边》进行了对比研究,小说的女作者让·里斯与"阁楼上的疯女人"一样来自加勒比地区的英属殖民地,她以伯莎为中心做了另一番颠覆性的文学虚构。斯皮瓦克分析了小说中原名安托内特的伯莎如何处于身份认同的矛盾冲突之中。

霍米·巴巴在后殖民主义思潮兴起之初也重点讨论了话语的历史构成,以及如何对殖民话语进行"解殖民化",后期则致力于后殖民主义与后现代关系问题的研究。赛义德在《东方学》等著作中较少分析西方国家的反殖民话语以及殖民地国家的文学活动,霍米·巴巴认为他受困于二元对立的传统思维,没有意识到殖民者和被殖民者身份认同的复杂暧昧,而后殖民主义理论先驱法农在《黑皮肤,白面具》等著作里已经讨论到这一问题。在霍米·巴巴看来,殖民者/被殖民者的主体既不是客观存在的,也不由某一方单独决定的，而是在相互关系中呈现出来，就连形成主体的社会本身也是“权力与贫穷、知识与压迫、历史与幻想、监督与服从等敌对立场之间对话的尚未分解的整体”①。

霍米·巴巴(Homi K. Bhabha，1949—　)，**印度裔的美国文学理论家、艺术评论家和收藏家，后殖民主义理论的代表人物之一。霍米·巴巴生于孟买的帕西族**(**波斯**)**家庭，属于少数族裔，**70**年代就读于牛津大学，现为哈佛大学人文研究中心教授。其代表作有**《**民族与叙事**》(1990)、《**文化的定位**》(1994)**等。**

为了揭示这种主体间性的殖民话语，霍米·巴巴为后殖民主义理论贡献了一批富有新意的概念，包括“拟态”“杂合”“第三空间”等。跟斯皮瓦克一样，他也分析了殖民地人民如何被殖民话语体系所同化，但他不认为这一定会导致“底层人不能说话”，殖民地人民在生活中不断改造、挪用这些话语，披着殖民者语言的外衣却有解构中心的意味。他用有生物学含义的“拟态”一词来形容这种情况，这个术语在理论上接近从古希腊文艺到当代理论中一直存在的“戏仿”概念。“杂合”则是指殖民话语与反殖民主义话语相互糅合而具有互文性，这一理论与巴赫金的“杂合”“复调”理论有亲缘关系。

霍米·巴巴不赞成以对抗性立场来看待民族问题。法农《全世界受苦的人》影响了全世界多个国家的民族解放运动，包括一些激进组织领袖，其中的暴力革命思想得到欧美知识界两种相反的评价，萨特赞扬其自由精神，汉娜·阿伦特则认为这不完全符合马克思对武装革命的理解，堵塞了对话之路。霍米·巴巴认为法农的贡献是在政治家和心理医生之间保持平衡，对他的阐释不能破坏这个平衡，暴力革命无助于彻底解决殖民问题。霍米·巴巴对具有“谜一般品质”的法农之解读同样弱化了他强调民族斗争、阶级斗争的一面，试图用后结构主义“再现”法农。阿希克洛夫特等人的《逆写帝国：后殖民文学的理论与实践》进一步认为，由于越来越多的“后学”话语统治本领域，后殖民文学文本提供的丰富文化经验被纳入语言学转向以后的欧洲思想体系，面临着新的文化霸权的威胁，而这本来是反殖民主义文学试图摧毁或回避的。

① 霍米·巴巴：《纪念法农：自我、心理和殖民条件》，载罗钢，刘象愚编《后殖民主义文化理论》，中国社会科学出版社，1999年版，第216页。

三、马克思主义的后殖民批评

赛义德、斯皮瓦克、霍米·巴巴、查克拉巴蒂等以后结构主义为研究工具的理论家也从马克思主义以及葛兰西、阿尔都塞那里得到过启发,但他们颇不认同马克思关于人类社会发展模式的“宏大叙述”,马克思主义的后殖民理论家如阿赫默德、贝妮塔·帕里、德里克等人与他们展开了激烈论争。首先是关于马克思本人是否有“东方主义”立场的问题。赛义德在20世纪90年代写作《文化与帝国主义》之时谈到了西方文化的多样性,对《东方学》里的偏见有所澄清,但他仍然把马克思、弗洛伊德和尼采的学说视为文化帝国主义对真理的垄断。马克思主义的后殖民理论家除了指出赛义德结论方式的武断之外,还分析了马克思对殖民主义的批判是与他对资本主义生产方式的理解结合在一起的,这种给人以总体化印象、关于人类社会发展模式的认识论并没有一味排斥历史的差异性。

阿吉兹·阿赫默德(1942—),马克思主义文学理论家、政治评论家,生于独立前夜的印度北方邦,后移居巴基斯坦。他曾在北美的大学任教,现担任印度尼赫鲁博物馆和图书馆当代研究中心教授。其代表作有《在理论内部:阶级、民族与文学》(1992)、《现在的根源》(1996)、《我们的时代:帝国、政治与文化》(2010)等。

对重话语实践、轻政治实践的批评。马克思主义理论家不认可在回避非洲现实政治问题的情况下对法农进行后结构主义式的解读。相反,他们动用了阶级分析法来分析后结构主义这一派理论家的身份认同,认为他们的理论不单单是学术研究的路数不同,也反映出“后革命时代”世界政治经济形势的变化和阶级差别。赛义德、斯皮瓦克、霍米·巴巴这一派理论家大多是生活在欧美主流学术圈的移民精英(正如霍米·巴巴本人在《文化的定位》里回顾学术经历之时谈到的,他毕业于牛津大学,达到了印度中产阶级奋斗的一个顶点)。马克思主义的理论家认为后结构主义、后现代主义思潮是冷战结束之后世界政治经济形势的产物,采用这一理论视角的欧美后殖民理论家满足于话语分析、文化认同研究,不太关心后殖民国家的实际发展情况。德里克认为全球化是资本主义体系的最后实现,全球化催生了一大批跨国流动的包括企业经理、大学教师、技术人员、IT精英等在内的现代知识人,其移民身份和文化杂合的特点在新的时代条件下变成一种优势,具有“杂合”身份的理论家们重视文化认同问题,却疏于研究后殖民国家实实在在的经济落后、政治混乱等问题。斯皮瓦克对跨国知识人身份问题的回应是一方面自比鲁滨孙的土著仆人“星期五”，另一方面否认完全本土的身份就能够获得对第三世界真实的理解。

阿里夫·德里克（Arif Dirlik，1940—　），土耳其裔的美国历史学家、汉学家和左派学者，后殖民主义代表人物。曾在美国杜克大学任教三十年。代表作有《革命与历史：中国马克思主义历史学的起源，1919—1937》（1978）、《革命以后：警觉全球资本主义》（1994）、《后殖民氛围：全球资本主义时代的第三世界批评》（1997）、《全球现代性》（2007）等。

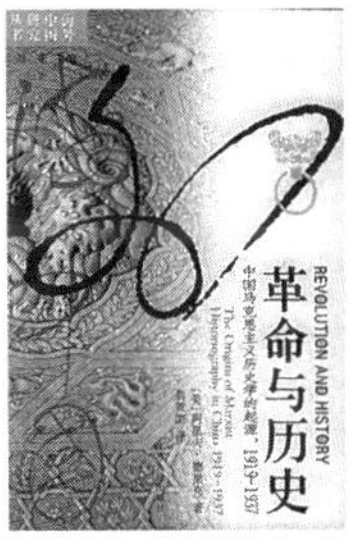

对后殖民文学话语的分析也存在分歧。马克思主义的理论家认为，后结构主义这一派理论家把绝对权力赋予西方文化霸权，判定殖民地人民缺乏反抗的话语武器，没有恰当地评价殖民地丰富的文学文本。阿赫默德的《在理论内部》批评了属于西方马克思主义行列并针对后殖民问题发声的杰姆逊，认为他的《处于跨国资本主义时代的第三世界文学》急于把历史对象总体化以至于重蹈了二元对立的覆辙，没有充当民族寓言的第三世界文本都被他当作不真实的，这种对第三世界的“元叙述”实际上不成立；贝妮塔·帕里也批评了斯皮瓦克等人关于“底层不能说话”的论断。

后殖民主义理论的论争很多且仍在继续，对后殖民问题的关注反映了这样一种现实：第三世界的不同社会阶层团结在民族独立的旗帜之下建立了自己的国家，然而社会主义在许多国家并未真正实现，本国资产阶级政权取代了帝国主义统治，底层人民依旧处于被剥削和压迫的状态，在全球化时代面对着更加铺盖天地的资本主义体系，后殖民主义理论将谨慎对待民族性的讨论，重新考虑从文化到社会实践的方方面面的问题。

复习思考题：

1. 新历史主义理论在文学与历史的关系问题上持有哪些主要观点？
2. 赛义德的“东方主义”有哪几层含义？

3.如何看待“底层能说话吗?”的提问?

4.马克思主义的后殖民理论家如何评价后结构主义的后殖民理论?

深入阅读书目:

1.张京媛《新历史主义与文学批评》,北京大学出版社,1993年版。

2.海登·怀特《元史学:十九世纪欧洲的历史想象》,陈新,译,译林出版社,2013年版。

3.爱德华·W.赛义德《东方学》,王宇根,译,生活·读书·新知三联书店,1999年版。

4.爱德华·W.赛义德《文化与帝国主义》,李琨,译,生活·读书·新知三联书店,2003年版。

5.佳亚特里·斯皮瓦克《从解构到全球化批判:斯皮瓦克读本》,陈永国,赖立里,郭英剑,主编,北京大学出版社,2007年版。

6.詹明信《晚期资本主义的文化逻辑:詹明信批评理论文选》,陈清侨等,译,生活·读书·新知三联书店,1997年版。

7.赛义德等《后殖民主义文化理论》,罗钢,刘象愚,主编,中国社会科学出版社,1999年版。

8.比尔·阿希克洛夫特,格瑞斯·格里菲斯,海伦·蒂芬《逆写帝国:后殖民文学的理论与实践》,任一鸣,译,北京大学出版社,2014年版。

9.阿罕默德《在理论内部:阶级、民族与文学》,易晖,译,北京大学出版社,2014版。

10.里斯《藻海无边》,陈良廷,刘文澜,译,上海译文出版社,1995年版。

后 记

又一年即将结束，窗外细雨抚摸着深秋的土地，雨露和时间一年又一年准确地演绎着生命的奇迹。这本教材从2013年底开始计划编写，到2018年夏全部定稿，不紧不慢竟转过了近五圈年轮。整体上讲，西方文论史课程内容丰富且有些艰深甚至枯燥，因此目前国内的《西方文论史》教材虽然有较多版本，但对本科生来说，依旧显得较为困难。编写本教材的目的，就是寻求一种本科生学习西方文论的合适方式。我们认识到，本科生绝不可能通过一门课程真正掌握古往今来丰富复杂的西方文学理论，因此干脆编一本以历史线索为主导、兼顾文论内容介绍的教材，把中心转移到激发学生兴趣、“师傅领进门”这一任务上来。同时也留下指导意见和参考书，让那些有兴趣进一步学习的学生自己在课外或者研究生阶段花时间学习。而一个文学专业的本科毕业生，能对西方文论有一个线索性的基本把握就可以了。

本教材参编者来自全国不同高校和科研机构，在实际的写作过程中，我们感到要实现一个心中想象的那种目标确实非常困难。在刚收齐初稿的时候，我们发现在文字风格、形式规范、难易程度的把握上存在着非常大的差异，这才真正意识到，相对于内容编写而言，做到“统一”也许才是真正困难的事情。这种情况甚至让人一度想放弃统稿工作，留下“多样化”的原貌算了。但如此一来，我们就将偏离编写本教材的初衷。好在我们决定继续前进，在不断的沟通和修改之后，一步一步缩小了差距，终于呈现出今天这番样貌。这的确是一种怀孕生产的感受。瓜熟蒂落，即将迎来它的诞生，至于这个瓜究竟是甜还是酸，它的命数几何，则只有等待时间的演进了。

关于本教材的编写和修改，我们参编人员没能聚集到一起开会讨论，所有交流全部通过邮件、微信进行，各位参编者反复修改，毫无怨言，合作过程回忆起来每每让人动容，也让我心存歉疚。在统稿过程中，我对有些地方进行了修改，就没有再一一征求各章作者同意，在此请各位参编的专家学者谅解。因为水平限制，本教材肯定存在错漏之处，我们所有参编人员在此也希望能够得到各位读者的谅解。

最后，感谢各位专家学者的辛勤劳动和对我的包容！本书的编写和出版计划一开始就得到原西南师范大学出版社的大力支持，在此我代表所有参编者感谢西南大学出版社领导对本教材的关心，感谢雷刚先生等编辑人员不离不弃的付出！本教材也得到西南大学“十三五”规划教材支持计划的资助，在此一并致谢！

李应志
2018年秋于西南大学

全书编写分工情况如下:

导论　李应志(西南大学文学院)
第一章　崔狄生(重庆文理学院文化与传媒学院)
第二章　邝明艳(西南大学文学院)
第三章　洪星球(重庆文理学院文化与传媒学院)
第四章　徐劲松(四川外国语大学中国语言文化学院)
第五章　王淑娇(北京市社会科学院)
第六章　丁茂远(湖北美术学院)
第七章　傅钱余(重庆文理学院文化与传媒学院)
第八章　朱周斌(四川外国语大学中国语言文化学院)
第九章　向天渊(西南大学中国新诗研究所)
第十章　李应志(西南大学文学院)
第十一章　杨怡(西华师范大学文学院)
第十二章　肖丽华(浙江财经大学文学院)
第十三章　陈镭(北京市社会科学院)
全书统稿　李应志(西南大学文学院)